Fenton Bresler

GEORGES SIMENON

Das aufregende Leben
eines außergewöhnlichen Mannes

Wilhelm Heyne Verlag
München

HEYNE BIOGRAPHIE
12/189

Deutsche Übersetzung von Guy Montag

Titel der englischen Originalausgabe
The Mystery of Georges Simenon

Copyright © 1983 Fenton Bresler
Copyright © der deutschen Ausgabe 1985
by Ernst Kabel Verlag GmbH, Hamburg
Wilhelm Heyne Verlag GmbH & Co. KG, München
Printed in Germany 1989
Umschlagfoto: Süddeutscher Verlag, Bilderdienst, München
Umschlaggestaltung: Atelier Ingrid Schütz, München
Gesamtherstellung: Presse-Druck Augsburg

ISBN 3-453-03793-6

Inhalt

Für Graham Tarrant

Danksagung des Autors

Dieses Buch hätte nicht geschrieben werden können ohne die freundliche Bereitwilligkeit und Kooperation von Georges Simenon selbst, der mehr als großzügig war mit der Zeit, die er mir zur Verfügung stellte, mit seiner Erlaubnis, nach meinem Ermessen aus seinen Büchern zu zitieren und mit seiner Offenheit, mit der er alle meine Fragen beantwortete. Ich kann nur hoffen, daß mein Eingeständnis der Dankesschuld ihm gegenüber meine Objektivität nicht beeinflußt und mein Urteilsvermögen nicht getrübt hat.

Mein Dank gilt auch Madame Régine Simenon, Madame Denise Simenon, Madame Teresa sowie Marc und John Simenon, die alle viel Zeit für Gespräche mit mir geopfert haben.

Besonderen Dank schulde ich Professor Maurice Piron von der Universität Lüttich, dem Leiter des dortigen Simenon-Archivs *Centre d'Études Georges Simenon,* für seine ständige Anteilnahme und Hilfe sowie für seine freundliche Erlaubnis zum Abdruck des umfangreichen Bildteils in diesem Buch.

Zahlreiche Leute haben mich bei den Vorbereitungen zu dieser Biografie dankenswerterweise außerordentlich unterstützt. Es sind ihrer zu viele, als daß es möglich wäre, jeden einzelnen namentlich aufzuführen. Trotzdem möchte ich die Namen von einigen Personen nennen, die mir in besonderer Weise behilflich waren und denen ich dafür zu großem Dank verpflichtet bin. Es sind dies:

FRANKREICH: Mademoiselle Henriette Liberge (»Boule«), Madame Mylène Simenon, Madame Annette de Bretagne, Claude Nielsen, Madame Daisy Paraud und dem Bibliothekspersonal des Verlagshauses Presses de la Cité in Paris, Sam White, Dr. Jean Martinon und seiner Frau, Constant Vaillant, Jim Dindurand, Pierre Chaigneau, Gilbert Sigaux, Professor Bernard Alavoine von der Universität Amiens sowie Kommissar Marcel Leclerc und Philippe de Lagune von der Pariser *Police Judiciaire;*

SCHWEIZ: Madame Joyce Pache-Aitken und Dr. Pierre Rentchnick;

BELGIEN: Michel Lemoine;

NIEDERLANDE: Professor Hendrik Veldman von der Universität Leiden;

USA: Campbell Becket, seiner Frau und seiner Tochter Mrs. Elise Smith, Miss Maxine Mallach, Ralph McAllister Ingersoll und seiner Frau, Mrs. Dorothy James, William Doolittle, Dr. Robert L. Fisher, Mrs. Orpha Robertson, Harry Torczyner, Mrs. Helen Woolf, Herbert A. Klein und schließlich Brendan Gill und den Mitarbeitern des Archivs des Nachrichtenmagazins *Newsweek* in New York.

Danke schön sagen muß ich auch den folgenden Personen, Verlagen, literarischen Agenten und Copyright-Inhabern für die Genehmigung zu Zitaten aus verlagsrechtlich geschützten Veröffentlichungen: Hamish Hamilton Ltd. für Passagen aus der englischen Übersetzung folgender Werke von Georges Simenon: »Stammbaum«, »Maigrets Memoiren«, »Chez Krull«, »Maigret und die feinen Leute«, »Der Patient«, »Die Nachbarn«, »Maigret und Pietr der Lette«; William Collins & Co. Ltd. für Auszüge aus »Mein Leben und meine Filme« von Jean Renoir sowie »Paris im Dritten Reich« von David Pryce-Jones; Faber and Faber für einen Abschnitt aus Julian Symons' Literaturgeschichte des Kriminalromans »Am Anfang war der Mord«; Routledge & Kegan Paul Ltd. für eine Stelle aus der englischen Übersetzung von »Bananentourist« von Georges Simenon, die bei George Routledge & Sons erschienen ist; Robson Books Ltd. für Zitate aus »Naked at the Feast« von Lynn Haney und für Auszüge aus dem Buch »Georges Simenon« von Lucille F. Becker, das mit Genehmigung von Twayne Publishers nachgedruckt wurde, einer Tochterfirma von G. K. Hall & Co., Boston, Massachusetts; ferner für Exzerpte aus Brendan Gills Porträt von Georges Simenon »Out of the Dark« vom 24. Januar 1953, dessen Nachdruck mit Erlaubnis des Magazins »The New Yorker« erfolgte und für einen Abschnitt aus Lis Harris' Buchkritik »Maigret als Spaziergänger« vom 2. April 1979, für dessen Wiedergabe ebenfalls »The New Yorker« sein Einverständnis gab; der »Sunday Times« und John Mortimer für Passagen aus einem Artikel des Letztgenannten vom 16. Mai 1982 über Georges Simenon; dem »Observer« für Auszüge aus einem Interview mit Georges Simenon, das am 30. September 1962 erschien; der »New York Times« für Stellen aus dem Gespräch, das Georges Simenon und Federico Fellini führten und das ursprünglich in der französischen Wochenzeitschrift »L'Express« vom 21./28. Februar 1977 veröffentlicht wurde.

Obwohl großer Wert darauf gelegt worden ist, bei allen Copyright-Inhabern anzufragen, könnte einer ausgelassen worden sein. Ich entschuldige mich daher im voraus für mögliche Irrtümer oder Unterlassungen.*

Fenton Bresler

---

* In der vorliegenden deutschen Buchausgabe sind die Zitate aus den genannten Büchern und Zeitschriften, sofern es sich um Werke von Simenon selbst handelt, sowie die kurzen Passagen aus anderen Romanen und autobiographischen Texten Simenons, auf die in dieser Biografie näher eingegangen wird, von Guy Montag neu aus dem Französischen übersetzt worden.

Georges Simenon

1

Das Geheimnis
des Georges Simenon

Er bestritt, ein »Phänomen« zu sein. »Jedesmal, wenn ich in der Presse von dem ›Phänomen Georges Simenon‹ lese, fällt mir ein, daß kurz vor Ausbruch des Zweiten Weltkrieges die Londoner *Daily Mail* einen Artikel über mich auf der ersten Seite brachte, dessen Schlagzeile eben ›The Simenon Phenomenon‹ lautete«, erzählte er. »Die riesigen Lettern nahmen die ganze Breite des Blattes ein. Ich war darüber sehr verärgert. Warum sollte ich denn eigentlich ein ›Phänomen‹ sein?«

Simenon bezeichnete sich lieber als »Mann wie jeder andere«, weil er sich nicht für eine außergewöhnliche Persönlichkeit hielt. »Doch genau das war er natürlich«, versichert sein französischer Verleger Claude Nielsen, Chef des angesehenen Pariser Verlages *Les Presses de la Cité,* der seit 1947 das französisch-sprachige Werk des großen Schriftstellers betreut.

Er war tatsächlich der produktivste Romancier von Rang, den die Welt je erlebt hat. Er hat derart viele Bücher geschrieben, daß er selbst ihre Anzahl nicht genau anzugeben vermochte. In Interviews hatte er im Laufe der Jahre ständig eine andere Zahl genannt. Der wirklichen Summe kommt man wohl mit rund 220 Titeln am nächsten, die Simenon unter eigenem Namen veröffentlichte, und weiteren 200 kürzeren Romanen – Trivialromanen –, die unter insgesamt siebzehn verschiedenen Pseudonymen in den zwanziger Jahren erschienen, als er »sein Handwerk noch lernte«.

Sowohl Dashiell Hammett als auch Raymond Chandler haben ihn ihren Lieblingsautor von Kriminalromanen genannt, doch er ist weit mehr als nur das. Seine berühmteste Romanfigur, der Pariser Polizeikommissar Maigret, der nur mit seiner Pfeife und seiner instinktiven Kenntnis der menschlichen Natur als Stütze die kompliziertesten Verbrechen aufklärt, ist, wie Julian Symones es definiert hat, »der durch und durch typische literarische Detektiv des 20. Jahrhunderts«. Die Maigret-Romane haben die Vorlage zu außerordentlich erfolgreichen Fernsehserien in so unterschiedlichen Ländern wie Großbritannien und Italien, Deutschland und Japan gebildet. Millionen Menschen in der ganzen Welt, die nie eines der Bücher in der Hand gehabt haben, kennen und lieben Maigret vom Fernsehschirm her. Doch die Maigret-Bücher – vierundachtzig an der Zahl – stellen erheblich weniger als die Hälfte des literarischen Gesamtwerks Simenons dar. Seine übrigen Romane sind psychologische Thriller, »romans durs« (harte Romane), wie Simenon selbst sie nannte. In ihnen erforschte er die dunkelsten Winkel der menschlichen Seele und ließ in straff geschriebener Prosa eine Atmosphäre erstehen, die unheilverkündend und eigentümlich zugleich ist. Für André Gide war er der »vielleicht größte« französische Schriftsteller der Gegenwart, und François Mauriac schrieb einmal: »Ich fürchte, mir fehlt der Mut, geradenwegs in die Abgründe jener alptraumhaften Gefilde hinunterzusteigen, die Simenon mit derart ausdauerndem Geschick beschreibt.«

Einer 1972 von der UNESCO veröffentlichten Untersuchung zufolge ist Simenon nach Lenin der meistübersetzte Autor der Welt, dessen Leserschaft zwischen 350 und 500 Millionen schwankt. Tatsächlich hat er auf dem Zenit seines Schaffens stets seine Bücher mit dem erklärten Ziel geschrieben, in möglichst viele Sprachen übertragen und von einem möglichst großen Publikum verstanden zu werden.

»Seit meinem achtzehnten Lebensjahr war ich bemüht, einen möglichst einfachen Stil zu entwickeln«, gestand er dem französischen Journalisten Jean-Louis Egine im Februar 1978 am Vorabend seines 75. Geburtstages. »Und das tat ich nicht ohne Grund: Ich hatte nämlich mal eine Statistik zu Gesicht bekommen, die verriet, daß über die Hälfte der Franzosen sich mit einem Wortschatz von nicht mehr als 600 Wörtern begnügt. Was sollte ich da abstrakte Begriffe verwenden? Ein solcher Begriff gewinnt schon in den Augen von zwei Lesern zweierlei Bedeutung; beide werden ihn unterschiedlich interpretieren. Ich ging deshalb hin und verwendete nur noch möglichst ›gegenständliche‹ Wörter, beispielsweise ›ein Tisch‹, ›ein Stuhl‹, ›der Wind‹, ›der Regen‹.

Wenn es regnet, schreibe ich: ›Es regnet.‹ Sie werden nirgendwo in meinen Büchern die Beschreibung von Wassertropfen finden, die sich in Perlen verwandeln oder ähnliches Zeugs.

Ich will jeden Anschein von Literatur vermeiden. Ich habe einen Horror vor Literatur! In meinen Augen ist Literatur mit großem ›L‹ Unsinn.«

Andere Schriftsteller haben ebenfalls einfache Wörter verwendet, doch nur wenige mit solch vorsätzlicher Vielseitigkeit wie Simenon. »Gerade das Fehlen von schönen Wörtern und Phrasen in meinen Büchern« – so ließ er denselben Interviewer wissen – »macht meiner Meinung nach meine Romane so erfolgreich in Ländern, die nichts gemeinsam haben, wie etwa Saudi-Arabien, China, Japan oder der Sowjetunion.

Ich glaube daran, daß alle Menschen gleich sind, aber um das zu erkennen, muß man beim Schreiben plastische Ausdrücke vermeiden. Ich bin zweimal um die Welt gereist und habe nie das Gefühl gehabt, mein eigenes Land verlassen zu haben. Ich habe mich nie ›im Ausland‹ gefühlt und bin mir kein einziges Mal als ›Ausländer‹ vorgekommen.

Ich glaube an die Universalität des menschlichen Lebens, bei der alles identisch ist. Nationalitäten sind eine Schaukel, die einen zufällig aufnimmt und wieder fallen läßt, ohne jeden Ausgangspunkt im wirklichen Leben. Ich wähle immer die gröbste Verallgemeinerung, den gebräuchlichsten Ausdruck. Ich spreche von ›meinem Baum‹, der hier im Garten meines Hauses steht, und nicht von ›meiner Zeder‹.«

Seine Bücher sind keine heitere, sorgenfreie Lektüre. Man wird wohl kaum an irgendeiner Stelle einen Lachanfall bekommen. Sie enthalten auch nicht viel Spannung, die es einem kalt über den Rücken laufen läßt, um das alte Klischee erfolgreicher Kriminalromanautoren aufzugreifen. Es sind unheilvolle, straff gehaltene Studien menschlicher Wesen, die an die Grenzen ihrer physischen und psychischen Leistungskraft getrieben worden sind und mit solch instinktiver Kenntnis der menschlichen Natur ausgeleuchtet werden, daß diese Literatur bereits fester Bestandteil der Abschlußprüfungen verschiedener Universitäten geworden ist und Doktoranden daraus den Stoff für wissenschaftliche Arbeiten gewinnen.

Dabei sind Simenons Bücher trotz all ihrer treffenden, düsteren Atmosphäre und des vollendeten fachlichen Könnens des Autors, das in ihnen zum Ausdruck kommt, beinahe allesamt mit halsbrecherischer Geschwindigkeit in nicht viel mehr als einer Woche geschrieben worden – wobei jeweils am Ende für ihren Verfasser eine zwingende Notwendigkeit entstand, einer veritablen Orgie sexueller Aktivität zu frönen, die er als »unbedingt erforderliche hygienische Maßnahme« bezeichnete. Spätestens hier – in puncto Sexualität – ergeben sich für uns erste leise Andeutungen, daß das »Phänomen« auch ein Geheimnis birgt und daß Simenons eigene Lebensgeschichte so rätselhaft und spannend ist wie irgendeiner seiner Romane – wenn es uns überhaupt gelingt, die Wahrheit zu ermitteln.

Abgesehen vielleicht von Christopher Isherwood scheint Simenon mehr über sich selbst in seinen Büchern – sowohl in seinen Romanen wie auch in seinen Memoiren, die er in Angriff nahm, nachdem er die Romanschreiberei aufgegeben hatte – verarbeitet zu haben als irgendein anderer lebender Schriftsteller von Rang. Aber ihn als Führer zu wählen auf dem Pfad zur Erkundung seiner persönlichen Realität oder realen Persönlichkeit ist ein gewagtes Unterfangen. Zum einen wußte er tatsächlich nicht alles Wissenswerte über die Haupttriebfeder seines eigenen Charakters. Als er einmal bei einem Fernsehinterview gefragt wurde, ob er den Maler Vincent van Gogh schätze, gab er zur Antwort: »Ich sehe möglicherweise Parallelen zwischen ihm und mir, weil er vollkommen unbewußt seine Arbeit ausführte. Genauso geht es mir auch. Wir sind ungefähr vom gleichen Holz. Mag sein, daß ich nicht völlig verrückt bin, aber ich bin ein Psychopath!«

Zum anderen neigte er wie der von ihm am meisten geschätzte amerikanische Schriftsteller William Faulkner dazu, in einem Interview das von sich zu geben, was seiner Meinung nach die Person, mit der er sich gerade unterhielt, gerne von ihm hören mochte – oder aber was er, Simenon, sie hören lassen mochte. In einem seltenen Moment sorgloser Aufrichtigkeit hatte er das sogar einmal selbst zugegeben. In einem Brief an André Gide aus dem Jahre 1939, einer ernsthaften und ausführlichen Antwort auf einen tiefschürfenden Brief über seinen Stil und die Entwicklung seiner Arbeitsmethoden, erklärte Simenon: »Ich ziehe es vor, diese Gedanken in Form eines Briefes mitzuteilen – von Angesicht zu Angesicht *wären sie falsch*. In jedem Zwiegespräch spiele ich automatisch eine Rolle und werde zu einer Romanfigur. *Ich lüge ganz aufrichtig...*« (Hervorhebung durch Simenon selbst).

Dazu kommt noch, daß er *unaufrichtig* log, wenn er das Gefühl hatte, daß die Wahrheit zu enthüllend war

oder er absichtlich eine falsche Fassade errichten möchte, hinter der er sich unberührt verbergen konnte.
Selbst ein so scharfsinniger Kritiker wie Julian Symons
zum Beispiel kann nicht umhin, in *The New York Review**
in einer Rezension von Simenons *Quand j'étais vieux*
(»Als ich alt war«), den angeblich geheimen Tagebuch-
aufzeichnungen aus den Jahren 1960–1963, die Feststellung zu treffen, daß sie »beunruhigend ehrlich« sind.
»Niemand, der sie liest, könnte an Simenons Liebe zu
seiner Frau und seinen Kindern zweifeln!« In Wahrheit
hatte Simenon um diese Zeit längst begonnen, seine damalige Ehefrau Denise mit nie gekannter, verzweifelter
Intensität zu hassen. »Natürlich schrieb ich Gutes über
sie«, gestand er später. »Schließlich las sie jeden Tag
mein Tagebuch. Ich *mußte* die Dinge so darstellen – aber
sie waren falsch.« Doch obwohl er seit langem von Denise getrennt war, als die Tagebücher 1970 veröffentlicht wurden, nahm er keine Veränderungen am Text
vor.

Wenn man Dr. Pierre Rentchnick Glauben schenken
will, einem Schweizer Psychiater, der zusammen mit
vier Kollegen einmal einen ganzen Tag damit verbrachte, Simenon für einen Spezialartikel in einer Schweizer
Ärztezeitschrift auszufragen, eine Untersuchung, die
später in Buchform unter dem bezeichnenden Titel
*Simenon sur le gril*** (»Simenon im Kreuzverhör«) erschien, dann war Simenon ein Phantast und vermag
nicht immer zwischen Wahrem und Falschem zu unterscheiden.

Angesichts einer solch komplexen Persönlichkeit mit
einer derart gewaltigen literarischen Produktion bleibt
im wirklichen Leben viel Raum für Rätselhaftes, wenn
man die Lebensgeschichte dieses Schöpfers rätselhafter
Kriminalfälle aufblättert.

---

* vom 12. Oktober 1978
** Presses de la Cité, 1968

16

Das erste Element dieser Geschichte betrifft Simenons Sexualleben. Er war zweimal verheiratet gewesen: zuerst siebenundzwanzig Jahre lang mit der Belgierin Régine Renchon, die drei Jahre älter war als er, dann mit der erheblich jüngeren Frankokanadierin Denise Ouimet, mit der er sich vor gut zehn Jahren verkracht hat. Doch im April 1977, als er 74 Jahre alt war, beschloß er plötzlich, ein Routine-Interview mit einem Schweizer Journalisten durch das stolze Geständnis zu bereichern, er habe in seinem Leben sexuelle Beziehungen zu 10 000 Frauen gehabt. Diese imponierende Neuigkeit erschien prompt als Meldung in praktisch jeder Zeitung der Welt. Viele Kommentatoren spotteten ob dieser Zahl, was Simenon nicht davon abhielt, später frank und frei zu behaupten, tatsächlich seien es »Zehntausende von Frauen« gewesen.

Nach ihrer Ansicht zu der prahlerischen Mitteilung ihres Exgatten befragt, die bereits in diverse Nachschlagewerke aufgenommen worden ist, erklärt Régine heute: »Ich kann dazu nur sagen, daß ich während all der Jahre, die wir zusammen lebten, von diesen Dingen keine Ahnung hatte. Aber ich glaube, wenn man hinter Sex her ist wie ein Kaninchen, kommt ganz schön viel zusammen...!« Denises Antwort ist kurz und bündig: »Georges übertreibt immer. Wir haben es einmal gemeinsam ausgerechnet und sind auf nicht mehr als 1200 Frauen gekommen. Zehntausend ist wirklich zuviel!«

Stimmt diese Zahl doch und wenn ja, warum brüstete sich Simenon damit? Einerseits schrieb er mit großer Zärtlichkeit und großem Verlangen über die Zartheit und Zerbrechlichkeit der Frauen, so beispielsweise in *La Femme Endormie* (»Die schlafende Frau«), einem 1981 veröffentlichten Band diktierter Memoiren, wo er sich an einer Stelle schwärmerisch ausläßt über »diese besondere Verehrung, die ich mein Leben lang den Frauen zuteil werden ließ. Zwischen Mann und Frau besteht von Geburt an ein fundamentaler Unterschied, für den ich zeitlebens in meinem Inneren nach einer Erklärung gesucht habe«. Zum anderen war für ihn in Wirklichkeit sexuelle Befriedigung praktisch eine gewaltsame Befreiung. Seine ehemalige Privatsekretärin Annette de Bretagne hat den Ausdruck »les femmes-récréations de Georges Simenon« – »Frauen zum Zeitvertreib« – geprägt, und als Simenon selbst die Behauptung von den »10 000 Frauen« einem Reporter von *Newsweek* erläutern sollte, meinte er: »Das ist doch eine ganz normale Anzahl, fast banal zu nennen! Ich habe eine Menge Freunde, die dieselbe Erfahrung gemacht haben. Warum ich das getan habe? Wenn Sie Hunger haben, essen Sie doch wohl, und wenn Sie Durst verspüren, greifen Sie nach einem Getränk. Ich würde sagen, Sex ist etwas Lebensnotwendiges!«

Er suchte dann seiner Bedürfnisbefriedigung einen intellektuelleren Anstrich zu geben und fügte hinzu: »Ich bin neugierig auf alle Frauen, und man kann eine Frau nicht kennenlernen, wenn man nicht mit ihr schläft. Ich weiß nicht, warum sich alle Welt über diese Angelegenheit so aufregt. Für mich ist sie ein ganz unbedeutender Aspekt normalen Verhaltens!« Zugleich gab er dann zu, rund 8000 der 10 000 Frauen in seinem Leben seien Prostituierte gewesen, und bemühte sich, dem Ganzen einen nonchalanten Anstrich zu geben. Fünf Jahre später versicherte er in diesem Zusammenhang John Mortimer, der ihn für die Londoner *Sunday Times* interviewte: »Sie können mir glauben, ich habe unter den Prostituierten viele ›echte‹ Frauen kennengelernt. Ich behandelte sie zuvorkommend und gab mich als Gentleman. Ich ließ zuerst immer sie den Genuß erleben. Natürlich war ich Connaisseur genug, um zu merken, wenn ihre Lust nur geheuchelt war.«

Aber die sexuelle Seite ist lediglich ein Aspekt des Rätsels, das dieser ungewöhnliche Mann aufgibt. Er war Multimillionär geworden, für den Geld als solches längst alle praktische Bedeutung verloren hat. Er drückt es lakonisch so aus: »Seit ich mir Maigret ausdachte, bin ich nie arm gewesen.« Obwohl er immer alle seine Verträge selbst aushandelte und schlau, wie er war, die Lizenzen jeweils nur für zehn Jahre vergab, um sich gegen Geldentwertung abzusichern und den Wertzuwachs für seine Werke neu aushandeln zu können, lehnte er es ab, sein Vermögen zu investieren, denn er fand es, wie er seinerzeit die Schweizer Psychiater wissen ließ, »widerlich«, sich vorzustellen, daß sein Geld mehr Geld für ihn macht. »Ich halte es für völlig normal, wenn ich aus eigener Kraft zu Reichtum komme«, hatte er seinerzeit den Ärzten erklärt, »aber es ist nicht normal, wenn mein Geld es statt meiner tut. Ich bin kein Kapitalist!«

In den letzten Jahren lebte er in fast spartanischer Einfachheit in einem »kleinen rosa Haus«, das hauptsächlich aus einem einzigen großen Schlaf- und Wohnraum besteht. Das Häuschen liegt am Rande der Innenstadt von Lausanne unweit des Ufers des Genfer Sees. Unterdessen steht eine geräumige 26-Zimmer-Villa, deren Bau Simenon vor Jahren mehrere Millionen Schweizer Franken gekostet hatte, in Epalinges in den Hügeln oberhalb der Stadt leer. Er hatte sich nicht einmal die Mühe gemacht, sie zu verkaufen. Von seinen fünf Luxusautos hatte er sich dagegen getrennt. Seine Gemäldesammlung, unter der sich 24 Buffets, mehrere Picassos, Légers, ein Soutine sowie zahlreiche Vlamincks befinden, sind irgendwo in einem Depot gelagert.

Und selbst als er in Epalinges wohnte, schien er dort nicht besonders glücklich zu sein. »Als ich Georges das letztemal in dem großen weißen Haus besuchte«, erzählt mir eine amerikanische Freundin des Schriftstellers, »hatte ich direkt Mitleid mit ihm. Ich verspürte den Drang, wegzugehen und ihm einen Pullover oder etwas ähnliches zu stricken und zum Geschenk zu machen, etwas, was ihm ganz allein gehören sollte. Das Haus war so riesig, so unpersönlich, so kalt . . .«

Weitere Beispiele für die Geheimnisse im Leben des Georges Simenon, für die Unvereinbarkeiten und Widersprüche, gibt es im Überfluß. Mehr als irgendein anderer zeitgenössischer Autor personifizierte er für seine Leser Frankreich und vor allem Paris. Dabei war er gebürtiger Belgier ohne einen Tropfen französischen Blutes in seinen Adern, der seit einem Vierteljahrhundert seinen Wohnsitz in der Schweiz hatte und in Paris nur knapp zehn Jahre lang, zwischen Dezember 1922 und Frühjahr 1932, gelebt hat.

Er verkündete der Welt anläßlich seines 70. Geburtstages am 13. Februar 1973, daß er die Schriftstellerei aufgibt und mit dem »Ruhestand« beginnt. Er gab seine elektrische IBM-Schreibmaschine weg, auf der er mit der fast computerhaften Geschwindigkeit von zweiundneunzig Worten pro Minute die Gedanken auf das Papier hämmerte, die ihm durch den Kopf schossen. Auf seine Visitenkarten, auf denen bisher »Romanschriftsteller« stand, ließ er jetzt »ohne Beruf« drucken. Er begann sogleich über zwanzig Bände mit Lebenserinnerungen auf Tonbänder zu diktieren, darunter einen *Lettre à ma mère* (»Brief an meine Mutter«), in dem er sein unglückliches Verhältnis zu seiner Mutter aus ruhiger Sicht drei Jahre nach ihrem Tod mit einundneunzig Jahren schilderte, ein Buch, das zweifellos zum Besten zählt, was er geschrieben hat.

Dann, als die diktierten Memoiren abgeschlossen waren, ungefähr Anfang 1980, griff er wieder zum Schreibstift, und beinahe zwei Jahre benötigte er, um einen neuen umfangreichen Band mit biografischen Notizen fertigzustellen und umzuarbeiten, der gut eine Viertelmillion Worte umfaßte und den Titel *Mémoires intimes* (»Intime Memoiren«) bekam. Er verwandte dafür einen Teil des Materials, das er schon zu anderen Erinnerungsbüchern herangezogen hatte, stellte jedoch alles sehr viel detaillierter dar. Das Werk erschien Ende 1981 und ist bei weitem die umfangreichste schriftstellerische Arbeit aus seiner Feder; weitschweifig und schwerfällig in der Darstellung der Dinge, ist es in einem völlig anderen Stil geschrieben als alle seine Romane.

Er vergötterte seine Kinder und erwies sich zeitlebens als treusorgender Vater, der fast zu nachsichtig war und dann doch erleben mußte, daß die drei ältesten trotz all ihrer Liebe zu ihm ein Zusammenleben mit dem berühmten Vater nicht ertrugen und das Haus verließen, sobald sie flügge geworden waren. In einem Fall – bei Marie-Jo, seiner einzigen Tochter – führte das zu einer Tragödie.

Er verkündete gern voll Stolz seine, wie er sagt, vom Vater ererbte Vorliebe für die »kleinen Freuden des Lebens« wie »den Duft der ersten Tasse Kaffee am Morgen..., den Anblick der vielen Obst- und Gemüsesorten auf dem Markt, die Blumen, die Mädchen auf der Straße, die Singvögel in den Baumwipfeln, alles!« Doch sein Sohn John, der als Direktor einer amerikanischen Filmgesellschaft in London tätig ist, stellt die Dinge weniger poetisch und mehr realistisch dar: »Mein Großvater war der ideale Vatertyp, dem Papa nacheifern möchte, aber es nicht fertigbringt! Ruhig und zufrieden. Mein Vater hat zwar die *Theorie* von den ›kleinen Freuden des Lebens‹. Vermutlich ist jedoch einer der Gründe, daß er diese Vorliebe hegt – übrigens eines der ersten Themen, über die er mit mir sprach –, daß es für ihn so schwierig ist, diese idealen Dinge mit seinen Sinnen wahrzunehmen und sie zu genießen, *denn er ist im Grunde ein sehr ruheloser Mann!*«

Simenon gab bereitwillig sein »unruhiges« Innenleben zu. Er sagte, die Charaktere seiner jeweiligen Romane seien ihm unter die Haut gegngen; er habe gewissermaßen nur schreiben können, wenn er gefühlt habe, daß sie von ihm Besitz ergriffen hätten. In manchen Fällen sei ihm speiübel geworden durch diesen inneren Druck. Kurz gesagt: in den täglichen zwei Stunden, die er höchst konzentriert tatsächlich mit Schreiben zubrachte, sei er tatsächlich zu seinen Romanfiguren *geworden*. Er verfaßte seine Romane beinahe wie ein Schlafwandler (der er in jungen Jahren einmal war) in einem von ihm selbst so bezeichneten »Zustand der Gnade«. Er versenkte sich seinen Worten zufolge »in einen Roman, wie man sich in eine Religion versenkt«. Aber um sich in diese beinahe mystische Verfassung zu bringen und unter ihrem Eindruck tätig zu sein, mußte er zu einer höchst gewissenhaften, bis ins einzelne ausgeklügelten Routine Zuflucht nehmen, die allen Gebrauchsgegenständen auf seinem Schreibtisch einen festen Platz zuwies und bis zur genauen Zahl der schreibbereiten, angespitzten Bleistifte und fertig gestopften Pfeifen reichte.

In einem seiner seltenen öffentlichen Vorträge über sein Schriftstellerhandwerk definierte er im Rahmen der Brüsseler Weltausstellung im Oktober 1958 den Roman als »Leidenschaft, die völlig vom Autor Besitz ergreift und ihn zum Sklaven macht, ihm gleichzeitig aber auch ermöglicht, seine Dämonen auszutreiben, indem er ihnen Gestalt verleiht und sie in die Welt setzt«.

Welche Art waren die Dämonen, die in Simenon auf der Lauer lagen? Er hat fortwährend, in seiner gesamten schriftstellerischen Arbeit, danach getrachtet, so versicherte er, in seinen Romanen »den nackten Menschen« darzustellen, »den Mann, der sich beim Rasieren im Spiegel betrachtet und keine Illusionen über sich selbst hegt«. Um den »nackten Menschen« in Georges Simenon ausfindig zu machen, muß man Ermittlungen anstellen, bei denen man so zäh zu sein hat, wie es sein Kommissar Maigret war.

2

Herkunft, Elternhaus und Geburt

Belgien ist kaum ein Land, das auf der internationalen Literaturszene groß von sich reden macht. Abgesehen von Simenon und vielleicht noch dem Dichter Maurice Maeterlinck, dem Verfasser des Dramas »Der blaue Vogel« und Literaturnobelpreis-Träger des Jahres 1911, ist die bestbekannte literarische Figur Belgiens vermutlich die fiktive Gestalt des Hercule Poirot, Agatha Christies Schnurrbart tragender, überempfindlicher Detektiv.

Die rund zehn Millionen Angehörigen dieser Nation stehen im Ruf, fleißige, hart arbeitende Menschen, gute Geschäftsleute und hervorragende Konditoren zu sein, doch die Mitglieder der schreibenden Zunft haben in der Mehrzahl jenseits der Grenzen ihres Landes wenig Ruhm eingeheimst.

Vielleicht ist einer der Gründe darin zu suchen, daß Belgien trotz seiner geringen geographischen Größe gewissermaßen zwei Staaten in einem umfaßt. Zwei völlig verschiedene Kulturen, die französischsprachige wallonische und die flämische, existieren nebeneinander. Etwas mehr als die Hälfte der Bevölkerung sind Flamen, die zur Hauptsache in Flandern im Norden des Landes leben, sich ethnisch wenig von ihren holländischen Nachbarn unterscheiden und deren Muttersprache Flämisch eine Abart der niederländischen Sprache ist. Der andere Volksteil, die Wallonen, sind vorwiegend im Süden Belgiens ansässig. Sie bilden eine ethnische Gruppe mit ihren Nachbarn, den Franzosen, deren Sprache sie mit leicht unterschiedlichem Akzent sprechen.

Diese Zweiteilung von Sprache und Herkunft ist von jeher, genauer gesagt, seit der Gründung des modernen Staates Belgiens 1830 nach dem Aufstand gegen die holländische Oberhoheit im gemeinsamen Königreich der Vereinigten Niederlande, Ursache für Zwistigkeiten zwischen den beiden Volksgruppen gewesen, die im Laufe der Geschichte oft bürgerkriegsähnlichen Charakter annahmen. Amtssprache für das gesamte Land war bis in unsere Zeit Französisch, weil der wallonische Süden die reicheren und besser industrialisierten Provinzen umfaßte. Doch 1962 – Flandern und die übrigen flämischen Landesteile waren längst wirtschaftlich entwickelt und wohlhabend geworden, und der flämische Nationalismus setzte sich mehr und mehr durch – erzielte man einen Kompromiß. Flämisch wurde in den vier nördlichen, Französisch in den vier südlichen Provinzen Belgiens zur offiziellen Sprache im Behördenverkehr bestimmt und die in der Mitte gelegene Provinz Brabant mit der Hauptstadt Brüssel von Amts wegen für zweisprachig erklärt.

Diese Spannungen, die Teil des belgischen Nationalcharakters sind, gehörten auch zum Mikrokosmos der Familiengeschichte des Georges Simenon. Er selbst behauptete immer unter Berufung auf das, was ihm sein französischsprachiger Großvater väterlicherseits erzählt hatte, daß er Nachfahre eines bretonischen Soldaten aus der Armee Napoleons sei, der sich auf dem Rückzug vor Moskau ein Bein gebrochen habe, beim Durchmarsch nach Frankreich mit seinen Kameraden in einem Dorf bei Lüttich, heute der drittgrößten belgischen Stadt im Südwesten des Landes, Nachtquartier bezogen und dann keine Lust mehr gehabt habe, heimwärts nach Nantes zu humpeln. Er sei die Ehe mit einem ortsansässigen Mädchen eingegangen, und so sei alles gekommen.

Die Wahrheit sieht anders aus. Es gab keinen verwundeten bretonischen Füsilier aus den Napoleonischen Feldzügen, der in der Gegend von Lüttich »hängenblieb«. Jüngste Nachforschungen in belgischen Kirchenbüchern haben ergeben, daß Simenons frühester auffindbarer Vorfahr väterlicherseits ein flämischer Landwirt namens Lambert Simenon war, der aus einem Dörfchen unweit des Albert-Kanals zwischen Lüttich und Antwerpen stammte und 1732 geboren war. Er siedelte später nach Vlijtingen in der Provinz Limburg über, wo er heiratete und eine Familie gründete.

Simenon gab dann zu, daß die Geschichte, die er vom Großvater gehört hatte, zwar reizvoll, aber erfunden war. »Ich habe keinen einzigen Tropfen französischen Blutes in mir«, gestand er. »Und romanisches Blut fließt auch nicht durch meine Adern. Ich bin ein Mann aus Nordbelgien, ein unverfälschter Nordmann. Obwohl ich wohl bis ans Ende meiner Tage hier in der Schweiz leben werde, bleibe ich ein Mann aus dem Norden.« Seine Vorfahren auf des Vaters Seite waren in der Mehrzahl Flamen mit flämischer Muttersprache, doch irgendwann siedelte sich ein Ahn in der vorwiegend französischsprachigen Gegend von Lüttich im Süden des Landes an, und die Reihe der Vorfahren erweiterte sich durch Ehen mit ansässigen Wallonen. Einige Simenons wurden Müller, andere Krämer, und einer, der noch am Leben war, als Simenon zur Welt kam, war Geistlicher geworden und hatte es bis zum Bischof gebracht. Mit Ausnahme dieses hochwürdigsten Herrn waren sie zweifellos alle das, was Simenon *les petits gens* nennt: Angehörige des unteren Mittelstandes. Und als ein solcher sieht er sich selbst noch heute.

Die Ahnenreihe mütterlicherseits ist völlig anders. Bei ihr suchte er nie etwas zu verschönen, sondern bekannte sich voll und ganz zu ihr, wenn auch auf besondere Weise. Tatsächlich scheinen in all seinen Büchern die von einer Art Haßliebe geprägten Beziehungen zu diesem Zweig der Familie ihren Niederschlag gefunden zu haben, Beziehungen zu den im Vergleich zur väterli-

Henriette Brull　　　　　*Désiré Simenon*

chen Verwandtschaft völlig unterschiedlichen, wider-
streitenden Elementen der mütterlichen Vorfahren. Sie
hatten kein belgisches Blut in ihren Adern und waren
weder Flamen noch Wallonen, sondern eine Mischung
von Niederländern, die ehemals Belgien regierten, und
Deutschen, dem Volk, das in diesem Jahrhundert zweimal in Belgien einfiel. Seine Großmutter mütterlicherseits war reinblütige Holländerin, der Großvater jedoch
Deutscher gewesen.

Simenons Vater Désiré war groß, schlank und sah mit
seinem aufrechten Gang und seinem mit Pomade hoch-
gezwirbelten Schnurrbart aus wie ein Soldat. Als er mit
dreiundzwanzig Jahren zum ersten Mal das Mädchen,
das er heiraten wollte, in die Küche hinter dem Hutgeschäft seines Vaters in der belebten Rue Puits-en-Sock
in Lüttich mitbrachte, musterten seine Eltern die kleine,
einundzwanzigjährige Henriette Brull mit ihren blaß-
grauen Augen und dem hellblonden Haar fast, als sei

sie eine Ausländerin. Es muß ein schockartiger Eindruck für sie gewesen sein, etwa so, als habe früher ein junger Jude in sein konservatives Elternhaus eine christliche Braut eingeführt oder stelle heute in Nordirland ein römisch-katholischer Jüngling Vater und Mutter seine Flamme, ein protestantisches Mädchen, vor, obwohl beide Familien – die Simenons und die Brulls – katholisch waren.

Ihr ganzes langes Leben hindurch blieb Henriette so etwas wie eine Ausländerin in der französischsprachigen wallonischen Stadt Lüttich. Sie lernte nie fließend Französisch sprechen; stets kam ein starker holländischer Akzent durch, und am glücklichsten war sie, wenn sie jemand fand, mit dem sie sich in ihrem eigenen Dialekt, einem Mittelding zwischen Flämisch und Deutsch, unterhalten konnte.

Chrétien Simenon, der wallonische Hutmacher, und seine Frau Marie, deren Vater und Großvater Bergleute auf den einheimischen Zechen gewesen waren, akzeptierten die junge Frau niemals völlig. Auch nach der Hochzeit pflegte Désiré Sonntag vormittags ins Haus seiner Eltern zu kommen und das Brot für die kommende Woche abzuholen, das die Mutter immer für ihn (und für ihre übrigen zwölf Kinder, ohne Rücksicht darauf, ob sie verheiratet waren oder nicht) buk. Henriette begleitete ihn bei diesem Gang nie, auch nicht, als sie selbst noch keine Kinder hatte und ihr damit eine Entschuldigung fehlte.

Gesellschaftlich standen sie und ihre Familie mit den Simenons nicht auf derselben Ebene. Zum Zeitpunkt der Eheschließung mit Désiré gehörte sie zwar ebenfalls der unteren Mittelschicht an, doch sie hatte diesen Status von einer anderen Seite her erreicht. Während Désirés Familie sich aus bäuerlichen Verhältnissen ins Bürgertum emporgearbeitet hatte, waren Henriette und ihre Eltern von einem höheren sozialen und finanziellen Niveau abgesunken.

Ihr Vater, Wilhelm Brull, war ein erfolgreicher Unternehmer gewesen. Er besaß eine Reihe von Schleppkähnen, die die Kanäle und Flüsse der Niederlande befuhren. Zeitweise hatte er den wichtigen Posten eines Deichvogts in Herstal unweit der deutschen Grenze nördlich von Lüttich inne, wo ein wichtiger Kanal sich mit der Maas vereinigt. In einem Land, dessen Wirtschaftsleben so sehr von den Wasserwegen abhing, bedeutete diese Stellung fast so etwas wie die Zugehörigkeit zur Aristokratie.

Aber Brulls Charakter war von jener Labilität und Überspanntheit geprägt, die später bei mehreren seiner Kinder tragisches Ausmaß annehmen sollten: Zwei von ihnen tranken sich buchstäblich zu Tode, und eine Schwester von Henriette beschloß ihr Leben in einer Irrenanstalt. Man führte die Tobende eines Tages aus dem elterlichen Hause mit Gewalt ab, direkt vor den Augen des entsetzten jungen Georges, ihres Neffen.

Ende der siebziger Jahre des vorigen Jahrhunderts, als Brull ungefähr fünfzig war, begann er unmäßig zu trinken. Eines Abends unterzeichnete er im Suff Schuldscheine als Bürge für einen in Not geratenen Freund. Dieser machte Bankrott, und Brull war ruiniert. Mit der Schwäche des Feiglings, der nicht mehr imstande war, sich der Realität zu stellen, ergab er sich vollends dem Alkohol und starb 1885 im Alter von siebenundfünfzig Jahren.

Seine Witwe Maria mußte mit der jüngsten Tochter, der damals fünfjährigen Henriette, das prächtige große Haus an der Maas in Herstal verlassen und in eine schäbige kleine Wohnung in das kleinbürgerliche Outre-Meuse-Viertel in Lüttich übersiedeln, die in einer Straße lag, die eine noch bescheidenere Umgebung darstellte als die Rue Puits-en-Sock, wo der Hutmacher Chrétien Simenon mit seiner Familie lebte. Schlechte Zeiten brachen für Maria Brull und ihre Jüngste an, doch die Frau behielt ihren Stolz. Simenon wußte aus

Erzählungen seiner Mutter, daß die Großmutter, wenn es an der Wohnungstür klopfte, rasch mit Wasser gefüllte Kochtöpfe auf den Herd schob, so daß der Besuch annehmen mußte, sie bereite ein schmackhaftes Eintopfessen zu.

Ihre übrigen zwölf Kinder – alle viel älter als Henriette, die als Nachzügler auf die Welt gekommen war, als die Brulls schon glaubten, Maria habe das gebärfähige Alter überschritten – unterstützten sie nur wenig. Einer der Söhne, der ein wohlhabender Händler von landwirtschaftlichen Maschinen geworden war und es sogar zu einem Schlößchen vor der Stadt gebracht hatte, suchte sie eines Tages auf und erklärte ihr, die paar wertvollen Möbelstücke, die sie aus ihrem früheren Heim hinübergerettet hatte, seien »morsch und nichts wert«; er wolle ihr statt dessen neues Mobiliar beschaffen. Woraufhin er die ehrwürdigen Familienerbstücke abtransportierte und sie großzügig durch minderwertige Einrichtungsgegenstände aus einem billigen Möbelgeschäft ersetzte.

Maria Brull blieb unnachgiebig stolz, hochmütig und trotzig, bis sie 1901, vom Leben unbarmherzig verschlissen, das Zeitliche segnete. Ihre jüngste Tochter hatte inzwischen gelernt, der Armut auf ihre eigene unterschiedliche, doch ebenso unbeugsame Art zu trotzen. »Du pflegtest Dich stets zu verbeugen«, schrieb Simenon in seinem »Brief an meine Mutter«. »Du erniedrigtest Dich. Du sagtest bei jeder Gelegenheit ›Danke schön!‹ Du bedanktest Dich bei jedermann für jedwede Handreichung, bei der Milchfrau, bei der Du einkauftest und sogar bei Deinen Schwestern...«

Die Jüngste aus der Brull-Familie – »ein Kanarienvogel für die Katze«, wie Simenon sie einmal nannte – erkannte früh, daß sie ein besseres Leben nur aus eigenen Anstrengungen erreichen konnte. Sie war stolz auf ihre Armut und bat nie um eine Gefälligkeit. Ihr Leben lang gab sie sich ärmer, als sie in Wirklichkeit war, wie wenn die Armut an sich eine Tugend gewesen wäre. »Wir kommen mit dem Allernotwendigsten aus«, lautete ihre ständige Redensart, mit der sie jedermann in den Ohren lag und die sich ihrem Sohn unauslöschlich ins Gedächtnis prägte.

Als ihre Mutter starb, zog Henriette für kurze Zeit zu einer verheirateten Schwester (die später an Trunksucht starb), aber nicht als Familienangehörige. Sie mußte Kindermädchen für ihre Nichte und ihren Neffen spielen und die Mahlzeiten mit den anderen Dienstboten in der Küche einnehmen. Ungewöhnlich mutig für ein 21jähriges Mädchen in jener Zeit beendete sie abrupt dieses Arbeitsverhältnis, ging los und suchte sich eine Stelle als Verkäuferin. Sie hatte Glück: man stellte sie beim führenden Lütticher Kaufhaus »Innovation« ein.

Kurz nach Antritt ihrer neuen Stelle erblickte sie zum ersten Mal einen großen, gutaussehenden Mann – Désiré Simenon –, der auf dem Weg zur Arbeit allmorgendlich an ihrem Schaufenster vorbeikam. »Was für ein herrlicher Gang!« bemerkte sie entzückt zu einer anderen Verkäuferin.

Désirés Art zu gehen war beinahe ein Schlüssel zu seinem Charakter. »Er schritt gleichmäßig mit großen Schritten aus, die abgemessen waren wie unter dem Takt eines Metronoms«, erzählt Simenon. In dem Erinnerungsband *Pedigree* (»Stammbaum«) schildert er, daß sein Vater morgens auf die Minute genau zur selben Zeit das Haus verließ, so daß »die Nachbarn wußten, wie spät es war, ohne auf den Wecker zu sehen. Ladenbesitzer, die ihre Fensterläden herunternahmen, konnten daraus ersehen, ob sie früh oder spät dran waren; der große Désiré ging vorbei und setzte seine Beine in derart abgezirkeltem Tempo voreinander, daß man meinen mochte, sie seien eigens dafür geschaffen, den Lauf der Zeit zu messen...« Dies ist nicht die dichterische Freiheit des Sohnes, der ein berühmter Schriftsteller wurde. Professor Maurice Piron von der Universität

Lüttich, international anerkannter Simenon-Forscher und Leiter des Simenon-Archivs, erinnert sich, daß seine Mutter, die Désiré und Henriette in jungen Jahren kannte, oft von der seltsamen Angewohnheit von Simenons Vater sprach, beim Gehen alle Schritte gleichmäßig zu tun.

Dichterische Freiheit nahm sich Simenon allerdings heraus, wenn er davon schwärmte, daß der Vater »immer von Musik begleitet zu sein schien, die nur er allein vernahm und zu deren Takt er ausschritt, unter seinem buschigen Schnurrbart die sinnlichen Lippen halb geöffnet zu einem vagen Lächeln, das völlige innere Zufriedenheit verriet«. Er erklärte den Schweizer Psychiatern, die ihn für den erwähnten Artikel *Simenon sur le gril* auch über seine Jugend ausfragten, wortwörtlich, sein Vater sei täglich zum Kontor genauso gegangen, als schritte er geradenwegs in den Himmel!

Wie dem auch sei, Désiré Simenon war ein stattlicher Mann. Er hatte eine gute, sichere Stellung inne. Er konnte zuversichtlich in die Zukunft sehen. Seine Eltern waren angesehene, alteingesessene, sorgenfrei lebende Leute. Er trank keinen Alkohol, abgesehen von einem sonntäglichen Glas Bier. Nur einmal in der Woche, ebenfalls sonntags, traf er sich mit Freunden zum Kartenspiel. Er wettete nicht. Er stieg nicht den Mädchen nach. Als er sich einer örtlichen Laienspielgruppe anschloß, tat er es nicht, um als Schauspieler auf der Bühne zu stehen, sondern betätigte sich, hinter den Kulissen sitzend, als Souffleur.

Was konnte eine leidgeplagte junge Frau, die eine bessere Zukunft anstrebte und deren Nerven angespannt waren wie Geigensaiten, von einem künftigen Gatten mehr erwarten?

Sie wußte damals noch nicht, daß ihm materielles Streben völlig fremd war. Daß Désiré sich später, als ihn sein Dienstherr vor die Wahl stellte, Vertreter im Feuer- oder im Lebensversicherungsgeschäft zu werden, für das erstere entschied, weil damals die Lebensversicherung noch im Anfangsstadium steckte und eine unsichere Sache war. Freilich sollte sie sich dann im Laufe der Zeit als der bei weitem lukrativere Zweig erweisen mit dem Resultat, daß ein jüngerer Kollege Désiré Simenons, der die Lebensversicherung gewählt hatte, binnen kurzer Zeit weitaus mehr verdiente. Henriette ahnte in jener Zeit auch noch nicht und dachte wohl auch nicht darüber nach, daß möglicherweise eine weitaus tiefere Kluft zwischen ihr und ihrem Mann bestand. In späteren Jahren sollte sie sich bei ihm mit den Worten beklagen: »Wenn ich es richtig bedenke, hast Du nicht ein einziges Mal ›Ich liebe Dich!‹ zu mir gesagt...« Worauf er, beinahe verständnislos, erwiderte: »Aber Du bist doch bei mir!« Tief in ihrem Herzen wollte die verängstigte junge Frau, die sogar vom eigenen Bruder betrogen worden war, mehr vom Leben, als Désiré oder vielleicht irgendein anderer Mann ihr geben konnte.

Im Jahre 1901 zeichnete sich all dies noch nicht ab. Niemand vermag heute zu sagen, wer den ersten Kontakt zwischen ihnen herstellte. Ob Désiré es war, der den Hut vor der kecken Verkäuferin zog, die einen guten Kopf kleiner war als er und ihm aus dem Schaufenster unter der Stuckfassade von »Innovation« einen bewundernden Blick zuwarf, oder ob Henriette die Initiative ergriff und es so einrichtete, daß sie ihm über den Weg lief.

Auf alle Fälle war es eine sehr kurze Verlobungszeit. Binnen weniger Monate war dieses ungleiche – manch einer würde sogar sagen, überhaupt nicht zusammenpassende – Paar in den heiligen Ehestand getreten. Man bezog eine kleine, zweizimmerige Wohnung über einem Hutgeschäft in der Rue Léopold unweit von dem kopfsteingepflasterten Herzen der Stadt. Es gab fließendes Wasser, aber nur aus einem gemeinschaftlichen Anschluß im Treppenhaus.

In dieser Umgebung brachte am frühen Morgen des 13. Februar 1903, einem Freitag, Henriette ihr erstes Kind, einen Sohn, der auf den namen Georges getauft wurde, zur Welt. Abergläubisch wie sie war, schreckte sie das Geburtsdatum. Sie überredete den Hausarzt, die Entbindung zeitlich zurückzudatieren, als habe sie am Donnerstag, dem 12. Februar, kurz vor Mitternacht stattgefunden. Simenon begann das Leben mit einer Lüge.

Lüttich, die flächenmäßig ausgedehnte, blühende, bürgerliche Stadt von heute mit ihren unzähligen Mercedes-Taxis, hat sich im wesentlichen seit jenem Februartag vor zweiundachtzig Jahren nicht verändert. Selbst in unserer Zeit, wo durch Straßenerweiterungsprojekte, die Auswirkungen zweier Weltkriege und die unpersönliche Stahl-, Glas- und Betonarchitektur des 20. Jahrhunderts viel geschehen ist, um das Stadtbild freundlich und weltoffen zu gestalten mit dem Ergebnis, daß es vor allem in den Außenbezirken vielen gleich großen Städten anderswo in Westeuropa gleicht, prägt immer noch die Maas mit ihren Schleppkähnen, Tankern und Frachtschiffen die Innenstadt von Lüttich, durch deren Straßen sie sich wie ein Gletscher über einen Felsen den Weg bahnt. Man kann gut verstehen, warum Simenon von Kindesbeinen an von Schiffen, dem Wasser, Kanälen und Flüssen fasziniert war.

Im »Brief an meine Mutter«, drei Jahre nach ihrem Tod geschrieben, berichtete Simenon ihr, daß er versucht habe, sie sich als das kleine Mädchen vorzustellen, das sie einmal war, »denn man kennt nie einen Menschen wirklich, wenn man seine Kindheit nicht kennengelernt hat«. So ist es auch mit ihm selbst. Einem französischen Rundfunkredakteur erklärte er 1955 in einem Interview: »Ich glaube, daß der Mensch nur seinen Charakter formt und geistig wächst, bis er etwa achtzehn Jahre alt ist. Was man dann nicht in sich aufgenommen hat, kann man später nicht nachholen. Es ist dann zu spät. Jeder ist imstande, das zu verarbeiten und zu entwickeln, was er aufgenommen hat. Entweder macht man etwas daraus oder läßt die Veranlagungen ruhen. Sobald man die Periode der Absorption hinter sich hat, wird man je nach dem Grad der Weiterentwicklung der eigenen Fähigkeiten mehr oder weniger der Sklave der eigenen Kindheit und frühen Jugend.«

Lüttich, die Stadt, in der Simenon die ersten zwanzig Jahre seines Lebens verbrachte, sollte ihn in späteren Jahren gewissermaßen mit quälenden Erinnerungen verfolgen. Es war ein farbenprächtiger, aufregender Ort für die frühen Entwicklungsjahre eines jungen Mannes: Die reichen Leute fuhren in Kutschen und in den ersten Autos herum; die *petits gens* schritten wie sein Vater mit einem Zylinder auf dem Kopf in ihre Läden und Büros; die Bergleute von den rings um die Stadt liegenden Kohlenzechen, auf die sich in großem Maße der Wohlstand Lüttichs gründete, wanderten in jenen Tagen, als es noch keine Waschkauen auf den Schachtanlagen gab, nach ihrer Schicht mit schwarzen Gesichtern, aus denen die weißen Augenränder hervorleuchteten, durch die Straßen heimwärts, die Augen bei sonnigem Wetter wegen der ungewohnten Helligkeit zusammengekniffen. Zuweilen kam es auch vor, daß Trupps der berittenen Polizei mit geschwungenen Säbeln, die in der Luft blitzten, in Ansammlungen von streikenden Arbeitern hineinritten.

Es gab auch andere, friedlichere Aspekte. Um sie mit Simenons eigenen Worten zu schildern: »Die bläulich schimmernden Pflastersteine, die vorbeiratternden Straßenbahnen, der Bäcker von gegenüber, der mehlbedeckt mit lachenden Augen vor die Ladentür trat, um Luft zu schnappen, die Verkäuferin, die die Schaufenster mit einem Ledertuch abwusch...« Und dann waren da die unzähligen Kneipen mit »dem sonnigen Trottoir davor. Innen blau schimmernde Düsterheit, und der Kellner, noch nicht in Jacket und schwarzer Hose, der das Sägemehl auffegte oder es frisch ausstreute. Es roch nach Bier. Große Fässer wurden vor der Tür angerollt, und stämmige Brauereirösser warteten und scharrten von Zeit zu Zeit mit ihren Hufen und schlugen Funken auf dem Straßenpflaster.«

In dem autobiografischen Buch *Je me souviens* (»Ich erinnere mich«) gestand Simenon, daß zu seinen glücklichsten Kindheitserinnerungen die frühmorgendlichen Einkäufe mit der Mutter auf dem Markt zählen, wo der Junge gern zwischen Körben und Kisten mit Gemüse und Obst umherschweifte. Henriette, die absichtlich für den Marktbesuch keinen Hut aufsetzte, »weil man dann höhere Preise zahlen muß«, schleifte den kleinen Georges, wenn es ihm nicht gelang, sich loszureißen, von Stand zu Stand, ohne einen Blick zu haben für »das schönste Spektakel der Welt in einer Symphonie von gedämpften Farben, Blau und Gold, im Lichte des jungen Tages«.

Dann war da der bemerkenswerte Clan von vierundzwanzig Onkeln und Tanten, deren Ehegatten und nicht weniger als sechzig Vettern und Kusinen ersten Grades, mit denen der jungen Simenon aufwuchs. Die Simenons waren Stadtmenschen, fest verwurzelt mit ihrem Stadtteil Outre-Meuse (in den Désiré mit Frau und Kind ein halbes Jahr nach der Geburt von Georges wieder übersiedelte), deren Leben in festen Gleisen verlief unter der matriarchalischen Fuchtel der Brot bakkenden Bergmannstochter Marie Simenon.

Es gab wenig Lachen und spontane Freudenausbrüche auf *dieser* Seite der Verwandtschaft des jungen Georges. Der einzige vielleicht, den das Kind wirklich verehrte, war sein Urgroßvater Guillaume Moers. Der ehemalige Bergarbeiter, *Vieux-Papa* gerufen, lebte bei seiner Enkelin Marie. Er war hoch in den Achtzigern und blind geworden. Sonntags morgens, wenn Simenon seinen Vater begleitete, um bei der Großmutter die

Wochenration frisch gebackenen Brotes in Empfang zu nehmen, drückte der Alte dem kleinen Jungen ein Geldstück in die Hand. Ein Kritiker hat einmal die Vermutung geäußert, daß die Silhouette von Maigret, wie sie erstmals in den frühen Romanen anfangs der dreißiger Jahre auftauchte – groß und korpulent, gelassen

Erstes Porträt von Georges Simenon

und eindrucksvoll in seinem dunklen Überzieher mit dem schwarzen Samtkragen –, ihr Vorbild in der massigen Gestalt des Urgroßvaters hatte, der, »gewaltig an Leibesfülle und mit Händen wie ein Gorilla«, in einem ihm vorbehaltenen Sessel in der Küchenecke saß, eine Art Lodenmantel über die Schultern gelegt.

Vieux-Papa, allem Anschein nach ein zäher alter Bursche, dem der erste Zahn erst – ohne Betäubung! – mit sechsundachtzig gezogen wurde, war vom Arzt ermahnt worden, aus gesundheitlichen Gründen keine rohen Zwiebeln mehr zu essen, die er besonders gern mochte. Beinahe fünfzig Jahre später sollte Simenon dem amerikanischen Journalisten Brendan Gill für ein Porträt in der Zeitschrift *The New Yorker* erzählen, daß er sich noch gut daran erinnerte, wie sein Urgroßvater durch die Stadt wanderte und Zwiebeln von den Marktkarren stibitzte. Weil er blind war, vermutete er, daß niemand ihn dabei sah.

Mit Ausnahme von *Vieux-Papa* verzeichnete Henriettes Seite der Familie die echten Sonderlinge: die unsteten, nicht anpassungswilligen, gequälten Söhne und Töchter des verstorbenen Alkoholikers Wilhelm Brull, die alle auf ihre Art versuchten, wie es auch Henriette getan hatte, ihr Schicksal zu wenden und auf ihre Art glücklich zu werden.

Ein Bruder, Albert, ging mit Adligen auf die Jagd und hatte kaum etwas mit seiner Schwester und ihrer »abgesunkenen« sozialen Stellung gemein. Als sie ihm schrieb und um ein geringes Darlehen bat, um ein kleines Milchgeschäft zu eröffnen – eines von mehreren in Erwägung gezogenen Projekten, zusätzlich Geld zu verdienen, als Simenon noch ein Baby war –, beantwortete er ihren Brief gar nicht. Léopold, ein anderer Bruder, der gut aussah, ging als junger Mann von der Universität ab, um Offizier zu werden (und schockierte dann die Familie, als er die Serviererin aus der Regimentskantine heiratete). Danach verließ er die geordneten Lebensbahnen fast völlig, nahm hier und da einmal Gelegenheitsarbeiten als Kellner oder Barmixer an und verschwand dann für ein halbes oder ein ganzes Jahr spurlos von der Bildfläche, ohne von sich hören zu lassen, so daß niemand, nicht einmal seine Frau Eugénie, wußte, wo er sich aufhielt und was er machte. Sie suchte sich jedesmal eine Stelle und verließ die gemeinsame Wohnung. Er pflegte, wenn er wieder auftauchte, eine Anzeige in der Zeitung aufzugeben, um sie wiederzufinden. Er bekam von ihr keine Vorwürfe zu hören, und sie zogen wieder zusammen, als sei nichts gewesen, bis er sie wieder allein ließ.

Léopold wurde im Laufe der Zeit zum Trunkenbold und Anarchisten, und wenn Henriette ihn bei ihren Einkäufen durch die Straßen von Lüttich schwanken sah, wandte sie sich ab und blickte in eine andere Richtung. Désiré hingegen nahm, wie nicht anders zu erwarten war, seinen Schwager so hin, wie er war, und fand es nach Darstellung Simenons sogar leicht amüsant, jemand wie diesen Léopold in der Familie zu haben.

Eines Tages verschwand er dann für immer – um, wie sich später herausstellte, zurückgezogen und allein an Zungenkrebs zu sterben. Wenige Wochen darauf wurde Eugénie tot in ihrer Wohnung aufgefunden; sie hatte sich zu Tode gehungert. 1954 sollte Simenon die Geschichte dieser großen Liebe als Vorlage für seinen Roman *Le Grand Bob* (»Der große Bob«) wählen, eines seiner wenigen Bücher, das man wirklich »romantisch« nennen kann und das, trotz seines tragischen Ausgangs, nicht nur die Schattenseiten des Lebens beschreibt. Das Bild seines Onkels Léopold, eines Mannes, der die bürgerliche Welt verachtete und der gesellschaftlichen Norm dadurch entrann, indem er sich »absetzte«, wann immer er Lust dazu verspürte, und Freiheit ohne Verantwortung und Sorgen suchte, hat Simenon sein Leben lang vorgeschwebt.

Das Thema Flucht aus dem Alltag ist eines der wichtigsten, immer wiederkehrenden in seinem Werk, und mehr als einmal hat er ein Loblied auf das Landstreicher- oder Vagabundenleben gesungen. Im Frühsommer 1968 gestand er inmitten des sterilen Luxus seiner Millionärsvilla in Epalinges den fünf zu Besuch bei ihm weilenden Schweizer Ärzten, Léopold Brull sei sein Lieblingsonkel gewesen. »Er war ein Nonkonformist... Tramp ist derjenige, der im Leben keine Konzessionen macht, der mit dem Bewußtsein leben kann, seine eigene Wahrheit gefunden zu haben... Wenn meine Kinder nicht wären, wäre ich nicht unglücklich, mich jetzt ohne einen Sou in der Tasche in den Straßen von Lausanne wiederzufinden...«

Seine Tanten waren ein lustiges Völkchen. An den Sonntagnachmittagen besuchte man meist abwechselnd eine von Henriettes Schwestern. Tante Marie betrieb am Quai de Coronmeuse ein Kolonialwarengeschäft, dem ein Ausschank angeschlossen war. Ihre Kunden waren hauptsächlich die Schiffer und ihre Familien, die auf den Schleppkähnen wohnten und Flüsse und Kanäle befuhren. Das Leben auf dem Wasser und an den Ufern begann damals Simenon zu faszinieren. Die Eindrücke, die sich ihm in der Kindheit von dem Geschäft seiner Tante und der Umgebung einprägten, hat er später in folgender lebendiger Beschreibung zu Papier gebracht:

»Der Quai de Coronmeuse und mit ihm der Kanal und der Hafen, in dem hundert oder zweihundert Lastkähne, vielleicht noch mehr, Seite an Seite lagen, manchmal zehn auf gleicher Höhe, mit aufgehängter Wäsche, spielenden Kindern, dösenden Hunden an Bord, strömte einen kräftigen Geruch nach Teer und Harz aus... Da war das Ladenfenster, ein altmodisches Schaufenster, vollgepackt mit Stärkemehlpackungen, Kerzen, Tütchen mit Zichorie und Essigflaschen. Da war die verglaste Tür mit der aufgeklebten Reklame: der weiße Löwe von Rémy-Stärke, das Zebra, das für ein Herdputzmittel warb und noch ein Löwe, ein schwarzer, auf einer Bohnerwachsdose. Dazu die Türglocke, deren Bimmeln man unter Tausenden wiedererkennen würde...

Schließlich noch der einzigartige, wunderbare Duft des ganzen Hauses, in dem nichts alltäglich war, wo alles eine seltene, außergewöhnliche Qualität besaß, als hätte man Jahre auf die Herstellung verwandt.

War es der Duft von Genever, der vorherrschte? Oder waren es die banaleren Gerüche, die die Waren im Laden ausströmten? Denn hier wurde buchstäblich alles verkauft, von Fässern mit amerikanischem Petroleum, die oft undicht waren, so daß das Öl heraus-

Henriette und Désiré Simenon (1915)

sickerte, und Tauen bis zu Stallaternen, Peitschen und Teerfarbe für den Schiffsanstrich. Da standen unzählige Gläser mit Süßigkeiten von fragwürdiger rosa Farbe, und Schubladen aus Glas waren mit Zimtstangen und Gewürznelken vollgestopft... Dann war da noch ein anderer Geruch, der nach Weidenruten. Er kam vom

Ende des Hausflurs her, denn Tante Maries Mann war Korbmacher und arbeitete mit einem buckligen Gehilfen im Hinterzimmer, dessen Fenster zum Hof gingen...«

Da war ferner Tante Marthe, bei der Henriette vorübergehend als Kindermädchen tätig gewesen war. Sie war mit einem wohlhabenden Lebensmittelgroßhändler verheiratet und lebte in einem eindrucksvoll großen Haus gegenüber vom Fleischmarkt, was nicht verhinderte, daß sie zutiefst unglücklich war und Trost in der Flasche suchte. Und nicht zu vergessen Tante Félicie – »die bemitleidenswerteste, aber auch die hübscheste, die rührendste von all meinen Tanten, die ich noch vor mir sehe, die Ellbogen auf die Theke ihres Cafés gestützt, eine Pose voll romantischer Nostalgie...« Auch Félicie wurde Alkoholikerin; sie war es, die so tobte, als sie in eine Heilanstalt abtransportiert wurde. Simenon, damals acht oder neun Jahre alt, war zugegen, als der Krankenwagen vorfuhr. Er weiß noch, wie sein Onkel, den Rücken gegen die Wand gepreßt und den Kopf zwischen den Händen verborgen, haltlos schluchzte, während er – der kleine Georges – sich die Frage stellte: »Was wird passieren, wenn eines Tages ein solcher schwarzer Wagen kommt und meine Mutter abholt?«

Denn Henriette war alles andere als glücklich. Sie neigte zu blinden Wutanfällen. Nachhaltig reagierte sie auf die leichtesten Rückschläge, die leiseste taktlose Anspielung. Wenn sich beim Kämmen ihr Haar widerspenstig zeigte und ständig herabfiel, während sie bemüht war, es zu einem Knoten zusammenzustecken, genügte das, um bei ihr solchen Zorn auszulösen, daß sie sich weinend aufs Bett warf. Das kam hundertmal vor – und immer wieder beruhigte Désiré, bedächtig und geduldig, wie er war, seine Söhne Georges und dessen dreieinhalb Jahre jüngeren Bruder Christian mit den Worten: »Macht euch nichts draus, Kinder! Eure Mutter fühlt sich nicht wohl.«

Übrigens war die bevorstehende Geburt von Christian im September 1906 der Anlaß für die einzige schwere Unstimmigkeit zwischen Désiré und Henriette gewesen, die – bereits in diesem frühen Stadium ihrer Ehe – Henriettes Achtung für ihren Gatten nachhaltig trübte und zu einer Änderung im Lebensstil der Familie führte. Es war ein Wechsel, der tiefgreifende Auswirkungen auf Simenon persönlich und auf seine künftige Entwicklung als Schriftsteller haben sollte.

3

Kindheit und
frühe sexuelle Erfahrungen

Wie in den meisten westeuropäischen Ländern zu Beginn unseres Jahrhunderts gab es auch in Belgien keine Sozialversicherung und keine staatliche Altersrente. Wer in finanzielle Nöte kam, mußte sich durch eigene Anstrengungen über Wasser halten oder untergehen, wie es Henriette nur zu gut erfahren hatte. Obwohl Désiré Simenon eine gute Stellung innehatte, hatte er später keinen Anspruch auf eine Pension. Was tun, wenn ihm etwas zustieß? Welche Sicherheiten hatte sie, wenn wieder einmal das Schicksal unbarmherzig zuschlagen sollte und sie und ihre Kinder des Ernährers beraubt würden? Denn sie hatte, wie es damals üblich war, ihren eigenen Posten bei »Innovation« vor der Geburt von Georges aufgegeben, und die Familie hing jetzt ganz von Désirés Einkünften ab.

Zu Beginn des Jahres 1906 kam Henriette erneut in andere Umstände, und ihr von Natur aus neurotisches, reizbares Temperament wurde noch mehr strapaziert. Bald würde sie sich um *zwei* Kleinkinder sorgen müssen für den Fall, daß mit ihrem Mann etwas passierte. Da gab es nur eine naheliegende Lösung. Désiré arbeitete bei einer Versicherungsgesellschaft; warum schloß er dann keine Lebensversicherung für sich selbst ab? Auf diese Weise war Henriette und den Kindern Sicherheit garantiert. Eine Lebensversicherung war so gut wie eine Pension.

Sie fragte ihn, doch er wich einer Antwort aus. Sie drängte ein zweites Mal. Wieder vermied er eine direkte Antwort. Henriette ließ jedoch nicht locker, und nach und nach wurde ihr klar, daß Désiré trotz ihrer Beharrlichkeit einfach nicht dazu zu bewegen war, sein Leben zu versichern. Er war abergläubisch, ohne ihr den Grund zu nennen. Henriette jammerte und tobte, doch vergebens. Désiré nahm ihre beleidigenden Worte und ihre spöttischen Bemerkungen über seine Selbstsucht mit der gewohnten Gelassenheit hin und blieb ungerührt. In den folgenden Jahren sollte der junge Simenon immer wieder seine Mutter seufzen hören: »Wenn ich daran denke, daß du nicht einmal eine Lebensversicherung hast!«

Es blieb nur eines zu tun: Wie vor ihrer Ehe mußte sich Henriette mit eigener Kraft einen zusätzlichen finanziellen Rückhalt schaffen. Sie gab den gerade dreijährigen Georges tagsüber in eine von Nonnen geleitete Kinderbewahranstalt, um mehr freie Zeit zu haben, und überredete Désiré, die kleine Wohnung in der Rue Pasteur (der heutigen Rue Georges Simenon!) aufzugeben und statt dessen ein kleines Haus zu mieten, das um die Ecke in der Rue de la Loi lag. Dort hängte sie nach dem Umzug ein bescheidenes Schildchen ins Fenster: »Möblierte Zimmer zu vermieten!« Von da an logierten während Georges' Kinderzeit und der seines Bruders Christian ständig ausländische Studenten bei ihnen. »Ich mache Dir das zum Vorwurf«, schrieb Simenon rund siebzig Jahre später im »Brief an meine Mutter«. »Obwohl ich ein Kind war, spürte ich doch, daß der Haushalt nicht in Ordnung war, daß sich alles um Dich drehte. Du arbeitetest schwer von früh bis spät, Du riebst Dir die Finger wund beim Waschen von Bergen von Wäsche... Heute ist mir bewußt, daß es kein böser Wille und schon gar nicht Egoismus Deinerseits war. Du folgtest einem inneren Drang, und kein Gefühl konnte Dich davon abhalten...«

Paradoxerweise sollte jedoch dieser Entschluß Henriette Simenons die tiefgreifendsten und vorteilhaftesten Auswirkungen auf das weitere Leben und die literarische Karriere ihres ältesten Sohnes haben. Dies geschah auf zweierlei Weise. Zum einen ließ ihn die frühe, man könnte sagen, zu frühe Einschulung praktisch zum Wunderkind werden, jedenfalls was Lesen und Schreiben betraf. Mit der heimlichen Hilfe von Schwester Adonie (der von der Schwester Oberin untersagt worden war, kindliche Frühreife zu fördern und die Georges schwören ließ, sie nicht zu verraten) erlernte er die Anfangsgründe von Schreiben und Lesen bereits mit drei Jahren. Am Nachmittag, wenn andere Kinder seines Alters draußen spielten und sich vergnügten (obwohl er das auch tat), saß er gewöhnlich in seinem kleinen Zimmer unter den Dachsparren des Hauses in der Rue de la Loi und schrieb Gedichte und zeichnete Landkarten, zwei Lieblingsbeschäftigungen in jenen Jahren.

Das zweite Resultat der Tatsache, daß Madame Simenon Studenten in ihr Haus aufnahm, war, daß sich für den noch sehr jungen Simenon die Augen für eine völlig neue Welt außerhalb des begrenzten Bereichs öffneten, in dem er lebte. Die Studenten, jeweils drei oder vier, von denen manche nur ein Jahr, andere drei Jahre und länger blieben, besuchten alle die Universität Lüttich. Sie kamen in der Mehrzahl aus Osteuropa, zur Hauptsache aus Rußland und Polen, und hatten sich für Lüttich entschieden, weil es die französischsprachige Universität mit den niedrigsten Studienkosten war. Einige setzten auch ihre revolutionären Aktivitäten fort, und dem jungen Georges klangen die Ohren von Berichten über die fernen Heimatländer der Untermieter und ihr gefährliches Leben dort. Ihre literarischen Ebenbilder sollten in späteren Jahren in vielen seiner Romane, besonders in den frühen Veröffentlichungen, auftauchen. Der Gegner des Kommissars im allerersten

Maigret-Roman ist »Pietr der Lette«, ein international operierender Schurke unbestimmter Nationalität, vermutlich aus Lettland oder Estland, der »seit Jahren von Interpol in allen Ländern Europas gejagt wurde.«

Georges lernte rasch die russische Sprache. Er verschlang die Bücher, die die Studenten mitgebracht hatten. Als er zwölf Jahre alt war, hatte er bereits Tschechow, Gogol, Dostojewskij, Puschkin und Gorki gelesen. Gogol war für ihn immer der größte Schriftsteller des 19. Jahrhunderts geblieben (während er William Faulkner für den bedeutendsten Romancier dieses Jahrhunderts ansah). Der junge, empfängliche Simenon war also mit den großen Werken der russischen Literatur vertraut, bevor er die der eigenen Muttersprache kennenlernte; er kannte die Denkweise und den Stil eines Gorki vor dem der Balzac und Flaubert.

Ein weiterer Vorteil bot sich Simenon (und später Christian, der dem Beispiel seines Bruders folgte): Er schlief im Laufe der Jahre mit verschiedenen Studentinnen, die im Hause wohnten. Es war sehr praktisch für die beiden jungen Männer, eine derart faszinierende Auswahl sexueller Partnerinnen direkt unter dem eigenen Dach in der engen, vollgestopften Straße im kleinbürgerlichen Viertel einer belgischen Provinzstadt zur Verfügung zu haben.

Viele der Studenten hörten medizinische Vorlesungen, und auch dies hinterließ unauslöschliche Spuren bei Simenon. Er las ihre Fachliteratur ebenso wie ihre »normalen« Bücher und beschäftigte sich früh mit Testuts *Treatise on Anatomy*, einem Kompendium, welches ihm das biologische Wissen vom Menschen vermittelte, das einen Schlüssel zu seinem gesamten Werk darstellt. Die Lektüre bewirkte noch mehr. Den Schweizer Psychiatern gestand er 1968: »Wäre ich nicht Schriftsteller geworden, hätte ich nichts anderes sein können als Arzt!«, und es ist offensichtlich kein Zufall, daß Maigret zunächst zwei Jahre lang Medizin studierte, bevor ihn der Tod seiner Tante, die ihm das Studium finanziert hatte, dazu zwang, in den Polizeidienst zu gehen. Alles in allem gesehen, läßt sich der Einfluß der Untermieter seiner Mutter auf Simenon nicht hoch genug einschätzen.

Was seinen regulären Schulunterricht betraf, so zeichnete sich der junge Simenon ein ums andere Mal aus. 1909, als er sechs Jahre alt wurde, wurde Schwester Adonies Lieblingsschüler in die Elementarstufe des Instituts St. André, einer römisch-katholischen Schule der Franziskaner unweit des elterlichen Hauses in der Rue de la Loi, aufgenommen. Als junger Mann sollte Simenon anarchistischen Ideen nachhängen und sich

Klassenfoto aus dem Jahre 1910

47

gegen den Konformismus in seiner Umgebung auflehnen, doch als kleiner Junge war er auf fast mystische Weise religiös und »zitterte«, wie er in seinen Erinnerungen schrieb, »vor einer simplen Gipsstatue der Mutter Gottes«.

Er war der Vorzugsschüler seiner Lehrer, erhielt immer die besten Aufgaben, zeichnete sich in allen Fächern aus und bestand schließlich im Juli 1914 die Schlußprüfung mit 293,5 von 315 möglichen Punkten. Eine Episode, die sich vermutlich 1912 abspielte und anekdotenartigen Charakter hat, zeigt die Atmosphäre, die seinerzeit bei den würdigen Patres an der höchst achtbaren Schule herrschte, die sie für die höchst achtbaren Kinder der hart arbeitenden, gottesfürchtigen niederen Bourgeoisie von Outre-Meuse betrieben.

Georges und Christian spielten eines Tages an der Maas auf einem Gelände, das gewöhnlich als Truppenübungsplatz diente und auf dem auch an diesem Tage Soldaten exerzierten. Sie warfen flache Kieselsteine in den Fluß, um zu sehen, wie weit sie hüpften, ein Spiel, das Kinder seit Urzeiten fasziniert hat. In seiner Aufregung fiel der kleine Christian plötzlich ins Wasser. Georges zögerte keinen Augenblick; er sprang dem Bruder nach, tauchte und bekam tatsächlich den Ertrinkenden zu fassen. Wegen der starken Strömung sah es so aus, als käme er nicht ans Ufer zurück, doch dann gelang es ihm mit letzter Anstrengung. Keine Frage: Georges hatte seinem Bruder das Leben gerettet. Der dramatische Vorfall war übrigens von den Soldaten nicht bemerkt worden.

Eine feine Leistung und glänzende Heldentat, die dem jungen Simenon für seinen Mut ein glänzendes Zeugnis ausstellte, sollte man meinen. Doch der Pater Superior des Instituts St. André sah den Vorfall in einem anderen Licht.

Georges hatte der Polizei alles wahrheitsgemäß geschildert, aber der Prior bestand auf einer anderen Version, die er Gorges diktierte, um sie den Behörden vorzulegen. Danach hatten die beiden Kinder keineswegs Steinehüpfen an der Maas gespielt, wie es die gewöhnlichen Arbeiterkinder taten, die die staatlichen Freischulen besuchten! Nein, die Gebrüder Simenon waren eigens zu dem Platz am Fluß geeilt, um die militärischen Übungen zu beobachten, und dabei hatte eines der Kavalleriepferde Christian umgestoßen und ins Wasser katapultiert! Sein tapferer älterer Bruder war hinterhergesprungen und hatte den Kleinen unter Einsatz seines eigenen Lebens gerettet!

Diese Lüge, die Simenon aufrechterhalten mußte, prägte sich tief in sein Bewußtsein ein. Er hatte etwas dagegen, die Unwahrheit zu sagen. Er verabscheute – und tat es bis zuletzt ganz bewußt – alles andere als die absolute Wahrheit, und doch wurde er hier als Schüler von einem hohen Kleriker, der die Lehren der Kirche gewiß kannte, zur Lüge angehalten!

Trotzdem blieb der junge Simenon ein gläubiger Katholik. Mit acht Jahren war er 1911 Meßdiener in der Kirche geworden, die einen Teil des großen Backsteingebäudes des Hôpital de Bavière bildete, des Krankenhauses, dessen hohe Mauern die Silhouette von Outre-Meuse mit prägten. Er stand damals jeden Morgen als erster im Haus um halb sechs auf und rannte atemlos durch die verlassenen Straßen zur Kirche, sich immer in der Mitte der Fahrbahn haltend, weil er Angst hatte vor unbekannten, unsichtbaren Gestalten, die Jagd auf ihn machten.

Schon als kleines Kind hatte Simenon ein reichbewegtes Innenleben. Der frühe religiöse Mystizismus war nur ein Symptom dafür. Ein weiteres Anzeichen waren seine intensiven Träume. (Noch mit Anfang Achtzig träumte er jedesmal, wenn er sich zum Schlafen hinlegte – sogar bei der mittäglichen Siesta –, und neuerdings immer in Englisch!) Auch sein Schlafwandel gehörte dazu.

Eines Nachts entdeckten ihn die Eltern, wie er in tiefem Schlaf draußen vor dem Haus über die Straße lief. Er hatte es irgendwie fertiggebracht, ohne Sturz drei steile Treppen in seinem langen Flanellnachthemd hinunterzusteigen. Bei einer anderen Gelegenheit fand ihn der Vater, nachts durch Geräusche geweckt, unten im Wohnzimmer in schlafähnlicher Trance seine Schularbeiten machend. Der Junge war sich gar nicht der Tatsache bewußt, daß er die Aufgaben längst bei der Rückkehr von der Schule in wachem Zustand erledigt hatte.

Der Hausarzt riet Désiré und Henriette, Eisenstäbe vor den Fenstern von Georges' Zimmer anbringen zu lassen, um zu verhindern, daß er sich selbst in schlafwandlerischem Zustand ein Leid zufügte. Und so kam es, daß der junge Simenon während seiner Kindheit und frühen Jugend die Nächte in einem Raum unter den Dächern von Lüttich verbrachte, der Gitter am Fenster hatte wie eine Gefängniszelle.

Simenons Frömmigkeit hatte auch eine makabre Seite, denn sie brachte ihn in einem sehr frühen Stadium seines Lebens in häufigen Kontakt mit dem Tode. Zwei- bis dreimal wöchentlich mußte er den Hof des Krankenhauses, in dem viele Jahre später auch seine Mutter sterben sollte, in Begleitung eines Priesters überqueren. Er schritt dabei vor dem Geistlichen her, in der einen Hand einen langen, schwarzen Holzstab mit einem silbernen Kreuz an der Spitze, in der anderen eine Glocke, die er unablässig betätigen mußte. Alle Patienten wußten, was das bedeutete: Georges, der Ministrant, und der Pater waren auf dem Weg, um einem von ihnen, einem Kranken, der ihnen vielleicht nur kurz voraus war, die Letzte Ölung zu spenden. Überall in den Hospitalbetten richteten sich dann die Leute auf und bekreuzigten sich.

»Das waren die Augenblicke, die ich am wenigsten mochte«, gesteht Simenon im »Brief an meine Mutter«. »Sie waren deprimierend für mich.« Dennoch betont Simenon, daß der Tod als solcher ihn nicht schreckte. Materiell gesehen bedeutete es, daß er für jedes Requiem, bei dem er ministrierte, fünfzig Centimes extra zu den kargen zwei Francs erhielt, die ihm im Monat für die werktägliche Frühmesse und zwei Messen am Sonntag zustanden. Der Sonntag war für ihn dabei insofern auch ein besonderer Tag, als er dann zwischen den Messen mit den Geistlichen frühstücken durfte und Weißbrot, Butter, zwei weichgekochte Eier und Kaffee vorgesetzt bekam. Ein Menschenalter später, als er den »Brief an meine Mutter« diktierte, konnte sich Simenon noch genau an »den Duft und sogar den Geschmack« jener Frühstücke in seinen Kindertagen erinnern. Egal, wie die Umstände gerade waren, Simenon war in jüngeren Jahren immer ein herzhafter Esser.

Am 4. August 1914, als der elfjährige Simenon gerade die Sommerferien genoß, bevor er mit einem Stipendium in ein Gymnasium, das von Jesuiten geleitete Collège St. Louis, eintreten sollte, marschierten die Armeen Kaiser Wilhelms II., denen der Durchmarsch durch das neutrale Belgien verweigert worden war, in das Land ein. Die Belgier kämpften tapfer und wehrten sich bravourös gegen die deutsche Übermacht, was allein die Tatsache zeigte, daß die Kämpfe um den Lüttich umgebenden Ring von Festungsanlagen zwölf Tage dauerten. Belgien kapitulierte, und das Land stand für die folgenden vier Jahre unter deutscher Militärverwaltung.

Weil Simenon noch sehr jung war, hinterließ der Erste Weltkrieg, der sein Leben kaum berührte, wenig bleibende Eindrücke bei ihm. Aber er erinnerte sich noch gut an die deutschen Besatzungsoffiziere in den Straßen von Lüttich mit ihren Pickelhauben, grauen Umhängen und oft einem Monokel im Auge oder einem Schmiß auf der Wange. »Können Sie sich das vorstellen: Wir mußten vom Bürgersteig auf die Straße treten, wenn uns ein Offizier entgegenkam, und wenn wir es nicht taten, wurden wir direkt zum Stadtkommandanten geschleppt. Man konnte die höheren deutschen Offiziere immer am Kragenspiegel erkennen – und daran, daß sie alle ein Korsett trugen!«

Wie sich die Dinge entwickelten, brachte der Sommer des Jahres 1915 Ereignisse von viel größerer Bedeutung für Simenon als der vorangehende Sommer. Das hängt, wie wir sehen werden, mit der ungewöhnlich frühen Sexualität des jungen Georges zusammen.

Die meisten von uns bekunden Interesse am Geschlechtlichen, bevor sie sich darüber klar werden, worum es dabei eigentlich geht. »Doktor spielen« gehört zu den mehr oder weniger unschuldigen Spielen, die wir alle einmal irgendwann in unserer Kindheit kennengelernt haben, wobei das Reizvolle daran das viele Ausziehen und die Untersuchung des nackten Körpers von anderen Jungen und Mädchen war. Welches Kind hat sich nicht innerlich beruhigt gefühlt, wenn es feststellte, daß die anderen »genauso aussehen« oder »da unten ein bißchen was anderes haben«, sonst aber dieselbe – sexuelle – Neugier verspüren? Simenons Beziehung zu sexuellen Dingen in den Kinderjahren scheint indessen im Vergleich dazu das Maß des Normalen überschritten zu haben. Man könnte fast sagen, sein Verhältnis zur Sexualität war tieferer Natur.

Und das dokumentierte er natürlich auch mit beinahe klinischer Präzision. In *Un homme comme un autre* (»Ein Mensch wie jeder andere – Mein Tonband und ich«), seinem ersten Band ursprünglich auf Tonband gesprochener Tagebuchnotizen und Erinnerungen, erzählt er, wie er mit fünfeinhalb Jahren mit seinem damals zwei Jahre alten Bruder Christian im selben Bett in der gemeinsamen Dachkammer zu schlafen pflegte. Eines Nachts habe er im Halbschlaf gefühlt, daß er so lag, daß sein kleines Glied den Schenkel seines Bruders berührte. Er habe sich dann absichtlich an Christian gepreßt

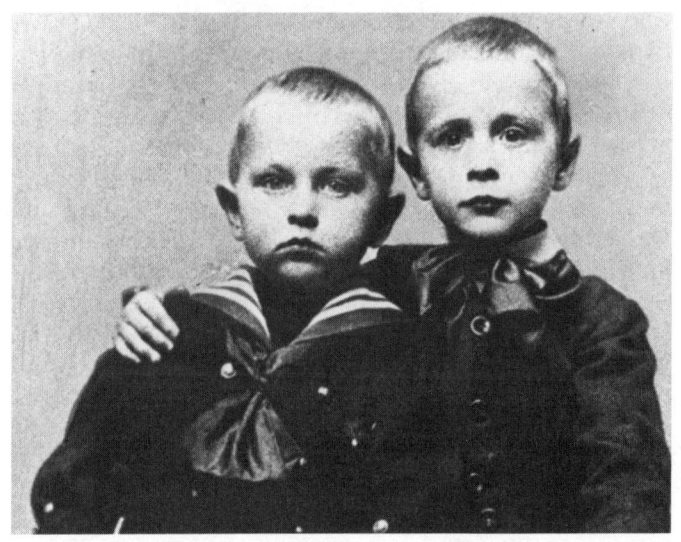

Georges Simenon mit seinem jüngeren Bruder Christian

und dabei hin und her bewegt. Nach ein paar Sekunden habe Christian wohl mitbekommen, daß da etwas passierte, doch er habe dagelegen, sich ruhig verhalten und ihn weitermachen lassen. »Ich muß gestehen, daß ich dabei große Lust verspürte«, teilte Simenon mit. »Das Ganze dauerte kaum mehr als fünf, vermutlich nur etwa drei Minuten. Auf alle Fälle prägte es meine Kindheit und nahm ihr ihre Unschuld.«

Es erübrigt sich zu sagen, daß er den Vorfall weder beichtete noch seinen Eltern gestand.

Mit sechsundsiebzig Jahren verspürte der »pensionierte« Romancier, während er *La Femme Endormie* diktiert, das Bedürfnis, die Geschichte seines ersten sexuellen Kontakts zu einer Person des anderen Geschlechts, der lediglich visuell blieb, der Öffentlichkeit preiszugeben. Er war damals sechs und »sie« vielleicht sieben oder acht Jahre alt. Es war die Tochter des Lebensmittelhändlers, bei dem Henriette ihre Einkäufe machte, und Simenon war ihr zufällig in der Rue Pasteur begegnet, als die Straße menschenleer war. Es gab keinen Augenzeugen für das, was jetzt folgte.

Erwähnt werden muß noch, daß es der Vortag seiner Erstkommunion war und der so besonders fromme kleine Junge sich auf dem Heimweg von der Beichte befand, also gerade in den Zustand der Gnade versetzt worden war, um würdig am folgenden Morgen das heilige Sakrament zu empfangen. Trotz dieser Tatsache und seiner tiefen Ehrfurcht vor der fast mystischen Bedeutung des Abendmahls, dessen er erstmals teilhaftig werden sollte, machte er dem kleinen Mädchen einen höchst weltlichen Vorschlag. Es war ganz und gar typisch für einen Mann, der später zugeben sollte, daß 8000 seiner »10 000 Frauen« Prostituierte gewesen seien. Denn er bot der Gemüsehändlerstochter zehn Centimes dafür an, daß sie ihren Rock hochhob und ihn ihre Scham sehen ließ.

Millionen von kleinen Jungen haben davor und danach kleine Mädchen gedrängt, ihnen ihre verborgenen Reize zu zeigen, doch nur sehr wenige, möchte man meinen, haben das zu Bedingungen getan, wie sie besser zu einem erschöpften Geschäftsmann und einem Callgirl passen, doch mit sechs Jahren war Simenon eben schon so eingestellt.

Er vermerkt, daß das Mädchen auf sein Angebot einging, »als wäre es das Natürlichste von der Welt, obwohl es für mich eine großartige Entdeckung darstellte«. In den folgenden Jahren setzte er seine intensiven persönlichen Studien des, wie er es nennt, »Geheimnisses der Frauen« fort und »riskierte noch gewagtere Sachen, besonders mit meinen Kusinen bei gemeinsamem Aufenthalt auf dem Lande«.

Hier, in einem Dörfchen namens Embourg unweit von Lüttich, hatte er auch seine erste richtige sexuelle

Begegnung mit einem Mädchen. Er war keineswegs ein »Spätzünder«, denn schließlich war er gerade zwölf und seine Partnerin sechzehn Jahre alt. Er wußte noch genau ihren Namen. Einzelheiten über diese Episode hatte Simenon bisher noch nie enthüllt. Und so beschrieb er, nach fast siebzig Jahren, was passierte:

»Es war eine äußerst amüsante Geschichte. Wir fuhren in jenem Sommer in den Ferien aufs Land – damals war es tatsächlich die ländliche Umgebung Lüttichs, während es heute schon fast zu den Außenbezirken der Stadt gehört – und zwar in einen kleinen Ort, der Embourg hieß und wo es viel Wald, einige Flüßchen usw. gab. Meine Mutter ließ Christian und mich allein in der kleinen *auberge* zurück, denn sie mußte wegen der Studenten (die bei uns wohnten) nach Lüttich zurück. Es gab nur zwei Zimmer in dem Gasthof, die an ›Pensionsgäste‹ vermietet wurden, und in den anderen, an unser Zimmer angrenzenden Raum zog ein junges Mädchen mit wunderschönem brünettem Haar ein... Ich glaube, sie war Jüdin, denn sie hatte so eine seidenglatte Haut... und wir freundeten uns an.

Eines Tages gingen wir im Wald spazieren, der wirklich dicht war, und sie blieb unter einer hohen Stechpalme stehen, die an ihren großen Ästen viele rote Beeren trug. ›Oh‹, rief sie aus, ›pflückst du mir ein Büschel ab?‹ – ›Natürlich!‹ erwiderte ich. An den unteren Zweigen gab es kaum Beeren, wissen Sie; die schönen roten Beeren hängen immer hoch oben. Ich trug kurze Hosen und hatte den Oberkörper unbedeckt – es war Mitte August –, und während ich den Baum hochkletterte, holte ich mir am ganzen Körper Schrammen.

Ich schnitt ihr ein paar Zweige mit Beeren ab und rutschte wieder herunter. ›Du blutest ja überall‹, stellte sie fest. Und ich antwortete: ›Ist doch klar, wenn man in eine Stechpalme steigt...!‹ Worauf sie sagte: ›Leg dich mal da hin!‹, und ich ließ mich auf den Boden fallen, und sie begann, mir die Beine abzureiben und sie dann abzulecken; dann kam die Brust dran, und als sie befahl: ›Dreh dich rum!‹, tat ich ihr den Willen, und sie leckte mir auch den Rücken ab. Dann zog sie mir die Kniehosen aus und lag plötzlich auf mir. Sie tat mir ziemlich weh, denn ich war noch nicht ganz ›enthäutet‹. Das passierte jetzt erst. Sie beschnitt mich gewissermaßen!«

Außer dem physischen Schmerz mußte der Schuljunge bei seiner Einführung in die – wie ein englischer Bestsellerautor es genannt hat – »Freude am Sex« bald auch seelischen Kummer erdulden. Der junge Georges lernte nämlich kurz darauf die Launenhaftigkeit der Frauen kennen. Nach einer idyllischen gemeinsamen Zeit in Embourg während des Rests des Monats kehrte er nach Lüttich mit dem Entschluß zurück, die schöne junge Jüdin mit der seidenweichen Haut sooft wie möglich wiederzusehen.

Sie war Schülerin der teuersten Lütticher Privatschule, die zufällig ganz in der Nähe der einzigen anderen exklusiven Anstalt – des römisch-katholischen Jungengymnasiums – in der Stadtmitte lag. Es hieß Collège St. Servais und war auf moderne Sprachen und Naturwissenschaften ausgerichtet, während Simenons Collège St. Louis die alten Sprachen – Latein und Griechisch – pflegte. Hier hatte er sich bis dahin sehr wohl gefühlt.

»Als ich aus den Ferien wieder nach Hause kam, erklärte ich meinen Eltern, daß ich den altsprachlichen Zweig aufgeben und nach St. Servais hinüberwechseln wollte. Also schickten sie mich auf diese Schule. Gleich am ersten Tag stellte ich mich am Tor der Schule auf, auf der das Mädchen war, um sie bei Unterrichtsschluß abzupassen. Ich wartete und wartete. Endlich sah ich sie kommen – aber sie rannte schnurgerade zur nächsten Straßenecke, wo ein Mann auf sie wartete. Ich sage Mann, aber er mag höchstens einundzwanzig gewesen sein. Jedenfalls hakte er sie unter und ging mit ihr davon. Ich schlich mich heim.

Dafür hatte ich nun das Gymnasium gewechselt! Hätte ich es nicht getan, hätte ich statt des neusprachlichen Unterrichts Latein und Griechisch gehabt, Fächer, die ich sehr mochte. So weit ging also die Liebe . . .!«

Zumindest eine gute Seite hatte diese ein wenig bittersüße Geschichte: sie bestimmte, wie seine künftige Karriere *nicht* aussehen sollte.

Bereits früh, mit elf Jahren, hatte Simenon beschlossen, Schriftsteller zu werden: »Ich erkannte, daß es eine Notwendigkeit war, etwas, was ich tun mußte. Da gab es gar keine Frage.« Doch um diese Zeit hätte er nie gedacht, daß er damit seinen Lebensunterhalt verdienen könnte. Er fand naturgemäß die Kirche und ihre Vertreter attraktiv, die Offizierskarriere war eine mögliche, wenn auch entfernte Alternative für ihn. Dazu sollte er später einmal bemerken: »Ich beobachtete häufig die Priester, die mit dem Brevier in der Hand lesend durch ihre Gärten spazierten. Ich schloß daraus, daß sie über viel Freizeit verfügen mußten, in der ich schreiben könnte. Andererseits sah ich auch häufig die Offiziere zu den unterschiedlichsten Tageszeiten mit den Sporen an den Stiefeln durch die Straßen nahe der Kavalleriekaserne schlendern, in der ich später meinen Wehrdienst leisten mußte. Sie schienen ebenfalls sehr viel Mußestunden zu haben . . .«

Inzwischen war ihm jedoch eines klargeworden: Nach dem ersten Geschlechtsverkehr im zarten Alter von zwölf Jahren mit einem Mädchen, einer Erfahrung, die ihm mehr Spaß machte als sämtliche bis dahin gekannten Vergnügungen, wußte er, daß er niemals imstande sein würde, das Zölibat eines katholischen Priesters durchzuhalten. Sexuelle Aktivitäten und seine Studien des »Geheimnisses der Frauen« sollten dafür eine viel zu große Rolle in seinem Leben spielen. Das seidenhäutige jüdische Mädchen hatte dazu beigetragen, ihm die Augen für ein wesentliches Element seiner Persönlichkeit zu öffnen.

4

Wendepunkt
und Jünglingsalter

Eines der beherrschenden Themen im Werk Georges Simenons ist, wie er auch gegenüber den Schweizer Psychiatern hervorhob, die Tatsache, daß es im Leben jedes Menschen einen »Wendepunkt« gibt, der den Lauf des Lebens des einzelnen endgültig verändert. Über die Allgemeingültigkeit dieser Behauptung mag man sich streiten; ganz gewiß kommt es nicht in *jedem* Menschenleben zu dieser Kursänderung. Wie dem auch sei, es besteht kein Zweifel daran, daß sie in Simenons Leben eintrat, und das im beinahe pathetischen »Alter« von fünfzehn Jahren.

Sie ereignete sich im Juni 1918, genau fünf Monate vor Ende des Ersten Weltkriegs. Das Leben war für Georges ziemlich eintönig verlaufen nach der Aufregung und anschließenden Enttäuschung im Sommer 1915. Seine wahre Liebe gehörte wirklich der Altphilologie; er war kein so guter Schüler am Collège St. Servais mit dessen Ausrichtung auf neusprachlichen Unterricht, wie er es an seinem alten Gymnasium gewesen war. Doch sein Desinteresse am normalen Schulunterricht ließ ihm desto mehr Zeit für seine schriftstellerischen Gehversuche.

Seine jesuitischen Lehrer waren natürlich keine Dummköpfe. Sie hatten längst erkannt, daß hier ein Talent war, das der Förderung bedurfte. Im Gegensatz zu seinen Mitschülern wurde Simenon bald die Themenwahl für seine Hausaufgaben in französischer Sprache und Literatur freigestellt. Er unterschrieb seine Arbeiten lieber mit »Georges Sim« als mit dem eigenen vollen Namen, denn zu diesem frühen Zeitpunkt stand bereits sein Entschluß fest, den richtigen Namen nur dann zu verwenden, wenn das Geschriebene es in seinen Augen wert war. Seine Lehrer duldeten diese Kaprice, ohne sich darüber lustig zu machen. Sie monierten es auch nicht, wenn er gelegentlich seine Essays in Versform vorlegte. Eine dieser literarischen Fingerübungen

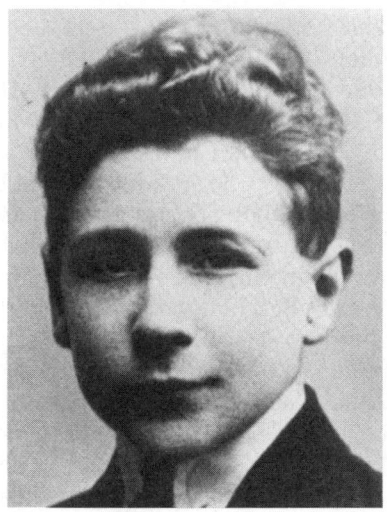

Georges Simenon 1918 im Alter von 15 Jahren

trug einmal den für einen sensiblen, selbstkritischen jungen Mann bezeichnenden Titel »Die Melancholie des großen Glockenturms«.

Auch im Elternhaus nahmen die Kriegsjahre einen ereignislosen, monotonen Gang. Die Wutanfälle seiner Mutter wurden nicht weniger. »Sie leidet aus Gewohnheit, fast mit dem Gefühl, dazu berufen zu sein«, schrieb er später über Henriette in *Je me souviens*. »Ich habe Dir nichts vorzuwerfen, und ich mache Dir ja auch gar keine Vorwürfe«, gesteht er ihr in dem »Brief«. »Du hattest Dein Lebensziel, das Du mit ungewöhnlicher Beharrlichkeit verfolgtest...« Sein Vater, ganz das Gegenteil der Mutter, war für ihn fast so etwas wie ein Heiliger. »Trotz der Mittelmäßigkeit unserer Lebensweise lebte er im Frieden mit sich selbst und seiner Umwelt«, urteilte Simenon im Gespräch mit den Psychiatern.

Die Bitterkeit seiner Worte, mit denen er das Schicksal seines Vaters beschrieb, springt einem beim Lesen sofort ins Auge. Simenon gab zu, »eine Art Empörung gegen meine Mutter« verspürt zu haben. »Ich erkannte, daß sie falsch daran getan hatte, die Einwände meines Vaters zu ignorieren und Studenten als Untermieter aufzunehmen. Er pflegte abends gegen halb sieben aus dem Büro nach Hause zu kommen. Sein Lehnstuhl – wir hatten nur einen einzigen – pflegte dann von einem der Studenten mit Beschlag belegt zu sein. Ein anderer Student las derweil meist Vaters Zeitung, so daß er sich gedulden mußte.

Die Mahlzeiten kamen nicht mehr zu einer Uhrzeit auf den Tisch, die ihm zusagte, sondern richteten sich nach den Wünschen der Untermieter. Zuerst mußten sie versorgt werden, bevor wir uns zum Essen niedersetzen konnten; aber sogar die Speisen waren mehr nach dem Geschmack der Studenten als nach dem des Vaters.

Daß meine Mutter ihm dies alles antat, fand ich vollkommen ungehörig und versuchte, ihn das auch so sehen zu lassen – doch er ging nicht darauf ein. Hinzu kam noch, daß sie ihm ständig in den Ohren lag mit ihren Klagen, er kümmere sich nicht um sie und ihren Gesundheitszustand. Vor allem wiederholte sie unzähligemal die Frage, warum er keine Lebensversicherung für sich abgeschlossen habe, wo er doch schon bei einer Versicherungsagentur arbeite...?«

Wann kam denn nun Simenons »Wendepunkt«? Es war soweit, als eines Tages den Jungen während der Schulstunden am Collège St. Servais eine Nachricht von Dr. Fischer, dem Hausarzt der Simenons, erreichte, der den Fünfzehnjährigen bat, ihn auf dem Nachhauseweg in der Praxis aufzusuchen. »Georges, ich habe eine schlechte Nachricht für dich!« eröffnete er ihm. »Du mußt von der Schule abgehen und dir eine Stelle suchen, um Geld zu verdienen!« – »Warum denn?« wollte Simenon wissen. »Weil ich deinen Vater vor ein paar Tagen untersucht habe... Ich glaube nicht, daß er noch länger als höchstens zwei oder drei Jahre zu leben hat!«

Es war Désiré Simenons Herz. Er litt an Angina pectoris. Georges sollte später herausfinden, daß sein Vater seit sehr langer Zeit gewußt hatte, daß sein Leben befristet war – genauer gesagt, seit der Geburt Christians, als er heimlich dem Drängen seiner Frau nachgegeben und versucht hatte, eine Lebensversicherung zugunsten seiner Familie abzuschließen, dies aus gesundheitlichen Gründen jedoch abgelehnt worden war. Der Mann *war* tatsächlich ein Heiliger, denn nicht ein einziges Mal hatte er die Wahrheit offenbart, wenn seine Frau an ihm herumnörgelte, weil er sich nicht versichern ließ. Er hatte geschwiegen, um die Seinen nicht zu beunruhigen.

Und jetzt bestand Dr. Fischer darauf, daß Désiré Simenon nicht erfahren dürfe, wie sehr sich sein Zustand verschlechtert habe. Das häusliche Leben müsse seinen gewohnten Gang gehen. Georges solle sich allerdings bereits auf die Rolle des Ernährers vorbereiten, die ihm nur zu bald zufallen werde.

Simenon weinte nicht. Er tobte nicht und trommelte auch nicht mit den Fäusten gegen die Wand seines Zimmers. Aber die Ungerechtigkeit, mit der das Schicksal seinen Vater strafte, und natürlich auch seine eigene traurige Situation, die Schule verlassen zu müssen, erfüllte ihn mit ohnmächtiger Wut, die noch heute nach beinahe siebzig Jahren in ihm kochte. Wie er selber es ausdrückte: »Seit ich fünfzehn war, bin ich ein Rebell gewesen!«

Zu diesem Zeitpunkt hörte er auch auf, an Gott zu glauben. Die Lehren der Kirche fand er mit einem Male Lug und Trug. Er besuchte nicht mehr die Messe. Damals hatte er auch häufig einen bestimmten Traum, der ihn sein Leben hindurch verfolgen und immer wiederkehren sollte: Schauplatz ist ein großer See. Es ist Nacht. Der See liegt spiegelglatt wie eine riesige Eisbahn. Der Mond spiegelt sich in ihm. Ringsum erheben sich große, schwarze Berge. Er selbst findet sich plötzlich zwischen zweien dieser Berge, wie er auf den See, auf die Berge und auf den Mond starrt... das ist alles! Sonst passiert nichts, absolut gar nichts! Es ist eine sterile, unfreundliche, drohende Landschaft.

Nur jemand, der selbst in seiner Jugend ähnliches Leid erfahren hat, kann ermessen, wie dem jungen Simenon zumute gewesen sein muß, wie leer und vom Leben grausam enttäuscht er sich wohl gefühlt hat, als er an jenem Tage das Haus des Arztes verließ und gedankenvoll durch die Straßen von Outre-Meuse zum Elternhaus zurückging. Die Familie lebte inzwischen in der Rue de l'Enseignement, in einem größeren Haus als dem vorigen. Henriette hatte darauf gedrungen, und Désiré hatte sich wie immer breitschlagen lassen, weil sie noch mehr Studenten aufnehmen wollte. »Guten Abend, Sohn«, sagte Vater Simenon, als sein Sohn hereinkam – er nannte seine Söhne nie beim Vornamen, sondern sprach sie immer mit *Sohn* an –, und Georges mußte weggucken und schnurstracks in sein Zimmer hinauflaufen.

Am Abend erklärte er dann seinen Eltern, er wolle von der Schule abgehen, weil er keine Lust zum Lernen mehr habe. Er müsse endlich »erwachsen werden« und selbst Geld verdienen. Wir wissen nicht, wie Vater Simenon die Erklärungen seines Sohnes entgegennahm. Die Mutter jedenfalls war darüber sehr erfreut. Ihr Wunschtraum war es von jeher gewesen, eine Konditorei zu besitzen und selbst hinter der Theke zu stehen und die Kunden zu bedienen, während ihr Sohn hinten in der Backstube die köstlichsten *pâtisseries* herstellte. Dieser Traum konnte jetzt in Erfüllung gehen.

So unglaublich es auch klingen mag, der junge Georges war tatsächlich damit einverstanden, eine Lehre bei einem Konditor in der Nachbarschaft anzufangen. Man kann nur vermuten, daß er vorübergehend durch die Mitteilung des Arztes über seinen Vater in seinem freien Willen wie gelähmt war und jegliche Widerstandskraft eingebüßt hatte. Schließlich war er ja erst fünfzehn Jahre alt.

Doch schon bald fand er seine Sinne wieder und machte seinen Entschluß rückgängig. Nach vierzehn Tagen verließ er den Konditor; er hielt es dort nicht länger aus. Henriette hatte damit natürlich neuen Grund, zu jammern und zu klagen, aber Georges war sich sicher, daß die Erzeugung feiner Backwaren nicht sein Lebensinhalt sein konnte.

Was sollte er jetzt anfangen? Durch einen Freund seines Vaters bekam er eine Anstellung als Verkaufsgehilfe in einer Buchhandlung in der Rue de la Cathédrale, einer der Hauptgeschäftsstraßen im Zentrum Lüttichs. Das war ein Posten, der mehr nach seinem Geschmack war. Und doch dauerte seine neue Beschäftigung nicht länger als sechs Wochen. Er handelte sich eine fristlose Kündigung ein, als er seinem betagten Prinzipal in Gegenwart eines Kunden widersprach und einen bestimmten Roman, um dessen Verfasser es ging, zu Recht Alexandre Dumas dem Jüngeren zuschrieb, während sein Chef einen anderen Autor genannt hatte. So etwas tat ein wohlerzogener junger Mann, der wußte, wo er hingehörte – zumindest damals –, einfach nicht!

Inzwischen schrieb man Februar 1919. Der Krieg war seit vier Monaten vorüber. Georges, gerade sechzehn geworden, trug die ersten langen Hosen und marschierte niedergeschlagen überall in Lüttich herum auf der Suche nach einer passenden Arbeit. Eines Vormittags, als er gerade am Verlagsgebäude der *Gazette de Liège,* der größten Lokalzeitung, vorbeikam, faßte er sich kurz entschlossen ein Herz, stieg hinauf in die Redaktionsräume und bot sich dem Blatt als Reporter an. Georges kannte sich zu diesem Zeitpunkt mit Zeitungen überhaupt nicht aus, guckte daheim auch nie in eine hinein und wußte vor allem nicht, daß ausgerechnet die *Gazette de Liège,* die ultrakonservativ und extrem prokatholisch ausgerichtet war, von allen Lütticher Tageszeitungen diejenige war, die einen seinen eigenen Auffassungen in allen Punkten höchst konträren Standpunkt vertrat.

Der Chefredakteur Joseph Demarteau, ein voluminöser, bärtiger Mann mit einer großen roten Nase, die die Mitte seines Gesichts aufhellte, war so begeistert von der Unbekümmertheit des jungen Bewerbers (und sicherlich auch beeindruckt von der Tatsache, daß der junge Mann mit einem früheren Bischof von Lüttich verwandt war!), daß er ihn auf der Stelle dabehielt. Simenons Suche war endlich von Erfolg gekrönt; er hatte sogar eine Stelle gefunden, die seinen wahren Neigungen entsprach. Er wurde Jungreporter, was soviel hieß wie Laufjunge in eigener Sache. Seine Aufgabe bestand darin, auf der Suche nach Neuigkeiten die Stadt zu durchstreifen. Jeden Morgen mußte er sich unter anderem im Lütticher Polizeipräsidium zu einer Art Pressekonferenz einfinden, außerdem die Gerichtssäle abklappern und über interessante Prozesse berichten. Er schrieb über alle nur denkbaren lokalen Ereignisse von Hundeausstellungen bis zu Beerdigungen. Er war in seinem Element. Seine Eltern waren zu arm gewesen, um ihm ein Fahrrad zu kaufen, wie es die meisten seiner Freunde besaßen. Jetzt konnte er sich mit den ersten paar Wochenlöhnen ein Rad kaufen.

Das Leben war schön. Es war aufregend. Er sah es plötzlich mit ganz anderen Augen. Eines Tages fand er in einem Flur des Lütticher Justizgebäudes vertrauliche Akten eines Strafverteidigers, die dieser dort verloren hatte. Statt sie dem Eigentümer sofort zuzustellen, nahm Simenon die Papiere mit nach Hause. Am nächsten Tag konnte er dann in der *Gazette* exklusiv über das sensationelle Verschwinden der Prozeßunterlagen berichten – und ein paar Tage darauf war er der stolze Verfasser eines natürlich ebenfalls exklusiven Aufmacherartikels über das überraschende Wiederauftauchen der Dokumente. Er gewöhnte sich rasch wie die anderen Journalisten das Trinken an, konsumierte große Mengen Bier und war oft betrunken. Einmal torkelte er nach dem Mittagessen in die Redaktion und brüllte seinen Chefredakteur an: »Sie sind ein Schwindler! Ist das wirklich Ihre Nase, oder ist das eine dreckige, große Erdbeere, die da mitten in Ihrem Gesicht steckt?« Erstaunlicherweise flog er nicht hinaus.

Und er wurde auch nicht entlassen, als er nach einem Bankett, an dem er im Auftrage seiner Zeitung teilgenommen und dabei zu sehr dem Alkohol zugesprochen hatte, auf der Straße eine junge Tänzerin belästigte, die sich verspätet hatte und eilig ihrer Arbeitsstelle zustrebte. Simenon ließ sich nicht abweisen und folgte in seinem Zustand der Schönen sogar auf die Bühne des Theaters, in dem sie auftrat. Der gütige Demarteau entschied, als ihm diese Eskapade zu Ohren kam, lediglich: »Keine Bankette mehr!«

Denn *mon petit Sim*, wie ihn der Chefredakteur liebevoll nannte, lieferte gute Berichte. Als Journalist war Simenon ein Naturtalent. Bereits nach einem halben Jahr wurde er befördert. Zusätzlich zu den Artikeln, die oft mit dem von ihm gewählten Verfassernamen »Georges Sim« erschienen, durfte er eine tägliche Klatschkolumne ins Leben rufen. Sie erhielt die Überschrift *Hors du Poulailler* (»Aus dem Hühnerstall«). In ihr konnte Simenon unter dem Pseudonym *Monsieur le Coq* (»Herr Hahn«) ganz nach seinem Belieben über das Leben und Treiben der Lütticher Gesellschaft schreiben, Skandale enthüllen und Vorgänge in seiner Vaterstadt glossieren.

Die insgesamt dreieinhalb Jahre, die er bei der *Gazette de Liège* zubrachte, boten dem künftigen Romancier ein ideales Betätigungsfeld und eine perfekte Vorbereitung. Ständig mit einer Pfeife im Mundwinkel herumlaufend (er hatte mit dreizehn mit dem Pfeiferauchen angefangen, doch jetzt war es keine Angeberei mehr), wurde seine jugendliche, untersetzte Gestalt, die in der damals traditionellen »Uniform« der Journalistenzunft – Regenmantel und weicher Filzhut mit tief ins Gesicht gezogener Krempe – steckte, bald zu einer vertrauten Erscheinung in der Stadt. Als hohe ausländische Persönlichkeiten wie der französische Marschall Ferdinand Foch, der Staatspräsident Frankreichs und spätere Ministerpräsident Raymond Poincaré oder der britische Kriegsminister Winston Churchill Lüttich besuchten, wurde *le petit Sim* losgeschickt, um sie zu interviewen.

Durch seine täglichen Kontakte zur Polizei und zu den Justizbehörden machte er frühzeitig und aus allernächster Nähe Bekanntschaft mit der Welt des Verbrechens und der schmutzigen Seite des Lebens. Er war zeitweilig auch Berichterstatter für die Sitzungen des Stadtrats und des Provinzparlaments und »brachte binnen kurzem« – so seine eigenen Worte – »viel über die kleinen Absprachen und Intrigen in den Korridoren in Erfahrung«. Bei einer unterirdischen Schlagwetterexplosion auf einer der zahlreichen Steinkohlenzechen in der Umgebung von Lüttich war es unweigerlich der junge Simenon, der auf seinem Motorrad losbrauste – er hatte längst die Periode hinter sich, wo ihm ein einfaches Fahrrad genügte – und sich durch die Menschenmenge vor den Bergwerkstoren nach vorn zu den besorgten Frauen drängte, die darauf warteten, daß ihre Männer, Väter und Brüder unverletzt ans Tageslicht gebracht wurden.

Schon um diese Zeit hatte er seine Suche nach dem »nackten Menschen« begonnen. Als er Marschall Foch gegenübersaß, dem berühmtesten französischen Soldaten des Ersten Weltkrieges, ging es ihm, wie er mehr als fünfzig Jahre später seinem Freund, dem französischen Literaturkritiker Francis Lacassin, anvertraute, nicht »um ein Denkmal des Marschalls in Reiterpose auf seinem Pferd, sondern Foch in seinem Schlafzimmer, in dem er mich im Nachthemd empfing«.

Er sammelte auch Lebenserfahrung auf einer mehr persönlichen Ebene, und das nicht nur als Interviewer oder Beobachter des Lebens anderer Leute. Davon überzeugt, ein junger, aufstrebender Mann von Welt zu sein, tobte er seine frühe Sexualität mit einer für einen großen Jungen, der er immer noch war, außergewöhnlichen Heftigkeit aus. »Mit sechzehn«, erzählt er, »hatte ich bereits eine bildhübsche kleine Geliebte. Ich mietete ein möbliertes Zimmer für sie, das ungefähr einen halben Kilometer von unserem Haus entfernt lag.

Anfangs besuchte ich sie bis elf Uhr abends, dann wurde es immer häufiger halb zwölf, und schließlich verbrachte ich mehrmals die Woche ganze Nächte bei ihr. Ich schlich mich dann auf Zehenspitzen so gegen halb sechs oder sechs Uhr früh durchs Haus in mein Bett. Manchmal kam es allerdings vor, daß meine Mutter früh aufstand, in meinem Zimmer nachsah – und es leer fand. Doch bei diesen Gelegenheiten hatte mein guter Vater vorgesorgt. Er hatte sich mitten in der Nacht erhoben, war leise in mein Zimmer gegangen und hatte mein Bettzeug in Unordnung gebracht. Wenn dann die Mutter am nächsten Morgen jammerte, daß ich noch nicht heimgekommen sei, pflegte er zu antworten: ›Aber ich habe ihn doch schon aus dem Hause gehen gehört. Ich habe das Motorrad gehört. Er mußte sicher für die Zeitung zu einem frühen Termin...‹ Auf diese Weise nahm er meiner Mutter den Wind aus den Segeln.

Meine Mutter war sehr, sehr fromm, wie Sie wissen. Sie betete wörtlich zum lieben Gott, ich möge noch unberührt sein, wenn ich einmal heiratete, was ich ja längst nicht mehr war!«

Die »bildhübsche kleine Geliebte« war keineswegs die einzige Frau, die sich der sexuellen Gunstbezeigungen des jungen Georges erfreute. In »Als ich alt war« gibt er eine plastische Beschreibung jener Jahre:

»Zur Zeit der *Gazette de Liège,* also mit sechzehneinhalb bis neunzehn, hatte ich täglich zwei Frauen zu meiner Verfügung, und dennoch kam fast jeden Tag der Augenblick, wo ich mich benahm wie ein läufiger Hund.

Ein Beispiel, ein Fall, der mir dazu gerade einfällt. In Belgien gab es damals, wie heute noch in Amsterdam, merkwürdige Häuser: ein schwachbeleuchtetes Erdgeschoß; halboffene Fenstervorhänge, hinter denen man eine oder zwei Frauen sah, die strickten oder lasen und den Kopf hoben, wenn sie einen Passanten vorbeigehen hörten.

Häuser dieser Art standen ebenso wie in Amsterdam nicht notwendigerweise in abgelegenen oder berüchtigten Straßen. Eines lag auf dem Boulevard de la Constitution, genau gegenüber der größten Mittelschule, und mein Rückweg von der Stadtmitte über die Fußgängerbrücke (eine der Brücken, die Outre-Meuse mit der Lütticher Innenstadt verbindet – Anmerkung des Autors) führte direkt an dem Haus vorüber.

Ich kam also eines Abends gegen zehn Uhr vorbei. Statt der gewohnten Silhouette erblickte ich eine prachtvoll gewachsene Negerin und spürte mit einem Mal das unwiderstehliche Verlangen, hineinzugehen und mit ihr zu schlafen. Ich hatte bis dahin noch keine Negerin kennengelernt.

Ich hatte nur wenig Geld bei mir. Ich zögerte. Mein Vater war schon krank, sterbenskrank. Vor kurzem hatte er mir seine Taschenuhr gegeben, eine silberne Uhr mit eingraviertem belgischem Wappen, die er bei einem Schießwettbewerb gewonnen hatte, denn mein Vater war ein leidenschaftlicher Schütze ...

Verschämt bezahlte ich mit dieser Uhr; es war eine meiner Handlungen, die ich noch heute am meisten bereue, nicht aus moralischen Gründen, sondern weil es mir viel bedeuten würde, dieses Andenken an meinen Vater, der ein Jahr darauf starb, noch zu besitzen. Zu Hause mußte ich wohl oder übel eine Lüge erfinden und dann den Verlust der Uhr bei der Polizei anzeigen. Wäre sie gefunden worden, hätte das weitreichende Konsequenzen haben können ...

Dies ist bloß ein kleines Beispiel. Zu jener Zeit verbrachte ich fast Abend für Abend ganz allein in den berüchtigsten Straßen, wo ich an jeder Ecke Gefahr lief, überfallen zu werden ...«

In den »Intimen Memoiren«, die Simenon siebenundsiebzigjährig verfaßte, erinnerte er sich noch gut daran, wie damals allein der Anblick eines wohlgeformten weiblichen Hinterteils, das dessen Besitzerin in erregender Weise beim Gehen schaukelte, bei ihm eine derartige Erektion auslöste, daß es »beinahe schmerzhaft« war.

Er war zeitlebens von Prostituierten fasziniert gewesen. Heute behauptet er, einige seiner unvergeßlichsten Stunden habe er mit – wie er sie nennt – »Professionellen« verbracht. Seiner Ansicht nach kann schon ein halbstündiges Zusammensein mit einer Hure ihm etwas vom ewigen Geheimnis der Frau vermitteln, nach dem er ständig auf der Suche ist. Berücksichtigt man seinen ungemein komplizierten Charakter, steht zu vermuten, daß er wahrscheinlich selbst daran glaubte oder es zumindest glauben wollte, aber eine bestimmt ebenso starke Motivation war die, die er fast vierzig Jahre später einer seiner Romanfiguren, Maître Gobillet, einem erfolgreichen Pariser Strafverteidiger, in den Mund legen sollte. Simenon läßt ihn in dem Roman *En cas de malheur* (»Im Falle eine Unfalls«) den Versuch unternehmen, die Gründe für seine sinnliche Zuneigung zu einem Flittchen namens Yvette zu erläutern, als deren Anwalt er fungiert und mit der er ein hoffnungsloses Verhältnis anfängt: »Mein stärkster Trieb war vermutlich reine sexuelle Begierde ... ohne irgendeine Spur von Gefühlen oder leidenschaftlicher Liebe. Nennen wir es Sexualität in unverhüllter Form, den Drang, sich wie ein Tier zu kopulieren ...«

Alles lief in jenen Jahren glänzend für Simenon. Er war in jeder Beziehung ein fixer junger Mann. Er hielt sich für einen guten Sportler und rühmte sich eines Abends gegenüber einem ihm unbekannten Gast in einer Kneipe seiner Sprintkraft und forderte den Fremden, der leise Zweifel äußerte, auf der Stelle zu einem Hundertmeterlauf heraus. Man ging hinaus auf die verlassen daliegende Straße, maß die Strecke anhand von Laternenpfählen ab – und Simenon war bestürzt, als es dann ein totes Rennen wurde.

Hinterher stellte sich heraus, daß sein Gegner ein Olympiateilnehmer war.

Als er ein knappes Jahr bei der *Gazette de Liège* war, verspürte Simenon den Drang, seinen ersten Roman zu schreiben. So setzte er sich mit noch nicht ganz siebzehn Jahren an die Schreibmaschine und tippte in seiner Freizeit *Au Pont des Arches* (»Zur Bogenbrücke«) in nur zehn Tagen herunter.

Das Buch, nach der Hauptbrücke zwischen dem Lütticher Stadtzentrum und dem Stadtteil Outre-Meuse betitelt, wurde nie in eine Fremdsprache übersetzt und erschien sozusagen im Selbstverlag. Den Druck besorgte ein Freund, der Drucker war, und die Illustrationen steuerte ein anderer Freund, ein Maler, bei. Der Roman

*Zeitungsreporter Simenon mit russischen Studenten
und Anarchisten (1918)*

beginnt schon mit der charakteristischen Geradheit Simenons und seiner Geringschätzung des bürgerlichen Lebens: »An diesem besonderen Sonntag morgen war es Joseph Planquet, der die Apotheke *Au Pont des Arches* betrieb, nicht vergönnt, zu faulenzen und sich auszuschlafen. Punkt acht Uhr wurde er von seiner Frau bei ihrer Rückkehr von der Frühmesse aus den Federn geworfen. Ihre Nase war rot und triefte; ihre Stimme klang leicht heiser. ›Nun aber raus mit dir!‹ sagte sie energisch. ›Du weißt doch, was für eine Arbeit heute auf uns wartet!‹« Der Leser fühlt sich sofort mitten in die Handlung versetzt und hat schon ein flüchtiges Bild von den Hauptfiguren bekommen. Simenon zeichnete, wie wir sehen, bereits mit sechzehn Jahren ganz erstaunliche Genauigkeit der Beschreibung und stilistische Gewandtheit aus.

71

Was die Mehrzahl der Lesergemeinde Simenons erstaunen wird, der von vielen – ob zu Recht oder Unrecht, sei dahingestellt – als *der* Autor »schwarzer« Romane angesehen wird, die sich durch ihre Nüchternheit und eine manchmal depressive Eindrücke hervorrufende Erforschung der menschlichen Seele auszeichnen, ist die Tatsache, daß dieses erste Buch humoristischer Natur war, etwa im Stil eines belgischen Jerome K. Jerome verfaßt. Die Geschichte drehte sich hauptsächlich um die peinliche Lage, in die der unglückliche »Held« Joseph Planquet geriet, der in seiner Apotheke als besondere Spezialität ausgerechnet Abführpillen für Tauben herstellte. Es klingt nicht gerade wie ein erfolgversprechendes Thema, doch Simenon versicherte noch bis zuletzt nachdrücklich, die Kritiker hätten sein Opus zu sehr herabgewürdigt, besonders die Franzosen, die kein Gespür für den Humor hätten, der nach seinen Worten selbst in seinen deprimierendsten Romanen zu finden ist.

Und der junge Autor behielt zunächst noch diese heitere Note bei. *Le petit Sim* – sein Erstlingswerk hatte den Verfassernamen »Georges Sim« auf dem Schutzumschlag getragen – ließ zwei weitere Romane folgen, die beide ebenfalls absichtlich amüsante Unterhaltung boten. Der eine, im darauffolgenden Jahr zusammen mit einem anderen jungen Reporter geschrieben, war nach seinen eigenen Angaben »ein spannender Kriminalroman mit sogenanntem komischen oder zumindest ironischem Einschlag«. Er hieß *Le Bouton de col* (»Der Kragenknopf«). Als aber gut fünfzig Jahre später sein einstiger Kollege und Mitautor ihm das Originalmanuskript zusandte, damit er es noch einmal lesen konnte, kam er nach eigenem Geständnis nicht über die vierte Seite hinaus. »Wenn unter den Manuskripten, die man mir zu Begutachtung zuschickt, ein derart schlechtes wäre, würde ich dem Verfasser raten, jeden x-beliebigen Beruf zu ergreifen, aber nicht zu versuchen, Schriftsteller zu werden, nicht einmal Autor eines heiteren Romans«, sagt er heute mit Entschiedenheit.

Sein dritter »lustiger« Roman, *Jehan Pinaquet,* der von einem jungen Mann dieses Namens handelt, der sich mehr oder weniger lächerlich macht, weil er eine lange, trompetenähnliche Nase besitzt, in der Stadt herumgeht und die Gerüche an Straßenecken und vor Schaufenstern prüft, ist ebenso wie Nummer zwei nie veröffentlich worden. Wie Simenon in seinen Memoiren schildert, erbot sich eine Freundin, der eine Druckerei gehörte, das Manuskript kostenlos zu drucken, »doch glücklicherweise ging ich vorsichtshalber hin und gab es Monsieur Demarteau zu lesen, und er erklärte: ›Wenn Sie das veröffentlichen, sind Sie die längste Zeit Redaktionsmitglied bei der *Gazette* gewesen!‹«

Damit hatte es sich. »Der kleine Sim« gab für eine Weile das Bücherschreiben auf, und trotz der angeblich humorvollen Passagen in einigen seiner in den folgenden Jahrzehnten geschriebenen Hunderten von Romanen hat er nie wieder ein Buch verfaßt, das eigens darauf angelegt war, lustig zu sein.

Der Mißerfolg mit seinen ersten Büchern war die einzige nennenswerte Enttäuschung in Simenons Leben in jenen Jahren. Alles andere lief prächtig und nach Wunsch für ihn. Mit dem Schwung – und vielleicht auch der Selbstsucht – der Jugend verdrängte er alle Gedanken an den in absehbarer Zeit zu erwartenden Tod seines Vaters in die hintersten Gehirnzellen.

Er verbrachte nur wenig Zeit zu Hause. Abends war er – sofern er sich nicht auf der Suche nach Mädchen oder gefährlichen Situationen oder beidem in der Stadt herumtrieb – in der Dachkammer eines der hohen, verfallenen alten Häuser an der St.-Pholien-Kirche in Outre-Meuse zu finden. Hier diskutierte er mit einigen gleichaltrigen Freunden, meist Malern oder Studenten der Académie des Beaux-Arts, bis tief in die Nacht über die großen Fragen der Menschheit: das Wesen Gottes, die Bedeutung der Philosophie, den wahren Sinn der Kunst und so weiter.

Sie nannten sich *La Caque* (»Die Tonne«) nach den Heringstonnen, um die herum damals noch in alter Weise die Belgier in den Wirtshäusern zu sitzen und sich zu unterhalten pflegten, um sich ab und zu einen Leckerbissen aus dem Faß zu angeln. Doch dieses junge Volk bevorzugte Erfrischungen stärkerer Art. In ihre nur von einer Paraffinlampe beleuchteten und mit ein paar ausrangierten Sesseln und einer alten Matratze möblierte Dachkammer brachte zu den Treffen gewöhnlich jeder eine Flasche Wein oder Schnaps mit, manchmal auch eine Flasche reinen Äther.

In einer solchen Atmosphäre, in der die Leidenschaften und Temperamente zusätzlich durch den Genuß von starkem, unverdünntem Alkohol angeheizt wurden, siedelte Simenon später seinen zweiten Maigret-Roman *Le Pendu de Saint Pholien* (»Maigret und der Gehängte von Saint-Pholien«) an. In einer ebensolchen Mansarde fanden in dem Roman die Zusammenkünfte der »Apokalyptischen Reiter« statt, einer Vereinigung junger Lütticher Künstler und Studenten, die sich wie ihre Vorbilder im Leben nächtelang über Gott und die Welt stritten und deren alkoholgeschwängerte Treffen eines Nachts mit einem Mord endeten: einer aus der Gruppe wurde erstochen, und der Schuldige hängte sich am nächsten Morgen am Hauptportal der St.-Pholien-Kirche auf.

Dieser frühe Maigret-Roman ist übrigens ein faszinierendes Beispiel dafür, wie Simenon eine wahre Begebenheit in eine erfundene Geschichte mit ungeheuren Einfallsreichtum verratender Handlung einbauen konnte. Es gab tatsächlich ein Mitglied von *La Caque,* das sich am Portal von St. Pholien erhängt hatte, doch es war kein Mörder gewesen. Bei dem Unglücklichen hatte es sich um einen einundzwanzigjährigen Künstler gehandelt, »sehr blond, beinahe weißhaarig, sehr dünn, mit fiebrigen Augen«, der sich am Abend des ersten Weihnachtstages 1919 mit zwei anderen Mitgliedern der Clique derart hatte vollaufen lassen, daß er nicht mehr gehen konnte. Er lebte in einem abbruchreifen leeren Gebäude. Simenon und ein paar andere hatten den jungen Mann »nach Hause« getragen und ihn auf einen Strohsack gebettet, der ihm das Bett ersetzte und wie alle anderen Utensilien in seiner Behausung von tiefster Armut zeugte. Tags darauf war dann der junge Mann tot an der Kirchentür baumelnd entdeckt worden. Und diese erschütternde Episode hatte Simenon zwölf Jahre später als Vorlage für einen Kriminalroman genommen, in dem Maigret in drei verschiedenen Ländern Nachforschungen anstellen mußte, weil einige »Reiter« sich verschworen hatten, durch falsche Alibis die Theorie des Mörders von einem Selbstmord des Erhängten zu stützen.

Die »Tonne« hatte indessen eine größere Bedeutung in Simenons Leben, als nur den dem wirklichen Leben entlehnten Rahmen für einen seiner Romane abzugeben. Als direkte Folge eines weiteren Saufgelages derselben Gruppe junger Leute am Heiligabend 1920, also ein Jahr später, begegnete er dem Mädchen, das seine erste Frau werden sollte. Als die Provinzstadtbohemiens nämlich zwischen drei und vier Uhr früh alkoholisiert durch das Zentrum von Lüttich torkelten, trafen sie einen anderen jungen Mann, den viele von ihnen kannten: einen Architekten, der erst kürzlich seine Abschlußprüfung an der Académie des Beaux-Arts abgelegt hatte. Ebenfalls bezecht und deshalb ungewöhnlich jovial, lud er sie alle ein – »warum, weiß ich nicht«, sagt Simenon dazu –, den Silvesterabend mit ihm im Atelier seiner Schwester, einer Kunststudentin an der Académie, zu verbringen.

Simenon präsentierte sich also am letzten Tag des Jahres 1920 gegen neun Uhr abends an der Tür eines imposanten, beinahe hochherrschaftlich zu nennenden Hauses in der Rue Louvreux. Er hatte vom Nachmittag an mit Kollegen von der *Gazette de Liège* in einem Café gesessen und das neue Jahr begossen. Jetzt war er sternhagelvoll. Er kam die Treppen nicht auf normale Weise herauf, sondern mußte die letzten Stufen auf allen vieren nach oben kriechen. In diesem Zustand, stöhnend wie ein großer, kräftiger Hund, gelangte er in einen Raum, der, wie er meinte, das Atelier war und wo schon zahlreiche Freunde sich vergnügten. Wer beschreibt sein Entsetzen, als er aufblickte und sich in einem großen, eleganten Salon fand, wo seine Freunde *und die ganze Familie des jungen Architekten* feierlich versammelt waren und ihn anstarrten! Monsieur Renchon, der Vater des Architekten, hatte nämlich darauf bestanden, daß die jungen Leute bis Mitternacht mit der Familie zusammen feierten und sich erst dann ins Atelier seiner Tochter im Obergeschoß zurückzogen, um das neue Jahr auf ihre Weise zu begehen.

Simenon ließ sich auf ein Sofa fallen und hüllte sich in Schweigen, während die übrigen Anwesenden sich vergnügt unterhielten und dem Alkohol zusprachen. Simenon trank nichts mehr, und als es dann zwölf wurde und die jungen Leute nach und nach die Treppen hinauf zum Atelier stolperten, waren alle betrunken – mit Ausnahme Simenons und der Schwester des Architekten, der Studentin Régine. Sie war keine Schönheit, zudem, wie sich im Gespräch herausstellte, drei Jahre älter als Simenon. Aber sie erschien ihm lebhaft und intelligent und war zudem die einzige Person, mit der er sich in dieser Nacht vernünftig unterhalten konnte. Er fand sie sympathisch.

Welche Anziehung übte sie auf ihn aus? Dem Aussehen nach war sie genau der entgegengesetzte Typ von Frau, der Simenon normalerweise anzog. Sie wirkte hausbacken, trug das Haar straff zurückgekämmt unter einem Stirnband, war knapp mittelgroß und gab sich in

Gestik und Sprache zuweilen eher männlich. »Doch sie war äußerst klug und kultiviert«, betont Simenon, »und mit allen anderen Mädchen, die ich bis dahin kennengelernt hatte, hatte ich mich nie richtig unterhalten können. Sie verstanden nichts von Schopenhauer oder Rembrandt oder Leonardo da Vinci oder Renoir. Mit ihr konnte ich darüber reden.«

Régine in Lakeville im US-Staat Connecticut (Frühjahr 1953)

Die beiden vereinbarten, sich einmal wöchentlich im Atelier zu treffen – zur Konversation! Für den siebzehnjährigen Simenon war indessen Unterhaltung nicht genug, nicht einmal bei einem schlichten jungen Mädchen, dessen Geist ihn mehr fesselte als der Körper. Innerhalb von wenig mehr als zwei Wochen wurden die beiden ein Liebespaar. Fast sechzig Jahre später enthüllte Simenon in *La Femme Endormie,* daß Régine Renchon die erste von den nur drei Jungfrauen war, die er in seinem Leben kennenlernte, und daß er, »weil ich sie nicht drängen wollte, gut vierzehn Tage lang durch Liebkosungen an mich gewöhnte und ihren sexuellen Appetit weckte, bevor sie sich einverstanden erklärte, mit mir die wahren Freuden der Geschlechtlichkeit zu teilen. Dann konnte ich in sie eindringen...« Es besteht kein Zweifel daran, daß Régine sehr verliebt war. Georges war ihr erster Liebhaber, und bis heute ist er der einzige Mann geblieben, den sie je geliebt hat. Er seinerseits tat das, was er später immer mit einer Frau tun sollte, die eine Rolle in seinem Leben spielte: er belegte sie völlig mit Beschlag. Er formte sie nach seinen Wünschen um. Den Namen Régine mochte er nicht, also erfand er einen neuen für sie: Tigy. Sie nennt sich heute noch so, obwohl die beiden seit 1950 geschieden sind.

War es auch für Simenon die erste richtige Liebe? In seinem autobiographischen Werk *Un homme comme un autre* (»Ein Mensch wie jeder andere«) gibt er die Antwort auf diese Frage. »Ich glaube nicht. Ich glaube nicht einmal, daß ich sie wirklich geliebt habe. Ich bin mir da fast sicher!« Ein paar Wochen, bevor er Régine begegnete, hatte er ernsthaft daran gedacht, zu heiraten, »als eine Zuflucht gegen alle Unbill des Lebens«. Mit diesem Ziel vor Augen war er ein paarmal mit »einem molligen, hübschen kleinen Mädchen mit frischem, ehrlichem Lächeln« ausgegangen, der Schwester eines Freundes, doch aus dieser Verbindung war nichts geworden. Jetzt, wo er »in Liebe machte«, wie er es im Rückblick nennt, traf er Régine allabendlich und schrieb ihr zusätzlich auch noch am Morgen glühende Liebesbriefe. Diese zärtlichen Zeilen, die an intimer Deutlichkeit nichts zu wünschen übrigließen, verdeutlichten jedem, der sie möglicherweise las, die engen körperlichen Beziehungen zwischen dem jungen Paar – und ein solcher zufälliger Leser wurde Régines Vater, ein wohlhabender Innenarchitekt. Irgendwie fiel Monsieur Renchon das Briefbündel in die Hände. Er überflog die Liebesgüsse einen nach dem anderen und zitierte wutschnaubend den inzwischen achtzehnjährigen Simenon zu sich.

Das Ergebnis war, daß sich im Frühjahr 1921 Simenon mit Régine verlobte. Der junge Mann stellte sie seinen Eltern vor. Désiré hieß sie mit einer Umarmung willkommen. »Er war die Güte selbst, gab sich äußerst entgegenkommend und verbreitete Fröhlichkeit«, erinnert sich Régine heute noch. Henriette bemerkte damals, als die Familie wieder unter sich war: »Mein Gott, ist sie häßlich!«

Régine wollte unbedingt nach Paris übersiedeln. Sie hatte bereits mehrmals ihren Vater auf Geschäftsreisen in die Seine-Metropole begleitet und hegte das Gefühl, das vor und nach ihr unzählige junge Künstler in aller Welt überkam, daß nur in Paris ihr Talent sich wirklich entwickeln und Erfüllung finden konnte. Die Idee, in die französische Hauptstadt zu ziehen, gefiel auch Simenon. Er spürte, daß seine Entwicklung als Schriftsteller in Lüttich die Grenzen des Möglichen erreicht hatte. Wo besser als in Paris konnte er sein Handwerk lernen, neue Erfahrungen sammeln und versuchen, sich einen Namen zu machen? Er wollte auf keinen Fall ein Schriftsteller sein, dessen Bekanntheitsgrad sich auf seine engere Heimat beschränkte, obwohl er sie sein Leben lang nie verleugnete und immer stolz bekannte: »Ich bin ein Mann des Nordens!« Régine weiß mit Mitte Achtzig noch viele Details aus der damaligen Zeit, doch an eines kann sie sich nicht genau erinnern: »Ich vermag nicht mehr genau zu sagen, wer von uns denn nun eigentlich mehr darauf drängte, Lüttich zu verlassen. Aus der Sicht von über sechzig Jahren scheint es, als sei es immer eine beiderseitige Ambition gewesen...«

Simenon wußte seinerzeit, daß er wie alle jungen belgischen Männer mit zwanzig, also in zwei Jahren, einen einjährigen Wehrdienst leisten mußte. Das junge Paar entschied, daß er sich so früh wie möglich zum Militär meldete, um dieses Jahr rasch hinter sich zu bringen. Er würde danach im November 1921 mit achtzehneinhalb als Rekrut einrücken und ein Jahr später zunächst allein nach Paris gehen, um dort alles für ihr künftiges gemeinsames Leben als Ehepaar vorzubereiten.

Alles war von den beiden wohlüberlegt worden, und der Lage der Dinge nach konnte an diesem Zukunftsprogramm nichts schiefgehen. Da trat das tragische Ereignis ein, das unausweichlich war, dessen Näherkommen Simenon jedoch nach besten Kräften gedanklich verdrängt hatte. Am Nachmittag des 28. November 1921, einen Tag vor dem Einrücken Simenons in die Kaserne, fiel Désiré an seinem Stehpult im Versicherungsbüro plötzlich tot um. Fast zur gleichen Stunde lag Simenon mit einem Mädchen in Antwerpen im Bett, wohin ihn ein Auftrag der *Gazette de Liège* an diesem Tag geführt hatte.

Bei seiner Rückkehr nach Lüttich am Abend erwarteten ihn Régine und ihr Vater am Bahnhof. Simenon genügte ein Blick auf ihre Gesichter, um zu wissen, weshalb sie gekommen waren. Er rannte nach Hause. Seine Mutter lief tränenüberströmt herum. Er stürzte in das elterliche Schlafzimmer, und da lag sein Vater auf dem Bett, im schwarzen Anzug, den er im Büro trug. Links und rechts von ihm brannte eine Kerze. Simenon schlich sich auf Zehenspitzen zu dem Toten. »Es war das erste Mal, daß ich eine Leiche aus solch unmittelbarer Nähe sah. Ich hatte gerade noch die Kraft, meinen Vater leicht auf die Stirn zu küssen. Er fühlte sich ganz kalt an. Ich betrachtete ihn noch ein paar Augenblicke lang und verließ dann den Raum.«

Bei der Erinnerung an diese schmerzerfüllten Minuten nach sechzig Jahren wählte Simenon seine Worte mit Bedacht und spitzte die Lippen, während er erzählte, den Abschiedskuß für seinen toten Vater gleichsam nachvollziehend. Während der vielen Stunden, die er sich mit dem Autor dieses Buches unterhielt, sind ihm nur zweimal die Tränen gekommen: bei der Schilderung des Todes des Vaters und bei der Erläuterung der Umstände, die zum Selbstmord seiner Tochter Marie-Jo führten.

»Ich möchte nicht, daß meine Söhne je das durchmachen, was ich durchgemacht habe«, erklärt er. »Ich habe in meinem Testament verfügt, daß alle außer Teresa (seine Lebensgefährtin – Anmerkung des Übersetzers) den genauen Zeitpunkt meines Todes erst erfahren sollen, wenn meine sterbliche Hülle verbrannt und die Asche in dem kleinen Garten meines Hauses verstreut worden ist, wo sie sich mit der von Marie-Jo vermischen wird. Es wird keinen Trauergottesdienst geben, und zur Einäscherung werden keine Reporter und keine Pressefotografen zugelassen und keine Reden gehalten. Meine Söhne sollen gar nicht erfahren, wann sie vor sich geht!«

Bei der Beerdigung seines Vaters schockiert Simenon die Trauergemeinde auf dem Friedhof, als er sämtliche Blumen und Kränze packt und auf den Sarg hinunterwirft, bevor dieser mit Erde bedeckt wird, statt sie liegen zu lassen, damit sie auf dem Erdhügel ausgebreitet werden und vom Wohlstand und von der Großzügigkeit ihrer Spender künden können. Dann verläßt er im Laufschritt den Friedhof, läuft heim, wirft sich auf sein Bett – und heult herzzerreißend.

Nun hält ihn nichts mehr in Lüttich fest. Der Gedanke, daß er seine verwitwete Mutter allein läßt, geht ihm – vielleicht verständlicherweise – nicht eine Sekunde lang durch den Kopf. Er ist entschlossen, sein Militärdienstjahr ohne viel Aufhebens hinter sich zu bringen und dann die provinzielle Enge seiner Vaterstadt für immer zu verlassen. Mehr als dreißig Jahre später bemerkte er darüber zu seinem Freund Brendan Gill: »Wenn ich sooft über morbide Menschen und Dinge geschrieben habe, so geschah das, um mit der Faust zu drohen angesichts der Leiden, die sie durchmachen müssen. Ich kam in Dunkelheit und Regen zur Welt und machte mich frei davon. Manchmal habe ich den Eindruck, daß die Verbrechen, über die ich schreibe, die Verbrechen sind, die ich selbst verübt hätte, wenn ich mich seinerzeit nicht frei gemacht hätte. Ich bin einer von denen, die Glück gehabt haben. Was läßt sich über solche Leute mehr sagen, als daß sie frei geworden sind?«

5

Das Paris
der zwanziger Jahre

Das Rekrutenjahr brachte für Simenon in physischer Hinsicht keine außergewöhnlichen Anstrengungen. Weil er Pferde mochte, hatte er sich zur Kavallerie gemeldet. Nach einmonatiger Ausbildungszeit bei den belgischen Besatzungstruppen, die zusammen mit den Franzosen mehrere Jahre lang das Rheinland besetzt hielten, kehrte er schon wieder nach Lüttich zurück.

Die restlichen Monate seiner Militärdienstzeit war Simenon in der Kaserne in Outre-Meuse stationiert, von wo aus er das Haus seiner Mutter in, der Rue de l'Enseignement sehen konnte. Dank einer ziemlich ungewöhnlichen Sondererlaubnis durfte er jeden Tag die Kaserne verlassen und seine Tätigkeit bei der *Gazette de Liège* fortsetzen, als sei er noch oder wieder Zivilist.

Die nächtelangen, hitzigen, durch alkoholische Exzesse belebten Diskussionen mit seinen Freunden von der »Tonne« waren für ihn vorbei. Fast jeden Abend besuchte er Régine oder traf sich irgendwo mit ihr. Und nachdem sie sich getrennt hatten, führte ihn der Weg wie früher oft aus dem wohlhabenden, gutbürgerlichen Stadtteil, in dem sie wohnte, in die angrenzenden ärmlichen, schmalen Gassen auf der Suche nach einer Prostituierten, die ihm ihre Gunst für ein paar Francs schenkte. »Ich finde nicht, daß ich jemand bin oder je gewesen bin, von dem man sagen könnte, er sei sexbesessen«, behauptete er von sich in »Ein Mensch wie jeder andere«. »Und ich glaube auch nicht, in dieser Richtung Ansprüche gestellt zu haben oder zu stellen, die über das Maß des Normalen hinausgehen.«

Doch wie viele junge Männer um die zwanzig oder gleichgültig welchen Alters, die gerade aus dem Bett ihrer Verlobten kommen, verspüren schon das Bedürfnis, am selben Abend noch einmal geschlechtlich zu verkehren – auf der vulgärsten Basis mit einer Frau, die sie für die Hergabe ihres Körpers bezahlt haben –, bevor sie ihr eigenes Bett aufsuchen?

Simenons zwölfmonatige Rekrutenausbildung war verlorene Zeit, was die Weiterentwicklung seines Talents anbetraf. Er leistete lustlos seinen Dienst, schrieb ebenso unlustig seine Reportagen für die Lokalzeitung und zählte die Monate und zuletzt die Tage, die ihn noch von der Abreise nach Paris trennten. Schließlich – es war Ende November 1922 geworden – verließ er die Kavalleriekaserne in Outre-Meuse für immer. Er war wieder Zivilist. Am Abend des 10. Dezember stieg er in den Nachtzug nach Paris.

Simenon hatt immer etwas Chamäleonhaftes an sich gehabt, denn wie diese Echse wechselte auch er häufig die Farbe, um sich einer veränderten Umgebung anzupassen. Als er kurz nach dem Zweiten Weltkrieg auf dem Weg zu seinem neuen Domizil in den Vereinigten Staaten in London Station machte, damals bereits ein angesehener, erfolgreicher Autor, hatte der englische Schriftsteller und Kritiker Maurice Richardson »den Eindruck, daß Simenon ein Schauspieler war, der die Rolle spielte, die man von ihm erwartete. Er trug einen sehr schicken braunen Anzug, doch dazu eine riesige, komisch wirkende, schludrig gebundene fliederfarbene Fliege, die ihn aussehen ließ wie einen Gymnasiallehrer. Er gab sich sehr liebenswürdig und zuvorkommend und begann sofort eine konventionelle, von traditionellen Gemeinplätzen wimmelnde Unterhaltung, wie sehr er ›Ihr London mit seinen Nebeln‹ liebe und wieviel er

›Ihrem großen Dickens‹ verdanke.« Als er später in den fünfziger Jahren in anscheinend voller Zufriedenheit fünf Jahre lang in dem amerikanischen Ort Lakeville im Bundesstaat Connecticut wohnte und in einem Bauernhaus das glückliche Leben eines seßhaft gewordenen Ehemannes mittleren Alters mit Frau und Kindern führte, fand ihn der amerikanische Schriftsteller Brendan Gill, der ihn besuchte, vollkommen mit sich und der Welt zufrieden, felsenfest von seiner Häuslichkeit überzeugt. Er schwärmte so sehr von der ländlichen Umgebung, daß er immer wieder sagte, er könne sich nicht vorstellen, hier jemals seine Zelte abzubrechen – doch drei Jahre später packte er seine Koffer, um nach Europa zurückzureisen. Er kehrte Amerika für immer den Rücken.

In der Schweiz gab er sich als Achtziger, der in die Rolle des zurückgezogenen *Elder Statesman* geschlüpft war, dementsprechend liebenswürdig, friedlich, gefällig, äußerst schlicht – und gelassen.

Auch als er, ein ambitionierter junger Mann von zwanzig Jahren, seine Heimatstadt in Richtung Paris verließ, um, wie er es später André Gide gegenüber ausdrückte, »den Mörtel anzurühren« für seine künftige Karriere als ernsthafter Schriftsteller, wählte er schon das richtige Aussehen dafür. In den letzten Wochen bei der Armee hatte er sich das Haar lang wachsen lassen und sah wie ein echter Bohemien aus. Dazu trug er einen großen Schlapphut mit schwarzer Krempe. In Verbindung mit einer breiten, locker gebundenen Krawatte und einem billigen Regenmantel wirkte er wie eine Figur aus einem Toulouse-Lautrec-Plakat.

Neununddreißig Jahre später erklärte er einem Journalisten des *Observer* in seiner Suite im Londoner Savoy-Hotel, wo er auf Einladung der BBC in Zusammenhang mit der erfolgreichen Fernsehverfilmung einer Reihe seiner »Maigret«-Romane für eine englische Serie abgestiegen war, ziemlich von oben herab: »Ich dachte mir damals, es sei absolut notwendig, in Paris zu leben. Man muß schließlich dort die ersten Schritte tun, um ein französischer Schriftsteller zu werden...!«

Die Wirklichkeit sah indessen weitaus weniger grandios aus...

Das Paris der zwanziger Jahre war tatsächlich eine Art Treibhaus für viele Talente und machte ein junges Genie mit dem ganzen Spektrum der schönen Künste bekannt. Es war auch eine wunderbare Stadt zum Leben. Einheimische, Zugezogene und Besucher vergnügten sich in der *Ville lumière,* der »Stadt des Lichts«, auf mannigfaltige Weise seit Jahrhunderten, lange bevor das Wort »Vergnügen« in Paris den nächtlichen Besuch des Montmartre-Viertels bedeutete.

Der Erste Weltkrieg hatte die Blüte der jungen Männer Frankreichs auf den schlammigen Schlachtfeldern Nordfrankreichs hinweggerafft. Dreiviertel der Soldaten, die unter der Trikolore ins Feld gezogen waren, waren gefallen oder verwundet. Zweieinhalb Millionen von ihnen waren zwischen achtzehn und fünfundzwanzig Jahren alt. »Kein anderes Ereignis in der Geschichte des europäischen Kontinents, nicht einmal der Schwarze Tod (die Beulenpest im Mittelalter – Anm. d. Ü.), hat eine solche Unmasse von Leichen erzeugt«, schrieb der Historiker Malcolm Cowley. Nach Kriegsende wollte Frankreich und vor allem Paris die Hungerjahre und Leiden zwischen 1914 und 1918 vergessen. *Les Années Folles* begannen, das französische Gegenstück zu den *goldenen Zwanzigern* in Berlin und den *Roaring Twenties* in Amerika. »Wenn ich auf diese zehn Jahre zurückblicke«, sollte sich später der Schriftsteller Maurice Sachs erinnern, »dann scheint ständig der Vierzehnte Juli gewesen zu sein. Die Trikolore war immer gehißt.«

Paris *après guerre* war ein Mekka, nicht nur für den jungen Simenon und seine Braut, sondern für Maler,

Bildhauer, Dichter und Schriftsteller, Komponisten und Musiker aus aller Herren Länder. Russische Emigranten, Türken, Schweden, Italiener, Spanier, Engländer, Amerikaner – und Belgier – bevölkerten die Cafés und Restaurants auf dem linken Seine-Ufer und auf den Höhen des Montmartre, und überall herrschte ein babylonisches Sprachengewirr.

Von all dieser Pracht spürte allerdings George Simenon noch nichts, als er am kalten und regnerischen Morgen des 11. Dezember 1922 im trüben Licht des anbrechenden Tages aus der Gare du Nord trat, in der einen Hand einen Koffer aus Kunststoff, mit einem Bindfaden verschnürt, weil das Schloß defekt war, in der anderen ein in braunes Packpapier eingewickeltes und ebenfalls mit einer Kordel zusammengehaltenes Paket. Die Straßen waren dunkel und verlassen. Unablässig strömte der Regen. Einige wenige Passanten hasteten mit gesenktem Kopf vorüber, die Hände in ihren Manteltaschen vergraben. Er mußte eine Bleibe finden, aber wohin er auch durch die Nässe trottete, die Hotels, in denen er nachfragte, waren entweder *complet* oder zu teuer. Schließlich kam er im Hotel Berthe (das heute noch existiert, allerdings in umgebautem, renoviertem Zustand) an der Ecke Boulevard des Batignolles und Rue Darcet, unweit der Place de Clichy, unter. Es war ein winziges Zimmer im obersten Stockwerk mit eiserner Bettstelle, einer Waschschüssel und zwei Stühlen, allerdings ohne Teppich, das er sich gerade leisten konnte: es kostete fünfundzwanzig Francs im Monat, die im voraus zu entrichten waren.

In seiner Pariser Frühzeit gab es für Simenon – abgesehen von Sex – nur eine Sache, mit der er sich trösten konnte, und das war gutes Essen. Er besaß den Appetit eines belgischen Stallknechts. Gleich am ersten Morgen verließ er sein Zimmer wieder, stieg die Treppen hinunter, schlug abermals den Mantelkragen zum Schutz gegen den Regen hoch und begab sich auf die Suche nach einem Lokal, wo er frühstücken konnte. In Lüttich war er gewohnt, um diese Stunde Spiegeleier, eine große Tasse Kaffee, mehrere Scheiben Brot mit Butter sowie Käse zu sich zu nehmen; jetzt lernte er zum ersten Mal den »herrlichen Geschmack« von Croissants kennen. Er aß gleich ein Dutzend auf einmal und mußte feststellen, daß alle Leute ihm nachstarrten, als er das Café verließ.

Am selben Morgen sollte er eine Stelle antreten. Denn obwohl er in Paris seine Lehrjahre als Schriftsteller absolvieren wollte, mußte er doch auch irgendwie ein festes Einkommen haben und hatte, wie er glaubte, in dieser Beziehung von Lüttich aus alles bestens vorausgeplant. Ein Freund seines Vaters hatte ihm durch Beziehungen eine Anstellung als Privatsekretär bei dem heute völlig in Vergessenheit geratenen, damals aber sehr populären französischen Schriftsteller Henri Binet-Valmer verschafft, der sich auch einen Namen als aktiver Parteigänger der politischen Rechten gemacht hatte. Welche Enttäuschung bedeutete es dann für den jungen Mann aus Lüttich, als er sich in Binet-Valmers Geschäftsräumen in einem imposanten Gebäude unweit der Avenue Hoche, in dem der Schriftsteller auch lebte, vorstellte und erfahren mußte, daß er keinewegs als Sekretär eines angesehenen Autors fungieren sollte, sondern dazu ausersehen war, eine Art besseren Laufburschen für die politische Vereinigung zu spielen, deren Präsident Binet-Valmer war. Durch die lange Reise und infolge der Schlaflosigkeit übermüdet, verbrachte der »Privatsekretär« seinen ersten Arbeitstag damit, beim Aufladen von Weihnachtsgeschenken für die Kinder von Kriegsversehrten auf Lastwagen zu helfen. Das war ohne Zweifel eine lobenswerte Tätigkeit, doch dafür war er natürlich nicht nach Paris gekommen.

Während er Kartons auf den Schultern schleppte und Lastautos damit belud, konnte Simenon nicht umhin, innerlich sarkastisch zu lächeln bei der Vorstellung, was seine Mutter sagen würde, wenn sie ihn so sähe.

Er hatte noch ihre dringende Ermahnung aus der Knabenzeit in den Ohren, wo es ständig geheißen hatte: »Spiel nicht mit Arbeiterkindern!« In den sechs Monaten, die er in Diensten Binet-Valmers stand, richtete sein Arbeitgeber nicht öfter als fünf bis sechsmal das Wort an ihn. Der monokelbewehrte, in einem Gehrock steckende illustre Mann der Feder dünkte sich viel zu erhaben, um ein Gespräch mit dem jüngsten Mitglied seines Personals anzuknüpfen, das über ein paar Allgemeinplätze hinausging. »Meine Aufgaben erschöpften sich darin, Briefmarken auf Kuverts zu kleben, zehnmal täglich zum Postamt zu gehen und wichtige Schreiben an bekannte, einflußreiche Politiker persönlich zuzustellen«, berichtet Simenon über diese Zeit.

Doch zumindest verdiente er Geld: 600 Francs im Monat, von denen er jeweils seiner Mutter 250 Francs zu senden versprochen hatte. Das war nicht viel zum Leben für einen gesunden, sinnlichen jungen Mann. Er aß damals vor allem viel Camembert, weil Weichkäse sättigte und wenig kostete, und Kaldaunen *à la mode de Caen*, gereinigten und gebrühten Magen von frisch geschlachteten Wiederkäuern also, weil er viel Brot in die fette Soße tunken konnte. »Über das Weihnachtsfest 1922 möchte ich lieber nicht sprechen«, erklärte er in »Ein Mensch wie jeder andere«. »Ich kenne nichts Schlimmeres, als Heiligabend allein in Paris zu sein, mit sehr wenig Geld in der Tasche, und auf der Straße Leuten zu begegnen, die sich glänzend amüsieren, oder sie durch die Fenster eines Restaurants zu beobachten. Viele Jahre später hörte ich von der Polizei, daß sie in der Heiligen Nacht immer die meisten Selbstmorde zu verzeichnen hat. Das wundert mich nicht.«

Der Silvesterabend war gleichfalls für den jungen Belgier eine Enttäuschung, wie auch der Neujahrsmorgen 1923. Die Straßen von Paris waren menschenleer bis auf ein paar Kirchgänger. Die meisten Einwohner der Hauptstadt schliefen an diesem Tage ihren Kater aus.

Doch gegen vier Uhr nachmittags gab es einen Trost für Simenon – und einen besonders erfreulichen dazu. Er stand gerade, durchfroren und von Langeweile geplagt, die Hände in den Taschen seines Regenmantels vergraben, vor dem Schaufenster einer Schiffahrtsgesellschaft und betrachtete gedankenverloren die Miniaturmodelle von Ozeandampfern, die für »Ferien in der Sonne« warben, als er zufällig, in der Fensterscheibe widergespiegelt, das Gesicht eines braunhäutigen jungen Mädchens wahrnahm, das wie er sehnsüchtig auf diese Symbole eines glücklicheren Lebens starrte. Sie kamen ins Gespräch. Er lud sie in ein Lokal zu einem Glas Wein ein. Innerhalb einer Stunde lagen sie im nächstbesten Hotel miteinander im Bett.

Es spielte keine Rolle, daß es eine elende Absteige war und das Zimmer nicht gerade vor Sauberkeit glänzte. Simenon hatte sich bis dahin immer für einen erfahrenen Liebhaber gehalten, doch diese muntere kleine Spanierin brachte ihm Dinge bei, die völlig neu für ihn waren. Die beiden strahlten vor Glück über ihre sexuellen Entdeckungen beim anderen.

Sie verabredeten sich für den nächsten Abend um neun an der Ecke der Avenue Hoche und der Rue du Faubourg St. Honoré. Das Mädchen erschien jedoch nicht, und Simenon sah sie nie mehr wieder. Doch sie hatte ihm in Paris einen unvergeßlichen Willkomm bereitet, so daß er sich von nun an in der großen Stadt behaglicher fühlte.

Der Gedanke, seiner Verlobten treu zu sein, scheint ihm nicht ein einziges Mal gekommen zu sein. Sein sexuelles Bedürfnis war einfach unwiderstehlich, zu dringend, um es zu ignorieren. Sein Einkommen war so bescheiden, daß er sich nur die billigsten, nicht sehr attraktiven Prostituierten in den weniger frequentierten Straßen leisten konnte, und selbst die nicht sehr häufig, nicht oft genug. In dem Roman *Le Temps d'Anaïs* (»Die Zeit mit Anaïs«), der 1951 in Amerika entstand und stark autobiographische Züge trägt, schilderte er, wie Bauche, ein junger Mann wie er selbst, der neu nach Paris kommt, seine ersten Eindrücke von der Stadt empfängt: »Paris war dunkel, naßkalt, mit Tausenden von menschlichen Wesen, die sich aus keinem ersichtlichen Grunde im Zustand ständiger Bewegung befanden. Gott weiß wohin rannten. Das Hotel, in dem er wohnte, . . . roch stark nach Gemeinheiten aller Art und war von einem fragwürdigen Stimmengewirr erfüllt.

. . . Monatelang war sein Hauptgedanke nicht der, wie er etwas zu essen bekam, sondern wie er an die notwendige Summe Francs kam, um sich eine der Prostituierten zu leisten, die sich auf den Straßen herumtrieben. Das Verlangen war manchmal so schmerzhaft, daß ihm die Tränen kamen . . .«

Simenon selbst überkam an einem Morgen zu früher Stunde, als er wach in seinem Bett im Hotel Berthe lag, eine derartige Lust, daß er aufstand, als er draußen im Korridor ein Zimmermädchen die Schuhe der Gäste putzen hörte, die Tür öffnete, den Rock des Mädchens hochhob und sie von hinten nahm – während sie weiter das Schuhwerk bürstete. Sie hielt nicht einmal inne dabei, sondern bemerkte nach Simenons Darstellung nur »Oh, Monsieur!« Auch von dieser Episode findet sich in *Le Temps d'Anaïs* ein Abklatsch. Simenon beschreibt in dem Buch, wie der junge Bauche am Strand von Le Grau-du-Roi in der Nieder-Camargue, wo er lebt, ein goldbraungebranntes Mädchen namens Anaïs liebt. »Es passierte rein zufällig. Ich hatte keine Ahnung, daß sie an dem verlassenen Strand hinter dem auf den Sand gezogenen Fischerboot lag. Die Schiffe draußen auf dem Wasser waren zu weit entfernt, als daß man uns hätte sehen können. Ich ging einfach zu ihr hin und nahm sie, ohne ein Wort zu sagen . . .« Vierzig Jahre später sollte Simenon auf dieselbe Weise über die Zofe seiner zweiten Frau, Teresa, die nun die letzte Frau in seinem Leben gewesen sein sollte, auf genau dieselbe Weise herfallen: auf grobe Weise von hinten, ohne zärtliche Worte oder irgendwelche Vorbereitung, als sie sich gerade vornüberbeugte, um eine Hausarbeit zu verrichten.

Paris bot Simenon in jenen ersten Monaten jedoch nicht nur sexuelle Anreize und deren gelegentliche Befriedigung. Er verliebte sich wahrhaft in die Stadt, ihre Straßen, ihre Häuser, ihre Bewohner, ihre unbeschwerte Fröhlichkeit in der damaligen Zeit. Ein befreundeter Künstler aus Lüttich, ehemals wie er Mitglied von *La Caque,* war bereits mehr oder weniger arriviert und besaß ein kleines Atelier an den Hängen des Montmartre. Zunächst suchte Simenon oft diesen Freund auf und diskutierte mit ihm bis in die Nacht, wie sie es wenige Jahre zuvor im größeren Kreis der Künstlergilde in der Dachkammer mit den Paraffinkerzen im Schatten von St. Pholien getan hatten.

Dann aber fühlte sich Simenon wohler, wenn er für sich allein in einem Café saß und die vorbeiströmende Menge beobachtete oder wenn er von einem billigen Stehplatz im »Moulin Rouge« aus das Kommen und Gehen des Publikums und das bunte Spektakel auf der Bühne verfolgen konnte. Paris selbst spielte eine nicht unwichtige Rolle als Tutor für seine Ausbildung als Schriftsteller.

Es war zu früh, um von den Einkünften des von ihm angestrebten Berufes zu leben, doch Tag für Tag schrieb er eine Kurzgeschichte zu seinem eigenen Vergnügen und ohne jegliche Absicht, sie für eine Veröffentlichung zu verkaufen. Er bewahrte sie alle auf. Sie befinden sich nun mit umfangreichem anderen Material aus allen Schaffensperioden im *Centre d'Etudes Georges Simenon* an der Universität Lüttich. Vielleicht werden sie eines Tages gedruckt und damit für die Öffentlichkeit zugänglich gemacht.

Obwohl er alles andere als glücklich über seine Beschäftigung bei Binet-Valmer war, jeden Sou, den er
verdiente, dreimal umdrehen mußte, bevor er ihn aus-
gab und fortgesetzt in immer wieder anderen billigen
Hotels oder möblierten Zimmern wohnte, war er glücklich, nach Paris gekommen zu sein. Zu keinem Zeitpunkt trug er sich mit dem Gedanken, nach Lüttich zurückzukehren und dort zu leben. Nur einmal noch
führte ihn der Weg zu einem kurzen Aufenthalt in die
Vaterstadt zurück: zu seiner Hochzeit.

Die Traung war für den 23. März 1923 in der Sainte-
Veronique-Kirche angesetzt. Ursprünglich hatten weder Simenon noch Régine kirchlich heiraten wollen, zumal Régine und ihre Geschwister gar nicht getauft waren. Sie entschlossen sich aber dann mit Rücksicht auf
Simenons fromme Mutter doch zu einer kirchlichen Zeremonie. Während Simenons ersten Monaten in Paris
hatte sich Régine rasch taufen lassen, die erste Beichte
abgelegt und war am Hochzeitsmorgen zur ersten heiligen Kommunion gegangen. Für Henriette kam nichts
anderes in Frage, und ihr Sohn wollte sie trotz des angespannten Verhältnisses zu ihr vor ihrer Verwandtschaft und den Nachbarn nicht blamieren.

Kurz vor seiner Abreise fand Simenon in Paris eine
Bleibe, wo er fürs erste mit seiner Frau wohnen konnte.
Es war ein Zimmer – als Untermieter in der kleinen
Wohnung eines Homosexuellen, der mit seinem jungen
Liebhaber zusammenlebte. Dieser lief den ganzen Tag
in Frauenkleidern herum. Dieses Paar mußte wohl oder
übel nach Einzug der Simenons jeden Morgen deren
Zimmer betreten, während die Neuvermählten noch zu
Bett lagen, denn hier befand sich das einzige Wasch-
becken der ganzen Wohnung. Es war schwerlich ein ge-
eignetes Heim für junge Eheleute, doch der »Laufbur-
sche« konnte sich kein teureres Domizil leisten.

Und ein neuer Smoking für die Trauung, auf den seine Mutter so sehr drängte, war finanziell auch nicht

drin. Er mußte schließlich von einem Freund, einem belgischen Journalisten, der in Paris arbeitete, einen gebrauchten Anzug kaufen und dafür noch Ratenzahlungen vereinbaren. Zudem war diese Festtagskleidung mindestens eine Nummer zu klein für ihn.

Simenon wäre der erste, der zugeben würde, daß er und Régine nicht gerade ein strahlendes Brautpaar darstellten, als sie an jenem trüben Märztag den Hochzeitszug anführten, der Sainte-Veronique verließ: der Bräutigam in seinem zu engen Habit, die Braut ganz in Schwarz – aus Rücksicht auf den verstorbenen Désiré Simenon – mit einem riesigen, mit Paradiesvogelfedern verzierten Hut. Warum heirateten sie überhaupt? Régine liebte ihren Georges aufrichtig, daran gibt es keinen Zweifel, doch Simenon wußte genau, daß er ihr nicht treu sein konnte, auch nicht, nachdem er ihr vor dem Altar ewige Treue gelobt hatte. Hatte er doch noch am Vorabend seiner Abfahrt in Paris in einer Bar zwei Holländerinnen kennengelernt, als er allein seinen Abschied vom Junggesellenleben feiern wollte, und mit ihnen einen »Budenzauber zu dritt« veranstaltet.

Régine hatte noch im ersten Stadium ihrer Bekanntschaft darauf bestanden, daß die Ehe kinderlos bleiben sollte; sie wollte sich ganz der Malerei widmen, wie sie sagte. Simenon war einverstanden gewesen – obwohl er zeit seines Lebens die Auffassung vertreten hatte, daß eigene Kinder für ihn von Natur aus eine der fundamentalsten Notwendigkeiten darstellen.

Er wußte also im voraus, daß er sich eine Lebensgefährtin erwählt hatte, die ihm etwas Lebenswichtiges verweigerte. Er sah mit eigenen Augen, daß sie alles andere als körperlich attraktiv war. Sie hatte ihn bereits wissen lassen, daß für sie eine ideale Ehe so aussah, daß jeder Partner seine eigene Wohnung oder sein eigenes Atelier besaß und man sich telefonisch verständigte, wenn man sich sehen wollte. Trotz all dieser Handikaps ließ er sich jedoch auf die Eheschließung ein.

Um noch einmal zu fragen: Warum? Simenon hatte längst in seinem tiefen Innersten erkannt, daß er eigentlich in Régine gar nicht verliebt war. »Sie war ein guter Kamerad«, urteilt er heute, »man hätte mit ihr Pferde stehlen können. Als Ehepartner war sie lebhaft, intelligent und rücksichtsvoll. Man hätte sich keine bessere Gefährtin wünschen können.« Aber ihr sexuelles Verlangen war gering; gleich zu Anfang ihrer Beziehungen hatte sie ihrem Georges unmißverständlich klargemacht, daß die geschlechtliche Seite nicht im Vordergrund ihres gemeinsamen Lebens stehen würde. Aus nur ihr bekannten Gründen interessierten sie diese Dinge einfach zu wenig.

Weshalb ging er dann hin und erkor sich eine derartige Frau zur lebenslangen Ehehälfte (und es ist kaum zu bezweifeln, daß Simenon sie so sah, als sie im März 1923 gemeinsam vor dem Altar standen)? In »Ein Mensch wie jeder andere« gab er eine Antwort. Schon als er siebzehn gewesen sei, habe er an Heirat als Schutz vor sich selbst gedacht. »Für mich«, so schrieb er, »bestand die einzige Methode, eine Katastrophe abzuwenden, darin. Zuflucht in der Ehe zu suchen.« Ich halte das für eine rhetorische Bemerkung, die sich schön anhört und auf dem Papier gut liest, in Wirklichkeit jedoch nichts bedeutet. Man muß versuchen, tiefere Gründe für die Bedeutung von Simenons Verbindung mit Régine Renchon aufzuspüren.

Momentan sehen wir sie erst einmal am Abend ihres Hochzeitstages in den Nachtschnellzug nach Paris klettern (Simenon nach eigenem Geständnis etwas betrunken nach der Feierei den Tag über). Seite an Seite drücken sie sich in einem überfüllten Dritter-Klasse-Coupé aneinander und fahren einer neuen Zukunft entgegen. Wenn wir das schlafende junge Ehepaar betrachten, erscheint es uns mehr denn je als bizarre Idee des jungen Georges, dieses junge Mädchen zu seiner Frau gemacht zu haben, das bei aller großen Liebe zu ihm nicht ahnt, was für ein Liebhaber sexueller Eskapaden und unverbesserlicher Frauenheld er ist, und die des Nachts lieber allein vielerlei Gedanken nachhängt – als in seinen Armen zu liegen. Das Privatleben Simenons ist »dunkler« als viele der Geschichten, die seiner Phantasie entsprungen sind.

Kohlezeichnung von Georges Simenon von seiner ersten Frau Régine Renchon

Beim Gespräch mit ihm beinahe sechzig Jahre später in Lausanne mit Teresa an seiner Seite, die er für die »ideale Liebe« seines Lebens hält, jedoch »nicht heiraten wird«, ließ Simenon bittere Worte über die Ehe fallen: »Ich bin gegen die Ehe, absolut dagegen! Ein Freund meines Sohnes Pierre wird nächsten Monat heiraten und hat mich zur Hochzeit eingeladen. Er kommt oft in unser Haus, und ich mag ihn sehr gut leiden.

Doch ich habe ihm erklärt, daß ich in meinem Leben nur auf zwei Hochzeiten war – meinen eigenen. ›Du mußt mich also entschuldigen‹, habe ich ihm gesagt. ›Ich werde euch ein großes Blumenbukett schicken, aber rechnet nicht mit meinem Kommen!‹

In meinen Augen ist die Ehe ein Schwindel, ein Betrug! Nehmen Sie mal als Beispiel zwei Menschen, die wie ich und Tigy mit zwanzig und dreiundzwanzig vor den Traualtar treten. Sie sind biologisch gesehen zwei unabhängige menschliche Wesen, die plötzlich auf die Bibel oder sonstwas schwören, daß sie für den Rest ihres Lebens zusammenbleiben wollen, in guten wie in schlechten Tagen. Sehen Sie, und das ist ein Betrug, denn biologisch haben diese beiden Leute zehn Jahre später nicht mehr dieselben Zellen in ihren Körpern. Sie sind nicht mehr diejenigen, die da die Ehe eingegangen sind. Und erst mit fünfzig! Dann ist die Veränderung noch größer geworden. Die beiden haben sich völlig verändert...

Und doch will man sie ihr Leben lang aneinanderketten! Das ist Betrug, ich sag's Ihnen!«

Bei Régine kam noch eine andere Dimension hinzu, die ihn im Laufe der Jahre eheüberdrüssig werden ließ. »Sie war äußerst eifersüchtig. Man kann wohl sagen, daß es eine unbändige Eifersucht war. Trotzdem drängte sie mich, weil sie keine Kinder haben wollte, zwanzig Jahre lang, empfängnisverhütende Mittel zu benutzen... Zwanzig Jahre – bei meiner eigenen Frau! Finden Sie das schön? Ich brauche Ihnen wohl nicht zu sagen, daß ich sie dreimal täglich betrog. Sie ahnte nichts. Immer wieder erklärte sie: ›An dem Tag, an dem ich entdecke, daß du mich betrügst, nehme ich mir das Leben!‹ Sie sagte es kategorisch. Was blieb mir anderes übrig, als sie zu belügen?«

Es war eine seltsame Basis für eine Ehe. Und doch hielt sie viele Jahre lang – und ging gut. Régine brachte Simenon Seelenfrieden. In gewisser Weise war sie die tröstende Mutter, die er nie gehabt hatte. Die Tatsache, daß sie dreieinhalb Jahre älter war, mag dazu beigetragen haben, erheblich mehr jedoch das völlige Fehlen eines normalen, erfüllten ehelichen Sexuallebens. Simenon verwandte das Wort »mechanisch«, um die körperlichen Beziehungen zwischen ihm und Régine zu beschreiben. Dadurch, daß es im Ehebett ruhig blieb, mag er seine innere Ruhe gefunden haben.

Die meisten Menschen brauchen, auch wenn sie noch so ein ausschweifendes Leben führen, eine Art Heimathafen, einen Mittelpunkt für ihre Existenz, ein Gyroskop, das bei allen Wechselfällen des Lebens stabil bleibt. All dies fand Simenon in Régine. Noch heute ist etwas davon zurückgeblieben; Simenons jüngere Söhne aus zweiter Ehe, John und Pierre, nennen sie mit Kosenamen *Mamiche,* »Muttchen«, und besuchen sie oft in ihrem Haus in La Rochelle. Für ihren eigenen Sohn Marc ist sie ein großer Rückhalt und für seine Kinder eine warmherzige, zärtliche Großmutter. Mit Mitte achtzig ist sie nicht unterzukriegen, und man kann sich vorstellen, wie energisch und aufopfernd sie erst mit zwanzig gewesen sein muß. Sie konnte nicht gut kochen – sie aß mit ihrem Mann fast immer auswärts – und war auch keine *ménagère,* keine treusorgende Ehefrau, die ihren Haushalt perfekt in Schuß hielt. Doch irgendwie gab sie ihrem Mann, fast von dem Augenblick an, wo sie den Nachtexpreß aus Lüttich mit dem frischgebackenen Ehemann an ihrer Seite verließ, Rückhalt und ein stärkeres Verantwortungsgefühl.

Am Morgen nach seiner Rückkehr aus Belgien flanierte Simenon, statt sich an die tägliche Kurzgeschichte zu machen, die ihm als schriftstellerische Fingerübung diente, mit Régine auf den Boulevards und kaufte an einem Kiosk die neueste Ausgabe von sämtlichen zu dieser Zeit gängigen wöchentlichen Frauenzeitschriften, deren Verbreitungsgebiet Paris und Umgebung war. Sie wurden *revues galantes* genannt. Jede pflegte einen eigenen Stil von Unterhaltung. Die Auflagen erreichten riesige Höhen. In jener Zeit, lange bevor Radio und Fernsehen für eine andere Art von Freizeitbeschäftigung sorgten, wurde naturgemäß mehr gelesen.

Selbstverständlich hatten diese Magazine inhaltlich wenig gemein mit den heutigen in Massenauflage im ganzen Land vertriebenen großen Modejournalen und auf Hochglanzpapier gedruckten Illustrierten für die Damenwelt. Die damaligen Produkte waren Kitschblätter auf einer anderen Ebene, aber Kitsch, der dem Massengeschmack entsprach und von guten Schreibern produziert wurde. Was für *Le Sourire* gut war, hätten *Frou-Frou* oder *Rire* nicht gedruckt, und *Paris-Flirt* brachte ganz andere Reportagen und Geschichten als *Mon Flirt*. Simenon machte sich nun daran, die Eigenheiten der verschiedenen Zeitschriften genau zu untersuchen. Er verfaßte eine Reihe von Kurzgeschichten, die der Richtung der einzelnen Publikationen angepaßt waren, und schickte sie an die entsprechenden Redaktionen. Binnen kurzer Zeit hatte er Erfolg. Er verkaufte seine erste kurze Erzählung an *L'Humour* für ein Honorar von hundert Francs – »für mich einfach eine märchenhafte Summe!«

Innerhalb weniger Monate hatte er eine Fülle von Aufträgen und Abnehmern. Jeden Abend schrieb er, mit Régine in dem kleinen Zimmer hockend, zwei oder drei Geschichten, mit denen er jetzt regelmäßig ein gutes halbe Dutzend von den *revues galantes* belieferte. Régine war, das stellte sich bald heraus, trotz ihrer Hingabe an die Malerei, nicht in der Lage, mit dem Verkauf von Bildern die gemeinsamen Finanzen aufzubessern (tatsächlich gelang es ihr während ihrer gesamten Zeit in Paris nur, ein einziges Gemälde abzusetzen). Trotzdem begann sich Simenon mit der Absicht zu tragen, seine unerfreuliche Beschäftigung bei Binet-Valmer aufzugeben und sich und seine Frau einzig und allein von der Schriftstellerei zu ernähren.

Da rief ihn eines Morgens völlig unerwartet sein Arbeitgeber zu sich in sein Büro. Simenon hatte gar nicht angenommen, daß der berühmte Mann, der so nobel aussah mit seinem Monokel und dem unvermeidlichen Gehrock, sich überhaupt erinnerte, ihn in seinen Diensten zu haben. Binet-Valmer musterte den jungen Mann ziemlich geringschätzig von oben bis unten und eröffnete ihm, ein Adliger, der seine politische Bewegung unterstütze, suche einen Privatsekretär, und er habe ihn – Simenon – für diesen Posten vorgeschlagen. Bereits am nächsten Vormittag um Punkt elf fand sich Simenon weisungsgemäß im *salon* der Pariser Stadtwohnung des Marquis de Tracy ein – und wurde sofort eingestellt. Sein Dienst sollte am Tag darauf um neun Uhr morgens beginnen.

Der junge Schriftsteller in spe wußte sich nicht zu fassen vor Glück. Tracy war eine Berühmtheit, einer der reichsten Männer Frankreichs, Besitzer von fünf oder sechs Schlössern und dazu großen Besitzungen in Italien und Tunesien. Er war sogar Eigentümer einer eigenen Zeitung, *Le Courrier du Centre,* die in Nevers, der Hauptstadt des Departements Nièvre, rund 250 Kilometer südöstlich von Paris, an der Loire, erschien. Er war ein Dilettant in des Wortes bester Bedeutung, der seinen ererbten ungeheuren Reichtum nicht dazu verwendete, ein Leben in Saus und Braus zu führen, sondern sich allen möglichen Geschäften widmete. Er tätigte Investitionen in zahlreichen Branchen des französischen Wirtschaftslebens. Der Schlüssel zu einer neuen, ihm bis dahin völlig unbekannten Welt war dem Schriftstelleraspiranten in die Hand gelegt worden, und das fast durch Zufall. Welche neuen Erfahrungen standen ihm da bevor, welche neuen Erkenntnisse über seine Mitmenschen konnte er nun gewinnen!

Im Überschwang freudiger Erregung lud Simenon an diesem Abend Régine zum Essen in ein teures Restaurant ein. Vielleicht hatte er zu diesem Zeitpunkt schon die Absicht, nach Rückkehr in die bescheidene Behausung unter irgendeinem Vorwand noch einmal fortzugehen »und mir ein süßes kleines Ding von der Place de la Madeleine zu leisten, so eine, wie ich sie mir bis dahin nicht zu erlauben gewagt hatte«.

Simenon blieb knapp ein Jahr bei dem Marquis. In gewisser Weise bedeutete die neue Aufgabe so etwas wie eine Abweichung von seinem sich selbst vorgezeichneten Weg als Schriftsteller, doch in anderer Hinsicht war es eine äußerst wertvolle Periode in seiner Entwicklung. Er behielt die Gewohnheit bei, täglich neben seiner Arbeit als Privatsekretär mehrere Geschichten zu verfassen, zumal er immer mehr davon bei den Zeitschriften absetzen konnte.

Der Marquis de Tracy erwies sich als sympathische Persönlichkeit. »Es war sehr interessant bei ihm, und ich fungierte tatsächlich als sein Sekretär«, erzählte Simenon. Die beiden Männer wurden, obwohl die soziale Schranke zwischen Arbeitgeber und Angestelltem sie trennte, so etwas wie Freunde. Simenon trug noch immer sein Haar lang, so lang, daß es ihm im Nacken über den Kragen herabhing – eine Frisur, wie sie nach seinem Gutdünken einem jungen Autor anstand. Der Marquis sagte nichts dazu, bis er eines Tages, als er mit seinem Sekretär allein war, diesem über den Hinterschopf strich und ihn mokant »Mein kleiner Sim« nannte. Mehr brauchte er gar nicht zu sagen. Simenon ließ sich die Haare kurzschneiden und sie nie wieder zu »künstlerischer Länge« wachsen.

Tracy reiste viel zwischen seinen Schlössern hin und her. Sein Hauptwohnsitz war ein prächtiges Herrenhaus mit zwei Türmen in Paray-le-Fresil im Loire-Tal. Simenon verbrachte dort mit ihm längere Zeit, wobei er dem Edelmann, der so etwas wie ein Weiberfeind war, versichert hatte, er habe seine Frau in Paris zurückgelassen. In Wirklichkeit hatte er für Régine und sich ein

Zimmer in einem Hotel in einem knapp zwanzig Kilometer entfernten Städtchen gemietet und legte morgens und abends die Strecke zwischen Hotel und Schloß mit dem Fahrrad zurück, in der Annahme, der Marquis wisse nichts über dieses Arrangement, zumal vereinbart worden war, daß er in einem Zimmer im Schloß schlief. Als ihn jedoch sein Dienstherr eines schönen Tages unverhofft fragte: »Na, wie gefällt Ihnen Ihr Bett?« wurde Simenon rot und war sich klar darüber, daß der Marquis Bescheid wußte. »Da ist übrigens ein kleines Haus hier im Dorf zu vermieten«, fuhr Simenons Arbeitgeber fort. »Zwar hat es nur zwei Zimmer, doch vermutlich werden Sie und Ihre Frau sich dort wohler fühlen...«

Tatsächlich waren Georges und Régine sehr glücklich in Paray-le-Fresil. Es war Sommer. Simenon liebte das Leben auf dem Lande. Er freundete sich mit Tracys Gutsverwalter an, einem vierschrötigen, geradsinnigen Landmann, der auf dem Besitz wohnte. Für Simenon wurde er später zum Vorbild für Maigrets Vater, wobei er Maigret selbst auf einem solchen Landsitz wie Paray-le-Fresil zur Welt kommen ließ.

Als sich herausstellte, daß der Marquis keine Anstalten machte, in absehbarer Zeit nach Paris zurückzukehren, begann sich Simenon allmählich über die erzwungene lange Abwesenheit von der Hauptstadt zu ärgern. Er schrieb später darüber: „Ich fühlte nach und nach, daß ich genug über diese Art von Leben bei einem Marquis, das Leben in aristokratischen Kreisen überhaupt erfahren hatte. Außerdem war er für meinen Geschmack nicht oft genug in Paris. Als er mich verpflichtete, hatte er mir versichert, er werde sich die meiste Zeit des Jahres in Paris aufhalten und höchstens zwei bis drei Monate auf seinen Schlössern, dabei war es genau umgekehrt...«

Simenon reichte die Kündigung ein und kehrte im Frühjahr 1924 mit Régine nach Paris zurück. Er hatte sich indessen durch die Aufgabe seines Sekretärpostens nicht mit dem Marquis de Tracy überworfen. In späteren Jahren trafen sie sich häufig bei den verschiedensten Anlässen und begrüßten sich jedesmal wie alte Freunde – etwas, was Simenon bei seinem einzigen anderen französischen Brötchengeber, dem pompösen, bürgerlichen Binet-Valmer, nie widerfuhr.

Es war für das junge Ehepaar ein großartiges Erlebnis, nach dem Landleben wieder in die Metropole zurückzukehren. Sie mieteten eine kleine Wohnung an der Place des Vosges im Hause Nr. 21 unweit des Herzens der Stadt. Da er seine Arbeiten gut verkaufte, konnte Simenon jetzt eine höhere Miete in einer besseren Wohngegend zahlen. Alles ließ sich gut an; die Welt war für die beiden wieder in Ordnung. »Ich liebte Paris wahnsinnig«, vertraute er seinem Gesprächspartner an. »Es war allerdings das siegreiche Paris, das Paris nach dem Ersten Weltkrieg, als die Franzosen sich als Helden vorkamen, als ihnen zum Bewußtsein kam, daß sie wirklich den Krieg gewonnen hatten.« Er sollte später anders über das Paris denken, in das er nach dem Zweiten Weltkrieg zurückkehrte.

Damals hatte das Montparnasse-Viertel seine größte Zeit. Es waren die Jahre, in denen die Amerikaner Paris entdeckten, und Paris die Amerikaner. Es war die große Jazz-Ära, und die Simenons und ihre Freunde hörten sich immer die neuesten Schallplatten an und zuweilen auch, unter Schwierigkeiten, Radiosendungen direkt aus Amerika. Die Musik aus New Orleans war damals der letzte Schrei. Es war herrlich, jung zu sein und das Leben zu genießen, dabei beruflich vorwärtszukommen und – in Paris zu leben!

Simenon stieg jetzt von Kurzgeschichten auf Romane um. Bei diesem Schritt blieb er eingedenk, daß er sich noch in der »Ausbildung« zum Schriftsteller befand. Deshalb versuchte er sich nicht an umfangreichen Romanen, die das Wohlgefallen der Académie Française gefunden hätten und literaturpreisverdächtig gewesen wären. Was er fabrizierte, waren sogenannte *romans populaires,* billige Unterhaltungsromane, die gewissermaßen ausführliche Versionen der romantischen, wirklichkeitsfernen Stoffe darstellten, die er für seine Geschichten in *Frou-Frou, Paris-Flirt* und anderen Magazinen verwendet hatte. Das erste Produkt dieses neuen Stils, *Le Roman d'une Dactylo* (»Roman eines Tippfräuleins«), brachte er im für ihn typisch werdenden D-Zug-Tempo an einem Vormittag zu Papier, gemütlich auf der Terrasse eines Cafés an der Place Constantin-Pecquer in der Sonne sitzend, während seine Frau ohne Erfolg ihre Bilder auf der nahe gelegenen *Foire aux Croûtes* – dem »Schinkenmarkt« für die Erstlingswerke junger Maler – ausstellte. Die Romane wurden Simenon von den Verlegern mit Kußhand abgenommen. Er hatte, wie man heute sagen würde, eine Marktlücke entdeckt, zumal er trotz geringer literarischer Qualität dieser Bücher, die man in Deutschland als »Groschenromane« bezeichnen würde, andere Schreiber bei weitem ausstach. Simenon lernte nicht mehr nur sein Handwerk als Romancier, sondern fing auch an, sich und Régine dank der zufriedenstellenden Einkünfte ein immer besseres Leben zu ermöglichen.

Da erreichte ihn die Einladung Monsieur Tallandiers, einem der führenden Verleger von leichten Unterhaltungsromanen, zu einem Neujahrsempfang am 1. Januar 1925. Simenon hatte ihm schon eine Reihe von Romanen geliefert, alle unter Pseudonymen, von denen »Sim« nur eines war. Tallandier zog auf dieser Gesellschaft in seinem Haus Simenon beiseite und erklärte ihm bedeutsam: »Hören Sie, mein lieber Sim, ich würde gern ein Abkommen mit Ihnen treffen. Sie liefern mir künftig zehn Romane auf einmal. Für gute Bezahlung ist garantiert; Sie können sofort anfangen, denn ich brauche zehn Bände für eine neuartige Reihe, die ich herausbringen will!« Simenon sagte freudestrahlend zu. Es war etwas, was der noch nicht Zweiundzwanzigjährige im Traum nicht zu hoffen gewagt hatte: zehn Manuskripte auf einen Schlag zu verkaufen!

Zum ersten Mal nahm er ein Taxi, um schnell nach Hause zu Régine zu kommen, und hat, wie er freimütig gesteht, seit diesem 1. Januar vor sechzig Jahren nie wieder einen Bus oder die Untergrundbahn benutzt. Er hatte etwas mehr als zwei Jahre benötigt, um nach seiner Ankunft auf der Gare du Nord, als er übernächtigt mit seinem aufgeplatzten Koffer und dem Karton auf der Suche nach einer Unterkunft durch den Regen gestiefelt war, die erste Sprosse auf der Leiter zu einem soliden finanziellen Erfolg zu erreichen. »Von da an führten wir ein schönes, sorgenfreies Leben«, erinnert sich Régine.

6

Erste Erfolge

Nicht nur der Erfolg stellte sich rasch ein, sondern auch der damit verbundene finanzielle Aufschwung. Vorbei war die Zeit, als Simenon und Régine manchmal nur hatten essen können, wenn sie ein paar Dutzend leere Wein- oder Mineralwasserflaschen gesammelt und zur *épicerie* zurückgebracht hatten. Die Rückerstattung von zwanzig Centimes Pfand je Flasche hatte ihnen dann den Einkauf von Lebensmitteln ermöglicht.

Obwohl sie während der nächsten zwei Jahre weiterhin in derselben kleinen Parterrewohnung an der Place des Vosges wohnen blieben, konnten sie sich jetzt kulinarische Köstlichkeiten leisten. Allabendlich besuchten sie ein Restaurant oder eine *boîte* oder beides. »Das *Moulin Rouge* war sozusagen unser abendliches Stammlokal«, erinnert sich Régine. »Außerdem waren wir damals auch oft in *La Coupole* auf dem Boulevard Montparnasse, nicht im Hauptrestaurant, sondern in der kleinen Bar links vom Eingang. Dort trafen wir alle unsere Freunde. Den Charleston tanzten wir im *Jockey Club*...«

Sie hat noch eine lebhafte Vorstellung von ihrem Gatten in jener Zeit: »Er war sehr fleißig, dynamisch, voller Leben, dazu sehr attraktiv und immer auf dem Sprung. Der reinste Wirbelwind! Vor dem Krieg blieben wir kaum einmal abends zu Hause, außer wenn wir Gäste hatten. Allein hockten Georges und ich jedenfalls nie daheim!«

Das lag nicht an ihr. »Georges ging gern aus. Er wurde von allem angezogen, was sich draußen tat. Er brauchte die frische Luft, mußte Menschen um sich spüren – kurz gesagt, er benötigte dringend pulsierendes Leben um sich herum.« Nach ihrer Darstellung war sie stets mit von der Partie, wenn er ausging: »Er wäre niemals ohne mich irgendwohin gegangen!« War diese hektische Aktivität mehr nach seinem Geschmack oder nach ihrem? »Wissen Sie, wir führten ein inniges Eheleben. Wir standen uns sehr nah. Was ihm gefiel, gefiel mir auch und umgekehrt. Nur zu Hause sitzen wollten wir beide nicht!«

Wenn sie aber einmal abends in ihrer Wohnung blieben, kamen gute Freunde zu Besuch. Oft wurden Partys gefeiert. Zu den Freunden des jungen Ehepaares gehörten in dieser Zeit um die Mitte der zwanziger Jahre prominente junge Schauspieler, Maler, Schriftsteller und Architekten wie Picasso, Jean Gabin, Marcel Pagnol, Marcel Achard, Maurice de Vlaminck, Fujita, Paul Colin, Pascin und Kisling. Die Feste in der Wohnung der Simenons dauerten manchmal bis in die Früh, doch jeden Morgen, egal, ob Party oder nicht, setzte sich Simenon an die Arbeit. Zuweilen mußte er sich einen Weg zu seinem Schreibtisch bahnen und über schlafende Gäste hinwegsteigen, aber eisern begann er zu tippen und kam bald in Schwung, so daß die Anschläge zum Hämmern gerieten. Unwirsch rieben sich dann die Schläfer die Augen und stöhnten wegen des Lärms, doch ihr Gastgeber, der wie ein Roboter vor seiner Maschine saß, kannte keinen Pardon und hämmerte unerbittlich weiter.

Denn Simenon machte diese knochenharte Arbeit in den Jahren des Aufstiegs zum weltberühmten Autor einfach Spaß. Seine Manuskriptproduktion war für einen einzigen Verleger zu groß. So hatte er binnen kurzem deren sechs. Er schrieb achtzig Seiten täglich, Tag für Tag. »Das bedeutete, achtzig Seiten pro Tag mit einer durchschnittlichen Geschwindigkeit von zweiundneunzig Worten in der Minute herunterzutippen!« erläuterte Simenon seine Leistung. »In Frankreich und Belgien zählt man den Umfang eines Manuskripts nicht nach Worten, sondern nach Zeilen. Das waren damals Romane mit je 10000 Zeilen Umfang, die ich in drei Tagen schaffte! Im Französischen gehen, grob geschätzt, sieben Worte in eine Zeile. Im Englischen sind es mehr, weil die Wörter kürzer sind, und bei einem deutschen Text kommen weniger Worte auf eine Zeile, weil die Wörter durchschnittlich länger sind... Wenn Sie nun die Zeilenzahl meiner frühen Romane mit sieben multiplizieren, ergibt das für ein Buch 70000 Worte. In einem Monat verfaßte ich fünf solcher Romane. Und wenn Sie bedenken, daß ich für jeden ein Honorar von 1500 Francs bekam, so können Sie sich vorstellen, daß ich mir reich vorkam!«

Es gab eine Zeit, da jonglierte er mit siebzehn (!) verschiedenen Pseudonymen, die er alle bei der *Société des Gens de Lettre,* dem französischen Schriftstellerverband, hatte registrieren lassen, denn schließlich konnte er nicht den Buchmarkt mit -zig Titeln von »Georges Sim« überschwemmen. Einige dieser Decknamen sind direkt amüsant, wie zum Beispiel *Gom Gut* (eine Art gelber Farbe), *Plick et Plock, Poum et Zette;* andere stellen eine Verbindung nach Lüttich her wie *Jean du Perry* (nach der Rue du Perry) und *Christian Brulls* (ein Rückgriff auf den Mädchennamen seiner Mutter: Brull); weitere wurden des eindrucksvollen aristokratischen Namens wegen gewählt, wie *Georges d'Isly* und *Germain d'Antibes.*

Unter diesen frühen Schöpfungen Simenons waren auch Wildwestromane, für die das französische Leserpublikum seit jeher eine Vorliebe gehabt hat. Sie trugen Titel wie *La Panthère Borgne* (»Der einäugige Panther«) oder *L'Oeil de l'Utah* (»Das Auge von Utah«). Eine ganze Anzahl von Abenteuerromanen befand sich ebenfalls darunter, deren Inhalt in fernen Ländern spielte: *Le Roi du Pacifique* (»Der König des Pazifiks«), *Le Chinois de San Francisco* (»Der Chinese aus San Francisco«) und *Le Monstre Blanc de la Terre de Feu* (»Das weiße Ungeheuer von Feuerland«), um nur ein paar zu nennen. Bei der Mehrzahl der Bücher aus dieser Schaffensperiode Simenons handelte es sich jedoch um *romans galants*, Produkte, die er selbst einmal als »pikante Geschichtchen« bezeichnet hat. Die Titel sprechen für sich: *Orgies bourgeoises, Une petite très sensuelle, Fièvre, Nuit de Paris...* »Man schrieb die ›heißen Zwanziger‹, und ich machte diese Romane so heiß, wie ich konnte«, gestand Simenon Brendan Gill. »Manche waren illustriert, aber was für eine Zeitverschwendung für den Zeichner!«

Doch seine Produktion umfaßte nicht nur Romane. Skizzen, Kurzgeschichten und kitschige Anekdoten flossen ihm zu Hunderten aus der Feder, wurden ihm abgekauft und unter seinen verschiedenen Künstlernamen veröffentlicht. Es kam vor, daß eine Zeitschrift sechs Geschichten von ihm brachte, von denen jede einen anderen Verfassernamen trug. Ihn störte es nicht im mindesten, daß nahezu alle diese Arbeiten Schund waren. Er erlernte seinen Beruf und wurde noch während des Entwicklungsstadiums fürstlich honoriert. Was wollte er mehr? Außerdem hatte er Freude an dieser Art von Schreiben. »Ich schrieb die Stories damals sehr gern«, gab er unumwunden zu. »Ich pflegte am Fenster unserer Wohnung an der Place des Vosges zu sitzen. Plötzlich stand ich dann auf, hockte mich vor die Schreibmaschine und spulte eine Geschichte herunter. Dann nahm ich wieder am Fenster Platz. Das passierte bis zu achtmal am Tag, weil ich oft im Laufe eines Tages acht solcher Geschichten fabrizierte...«

Es wäre falsch, die zahlreichen Erzeugnisse der Produktivität Simenons aus diesen Jahren als pure Kommerzialisierung und vulgarisierende Schreibübungen eines Strebers abzutun. Zweifellos spielte natürlich Geltungssucht eine gewisse Rolle. Einmal erbot sich Simenon aus Reklamegründen für einen bestimmten Verlag sogar, in einem Käfig über der Terrasse des *Moulin Rouge* aufgehängt eine Kurzgeschichte zu schreiben. Aber stets konzentrierte er sich mit ungewöhnlicher Hingabe und einer professionell zu nennenden Einstellung auf seine Karriere als Schriftsteller.

Gegenüber einem Interviewer vom *Observer* kommentierte er im Jahre 1962 diese Entwicklung so: »Ich schäme mich nicht dessen, was ich in jenen Jahren zu Papier brachte. Ich fand damit die Möglichkeit, Geld zu verdienen und Schritt für Schritt zu erkunden, wie man ein Buch erstellt, wie man das Interesse des Lesers wachhält, wie man zwischen zwei Absätze mit Beschreibungen einen Dialog einfügt und so weiter... Es ist ein langer Lernprozeß.«

Schon damals pflegte sich auf Grund der angestrengten kreativen Tätigkeit im Sitzen bei Simenon die Bauchmuskulatur zu verkrampfen und stahlhart zu werden. Er mußte dann Hals über Kopf die Schreibarbeit unterbrechen, ins Badezimmer stürzen und sich übergeben. Noch in späteren Jahren, als er längst den Gipfel des Ruhms erreicht hatte, kehrte dieses schmerzhafte Symptom regelmäßig wieder.

Im Laufe des Jahres 1925, noch im ersten Überschwang der Glückseligkeit über den neuerworbenen materiellen Wohlstand, entwickelte Simenon zwei der bedeutendsten Charakteristika seines Stils. Eines dieser besonderen Merkmale ist die Verwendung einer Art Rück- und Vorausblende-Technik in seinen Romanen; dabei lösen Gegenwart, Vergangenheit und Zukunft einander in rascher Folge ab, manchmal fast innerhalb desselben Satzes, auf jeden Fall jedoch in ein und demselben Absatz oder zumindest auf derselben Seite. »Das rührt von einer ganz simplen Überlegung her«, erläuterte er. »In meiner Vorstellung, in meiner Gedankenwelt gibt es keine Vergangenheit, Gegenwart und Zukunft... Es ist, als ob alles gleichzeitig geschieht. Denn alles, was wir erleben, hängt mit etwas zusammen, das wir bereits erlebt haben und bereitet uns auf etwas vor, was wir noch erleben werden...« Es ist eine stilistische Technik, die heute ziemlich häufig von Drehbuchautoren verwendet wird. Simenon hat sie als beinahe einziger Schriftsteller in Unterhaltungsromanen angewendet und beibehalten.

Wie er André Gide in einem Brief vom Januar 1939 schrieb, versuchte er sich zum ersten Male mit dieser Vermischung von »Rückblende« und »Vorausblende« in *Monsieur Gustave,* einer 1925 verfaßten Kurzgeschichte. »Sie werden feststellen«, ließ er den großen Puristen der französischen Sprache wissen, »daß ich bereits damals von einem Problem geplagt wurde, das mich seither unablässig verfolgt hat: die drei Dimensionen – Vergangenheit, Gegenwart und Zukunft – zu einem einzigen Handlungsvorgang zu verschmelzen und dadurch eine atmosphärische Dichte und eine vollkommene Glaubwürdigkeit zu schaffen, wie ich sie seinerzeit nicht erzielt habe und es auch heute noch nicht fertigbringe.«

Die zweite stilistische Besonderheit, die sich Mitte der zwanziger Jahre bei Simenon herauszukristallisieren begann, ist das Fehlen von jeglichem Indiz, das Bestandteil der »großen« Literatur ist. Er hatte auch versucht, seine Kurzgeschichten bei der Pariser Morgenzeitung *Le Matin* unterzubringen, hatte jedoch – das erste und einzige Mal, daß ihm das passierte! – keinen Erfolg gehabt. Denn zu dieser Zeit war Colette, die berühmte französische Romanschriftstellerin, Redakteurin für Literatur bei dieser Zeitung, und sie war es, die ihm die Manuskripte zurücksandte. Schließlich bestellte sie ihn zu sich und erklärte ihm: »Mein Lieber, Ihre Arbeiten sind zu literarisch, einfach zu literarisch!« Simenon nahm ihren Rat an, schrieb eine Geschichte, die nicht »zu literarisch« war – und Colette kaufte sie sofort zur Veröffentlichung an!

Seit damals hat er den Rat ständig befolgt. Er sagt, dies sei der einzige allgemein gehaltene Ratschlag eines anderen Schriftstellers gewesen, der für ihn von Nutzen gewesen sei. Er hielt ihn sich vor Augen, wenn er schrieb, und er war auch sein Hauptkriterium, wenn er das Geschriebene überlas und korrigierte. »Zu literarisch« ist in seinen Augen »jeder Satz, der nur um des Satzes willen dasteht.« Alle Adjektive und Adverbien sowie jedes Wort, das nur aus Effekthascherei Teil eines Satzes und daher in seinen Augen überflüssig war, strich er erbarmungslos aus. »Sie haben da einen schönen Satz, denken Sie – kürzen Sie ihn einfach weg! Jedesmal, wenn ich eine solche Konstruktion entdecke, fällt sie unter den Tisch. Weg damit!«

Jetzt wissen wir von ihm, was weggelassen werden muß. Was muß dann aber notwendigerweise stehenbleiben? Das, was dem Text »eine dritte Dimension« gibt. Simenon wählte einmal im Gespräch mit einem amerikanischen Interviewpartner für seine Theorie den Vergleich mit der Malerei. »Ein kommerzieller Künstler malt unplastisch, ohne Perspektive; man kann seinen Finger durch das Bild hindurchstecken. Ein wirklich großer Maler dagegen... Nehmen Sie zum Beispiel einen Apfel von Cézanne. Der hat Gewicht. Und ist saftig, einfach alles, mit nur drei Pinselstrichen. Ich habe versucht, meinen Worten das gleiche Gewicht zu geben, das ein Pinselstrich Cézannes einem Apfel verliehen hat. Das ist der Grund, warum ich meistens konkrete Wörter verwende. Wissen Sie, ich versuche, abstrakte oder dichterische Wörter wie beispielsweise ›Dämmerung‹ zu vermeiden. Das mögen schöne Begriffe sein, nur haben sie keine Aussagekraft. Verstehen Sie? Es gilt, jeden Pinselstrich zu vermeiden, der nicht etwas zu dieser dritten Dimension beiträgt.«

Äußerlich lief alles glänzend für den erfolgreichen jungen Autor mit seiner künstlerisch begabten Frau und dem Kreis von unternehmungslustigen und stimulierenden Freunden. Was konnte er sich, abgesehen von den Kindern, die ihm Régine nicht schenken wollte, noch groß wünschen?

Die Antwort lautete natürlich: alles und jedes, denn im letzten Winkel seiner Seele fand er niemals Ruhe. Und spätabends zog er oft noch allein in bestimmte Viertel los. Die Bars in der Rue de Lappe und in anderen Straßen um die Bastille, die er zu nächtlicher Stunde mit der Behaglichkeit seines Heims an der Place des Vosges vertauschte, waren damals noch nicht die ungefährliche Touristenattraktion, die sie heute darstellen. In den Ballsälen in diesem *quartier* konnte man für ein falsches Wort ein Messer in den Rücken bekommen; Simenon mußte sogar einmal aus nächster Nähe erleben, wie neben ihm in einer Stehbierhalle einem Mädchen von einem eifersüchtigen Galan die Kehle aufgeschlitzt wurde.

Und doch zog es ihn mit magischer Kraft zu später Stunde in diese Gegend. Régine hatte er vorher vom abendlichen Ausgehen nach Hause gebracht; als Ausrede für sein nochmaliges Fortgehen gab er an, er wolle nach Modellen für sie Ausschau halten. In Wirklichkeit suchte er sich eine Prostituierte, die ihm gefiel, und ging mit ihr in ein *hôtel de passe,* ein Stundenhotel, wobei ihm manchmal vor- oder hinterher dubiose Gestalten folgten, die ihn bedrohten. »Es war eine eigenartige Welt«, hat er einmal über dieses nächtliche Paris geschrieben. »Man traf Mädchen, die vor nicht mehr als zwei Monaten aus der Bretagne oder der Normandie nach Paris gekommen waren, und schon auf den Strich gingen.«

Manchmal wanderte er die ganze Nacht unbewaffnet über die alten Verteidigungsanlagen, die damals noch an der Rue de Flandre im Stadtteil La Villette existierten. Er brüstete sich damit, daß er sich in der berüchtigten Gegend am St.-Martin-Kanal gut auskannte, ebenso wie in den Gassen von Montmartre oder den schmalen Seitenstraßen des XII. Arrondissements. Im Schutze der Dunkelheit trieb er es mit Huren auf offener Straße oder in Toreinfahrten, »wo das unvermutete Auftauchen eines Polizisten mein künftiges Leben hätte verändern können«.

In *Les Trois Crimes de mes Amis* (»Die drei Verbrechen meiner Freunde«), einem Roman, den Simenon im Januar 1937 schrieb und der bislang noch nicht ins Deutsche übertragen wurde, stellte er die Frage, die für die Nachkriegsgeneration in den zwanziger Jahren galt: »Woher rührte unsere besondere Vorliebe für gefallene Mädchen, für die abstoßenden Arten käuflicher Liebe, ... jenes ungesunde fleischliche Frohlocken zwischen zwei Gläsern Wein?« Er gab selbst die Antwort und vertrat die Auffassung, daß es »eine Auswirkung des (Ersten) Weltkriegs« gewesen sein könnte, »den wir als Kinder erlebten, ohne ihn zu verstehen, und der in uns seine Spuren hinterließ, ohne daß wir dies merkten«. Diese Erklärung klingt ebenso nichtssagend wie seine Behauptung in einem 1946 geschriebenen Zeitschriftenartikel mit der Überschrift »Der Romancier«, er habe in jenen (zwanziger) Jahren in Paris »die Feststellung gemacht, daß man nur das, was man selbst erlebt hat, anderen durch die Literatur mitteilen kann. Ich mußte die Welt aus jedem Blickwinkel, horizontal und vertikal, kennenlernen ..., mich mit allen ihren Dimensionen vertraut machen, Bekanntschaft schließen mit Ländern und Rassen, Klimazonen und Gebräuchen, aber sie auch vertikal ergründen ..., Zugang finden zu den verschiedensten sozialen Schichten, um mich in einem kleinen Fischerbistro ebenso ungezwungen zu fühlen wie auf einer Landwirtschaftsausstellung oder im Salon eines Bankiers«. Dies klingt allzusehr nach einem Plädoyer in eigener Sache, mit dem die Lust am sexuellen Abenteuer kaschiert werden soll, das sich natürlich mit einem Beigeschmack von Gefahr finden läßt, wenn man einem Strichmädchen in einem dunkeln Ladeneingang den Rock hochschiebt.

In »Als ich alt war« erzählte er, wie er eine verheiratete Frau in ihrer eigenen Wohnung verführte, während der nichtsahnende Ehemann dieser Dame im Nebenzimmer beschäftigt war und sich durch die halboffene Tür mit den beiden unterhielt. Man geht solch ein Risiko nicht nur ein, um Material zu sammeln und es eventuell in einem Buch zu verwenden.

Ähnlich ist es, als er Jahre darauf mitten in der Nacht (diesmal mit einem Revolver in der Tasche) durch das Bordellviertel von Kairo spazierte. Es war seinen Worten zufolge »dasselbe wie in Assuan, in Panama, in Guayaquil und beinahe überall auf der Welt«. Simenon versicherte, zu der Zeit, als er diese Erlebnisse suchte, habe er nie das Gefühl gehabt, ein Risiko einzugehen; erst im nachhinein, beim Rückblick Jahrzehnte später, habe er Angst empfunden. Man fragt sich, ob es sich wirklich so verhielt. Es wäre doch eher anzunehmen, daß ihm das Gefahrenmoment in diesen Situationen bewußt war und sein Lustgefühl noch steigerte. Und wenn dem nicht so war, wieviel größer muß dann der sexuelle Zwang gewesen sein, um in seinem Inneren erst gar keine Furcht aufkommen zu lassen?

Eine Frau von Mitte Zwanzig gab es, mit der Simenon – wie immer ohne Wissen Régines – ein Verhältnis hatte, das einer echten Liebesaffäre nahekam. Es war Josephine Baker, die in St. Louis geborene amerikanische farbige Sängerin und Tänzerin, die wie kein anderer Star aus dem Showgeschäft die *Années Folles* auf ihrem Höhepunkt par excellence verkörperte.

Sie hatte Amerika 1925 mit neunzehn Jahren als Mitglied des Negerballetts »Black Birds« verlassen und war nach Paris gekommen. Die Alte Welt hatte sie mit dem ganzen Enthusiasmus der Neuen begrüßt. »Als die Freiheitsstatue am Horizont verschwand, wußte ich, daß ich frei war«, stellte sie es in späteren Jahren dar.

Georges Simenon mit Josephine Baker in Paris (1926)

Sie nutzte die neugewonnene Freiheit auch gehörig aus und zog am Tag ihrer Ankunft gleich mit ihrem ersten Pariser Liebhaber zusammen.

Innerhalb eines Jahres wurde sie zur höchstbezahlten Varietéattraktion ganz Europas. Sie war die Attraktion der *Folies Bergères* und des *Casino de Paris* und stellte die einmalige Verkörperung von Eleganz, Mode und hinreißender Schönheit dar. Ihre unglaubliche Popularität behielt sie fünfzig Jahre lang bei. Die Trauerfeier für sie in der Madeleine 1975 war ein nationales Ereignis, bei dem Mozarts Requiem und ein 21-Schuß-Salut nicht fehlten. »Sie ist tot, aber sie ist unsterblich«, lautete ein Nachruf.

In den verrückten zwanziger Jahren war die Mulattin für Simenon eine Art Naturkind. Die beiderseitige animalische Anziehungskraft muß sich gleich bei der ersten Begegnung bemerkbar gemacht haben. »Sie war eine Bestie, was Sex betraf«, zitiert Lynn Haney, die Verfasserin ihrer Lebensgeschichte, einen Komponisten, der es gewußt haben muß. »Sie suchte nach dem perfekten Penis, und sie suchte intensiv«, erinnert sich ein anderer alter Freund von ihr. »Sex war wie Champagner für sie«, urteilt ein dritter Ex-Verehrer. »Sie brauchte keine Konversation. Es dauerte zwanzig Minuten, sogar eine Stunde mit ihr, aber es hieß die ganze Zeit über Körper an Körper vibrieren. Sie war schon ein Freigeist damals!«

»Natürlich war Simenon Josephines Liebhaber«, sagt Régine kategorisch. »Ich habe es erst später mitgekriegt. Als es mit den beiden lief, hatte ich keine Ahnung. Wir kannten sie beide gut; fast jeden Abend besuchten wir ihren Nachtklub.« Lynn Haney behauptet in ihrem ansonsten amüsanten und aufgrund sorgfältiger Nachforschungen geschriebenen Buch, daß Simenon in seiner Anfangszeit in Paris bei Josephine zeitweise als Privatsekretär angestellt war, doch Régine widerspricht dieser Darstellung. »Er half ihr mal ein paar

Wochen lang, als sie gerade den Manager wechselte, Ordnung in ihre Korrespondenz und ihre Rechnungen zu bringen. Das was alles. Er tat es bloß aus Freundschaft. Josephine Baker war, wie Sie sich denken können, nicht gerade eine Geschäftsfrau.«

Das Techtelmechtel zwischen Simenon und der Tänzerin dauerte längere Zeit. Beide hatten ein explosives Temperament. Lynn Haney meint, die Baker sei höchstwahrscheinlich die hemmungsloseste Frau gewesen, die Simenon je getroffen hatte. Wie dem auch sei, jedenfalls hatten beide in der Liebe einen ähnlichen Geschmack. Sie mochte wie er einen spontanen Akt: im Stehen, gegen die Wand gelehnt, in der Badewanne ... Sie blieben Freunde bis zu Josephines Tod. Als beinahe dreißig Jahre später Simenons zweite Frau Denise in Lakeville (Connecticut) bei einem Besuch Josephines in ihrem Haus versehentlich ohne Anklopfen ins Gästezimmer trat und die Sängerin, die gerade geduscht hatte, nackt überraschte, war deren Körper noch genauso straff und fest wie in den Tagen, da ihr *le tout Paris* zu Füßen lag.

Es gab sozusagen offiziell, das heißt mit Billigung Régines, vor sechs Jahrzehnten eine Frau in Simenons Leben, die immer darin geblieben ist, während seiner beiden Ehen und auch noch bei seiner letzten, ruhigen Lebensgemeinschaft mit Teresa. Sie heißt Henriette Liberge und stammt von der Küste der Normandie. Ihr Vater war Kabeljaufischer aus dem Seebad Etretat unweit des noch kleineren Ferienortes Bénouville am Ärmelkanal. Im Sommer 1925 verbrachten Simenon und Régine in Bénouville, hoch oben an der England zugewandten weißen Steilküste gelegen, einige Urlaubstage. Zum Schwimmen stiegen sie jeden Tag nach Etretat hinunter und aßen anschließend bei einem Pariser Freund, einem Gemälderestaurator, zu Mittag, der sich mit seiner Frau ein Sommerhäuschen in dem malerischen Städtchen gemietet hatte. Das junge Mädchen aus dem Ort, das sie als Hausgehilfin für diese Zeit angestellt hatten, war die lebhafte, kleine, aus strahlenden Augen in die Welt blickende Henriette, die damals gerade siebzehn war.

»Sie war sehr nett, so richtig der Typ Mädchen vom Lande. Sie konnte seinerzeit kaum lesen oder schreiben, aber sie war ehrlich... Ein reizendes Mädchen!« erinnerte sich Simenon. »Also fragte ich meine Freunde: ›Macht es euch etwas aus, wenn wir sie für ein Jahr mit nach Paris nehmen? Wir brauchen dort unbedingt eine Hausangestellte, die uns versorgt.‹«

Auf diese Weise fuhr Henriette mit den Simenons nach Paris – aber nicht nur für ein Jahr. Sie hat seit der damaligen Zeit die Familie Simenon nicht mehr verlassen. Gegenwärtig lebt sie, quicklebendig, kräftig und noch immer sehr gut aussehend mit Ende Siebzig, außerhalb von Paris bei Simenons ältestem Sohn Marc. Sie versorgt den Haushalt, kocht, beaufsichtigt die beiden Kinder, die noch zur Schule gehen, und ist in gewisser Hinsicht noch immer die *domestique* von einst, die in ihrem eigenen Zimmerchen hinter der Küche schläft. Aber es ist ein sehr gemütliches kleines Zimmer, und wenn sich die Familie sonntags zum Essen zusammenfindet, sitzt Mademoiselle Liberge, nicht Madame Simenon (Marcs muntere zweite Frau, die Schauspielerin Mylène Demongeot) dem Hausherrn am Kopfende des Tisches gegenüber. Sie ist im wahrsten Sinne des Wortes die matriarchalische Stütze der Simenon-Familie neben Régine, der *mamiche,* die etwas abseits in ihrem Haus in La Rochelle wohnt.

Denise zufolge hat Simenon mit allen Hausmädchen geschlafen, die es zuließen, und das stimmt vermutlich auch. Mademoiselle Liberge ist da keine Ausnahme. Simenon gab das, wie zu erwarten war, offen zu. »Drei Jahre lang hatte ich Hemmungen, sie zu berühren. Also wartete ich drei Jahre, bevor wir richtig intim wurden, und dann passierte alles – selbstverständlich ohne daß

Tigy davon eine Ahnung hatte!« Er tat mit Mademoiselle Liberge, was er mit allen Frauen tat, die sich mit ihm näher einließen: Er formte sie nach seinem Geschmack um. Bei ihr war es der Vorname Henriette, den er nicht leiden konnte – möglicherweise waren zu viele Erinnerungen an seine Mutter damit verbunden –; also gab er ihr den Namen »Boule«, und so nennt die ganze Familie sie heute noch. Sie hat nie geheiratet. Simenon dazu: »Sie hat sich in ihrem Leben mit *einem* Liebhaber begnügt, und das war ich!«

Es ist bezeichnend, daß Simenon, der nur gut zwei Wochen benötigte, um voreheliche sexuelle Beziehungen zu seiner späteren ersten Frau Régine aufzunehmen, und der mit seiner zweiten Frau Denise gleich am ersten Abend ihrer Bekanntschaft ins Bett stieg, immerhin drei Jahre lang warten mußte, bevor Boule seinem Drängen nachgab. »Sie ist wirklich ein prima Kerl, unsere Boule!« sagt John Simenon – natürlich in anderem Zusammenhang – mit einer Mischung aus Stolz und Zuneigung. Und da hat er recht.

Das Leben der Simenons ging unterdessen fröhlich weiter. Im Frühjahr 1926 verkaufte Régine das erste und einzige Gemälde, für das sich jemals ein Interessent fand. Der Erlös war beträchtlich: 800 Francs. »Na fein!« meinte Simenon. »Dies Geld hauen wir auf den Kopf!«

Und die drei – Régine, Simenon und Boule – reisten nach Südfrankreich und setzten nach Porquerolles über, einer herrlichen wilden kleinen Mittelmeerinsel vor Toulon, die damals noch in paradiesischem Zustand war. Simenon mietete hier eine kleine Villa mit Blick aufs Meer. Sie verbrachten einen idyllischen Sommer zusammen. Simenon saß frühmorgens in Shorts auf die Terrasse, genoß den Sonnenschein und tippte seine Geschichten und Schundromane. Den Rest des Tages ging er mit den beiden Frauen schwimmen oder kreuzte mit einem kleinen Segelboot vor der Küste der

Riviera. Es gab Einladungen, man schloß Bekanntschaften und gewann neue Freunde, lernte die ortsansässigen Fischer kennen, versuchte es mit Nacktbaden – kurz gesagt, es war eine Fortsetzung der *Années Folles* in der prallen Sonne und unter dem lauen Sternenhimmel des *Midi*.

Simenon fand solches Gefallen an der Insel, daß er die Villa auf unbegrenzte Zeit mietete. Bis zum Ausbruch des Zweiten Weltkrieges kam es dann mehrmals im Jahr vor, daß er sich kurz entschlossen aus Paris oder sonstwo in Frankreich, wo er sich gerade aufhielt, davonmachte und mit Régine und Boule im Auto nach Süden brauste, um auf der kleinen Insel in der Sonne auszuspannen.

Besonders in den dreißiger Jahren, als er in der Frühzeit seiner wirklich kreativen Jahre war, bedeutete der überhastete Aufbruch in Richtung Süden im allgemeinen, daß ein Roman im Entstehen war und er einen Kulissenwechsel benötigte. Während seines gesamten Schriftstellerlebens bedurfte Simenon neuer Herausforderungen und regelmäßiger Luftveränderung. Er bezeichnet sich in diesem Zusammenhang gern als Chamäleon, das sich farblich seiner Umgebung anpaßt. Genauso sei es ihm möglich gewesen, sich überall unauffällig einzufügen, gleichgültig, ob in vornehmer oder ärmlicher Umgebung. Doch das richtige Chamäleon lebt in einem einzigen Verbreitungsgebiet; es muß immer mit der gleichen Umwelt harmonieren. Simenon wurde daher zu einem Chamäleon, das ständig das Milieu wechselte, in dem es nach Adaptation strebte.

Mit dem Frühling 1928 legte sich das Chamäleon wieder einmal eine andere Farbe zu. Vorbei war die Zeit der weitgeschnittenen Hosen in reizvoller dunkler *bois de rose*-Farbe, wie er sie zu tragen pflegte, wenn er mit Régine im Jockey-Club Charleston tanzen ging oder zu Josephine Bakers Auftritt mit einer neuen Tanznummer eingeladen war. Jetzt zog er die verwaschenen blauen

Drillichhosen der Schiffer und Seeleute an. Denn mit Régine, Boule und einer riesigen deutschen Dogge namens Olaf startete er an Bord einer kleinen Motorjacht zu einer fünfmonatigen Kreuz- und Querfahrt über die Flüsse und Kanäle Frankreichs. »Ich wollte einmal ganz Frankreich auf dem Wasserwege durchqueren«, erläuterte er die damalige Idee, die er schnell in die Tat umsetzte. »Heutzutage kann man dafür Boote chartern, aber seinerzeit kam niemand auf eine solche Idee.« Die Reise dauerte den ganzen Sommer und erstreckte sich bis in den Herbst hinein. Insgesamt mußte Süßwasserkapitän Simenon in dieser Zeit nicht weniger als 982 Schleusen passieren, die er zum Großteil selbst mit der Hand hochzukurbeln hatte.

Was bewog ihn dazu, Frankreich von der Wasserseite her kennenlernen zu wollen? Seit seinen Kindertagen mit den Besuchen in Tante Maries überfüllter Kaufladen-Kneipe am Quai Coronmeuse in Lüttich mit ihrem »kräftigen Geruch nach Teer und Harz« und dem unauslöschlichen Eindruck, den auch die Maas in den Kindheitserinnerungen hinterlassen hatte, war Simenon fasziniert, ja besessen von Schiffen und Gewässern wie Flüssen, Strömen, Seen und Kanälen. Er hat die Theorie aufgestellt, daß man den besten Einblick in das Leben eines Landes von den Ufern seiner Flüsse aus gewinnt. Dies sei die Rückansicht, die exakter die Wirklichkeit widerspiegele; die Vorderansicht, die gegenüber der Welt gezeigte Fassade, biete sich langweilig von der Straße her.

Er kaufte ein fünf Meter langes Boot aus Mahagoniholz, die »Ginette«, die früher einmal das Rettungsboot einer großen Segeljacht gewesen war, und ließ sie für die Reise durch die französischen Binnengewässer eigens umrüsten. Takelage wurde montiert, Segel angebracht und ein kleiner Motor eingebaut, dazu ein zusätzlicher Außenbordmotor (wie er gerade neu auf den Markt gekommen war) am Heck installiert. Ferner wurde auf Deck ein Zeltdach aufgezogen und gezurrt, das sich nachts zuziehen ließ und damit die Kabine bildete, in der Simenon und Régine schlafen konnten. Ins Schlepptau nahmen sie ein Paddelboot, in das Matratzen, Decken, Kleidungsstücke, ein kleiner Kochherd mit Batterieanschluß gepackt waren, dazu ein Zelt, das abends an Land aufgeschlagen werden und als Nachtquartier für Boule und den Hund dienen sollte. Es muß ein köstlicher Anblick gewesen sein, wie das Quartett quietschvergnügt über Frankreichs Wasserstraßen dahintuckerte.

Abends legte man an, wo man gerade Lust hatte. Boule, die eine großartige Köchin war und immer noch ist, bereitete am Ufer ein schmackhaftes Essen zu. Nach einem Spaziergang, der ins nächste Dorf und oft in die dortige Kneipe führte, legte man sich zur Ruhe. Am nächsten Morgen weckte Boule dann gegen fünf Simenon mit einer großen Tasse voll heißen, dampfenden Kaffees und nahm seinen Platz auf der bequemen Matratze unter der Plane ein, während sich Simenon zum Bug des Bootes oder auf die Böschung verzog samt seiner Schreibmaschine. Den großen Holzkasten, in dem sie transportiert wurde, als Sitz benutzend, pflegte er dann während der nächsten zwei oder drei Stunden gutgelaunt an neuen Kapiteln eines Romans zu arbeiten oder eine Kurzgeschichte zu entwerfen.

Eines frühen Morgens, als sie die Nacht irgendwo am Canal du Midi vor Anker gelegen hatten, benutzte er das Parterrefenster des Schleusenwärterhäuschens als Rasierspiegel. Es war so dunkel in dem Haus, daß die Scheibe im Sonnenlicht sein Gesicht klar und deutlich zurückspiegelte. Nach einer Weile kam es ihm so vor, als ändere sich sein Aussehen, und auch gänzlich fremde Augen starrten ihn an. Mit einem Mal wurde das Fenster aufgerissen und eine verschlafene Schleusenmeisterfrau im Nachthemd und mit Lockenwicklern im Haar keifte ihn unwirsch an: »Was machen Sie denn da?« Worauf Simenon seelenruhig erwiderte: »Ich rasiere mich.«

Bei einer anderen Gelegenheit hatte sich bei Le Grau-du-Roi in der Nieder-Camargue (ungefähr dort, wo in dem Roman *Le Temps d'Anaïs* der junge Bauche am Strand wortlos die attraktive Anaïs beglückt) die »Ginette« über Nacht aus der Verankerung gelöst und ihren Liegeplatz etwas verändert. Die erschreckte Boule fand sich, als sie hinauswaten wollte, um Simenon den Morgenkaffee zu servieren, plötzlich »bis zu den Brüsten im kalten Wasser«, während ihr am Abend vorher das Wasser nur bis an die Waden gegangen war. Simenon bekam trotzdem seinen Frühkaffee unverwässert. An einem Sommerabend, ebenfalls während ihres Aufenthaltes in dieser Gegend, verspürten Simenon und seine Frau Lust, den Plüsch- und Lüsterglanz des örtlichen Spielkasinos kennenzulernen. Sie zogen deshalb in Boules Zelt entsprechende festliche Kleidung an, um wie gutsituierte Bürger auftreten zu können. Hinterher hielt ihre augenzwinkernd zur Schau getragene Würde jedoch nicht lange an. Auf dem Rückweg begannen sie schon am Strand die lästige Garderobe auszuziehen, »und im Zustand paradiesischer Nacktheit kletterten wir auf die ›Ginette‹, unseren Unterschlupf, zurück.«

Jene Sommertage in der Camargue waren so heiß und die Mücken stachen derart gemein, daß Simenon auf den Gedanken kam, seinen Körper mit einer Segeltuchplane abzudecken, die gegen Sonne und Stechmücken Schutz bot, während er, wie gewöhnlich die Pfeife im Mund, an der Schreibmaschine saß. Die Idee erwies sich als gut, und Simenon konnte zufrieden die Arbeit fortsetzen, bis etwas glühende Asche aus seiner Pfeife auf die geteerte Leinwand fiel und diese in Brand setzte. Simenon konnte von Glück sagen, daß er mit leichten Verbrennungen davonkam.

Nicht immer gab es auf der großen Tour Sonnenschein und erfreuliche Begegnungen. Gleich zu Anfang hatten sie das Pech, bei Epernay in eine Schlechtwetterzone zu geraten. Acht Tage lang regnete es ununterbrochen. Sie mußten in ihren nassen Sachen unter der Zeltplane hocken und lebten hauptsächlich von Vorräten, die kein Kochen erforderten, bis eine Schiffersfrau von einem Schleppkahn sich ihrer erbarmte und zu einer warmen Suppe in ihre geräumige Kajüte einlud. Nach Rückkehr in die Pariser Wohnung zog Simenon Bilanz. Die erste Etappe seines Lebens in dieser Stadt mit all ihrer Geschäftigkeit und ihrem turbulenten Nachtleben war abgeschlossen. Er fühlte, daß seine Lehrzeit sich ihrem Ende näherte. Mit fünfundzwanzig fühlte er sich imstande, Größeres zu leisten.

Man bezog zunächst einmal ein größeres, besser ausgestattetes Appartement im selben Haus an der Place des Vosges Nr. 21 in der ersten Etage; doch diese Wohnung sollte bald wieder für eine Weile leerstehen. Denn Simenon hegte neue Pläne, die nur zu Wasser zu realisieren waren. Das ganze kommende Jahr hindurch und vielleicht noch länger wollte er samt den beiden weiblichen Mitgliedern seines Haushalts und dem Hund wieder auf dem Wasser leben. Er gelobte, während der ganzen Reise nicht eine einzige Nacht an Land zu verbringen.

Im Winter 1928/29 ließ Simenon für diese Fahrt nach eigenen Wünschen ein erheblich größeres Schiff als die »Ginette«, einen Segelkutter, der später »Ostrogoth« (»Ostgote«) getauft wurde, auf einer Werft in Fécamp in der Normandie bauen. Die »Ostrogoth« war seetüchtig, besaß eine Rumpflänge von zehn und eine Breite von fünf Metern und war konstruiert nach dem Vorbild der französischen Fischerboote, wie sie beim Fang im Ärmelkanal verwendet wurden. Ausgerüstet war der Kutter mit schweren, ockergelben Segeln, die eigens so angefertigt worden waren, daß eine Person sie hissen und niederholen konnte. Hinzu kam ein 30-PS-Hilfsmotor. Der Schiffsrumpf bestand aus solidem Eichenholz.

Im Frühjahr 1929 machte dann die strahlend neue »Ostrogoth« ihre Jungfernfahrt seineaufwärts nach Paris. Sie bot dort einen eindrucksvollen Anblick an ihrem Ankerplatz an der Spitze des Square du Vert Galant, am westlichen Zipfel der Ile de la Cité also, knapp vierhundert Meter von Notre-Dame entfernt – und zweihundert Meter vom Wirkungsfeld Kommissar Maigrets am Quai des Orfèvres. Die literarische Figur, die Maigret eines Tages fast berühmter machen sollte als ihren Schöpfer, war zu diesem Zeitpunkt allerdings noch nicht »geboren«. Kein Geringerer als der Pfarrer der Bischofskathedrale nahm die Schiffstaufe der »Ostrogoth« vor – die zu dieser feierlichen Zeremonie herausgeputzt war und unter vollen Segeln stand – obwohl der Eigner alles andere als ein Kirchengänger war.

Stapellauf der »Ostrogoth« in Paris (1929)

Ein paar Tage darauf verließ die »Ostrogoth« die Anlegestelle im Herzen von Paris und glitt, mit dem inzwischen routinierten Fahrensmann Simenon am Ruder, in rascher Fahrt seineabwärts dem Meer entgegen. Simenon hatte einen Kurs nordwärts an seinem Heimatland vorbei und auch über Holland hinaus in die kalten Gewässer der Ostsee festgelegt.

Keiner der Reisenden – Simenon ebensowenig wie Régine oder Boule – hatte eine Vorstellung, wie lange man Paris den Rücken kehren würde. Simenon hatte genug Aufträge übernommen, um auf unbestimmte Zeit ausgelastet zu sein. Zudem konnte er nötigenfalls überall, wo sie an Land gingen, ein paar Ferngespräche mit seinen Verlegern führen und weitere Aufträge abschließen.

Keiner ahnte auch, daß binnen weniger Monate Simenon sich in einem kleinen holländischen Hafen an seine Schreibmaschine setzen würde, um den ersten Maigret-Roman zu verfassen, ohne zu wissen, daß er damit eine Figur fand, die für immer in die Annalen der Detektivliteratur eingehen sollte.

7

Die Geburt des »Maigret«

Das Leben auf der »Ostrogoth« war luxuriös zu nennen im Vergleich zu den Erfahrungen des Vorjahres an Bord der »Ginette«. Simenon brauchte nicht mehr die Fensterscheiben mißvergnügter Kanalanwohnerinnen als Rasierspiegel zu benutzen; er hatte jetzt eine komfortable, warme Kabine, in der er die Morgentoilette vornehmen konnte, bevor er sich zur immer gleichbleibenden Zeit – 6.30 Uhr früh – an die Arbeit setzte. Er erledigte den ersten Teil seines täglichen Quantums, während appetitanregende Düfte von der Kombüse her zu ihm herüberzogen, wo Boule vergnügt singend das Frühstück zubereitete. Selbst Olaf, der große Hund, mochte dieses Vagabundenleben sehr: Stundenlang lag er faul an Deck und genoß die Sonne.

»Es war herrlich an Bord der ›Ostrogoth‹«, schwärmt Régine heute noch. »Alles war genau nach unser beider Geschmack. Man könnte wirklich nicht behaupten, daß ich als Passagier wider Willen auf diesem Schiff mitfuhr!«

Abends pflegte Simenon, vollgestopft mit Boules köstlichen Diners, getreu seiner Devise, sich in einer Fischerkneipe genauso wohl zu fühlen wie auf einer Agrarausstellung oder im Hause eines Bankiers, zu einem in Ufernähe gelegenen Gasthaus oder Café zu schlendern, ein Glas Bier oder einen Schnaps mit den Fischern zu trinken und zu versuchen, möglichst viel über deren Leben in Erfahrung zu bringen. Oft forderte er einen der Männer zu einem Ringkampf am Tisch auf, der so vor sich ging, daß beide Opponenten, ihren rechten Ellbogen fest auf die Tischplatte gepreßt, das Handgelenk ihres Gegenübers umklammerten und versuchten, es niederzudrücken. Meistens siegte Simenon bei diesem Wettbewerb. Ein kräftiger Kerl sei er gewesen, dabei damals erst sechsundzwanzig Jahre alt, weiß Boule noch über diese Zeit. »Er war wie ein Felsbrокken!« Obwohl es keinen Beweis dafür gibt, ist es mehr als wahrscheinlich, daß er im Verlauf solcher Abende mit den Einheimischen rasch einen Abstecher in die *maison aux filles* am Platze machte, deren Adresse ihm ein Ortsansässiger genannt hatte.

Während anderswo das Jahrzehnt der »goldenen Zwanziger« für viele Menschen beiderseits des Atlantiks mit finanziellem Desaster und völligem Ruin endete, gestaltete sich das Leben in jenem lang verflossenen Sommer 1929 für Simenon und seine beiden Frauen höchst idyllisch. Das Weltgeschehen rollte weit weg von der »Ostrogoth« und ihrer in Wohlbehagen schwelgenden Besatzung ab. Das merkwürdig abgeschottete Dasein jener, die vom und auf dem Wasser leben, sollte Simenon später – besonders in den dreißiger Jahren – dank seines gewohnten stilistischen Realismus in Romanen wie *La Maison du Canal* (»Das Haus am Kanal«) und *Le Charretier de la ›Providence‹* (»Maigret und der Treidler der ›Providence‹«) erstehen lassen, in dem der Pariser Kommissar am Schauplatz der Verbrechen in einem Café sitzt, die Atmosphäre auf sich wirken läßt und »einen spezifischen Geruch einatmet, dessen Beschaffenheit genügte, um den Unterschied zwischen diesem Etablissement und einem Café in der Provinz hervorzuheben. Es roch nach Stallungen, Pferdegeschirren, Teer und Kolonialwaren, Petroleum und Gas«.

Sogar noch im Jahre 1962, als er in Noland in der Schweiz seine Romane schrieb, nachdem er fast dreißig

Jahre lang überall in der Welt herumgekommen ist, ließ Simenon der bettlägerigen Hauptperson seines Romans *Les Anneaux de Bicêtre* (»Die Glocken von Bicêtre«), René Maugras, eine Kindheitserinnerung an den Quai Bérigny in Fécamp in den Sinn kommen, die nordfranzösische Hafenstadt, in der die »Ostrogoth« gebaut worden war. Nur wenige Erlebnisse, die er im Leben hatte, gleichgültig, ob erfreulich oder unerfreulich, verwendete Simenon nicht später in einem seiner Bücher, so daß sie sich im Grunde für ihn als »nutzlos« erwiesen. Die meisten jedoch fanden ihr literarisches Abbild in einer Romanfigur, einem Schauplatz oder manchmal einem ganzen Roman.

Als die Sonnenhitze des Monats August 1929 in die gemäßigtere Wärme des September überging, segelte die »Ostrogoth« in den kleinen nordholländischen Seehafen Delfzijl an der Ems-Mündung schräg gegenüber von Emden ein. Für den noch ahnungslosen Simenon sollte in dieser ihm bis dahin völlig unbekannten Umgebung ein neuer, äußerst wichtiger Abschnitt seines Lebens beginnen.

Das blitzsaubere kleine Hafenstädtchen bot sich dem Schriftsteller und seiner »Crew« wie aus einem Bilderbuch dar: mehrere im Halbkreis angeordnete Reihen blaßroter Backsteinhäuser mit Straßen dazwischen, die mit blaßroten Steinen gepflastert waren. Dazu freundliche Leute, die sich ohne aufdringliche Neugier für die Amateur-Seefahrer interessierten. Das alles strahlte eine Atmosphäre der Ruhe aus, zu der die hohen Mauern zur Seeseite hin beitrugen, die aussahen wie mittelalterliche Stadtbefestigungen, in Wirklichkeit jedoch Schutzwälle gegen die Fluten der Nordsee waren. »Hier werden wir einige Zeit bleiben!« verkündete Simenon seinen Begleiterinnen, die nicht widersprachen. Auch ihnen gefiel die attraktive Umgebung.

Tatsächlich hielten sie sich in Delfzijl länger als ursprünglich vorgesehen auf. Denn auch die für ihre

Gründlichkeit und Perfektion vielgepriesenen Handwerker der zwanziger Jahre leisteten zuweilen Schluderarbeit wie im Falle der »Ostrogoth«, die, im Hafen von Delfzijl vor Anker liegend, plötzlich ein Leck bekam. In den Kutter, für dessen Konstruktion Simenon viel Mühe und Geld aufgewendet hatte, drang so viel Wasser ein, daß er fahruntüchtig wurde. Fachleute entschieden, daß das Schiff ins Trockendock geschleppt und völlig neu abgedichtet werden mußte. Die Arbeiten würden ungefähr einen Monat dauern, erklärte man Simenon.

Getreu seinem Schwur, den er vor Lichten des Ankers in Paris geleistet hatte, wonach er bis zum Abschluß der Fahrt keine Nacht an Land verbringen werde, schliefen er und die beiden Frauen Nacht für Nacht in den Kajüten des hoch über dem Wasser an zwei Kränen baumelnden Schiffes. Doch es war unmöglich, bei Tage an Bord der schriftstellerischen Arbeit nachzugehen, weil die kräftigen holländischen Kalfaterer beim Abdichten der hölzernen Außenhaut und der Decksplanken einen derartigen Lärm verursachten, daß die Kabinen widerhallten wie das Innere einer Glocke. Bei der Suche nach einem geeigneten Arbeitsplatz entdeckte Simenon einen verlassenen alten Schleppkahn, der auf einem Kanal unweit der Küste, nur noch zur Hälfte aus dem Wasser ragend, verankert war. Hier machte er es sich bequem, baute eine große Kiste als Tisch für seine Schreibmaschine auf, benutzte den Holzkoffer der Maschine als Sitz. So tippte er, die Beine baumelten knapp über der Wasseroberfläche, jeden Morgen das vorgenommene Pensum an Kapiteln für einen *roman populaire* oder Zeitschriftenbeiträge herunter.

Nach ein paar Tagen begann ihm allerdings die Zeit lang zu werden. Während es auf seiner Jacht und auch im Hafen immer zwischendurch etwas zu tun gab und der Stimulus neuer Landschaften und der unterschiedlichen Szenerie fortwährend wechselnder Häfen und

Anlegestellen hinzukam, war hier auf dem Kahnwrack für ihn wenig Abwechslung. Das führte dazu, daß er mehr Zeit zum Nachdenken über sich selbst und seine Zukunft hatte. Seit geraumer Zeit verspürte er schon das Gefühl, daß seine literarische Karriere neuen Schwungs bedurfte, daß er in seiner Entwicklung zum Schriftsteller eine neue Etappe beginnen mußte. Die erzwungene, für ihn ungewohnte Muße jener schönen Spätsommertage vor sechsundfünfzig Jahren, die ihm buchstäblich ein Schiffbruch an der flachen holländischen Nordseeküste beschert hatte, trug mit dazu bei, daß in ihm der Entschluß reifte, mit seiner Schreiberei irgendwie zu experimentieren, etwas Neues zu versuchen, weiterzukommen.

Wohin aber? Was sollte er anfangen? In letzter Zeit hatte er neben seinen Abenteuergeschichten und Unterhaltungsromanen eine Reihe von kurzen kriminalistischen Erzählungen verfaßt. Im Augenblick arbeitete er zudem an drei voneinander unabhängigen, dreizehnteiligen Serien von kurzen Detektivromanen für das von dem französischen Schriftsteller Joseph Kessel herausgegebene Magazin *Détective*. Etwa ein Jahr zuvor hatte Simenon bereits unter dem Titel *Train de Nuit* eine längere Kurzgeschichte geschrieben, in der ein Mann im Nachtexpreß von Paris nach Marseille ermordet und der Fall von einem Polizeibeamten gelöst worden war, dem er den Namen »Commissaire Maigret« gegeben hatte. Es war ein Name gewesen, der ihm aufs Geratewohl eingefallen war. Den fiktiven Polizeikommissar hatte er in der Erzählung nach Aussehen und geistigem Habitus nicht näher beschrieben. »Nachtzug« erschien dann im September 1930, ein gutes halbes Jahr vor der Veröffentlichung des ersten, normale Buchlänge aufweisenden Maigret-Romans, als ein weiterer der vielen *romans populaires* Simenons unter dem Pseudonym »Christian Brulls«. Keine dieser Veröffentlichungen stellte einen nennenswerten Beitrag zur Literatur dar, doch zeigen sie, daß Simenon mit sechsundzwanzig Jahren schrittweise in eine neue Dimension als Schriftsteller aufrückte.

Im späteren Leben hat er den Versuch unternommen, diese Entwicklung verkürzt als ein mehr oder weniger ins Auge gefaßtes persönliches Ziel darzustellen, als vorsätzlichen Beschluß, ab sofort nur noch an Seitenzahl umfangreiche Kriminalromane zu schreiben. Doch dies ist eine im nachhinein aus dem Abstand von Jahrzehnten glorifizierende Vereinfachung der Tatsachen. So erklärte er zum Beispiel 1962 in dem *Observer*-Interview ziemlich eitel: »Mit sechsundzwanzig ... habe ich die Überzeugung, bessere Romane schreiben zu können. Zwar noch keinen richtigen, großen Roman, sondern einen einfachen, und darum mache ich den Anfang mit Maigret, weil eine Detektivgeschichte aus vielerlei Gründen sehr viel einfacher (zu schreiben) ist ...

Wenn ein Kapitel schlecht ist, lesen die Leute das Buch trotzdem weiter, weil sie gern wissen möchten, wie es ausgeht. Und dann hat man auch einen roten Faden – der Detektiv ist solch ein roter Faden, dem man nur zu folgen braucht. Und weil er Detektiv ist, hat er das Recht, den Leuten Fragen zu stellen. Er hat das Recht, ihre Häuser zu betreten ...

So entschloß ich mich, eine Reihe von Maigrets zu schreiben, einen pro Monat ...«

Die Berufung auf den Detektiv als eine Art Leitfaden für die Fortführung der Romanhandlung ist plausibel, doch die übrige Darstellung ist kein akkurater Bericht darüber, wie Maigret »geboren« wurde. Es gab in den Dünen um Delfzijl keinen mit einer Vision verbundenen Blitzschlag wie für Saulus auf dem Weg nach Damaskus. Wie so oft bei Simenon muß auch in diesem Fall die Wahrheit aus einer Fülle von zuweilen widersprüchlichen Erklärungen des Autors selbst und aus unabhängig von seiner Person zusammengetragenem dokumentarischem Beweismaterial herausgefiltert werden. Was sich in Wirklichkeit abspielte, ist viel komplizierter und weitaus faszinierender.

Nachdem sich der Aufenthalt in Delfzijl ungewollt verlängert hatte, begab sich Simenon eines Vormittags, statt sich zum täglichen Arbeitspensum an seiner Schreibmaschine niederzulassen, zu einem *café* am Hafen, wo er zuweilen ein Glas Bier oder einen Schnaps trank und sich wohl fühlte. An diesem Septembertag des Jahres 1929 setzte er sich draußen auf die Terrasse, rauchte gemächlich seine Pfeife, blinzelte in die Sonne und beobachtete nachdenklich die Vorübergehenden. Diesmal trank er nicht ein Gläschen und auch nicht zwei, sondern drei von dem reinen, unverfälschten holländischen Genever. Danach unternahm er – wie er es später immer halten sollte, wenn ein Roman in ihm Gestalt anzunehmen begann – einen langen beschaulichen Spaziergang durch das Hafenstädtchen und seine unmittelbare ländliche Umgebung; die Pfeife zwischen den Zähnen und die Hände in den Taschen, marschierte er kilometerweit.

Unterwegs formte sich vor seinen Augen allmählich ein Bild seiner Hauptfigur: ein massiger, kräftiger Mann, zunächst in Simenons Vorstellung nur in den Konturen ausgebildet und noch nicht als individuelle Persönlichkeit erkennbar. Er rauchte wie er selbst Pfeife, trug als Kopfbedeckung eine Melone und hatte einen dicken Winterüberzieher mit Samtkragen an (die beiden letzteren Attribute ließ Simenon später weg, als sich die Pariser Polizeibeamten moderner zu kleiden begannen). Ein Gesicht hatte diese Romanfigur für ihn noch nicht. *Übrigens hat Simenon niemals das Gesicht von Jules Maigret vor sich gesehen!* »Ich weiß bis heute nicht, wie sein Gesicht aussieht«, gestand er. »Ich habe immer nur den Mann und seine Erscheinung vor Augen gehabt...!« In keinem der vierundachtzig Romane und in

Enthüllung des Maigret-Denkmals in Delfzijl
im September 1966

keiner der achtzehn Kurzgeschichten, in denen Maigret auftritt, findet sich eine Beschreibung seines Gesichts! Als 1966, fünfunddreißig Jahre nach Veröffentlichung des ersten Maigret-Romans, in Delfzijl das auf der Welt einzige Denkmal des Pariser Polizeikommissars in Anwesenheit von Simenon und mehreren Schauspielern enthüllt wurde, die die Rolle Maigrets in Film- oder Fernsehversionen verkörpert hatten, wurde die bronzene Statue eines korpulenten, untersetzten Mannes mit Melone und Paletot sichtbar, dessen klobige Gesichtszüge von dem Bildhauer nur angedeutet worden waren. Diese Gesichtslosigkeit Maigrets ist ein Charakteristikum, auf das noch einzugehen sein wird, wenn wir versuchen, das wahre Verhältnis zwischen ihm und seinem literarischen Schöpfer zu untersuchen. Es ist unzweifelhaft von eminenter Bedeutung.

Nach seinem Rundgang kehrte Simenon auf die »Ostrogoth« zurück und verbrachte den Rest des Tages

»entrückt in eine neue Stimmung, die mich überkam, in eine neue Umgebung, die um mich herum Gestalt anzunehmen begann«.

Am Morgen darauf wanderte er um halb sieben zu seinem abgesoffenen Kahn und schrieb das erste Kapitel eines Romans nieder, dessen Titel im Französischen *Pietr le Letton* nach dem darin vorkommenden Hauptschurken lautet und später in deutscher Übersetzung als »Maigret und Pietr der Lette« herauskam. Um elf Uhr war das Kapitel abgeschlossen. Simenon hatte vorher keinen Plan aufgestellt, keine Notizen angefertigt und keine Handlungsskizze entworfen. Was er vorbereitet hatte, war eine Liste mit den Namen, die er den wichtigen, in dem Roman vorkommenden Personen geben wollte, und mit Straßen, die den Schauplatz des Geschehens bilden sollten. Diese Aufzeichnungen hatte er in aller Eile auf die Rückseite eines gebrauchten Briefumschlages gekritzelt, der ihm in der Kabine der »Ostrogoth« zufällig in die Hand gefallen war. Später wurde ihm diese Praxis zur fixen Idee. Bevor er mit einem Roman begann, mußte er immer auf einem Kuvert von der Art des damals verwendeten – einem großen, gelben Umschlag aus Manilapapier – die Namen der handelnden Personen, einige wesentliche Fakten über sie und eine Reihe von wichtigen Anschriften notieren sowie einen Lageplan der Straßen und Stadtviertel, die den Schauplatz abgeben sollten, zeichnen. Das war alles. In »Als ich alt war« bemerkt er dazu: »Ich folge dieser ganzen Routine, weil ich glaube, daß sie notwendig ist, wenn ich den Mechanismus auslösen will, so sehr, daß es an Aberglauben grenzt...«

Bei allen Romanen, die er seit »Pietr der Lette« verfaßt hat, hat Simenon niemals den Ablauf des Geschehens im voraus gewußt. Er hat nie vorher geahnt, geschweige denn geplant, wie sich eine Geschichte von einem Kapitel zum folgenden entwickeln sollte; für jedes Kapitel benötigt er einen Tag, und jedes beginnt er wie später seine Leser in Unkenntnis dessen, welche Ereignisse es bringt. Wenn es sich um einen Mord handelt, löst er den Fall und enthüllt die Identität des Mörders nicht eine Sekunde, bevor Maigret es tut: Die beiden nehmen gemeinsam die Ermittlungen nach einem Verbrechen auf und folgen den Spuren, die sich ihnen eröffnen. Es ist eine einzigartige Partnerschaft in der Geschichte des Kriminalromans.

Bereits im ersten Roman, in dem er als Hauptfigur agiert, entspringt der fertige Maigret wie Athene dem Haupt des Zeus der Phantasie seines geistigen Vaters. Schon auf der zweiten Seite erfahren wir, daß er »breit und gewichtig« ist, »die Hände in den Taschen und die Pfeife im Mundwinkel« trägt und »dichtes, dunkelbraunes Haar, in dem sich lediglich an den Schläfen ein paar graue Fäden abzeichnen«, hat. Und das zweite Kapitel beginnt mit dieser prachtvollen, lebendigen Beschreibung Maigrets: »...Er trug weder einen Schnurrbart noch schwere Stiefel. Sein Anzug war aus ziemlich gutem Tuch und von eben solchem Zuschnitt. Er rasierte sich jeden Morgen und hatte gepflegte Hände.

Seine Statur war indessen grobschlächtig. Er wirkte riesengroß und knochig. Kräftige Muskeln zeichneten sich unter seinem Jackett ab und ließen bei ihm selbst aus einer neuen Hose schnell die Bügelfalte verschwinden.

Er hatte auch eine charakteristische Art des Auftretens, die sogar mancher seiner Kollegen ärgerlich fand. Sie drückte mehr als nur Selbstbewußtsein aus und war trotzdem kein Zeichen von Überheblichkeit. Er pflegte mit der ganzen Massivität seiner Person am Schauplatz zu erscheinen, und von diesem Augenblick an hatte es den Anschein, als müsse alles an seiner wie ein Fels wirkenden Gestalt abprallen, gleichgültig, ob er herumging oder irgendwo, die Füße leicht aneinandergewinkelt, stehenblieb. Seine Pfeife war zwischen den Zähnen festgeklemmt. Er hatte nicht die Absicht, sie aus dem Mund zu nehmen, nur weil er sich im ›Majestic‹ befand...«

Hier wird nicht nur eine Detektivgestalt geschaffen, eine bloße Kunstfigur zur besseren Abwicklung des Handlungsfadens, die das Interesse des Lesers wachhalten soll. Es ist eher eine Vaterfigur, ein Fels in der Brandung, gegen den die aufgewühlten Wogen des Weltgeschehens schlagen, der jedoch fest und unverwüstlich bleibt. Die kompakte Gestalt Maigrets könnte einen an Simenons Urgroßvater denken lassen, an den alten, erblindeten Bergmann Guillaume Moers, den *Vieux Papa,* wie er »von riesiger Gestalt und mit Händen wie ein Gorilla« bei seiner Enkelin in Lüttich mit einem Bärenfell über seinen gewaltigen Schultern in einem Küchenwinkel hockt. Doch die persönlichen Eigenschaften Maigrets, seine Menschlichkeit, die immer wieder als Vorbild hingestellte glückliche Ehe mit Louise (auch sie wird im ersten Roman vorgestellt, einschließlich ihres »selbstgebrauten Pflaumenbranntweins, den sie jedes Jahr zubereitete, wenn sie im Sommer zu einem Ferienaufenthalt in das Dorf im Elsaß fuhr, aus dem sie stammte«) erinnern eindeutig an einen Menschen, der Simenon noch näherstand: Seinen eigenen Vater. In einem Rundfunkinterview gab er das 1955 freimütig zu: »Als ich eine symphatische Gestalt schaffen wollte, die für alles Verständnis zeigte, das heißt also Maigret, verlieh ich ihr fast unbewußt bestimmte Charaktermerkmale meines Vaters.«

Maigret liebt wie Désiré Simenon seine Mitmenschen, versteht ihre Sorgen und zeigt ein Herz für sie. Er ist dem festen Glauben, daß sie getötet oder andere Verbrechen begangen haben, weil sie schwach oder unglücklich sind, weil sie sich bedroht fühlen, weil sie Angst haben. Je näher er seiner »Beute« rückt, desto mehr Mitgefühl hat er für diesen Menschen, da er spürt, daß er ihn immer besser versteht. Es ist für einen zynischen Juristen eine vollkommen sentimentale, wenn nicht sogar weichliche Einstellung gegenüber den Realitäten der strafrechtlichen Verantwortlichkeit; aber sie steht unzweifelhaft ganz im Vordergrund des Denkens und Handelns von Simenon *père et fils* – und von Maigret. Im erwähnten allerersten Maigret-Roman, der seine Spannung aus der verwickelten Handlung um voneinander nicht zu unterscheidende Zwillingsbrüder und ihre Verstrickung in internationale Verbrechen, garniert mit Betrug und Mord, bezieht und seine Lösung (und das ist kaum eine Überraschung) in Fécamp findet, dem mehrfach bei ihm zu literarischen Ehren kommenden Geburtsort der »Ostrogoth«, verhaftet der Kriminalist nicht zum Schluß seinen Täter und beschuldigt ihn des Mordes – an seinem eigenen Bruder übrigens –, sondern verhält sich unschlüssig und läßt zu, daß sich der Schuldige mit einem Revolver erschießt.

Er gestattet lieber, daß der Mann sich selbst richtet, als daß es die menschliche Gesellschaft tut. Nicht umsonst lautet das Motto, das Bestandteil von Simenons eigenen Exlibris ist, *Compredre et ne pas juger* (»Verstehen und nicht richten«). Die fundamentale Lebenstheorie, an die Maigret (und Simenon) sich hält, ist bereits voll ausgeprägt und plausibel dargelegt in diesem ersten Roman, der auf einem halb versunkenen alten Lastkahn mit Kisten als Mobiliar für das »Arbeitszimmer« des Autors entstand.

»Die Situation war idiotisch.« Der Kommissar wußte, daß die Chancen, mit seiner Observierung Erfolg zu haben, nicht einmal eins zu zehn standen.

Aber er blieb auf seinem Posten, weil er eine dumpfe Ahnung hatte, die er nicht einmal Vorahnung hätte nennen mögen. Es war mehr eine Art persönlicher Theorie, die er nie weiter verfolgt hatte, die jedoch vage in seinem Hinterkopf schlummerte. Für ihn war es die Gucklochtheorie.

Jeder Missetäter, jeder Verbrecher ist ein Mensch. Doch in erster Linie ist er ein Spieler, ein Gegner. So jedenfalls neigt die Polizei ihn zu sehen, und als solchen versucht sie ihn gewöhnlich zu ergreifen.

Wird eine strafbare Handlung oder ein Kapitalverbrechen begangen, so nimmt man die Ermittlungen aufgrund mehr oder weniger unpersönlichen Tatsachenmaterials auf. Es handelt sich um ein Problem mit einem – oder mehreren – unbekannten Faktoren, das es, sofern möglich, mit den Mitteln des Verstandes zu lösen gilt. Maigret arbeitete nach dem gleichen Schema wie die anderen. Und wie diese bediente er sich der von Bertillon, Reiss, Locard und anderen entwickelten wundervollen Verfahren, die die Polizeiarbeit zu einer Wissenschaft haben werden lassen.

Vor allem aber suchte er, erwartete er, belauerte er das *Guckloch*. Mit anderen Worten: den Augenblick, in dem durch den Spieler der Mensch sichtbar wurde...«

Es gehört zur feststehenden Simenon-Legende, daß er für keinen seiner Romane – mit Ausnahme des umfangreichen, zur Hälfte autobiografischen Buches »Stammbaum«, das eine Kategorie für sich darstellt – mehr als elf Tage zur Niederschrift benötigt hat, zuzüglich drei oder vier Tagen für die Überarbeitung etwa eine Woche darauf. Schon dieser erste Roman bildete da keine Ausnahme, obwohl typischerweise Simenon selbst Unklarheit hinsichtlich der genauen Entstehungsdauer verursachte. In einer kurzen Darstellung über »Die Geburt Maigrets«, die er im September 1966 verfaßte, erklärte er, er habe das Buch »in drei oder vier Tagen« heruntergeschrieben; als er sieben Jahre später »Ein Mensch wie jeder andere« auf Tonband sprach, ist von acht Tagen die Rede. Dem Autor dieser Biografie versicherte er, er habe vier Tage benötigt. Wie dem auch sei, jedenfalls war es ein Parforceritt, mit dem er das Manuskript seines ersten, dem Seitenumfang nach vollgültigen Romans mit seinen neunzehn Kapiteln bewältigte, eines Romans, der der Welt eine bedeutsame Figur der modernen Detektivliteratur bescherte.

Ein weiteres interessantes Rätsel gibt die Frage auf, was Simenon mit dem fertigen Roman anfing. Wie so oft bei Simenon gibt es auch hierfür zwei unterschiedliche Darstellungen, die beide von ihm selbst stammen. Sie haben alle zwei einen Haken: Es gilt als so gut wie gesichert, daß keine von ihnen richtig ist. Tatsächlich ist die Wahrheit interessanter als die Version, die Simenon zur Ausschmückung der Vorgänge um den ersten »Maigret« erfand.

In »Ein Mensch wie jeder andere« schildert er, wie er nach Beendigung von »Pietr der Lette« gleich drei weitere Romane mit Maigret als Hauptfigur schrieb. Dann: »Ich nahm den Zug nach Paris«, berichtet er weiter. »Ich übergab die vier Romane *père* Fayard (einem der damals bekanntesten französischen Verleger – Anm. d. Ü.), der den Ruf besaß, einen untrüglichen Riecher zu haben.« Ein paar Tage später bestellte Fayard Simenon zu sich, und es kam zu einer amüsanten Szene, als der Verleger erklärte, dies seien gar keine richtigen Kriminalromane, denn sie böten kaum ein mathematisches Problem, das vom Publikum gelöst werden müsse. Es gebe auch keine, salopp ausgedrückt, strahlenden Helden und Spitzbuben, die sich bekämpften. Es fehle zudem eine Liebesaffäre, und von einem Happy-End könne keine Rede sein. »Na schön«, erwiderte Simenon, »dann geben Sie mir meine Manuskripte wieder!«

»O nein!« weigerte sich Fayard. »Ich werde zwar eine Menge Geld einbüßen, aber ich bin bereit, das Risiko einzugehen. Schicken sie mir noch sechs weitere Romane dieser Art. Wenn wir dann genügend auf Lager haben, um davon zu zehren, wollen wir mit der Veröffentlichung beginnen und jeden Monat einen Band herausbringen!«

Simenon reiste »mit Erleichterung« nach Delfzijl zurück. »Ich fühlte mich innerlich bestens aufgelegt. Ich machte mich an die Arbeit und schrieb Tag für Tag an den neuen Maigret-Büchern.«

In einem Interview (das zwei belgische Schriftsteller mit ihm im belgischen Fernsehen führten) sieben Jahre nach dem Tonbanddiktat von »Ein Mensch wie jeder andere« wiederholte Simenon diese niedliche kleine Geschichte in leicht abgewandelter Form. Danach sandte er zunächst nur »Pietr der Lette« an Fayard, doch der Verleger schrieb ihm, er müsse »zwei oder drei weitere« Romane mit Kommissar Maigret als »Helden« lesen, bevor er eine Entscheidung treffen könne. Simenon verfaßte dann die gewünschte Anzahl neuer Kriminalfälle um den Pariser Polizeibeamten und schickte sie nach Paris. Erst danach zitierte Fayard ihn zu sich, und die erwähnte Aussprache über die neuartigen Detektivromane des in diesen Kreisen noch unbekannten Autors fand statt.

Beide Versionen könnten einem Frank-Capra-Film mit dem Strickmuster »Talentierter junger Schriftsteller macht sein Glück« entstammen, aber die Wirklichkeit sah anders aus, anders jedenfalls, als Simenon sie bei beiden Gelegenheiten wiedergab. Ganz bestimmt fand eine Unterredung mit Arthème Fayard von der Art statt, wie Simenon sie beschrieben hat; sie ist nicht erfunden. Doch im Herbst 1929 saß Simenon keineswegs »Tag für Tag« an der Konzeption neuer Maigret-Romane. Und nach Fertigstellung von »Pietr der Lette« entstanden keine »zwei oder drei weitere« Maigret-Bücher im Eiltempo.

Die Wirklichkeit ist weitaus faszinierender. Sie beweist, daß es Simenon, als er Maigret in seinen ersten Roman einführte, überhaupt nicht vorschwebte, den Kommissar zur Zentralfigur weiterer Kriminalromane dieser Art zu machen. Maigret war gewissermaßen einmalig, zufällig gewählt als Hauptperson des neuartigen Romantyps eines jungen Schriftstellers, der sich in seinem Beruf noch vorantastete und genügend Zeit zur Verfügung hatte. Tatsächlich gab Simenon das heute auch, trotz widersprüchlicher, anderslautender Äußerungen in der Öffentlichkeit, bereitwillig zu: »Als ich ›Pietr der Lette‹ schrieb, dachte ich nicht an die Kreierung einer ganzen Buchreihe dieses Typs. Ich hatte den Namen eines Polizeibeamten namens ›Maigret‹ schon einmal in *Train de Nuit* verwendet und griff ihn wieder auf, weil er mir gerade in den Sinn kam. Ich plante seinerzeit gewiß keine weiteren Bücher mit ›seinen‹ Kriminalfällen. Es war Fayard, der auf diese Idee kam. Er schlug vor, eine ganze Reihe von Kriminalromanen derselben Hauptfigur aufzulegen.«

Régine bestätigt, daß die Dinge diesen Verlauf genommen haben. Sie erläutert auch, wie ihr Mann damals auf den Namen ›Maigret‹ verfiel, der in Frankreich nicht sehr häufig ist. »Da gab es tatsächlich einen Monsieur Maigret in unserer Umgebung, einen stillen kleinen Mann, der mit seiner Familie im selben Haus an der Place des Vosges wohnte wie wir. Ich glaube, er war irgendein kleiner Beamter. Als dann die ersten Maigret-Romane erschienen, schrieb er Simenon einen erbosten Brief, in dem er sich darüber beklagte, daß sein Name ausgerechnet für einen ›einfachen Polizisten‹ hatte herhalten müssen!«

Simenon sprach mit Régine nie über seine neue Romanfigur Maigret. Er gab ihr die Kapitel von »Pietr der Lette« der Reihe nach zu lesen, so wie er sie fertigstellte – wie er es stets mit seinen *romans populaires* gehalten hatte und später auch mit allen anderen Romanen tun sollte –, und sie diskutierten über das zuletzt Geschriebene, doch sie »gab ihm nie irgendwelche Tips«. Als sie das Einleitungskapitel des neuen Buches zu sehen bekam, »erkannte ich selbstverständlich, daß das etwas vollkommen Neues war und daß er herumexperimentierte, denn er befand sich damals in einem neuen Stadium. Wir beide wußten jedoch erst, daß mehr dahintersteckte, nachdem die ersten beiden Maigret-Romane beim Publikum eine derart begeisterte Aufnahme gefunden hatten. Doch das war achtzehn Monate später.

Zu diesem Zeitpunkt hatte Simenon schon fünf weitere Maigrets zur Vorbereitung der Veröffentlichung fertiggestellt, und wir waren uns darüber klar, daß er damit das Unterhaltungsromangenre endgültig hinter sich gelassen hatte. Im Rückblick ist es natürlich schwer, genau zu sagen, wann wir uns dessen bewußt wurden. Bestimmt nicht nach dem ersten Maigret. Er rief nicht plötzlich aus: ›Da habe ich jetzt diesen Maigret erfunden und kann jetzt eine Menge Romane mit ihm schreiben, weil ich weiß, daß mir damit der große Wurf gelungen ist!‹ Nein, so war das nicht...!«

Régines Erzählung gibt präzise wieder, wie das damals in Delfzijl wirklich war. Keineswegs ging Simenon eilends hin und gab auf der Post das Manuskript von »Pietr der Lette« an Arthème Fayard auf. Er reiste auch nicht überstürzt damit nach Paris. Nein, er legte die fertigen Blätter erst einmal beiseite und widmete sich der Fertigstellung der versprochenen kurzen Kriminalerzählungen für *Détective*. Kurz darauf war die Überholung der »Ostrogoth« beendet. Der Kutter wurde wieder zu Wasser gelassen und lichtete bald die Anker. Man sagte Delfzijl Lebewohl und setzte die Fahrt in nördlicher Richtung an den deutschen Ostfriesischen Inseln vorbei nach Wilhelmshaven fort, dem bedeutenden Seehafen wie auch Stützpunkt der deutschen Kriegsmarine am westlichen Jadebusen. Hier passierte es dann, daß Simenons berufliche Kontakte zu einer französischsprachigen Zeitschrift mit dem verdächtigen Namen »Detektiv« ihn und seine Begleiterinnen in ernste Schwierigkeiten brachten und ihnen die Ausweisung aus Deutschland als mutmaßliche französische Polizeispitzel eintrugen. Die Geschichte ist zu komisch, um sie nicht ausführlicher zu erzählen.

Im Kriegshafen von Wilhelmshaven rosteten damals, elf Jahre nach Ende des Ersten Weltkriegs, zahlreiche deutsche Unterseeboote vor sich in. Der Reichswehr war im Versailler Vertrag nur ein 100 000-Mann-Heer belassen worden. Die Stärke der Kriegsmarine war gemäß diesen Abrüstungsvorschriften auf 15 000 Mann begrenzt. Die Entwaffnung hatte zunächst die Auslieferung sämtlicher fahrbereiter deutscher U-Boote an die Alliierten vorgesehen, um ein Wiederaufleben des immer noch als gefährlich eingeschätzten deutschen U-Boot-Krieges zu verhindern, doch verzögerte sich die militärische Durchführung bis auf die kampflose Übergabe der großen Schiffe der deutschen Kriegsflotte und ihre anschließende Selbstversenkung im ersten Nachkriegsjahr in Scapa Flow und wurde schließlich ganz erlassen. Einsatz und Neubau von U-Booten wurden jedoch der neuen Reichsmarine ebenso untersagt wie dem Landheer die militärischen Luftfahrzeuge. Die deutsche Marine war damit zur Zweitklassigkeit verurteilt und sah diese Maßnahmen als Verunglimpfung ihrer Ehre an. Kein Wunder, daß man gegen weitere Übergriffe seitens der ehemaligen Kriegsgegner besonders empfindlich war.

So kam es, daß die offiziellen Stellen besonders mißtrauisch wurden, als an einem Herbsttag des Jahres 1929 ein kleines Schiff unter französischer Flagge im Hafen von Wilhelmshaven Anker warf, dessen seltsame Besatzung aus einem Mann, zwei Frauen und einer großen Dogge bestand. Man kann die Behörden durchaus verstehen, die sofort mutmaßten, daß da etwas nicht in Ordnung war, denn Touristen dieser Art war man nicht gewohnt.

Am ersten Abend sahen ein paar deutsche Schüler, die durch den Hafen bummelten, Boule an Deck. Sie war ein bemerkenswert attraktives Mädchen. Um es mit Simenons charmantem, altmodischem Ausdruck zu bezeichnen: »Sie begannen, ihr den Hof zu machen« und baten um Erlaubnis, auf das Schiff kommen zu dürfen. Boule fragte ihren Arbeitgeber, und dieser war einverstanden. Die jungen Leute brachten ein Grammophon mit. Man tanzte und amüsierte sich, Simenon mit seiner schicken Kapitänsmütze mitten darunter. Da tauchte plötzlich der Lehrer der Schüler in Begleitung einiger Polizisten auf. Die Jungen mußten sofort an Land kommen. Eine einigermaßen ernüchterte Schiffsbesatzung legte sich an diesem Abend zur Ruhe.

Am nächsten Morgen erschien ein Polizeiinspektor und wollte von Simenon Genaueres über Ziel und Zweck der Reise wissen. Offenbar war dies das erste private französische Schiff, das nach Kriegsende in einen deutschen Hafen eingelaufen war. Simenon erwiderte freundlich, daß er auf einer Vergnügungsfahrt begriffen sei und als nächstes Hamburg anlaufen wolle. »Wie ungewöhnlich!« bemerkte der Beamte kopfschüttelnd und erspähte in diesem Moment Simenons Schreibmaschine. »Was schreiben Sie denn damit?« wollte er wissen. »Romane«, erwiderte Simenon. »Das ist auch recht merkwürdig«, stellte der Deutsche fest und gab sich noch reservierter. Dann platzte er mit der Frage heraus: »Sie haben da gestern ein Telegramm bekommen, das die Unterschrift ›Detective‹ trug. Schreiben Sie etwa offizielle Berichte über unseren Flottenstützpunkt für die französische Polizei?«

»Die ganze Angelegenheit war wirklich zu blöd«, sagte Simenon heute. »Wie konnten die bloß ernsthaft annehmen, daß ich ein französischer Spion war? Wäre ich da derart auffällig in den Hafen gesegelt?« Seinerzeit verging ihm jedoch das Lachen, als er sah, wie ernst es dem deutschen Inspektor war. Dieser tat Simenons Antwort, die Zeitschrift *Détective* habe nichts mit der Polizei zu tun und ihm lediglich telegraphisch das Honorar für die von ihm geschriebenen Geschichten angewiesen, mit einem Achselzucken ab. »Also diese Detektive schicken Ihnen Geld?« schrie er wutschnaubend. »Wenn das so ist, wollen Sie bitte die Güte haben, sich heute nachmittag pünktlich um vier im Wilhelmshavener Polizeipräsidium einzufinden! Mein Name ist Schröder!«

Und es kam, was kommen mußte: Irgendein hohes Tier im Präsidium in schwarzer Uniform und mit Monokel zeigte sich unerbittlich und wies Simenon an, binnen vierundzwanzig Stunden den Hafen zu verlassen und bei Androhung einer hohen Strafe und Beschlagnahme des Schiffes nie wieder in deutsche Hoheitsgewässer zurückzukehren.

Simenon war kein Dummkopf. Er ging kein Risiko ein und erfüllte die Auflage der deutschen Behörden. Er brach die Weiterreise kurzerhand ab und nahm Kurs zurück auf Holland, segelte diesmal an Delfzijl vorbei und durchquerte die Kanäle Nordhollands bis zur kleinen Hafenstadt Staveren an der Zuidersee, dem heutigen Ijsselmeer, einem Busen der Nordsee, mit dessen Trockenlegung nach dem Ersten Weltkrieg begonnen worden war und der zu der hier beschriebenen Zeit noch eine weite, zur Nordsee hin offene Wasserfläche war. Hier gingen die Simenons für den Winter 1929/30 vor Anker. Es war einer der kältesten der jemals in diesem Teil Westeuropas verzeichneten Winter, und Simenon mußte jeden Morgen das Eis um die Verankerung der »Ostrogoth« zerhacken. Noch viele Jahre später pflegte er von der behaglichen Wärme in der Kabine zu schwärmen und vom herrlichen Duft der Bratkartoffeln oder des Kaninchenbratens, den Boule in ihrer Kombüse so hervorragend zuzubereiten verstand.

Hier von Staveren aus schickte er auch zwei oder drei Monate nach Fertigstellung von »Pietr der Lette« das Manuskript an Monsieur Fayard in Paris. Warum hatte er es gerade diesem Verleger angeboten? Weil unzählige *romans populaires* mit kriminalistischem Einschlag, die er früher geschrieben hatte – darunter auch *Train de Nuit* – von Fayard veröffentlicht worden waren, und er annahm, daß dieses Verlagshaus am ehesten an seiner neuen Konzeption von einem Kriminalroman interessiert war. So einfach und unkompliziert war das. Und er sollte recht behalten.

Im Laufe der folgenden Wochen gab Arthème Fayard Simenon nicht nur einen Vertrag für den ersten Schwung Maigret-Romane, sondern er war es auch, der sich dafür einsetzte, daß sie unter dem richtigen Namen ihres Verfassers erschienen. Simenon selbst hielt die Zeit noch nicht für gekommen, mit seinem Namen auf seinen Büchern an die Öffentlichkeit zu treten. In späteren Jahren bezeichnete er stets die Maigret-Romane der frühen dreißiger Jahre als »semiliterarische« Produkte seiner Feder. »Darüber machten sich die Kritiker lustik«, erzählte er heute. »›Was ist denn ein semiliterarisches Buch?‹ wollten sie wissen. Und ich erklärte es ihnen: ›Wie Sie wissen‹, sagte ich, ›braucht ein normaler Roman sich nicht irgendwelchen Einschränkungen zu beugen. Mit anderen Worten: Er muß nicht bestimmten Regeln unterworfen sein. Der Autor kann schreiben, was ihm gerade in den Sinn kommt. Dagegen gehören zu einem Kriminalroman notwendigerweise ein Toter, dann ein Ermittlungsbeamter, ferner mehrere verdächtige Personen und schließlich jemand, der schuldig ist. Deshalb kann der Verfasser hier nicht tun, was er will. So etwas ist in meinen Augen keine reine Literatur. Reine Literatur gibt es nur da, wo keine Regeln existieren.‹«

Da saß nun der erfolgreiche junge Schriftsteller trotz seiner Freude über das Vertrauen seines Verlegers in seinen neuen Typ von Kriminalroman und den glänzenden Vertrag, den er mit ihm abgeschlossen hatte, eines Tages in Fayards Büro und sann mit dem Verlagschef über ein neues Autorenpseudonym für die Maigret-Reihe nach. Sie hatten schon ohne Erfolg mit einem guten Dutzend Namen herumjongliert, als der väterlich-joviale Fayard, der in der literarischen Welt Frankreichs allgemein »Père Fayard« genannt wurde, seinen neuen Starautor, den er wie praktisch jeder in der Pariser Literaturszene immer nur »Sim« nannte, fragte: »Wie heißen Sie eigentlich mit richtigem Namen?« – »Georges Simenon«, antwortete dieser. »Prima«, rief Fayard aus. »Was ist mit diesem Namen nicht in Ordnung? Den nehmen wir!« Und Simenon konnte natürlich seinem Verleger nicht gestehen, daß er die neu angelaufene Buchreihe nicht für würdig erachtet hatte, unter seinem wirklichen Namen veröffentlicht zu werden.

8

»Maigret« und Simenons
schriftstellerisches Werk

Der Winter 1929/30 war in literarischer Hinsicht für Simenon unergiebig. Eingefroren und im warmen Kokon der »Ostrogoth« sitzend wie in einem Iglu, unterbrach er in diesen Monaten in Holland gewissermaßen seine vorgeplante Existenz. Er hielt zwar die Liefertermine für seine Beiträge in *Détective* und andere angeforderte Geschichten bei, doch während der meisten Zeit blieb die Schreibmaschine abgedeckt, und das Leben des Schriftstellers verlief ruhig und erholsam. Die »Ostrogoth« und ihre Besatzung wurden so sehr Teil der Hafenszene des Fischerstädtchens, daß mehrmals wöchentlich, wenn das Wetter die Schleppnetzfischerei nicht unmöglich machte, nach Einlauf der beladenen Fangboote die Trawlerbesatzungen dem schwanzwedelnden Olaf, der erwartungsvoll am Kai saß, Heringe zuwarfen, die er mit einem Biß hinunterschlang.

Mit Eintreffen des Frühlings hatte diese Entspannungspause ein Ende. »Maigret« mußte in Angriff genommen werden. Mit den ersten warmen Sonnenstrahlen segelte Simenon nach Frankreich zurück und ging auf der Orge, einem Nebenfluß der Seine, bei dem kleinen Ort Morsang in der Nähe von Corbeil vor Anker. Hier entstanden dann im Sommer 1930 in rascher Folge hintereinander drei Maigret-Romane: *M. Gallet décédé* (»Maigret und der verstorbene Monsieur Gallet«), *Le Pendu de Saint-Pholien* (»Maigret und der Gehängte von

Saint-Pholien«) und *Le Charretier de la ›Providence‹* (»Maigret und der Treidler der ›Providence‹«). Im September schloß sich der Roman *La Tête d'un homme* (»Maigret kämpft um den Kopf eines Mannes«) an. »Damals arbeitete ich vor- und nachmittags und schrieb jeweils ein Kapitel«, erinnerte sich Simenon. »Ich sagte mir: Wenn es einmal mit Maigret vorangeht, werde ich ohnehin nur noch morgens arbeiten müssen, und tatsächlich kam diese Zeit, wo ich es bei den Morgenstunden belassen konnte.«

Die »Ostrogoth« auf der Orge bei Corbeil (1930)

Durch seine »Doppelschichten« lagen dem Verleger bald fünf Maigret-Romane vor, und noch immer war keiner veröffentlicht worden. Monsieur Fayard schob den Startschuß für das Erscheinen dieser Kriminalromane neuen Stils immer wieder hinaus, weil er an seiner ursprünglichen Idee festhielt, mindestens zehn »Maigrets« auf Vorrat zu haben, um dann dem Publikum Schlag auf Schlag jeden Monat einen neuen Titel zu präsentieren. Er drängte Simenon, ihm weitere Romane vorab zu liefern, doch das war diesem aus zeitlichen Gründen nicht möglich. Simenon war entschlossen, zunächst die angefangenen Projekte abzuschließen, bevor er sich ganz dem neuen widmete, und so ging der ganze Herbst des Jahres 1930 mit der Fertigstellung von anderen Verlagen zugesagten Unterhaltungsromanen und Kriminalgeschichten für Zeitschriften drauf.

Einen interessanten Einblick in Simenons sorglosen Umgang mit seinem neugeschaffenen Helden noch zu diesem Zeitpunkt vermittelt die Tatsache, daß sich unter den zahlreichen *romans populaires,* die er in jenem Herbst »verbrach«, drei weitere befanden, in denen wie in *Train de Nuit* ein nicht sehr eindrucksvoll dargestellter Polizeibeamter namens »Commissaire Maigret« auftrat. Das war wirklich eine ungewöhnlich leichtsinnige Art und Weise, mit dem künftigen großen Detektiv umzuspringen.

Schließlich rang sich Fayard zu der Ansicht durch, lange genug gewartet zu haben. Der »echte« Maigret sollte ins Rampenlicht der Öffentlichkeit geschickt werden, obwohl der Verleger mit fünf Manuskripten erst die Hälfte der gewünschten Reserven in Händen hielt. Das bedeutete, daß Simenon nach dem Erscheinungstag ungewöhnlich anstrengende Arbeit bevorstand, um mit den Lieferungen nachzukommen, wenn monatlich ein neuer Maigret-Roman herauskam. Die Belastung für den Autor wurde noch zusätzlich dadurch vergrößert, daß Fayard bei der Lancierung der »Maigrets« gleich *zwei* Romane vorstellte, um die Wirkung beim Publikum zu erhöhen.

»Pietr der Lette«, der erste von Simenon verfaßte Maigret-Roman, gehörte nicht zu den beiden Erstveröffentlichungen, sondern erschien erst als fünfter Band der Maigret-Reihe im Mai 1931. Die beiden für den Startschuß im Februar ausgewählten Titel waren »Monsieur Gallet« und »Der Gehängte«. Es gab keine besonderen Gründe für diese Wahl. Aber sie zeigt, und das ist sehr bemerkenswert, daß die ersten fünf »Maigrets« eine homogene Einheit bildeten und die Hauptfigur, dessen Ehefrau und seine Kollegen von der Kriminal-

»M. Gallet Décédé«, einer der beiden ersten 1931 veröffentlichten Maigret-Romane

polizei am Quai des Orfèvres derart glaubwürdig gezeichnet waren, daß ein erfahrener Buchverleger wie Fayard die Titel ohne Rücksicht auf ihre chronologische Entstehung bei der Reihenfolge der Publikation für auswechselbar hielt.

153

Zu diesem Zeitpunkt war Simenon trotz seiner späteren oft nonchalanten Einstellung zum Geld (der mehrfache Millionär ließ nichts über seinen Reichtum an die Öffentlichkeit dringen und lehnte es, wie bereits erwähnt, ab, Investitionen zu tätigen, weil er nicht als »Kapitalist« gelten wollte) genauso wie sein Verleger darauf bedacht, das Erscheinen der ersten »Maigrets« zu einem triumphalen wirtschaftlichen Erfolg zu machen. Es gelang ihm, Fayard dazu zu bringen, seinem Rat zu folgen und keinen Sou in die Werbung für die neue Romanreihe zu stecken, sondern statt dessen ihm das Geld und freie Hand zu geben, einen Ball ganz besonderer Art zu veranstalten, um die Bücher zu präsentieren. Simenon gab ihm den Namen *Bal Anthropométrique* nach der Abteilung der Pariser Kriminalpolizei, die für erkennungsdienstliche Behandlung und Identifizierung von Kriminellen zuständig war. Die Einladungen waren in Form einer polizeilichen Vorladung gehalten; allen Gästen wurden beim Eintreffen die Fingerabdrücke auf nachgemachten Polizeikennkarten abgenommen (eine berühmte Varietékünstlerin verweigerte dies und hiterließ statt dessen den Lippenstiftabdruck ihres Mundes), und die Saaldekoration bestand aus Polizeiutensilien wie Handschellen, Revolvertaschen, Schlagstöcken und so weiter. Sogar die Salatschüsseln waren eigens für diesen Abend von Paul Colin, einem bekannten Bühnendekorateur und Freund der Simenons, entworfen worden und hatten die Form des Miniaturmodells einer »grünen Minna« (die französische Argotbezeichnung für dieses Fahrzeug lautet *panier à salade).*

Zur Krönung des Ganzen fand der Ball nicht in einem Luxushotel oder einem der zahlreichen Festsäle auf dem rechten Seineufer statt, sondern in der *Boule Blanche,* einem Nachtclub im Montparnasse-Viertel, wo, wie die große Tageszeitung *Le Figaro* sozusagen naserümpfend kommentierte, »normalerweise dreihundert Martinique-Neger *béguine* tanzen...« Simenon lud vierhundert Gäste, hauptsächlich prominente Schauspieler, Schriftsteller, Journalisten, und andere Berühmtheiten, darunter führende Vertreter der Pariser Polizei, ein. Die Zahl der Ballbesucher erhöhte sich dann später noch um rund siebenhundert ungebetene Gäste, die sich ohne Eintrittskarte Einlaß verschafften und dafür sorgten, daß die nicht allzu große *boîte* hoffnungslos überfüllt war. Der *Figaro* berichtete tags darauf: »Ein bestimmtes ›Tout Paris‹ war erschienen – in Abendkleidung und Smoking mit Apachenmütze und rotem Halstuch. Manche Frauen hatten sich mit einer Samtschärpe gegürtet, ihre kühneren männlichen Begleiter sich die Wangen mit Rouge geschminkt...«

Es blieb der einzige Werbegag, den Simenon in seinem Leben je inszenierte, doch er wurde zu einem großartigen Erfolg. Ungeheure Mengen Kaviar, Whisky und Champagner wurden konsumiert. Um ein Uhr früh ließ er von *La Coupole,* einem nahe gelegenen mondänen Restaurant, noch weitere Kisten mit Whisky und Champagner herüberbringen, da zu dieser Stunde die Alkoholvorräte zur Neige zu gehen begannen. Sieben Stunden später, als ein leichter Sprühregen diesen Februarmorgen des Jahres 1931 trübte, wurde den übriggebliebenen Ballgästen ein erstklassiges Champagnerfrühstück serviert. Selbst die normalerweise nicht so leicht aus der Ruhe zu bringende Régine Simenon strahlt, wenn sie an diesen Ball vor über fünfzig Jahren zurückdenkt und bestätigt: »O ja! Das war wirklich ein rauschendes Fest!«

Es war ein kostspieliges dazu. Simenon mußte wohl oder übel eine erkleckliche Summe seines eigenen Autorenhonorars für die Begleichung der Rechnungen opfern, nachdem bereits der gesamte Werbeetat des Hauses Fayard dafür daraufgegangen war. Aber jeder Franc hatte sich gelohnt. Der Ball war, nicht zuletzt auch dank der Presseberichterstattung, Tagesgespräch in ganz Frankreich, und Kommissar Maigret hatte Berühmtheit erlangt, bevor jemand einen Roman gelesen hatte, in dem er vorkam. Doch innerhalb weniger Monate waren die ersten Maigret-Romane bereits in acht Sprachen übersetzt worden und der Name Maigret vielen Lesern überall in Europa ein Begriff.

Kurz nach dem Ball, der zeitlich fast mit Simenons 28. Geburtstag zusammengefallen war, gab der Schriftsteller die Wohnung an der Place des Vosges auf, die in den letzten zwei Jahren kaum benutzt worden war, und siedelte mit Régine, Boule und Dogge Olaf auf die am Seine-Ufer verankerte »Ostrogoth« über. Während der folgenden acht Monate, also bis Oktober 1931, hockte er behaglich in der Kabine oder an Deck seiner Segeljacht und schaffte es unter ungeheurem Zeitdruck, hintereinander sieben weitere Maigret-Romane zu schreiben, einen davon, *La Danseuse du Gai-Moulin,* (»Maigret und der Spion«) in der unglaublichen Zeit von sage und schreibe fünfundzwanzig Stunden.

Anfang August hatte er mit der »Ostrogoth« den Liegeplatz in der Hauptstadt verlassen und sie seineabwärts in den Hafen des eleganten Badeortes Deauville am Ärmelkanal gesteuert, der damals *der* Sommeraufenthalt der reichen Franzosen war. Wie auf seinen bisherigen Reisen mit dem Kutter hatte Simenon wiederum keine männliche Hilfskraft an Bord. Doch diesmal fuhr ein livrierter Chauffeur mit der schokoladefarbenen Chrysler-Imperial-Limousine Simenons voraus, der in Deauville einen Termin einhalten mußte.

Am 15. August 1931, dem Höhepunkt der Saison, als das *Tout Paris* westwärts gereist und zum *Tout Deauville* geworden war, saß Simenon, nach neuestem modischem Chic mit einem maßgefertigten kanariengelben Oberhemd mit breiten blauen Streifen und weißer Strandhose bekleidet, auf der Terrasse der *Bar du Soleil* mit Blick aufs Meer und signierte zwei Stunden lang Exemplare seiner Bücher. Dieses Ritual hatte Tradition bei

Fayard und war Jahr für Jahr dem jeweiligen gefragtesten Autor des Verlagshauses vorbehalten. Doch noch nie war es ein solcher Erfolg gewesen, denn einige hundert elegante und betuchte Sommerfrischler hatten, zusammen mit Möchtegern-Reichen, bei strahlender Sonne Schlange gestanden, um ein Lächeln (trotz eines quälenden Katers) und ein schwungvoll ausgeführtes Autogramm des »Autors des Jahres« mit nach Hause zu nehmen. Wenn Delfzijl der Geburtsort Maigrets war, dann hatte seine Taufe auf dem *Bal Anthropométrique* stattgefunden, und die Erstkommunion wurde hier in Deauville gefeiert.

Es sollte noch besser kommen. Simenon hatte nach ein paar Tagen Deauville wieder verlassen, da ihm der Ort angesichts der Tatsache, daß er bis in den Herbst hinein ein immenses Arbeitsprogramm zu bewältigen hatte, zu laut war. Die *Jeunesse dorée,* die sich hier ein Stelldichein gab, bei Tage am Strand lärmte und nachts zu Jazzmusik in den Lokalen tanzte, gefiel ihm nicht; über dieses Alter und seine Vergnügungen war er, der seriöse Schriftsteller, längst hinaus. Mit der »Ostrogoth« ging die Fahrt wenige Seemeilen südwärts an der Kanalküste entlang hinein in den kleinen ruhigen Hafen Ouistreham. Dort brauste eines Mittags, als Simenon gerade sein Vormittagsquantum von einem Kapitel abgeschlossen hatte, ein Bugatti-Roadster den Kai entlang bis zum Liegeplatz der »Ostrogoth«. Heraus kletterte Jean Renoir, einer der vielversprechendsten jungen Filmregisseure Frankreichs und Sohn des großen impressionistischen Malers Auguste Renoir. Er war gekommen, um die Verfilmungsrechte von *La Nuit du Carrefour* (»Maigrets Nacht an der Kreuzung«) zu erwerben. Das Buch war erst zwei Monate zuvor, im Juni, herausgekommen. Renoir war nach der Lektüre begeistert gewesen.

Die beiden Männer setzten einen Vertrag auf. Simenon, der nie – mit einer einzigen Ausnahme in den Vereinigten Staaten – einen Agenten für seine Verträge eingeschaltet hat, verkaufte die Filmrechte für 50000 Francs. Ein gutes Jahr später kam der erste der vierzehn französischen Maigret-Filme in die Kinos, und Jean Renoirs Bruder Pierre stellte darin als erster Filmschauspieler den berühmten Kommissar dar.

In jenen ersten Erfolgsmonaten der Frankreich überschwemmenden »Maigret-Welle« war auch das Presseecho ungeheuer positiv. Fast ausnahmslos lobten die Kritiker den Stil Simenons, seine straffe Handlungsführung und die echte Atmosphäre an den Schauplätzen seiner Romane, gleichgültig, in welchem Milieu sie gerade spielten. Interviewt hatte den gefeierten Autor, der, wie man durch seinen Verlag wußte, sich irgendwo auf einem Boot verkrochen hatte, um weitere »Maigrets« zu fabrizieren, noch keiner. Zu den ersten Journalisten, denen es gelang, mit Simenon ein Gespräch zu vereinbaren, gehörte die in Frankreich lebende amerikanische Reporterin Janet Flanner aus Indianapolis, die die Zeitschrift *The New Yorker* alle vierzehn Tage mit einem »Brief aus Paris« belieferte. Sie schwärmte ihren Lesern Unglaubliches von diesem »gutaussehenden« jungen Schriftsteller vor, der »ständig auf Reisen ist (immer auf seiner Jacht und immer auf Kanälen), Hitze haßt, eine Reise nach Tahiti plant und jährlich eine halbe Million Francs von seinen Autorentantiemen ausgibt, um es seinen Romanfiguren nachzutun: zum Beispiel einen Chauffeur in Uniform zu beschäftigen, weil es sein Bösewicht auch tut, oder zweihunderttausend Francs in Monte Carlo zu verlieren, weil sein Held diese bittere Erfahrung auch machen muß. Denn er erklärt: ›Ich besitze keine Phantasie; ich gucke alles dem Leben ab! (und dem, was gewisse Bekannte von ihm tun, zu denen offenbar einige der aktivsten Gauner Frankreichs gehören!). Ich stehe um halb sechs auf, gehe an Deck, fange um sechs mit dem Schreiben auf meiner Maschine an, neben mir entweder eine Flasche Cognac oder eine Flasche Weißwein. Bis zum Mittag schaffe ich ein Kapitel pro Stunde. Dann gehe ich an Land und werfe mich erschöpft ins Gras. Mein Ziel ist, nach und nach die Klasse eines Jack London oder, wer weiß, sogar eines Joseph Conrad zu erreichen...‹«

Es ist nicht bekannt, wer für die Übertreibungen in diesem Artikel verantwortlich ist: der erstaunlich erfolgreiche neue Erfolgsautor, der sich in seinem Ruhm sonnt und bewußt übermäßig auf die Pauke haut, um seine eigene Erfolgsstory zu verkünden, oder die geschwätzige Journalistin aus Amerika. Unbestritten ist allerdings das Fazit, das sie über das neue literarische Phänomen zieht: »Monsieur Simenon irrt sich; er ist bereits eine Klasse für sich!«

Das Erstaunliche am ersten Dutzend der Maigret-Romane, die bis Dezember 1931 entstanden (als Simenon schließlich die »Ostrogoth« verkaufte und mit Régine, Boule und Hund in eine Mietvilla im Mekka der Erfolgreichen der damaligen Zeit, an der französischen Riviera, zog), ist nach dem einmütigen Urteil aller Kritiker, daß schon damals in fast allen diesen Romanen die sichere Hand eines vollendeten Meisters zu erkennen war. »Natürlich kann man nicht erwarten, daß er ständig den gleichen hohen Standard beibehält«, schreibt der Literaturkritiker Maurice Richardson. »Trotzdem ist es ungewöhnlich, wie selten er den Leser enttäuscht.« Simenon sollte »nur« noch sieben weitere »Maigrets« in den dreißiger Jahren verfassen, doch Richardson vertritt die wohlbedachte Ansicht (die übrigens auch Régine Simenon teilt), daß »die Vorkriegs-Maigret-Bücher die besten sind«.

Zuweilen sind sie schlampig konzipiert. So läßt beispielsweise Simenon gleich im allerersten Roman »Pietr der Lette« einen von Maigrets Assistenten, Inspektor Torrence, sterben (er wird von seinem Mörder chloroformiert und dann durch einen Nadelstich ins Herz getötet), um ihn in einem der nächsten Bücher wieder munter seinen Dienst versehen zu lassen. Der Grund war, wie er später zugeben mußte, daß er vergessen hatte, daß Torrence nicht mehr unter den Lebenden weilte. Schon in seinen Anfangsjahren in Paris hatte er gute Beziehungen zur *Police Judiciaire,* der Pariser Kriminalpolizei mit ihrem Hauptquartier am Quai des Orfèvres, geknüpft, und viele Ideen für seine Romane gingen auf Anregungen von Polizeibeamten zurück, was nicht ausschließt, daß Simenon zuweilen auf fast sträfliche Weise die Grundsätze der Kriminalistik vernachlässigt.

In »Maigrets Nacht an der Kreuzung« spielt, um ein anderes Beispiel zu nennen, in der Handlung der Umstand eine entscheidende Rolle, wo genau der Mord an einem reichen Antwerpener Diamantenhändler stattgefunden hat. Seine Leiche, »mit einer aus allernächster Nähe beigebrachten Schußwunde in der Brust«, wird zusammengesunken über dem Lenkrad eines Autos gefunden, das in der Garage eines Hauses an der einsamen Drei-Witwen-Kreuzung fünfzig Kilometer außerhalb von Paris abgestellt ist. Das Gebäude ist Teil einer kleinen Häusergruppe. Der Wagen gehört nicht dem Besitzer der betreffenden Garage, sondern einem Nachbarn, in dessen Schuppen wiederum das Auto steht, das sich in der Garage hätte befinden sollen, in der die Leiche entdeckt worden ist. Warum diese Verwicklung – und in welcher Garage (oder wo sonst?) ist denn nun der Edelsteinhändler erschossen worden? Die ganze Romanhandlung entwickelt sich weiter, ohne daß Simenon ein Wort verliert über Indizien wie Blutflecken, Fingerabdrücke und Hinweise auf die Schußweite, anhand derer hätte ermittelt werden können, ob der Mann in einer von den Garagen und wenn ja, in welcher getötet wurde.

Wenn man Simenon auf solche Unstimmigkeiten hinwies (um der Wahrheit die Ehre zu geben: in seinen nach dem Krieg entstandenen Maigret-Romanen läßt er

Porträt eines erfolgreichen Schriftstellers:
Georges Simenon in den dreißiger Jahren

nie mehr die Spurensicherung außer acht!), dann zuck-
te er die Schultern und erwiderte: »Das mag sein. Aber
ich war weitaus mehr interessiert, wie ich es ja immer
gewesen bin, an den in den Fall verwickelten Menschen
und ihren wechselseitigen Beziehungen.«

Die Vorkriegsromane sind auch bemerkenswert wegen der sicheren, meisterlich zu nennenden Darstellung der Persönlichkeit und des Charakters Maigrets
durch einen jungen Autor zu solch einem frühen Zeitpunkt seiner Karriere. In »Monsieur Gallet«, dem ersten veröffentlichten Maigret-Roman, erleben wir
schon, wie der Kommissar den für ihn charakteristischen Satz sagt: »Ich werde den Mörder kennen, sobald
ich das Opfer gut kenne.« Seine Funktion besteht von

Beginn an im Unterschied zu der seines größten englischen Rivalen Sherlock Holmes nicht darin, logisch zu denken und dann Schlußfolgerungen zu ziehen, sondern intuitiv die Beweggründe menschlichen Handels zu verstehen, so daß er sich ein abgerundetes Bild darüber machen kann, wie und warum sich das Opfer und sein Mörder verhalten haben, wie sie es taten. »Ich ziehe nie Schlüsse«, versichert er in *Un crime en Hollande* (»Maigret und das Verbrechen in Holland«), einem 1931 entstandenen Roman. »Ich denke niemals nach«, gesteht er in *La Pipe de Maigret* (»Maigrets Pfeife«) 1945.

Der charakteristische Simenon-Stil – konzentrierte, kraftvolle Darstellung, die auf etwas unerklärliche Weise seltsam *schreckenerregend* wirkt – ist von Anfang an dagewesen. »Niemand nahm wahr, was vor sich ging. Keiner ahnte, daß sich ein Drama vollendete in diesem Warteraum des kleinen Bahnhofs, in dem nur sechs niedergeschlagen wirkende Reisende inmitten des Geruchs von Kaffee, Bier und Limonade saßen...«, beginnt »Maigret und der Gehängte von Saint-Pholien«. Der Leser sieht sich unmittelbar in die Handlung versetzt. »Als Maigret mit einem Seufzer der Erleichterung seinen Stuhl von dem Schreibtisch zurückschob, an dem er gesessen hatte, waren genau siebzehn Stunden vergangen, seit das Verhör Carl Andersens begonnen hatte«, lautet der sachlich nüchterne Eröffnungssatz von »Maigrets Nacht an der Kreuzung«. – »Genau am 27. Juni 1930 hatte Kommissar Maigret seine erste Begegnung mit dem Toten, der für ihn auf Wochen hinaus zu einer höchst vertrauten und doch beunruhigenden Erscheinung in seinem Leben werden sollte. Es gab mehrere Aspekte dieser Begegnung, teils alltäglicher Art, teils schmerzlich, teils unvergeßlich...« So nüchtern fängt Simenon den Roman »Maigret und der verstorbene Monsieur Gallet« an.

Auch die knappe stimmungsvolle Milieubeschreibung war bereits in den ersten Maigret-Romanen vorhanden, wie die folgende Stelle aus »Pietr der Lette« beweist, die Maigrets Ankunft in Fécamp auf der Suche nach dem Chef einer internationalen Betrügerbande und mutmaßlichen Mörder beweist: »Der Bahnhof von La Bréauté, auf dem Kommissar Maigret morgens um halb acht den Zug verließ, der ihn über die Hauptbahnlinie Paris–Le Havre hergebracht hatte, vermittelte ihm einen Vorgeschmack von Fécamp.

Ein schlechtbeleuchtetes Bahnhofsbuffet mit verschmutzten Wänden und einer Theke, auf der ein paar Gebäckstücke vor sich hin moderten und drei Bananen und fünf Orangen ihr Bestes taten, um eine Pyramide zu bilden. Der Sturm war hier noch stärker spürbar. Es regnete in Strömen. Um von einem Bahnsteig zum anderen zu gelangen, mußte man bis zu den Knöcheln durch Matsch waten.

Ein schäbiger kleiner Zug, der aus ausrangierten Waggons zusammengestellt war. Bauernhöfe, nur in Umrissen sichtbar im matten Licht des anbrechenden Tages, fast versteckt hinter den dicht fallenden Wassermassen.

Fécamp! Ein strenger Geruch nach gesalzenem Kabeljau und Hering. Gestapelte Fässer. Masten hinter den Lokomotiven. Ein Nebelhorn, das irgendwo tutete.

›Zum Quai des Belges?‹

Immer geradeaus. Er mußte durch die schleimigen Lachen gehen, in denen Fischschuppen schimmerten und Gräten verfaulten.«

Man hat das Gefühl, dabeizusein, mit Maigret an diesem naßkalten Morgen in Nordfrankreich durch den Regen zu stapfen. »Die Milieuschilderungen mißlingen nie«, urteilt der Kriminalschriftsteller und Kritiker Julian Symons*, »sie vermitteln immer den Eindruck persönlicher Einbeziehung in den Schauplatz: Paris oder

---

* »Bloody Murder – From the Detective Story to the Crime Novel: A History«, London 1972; dt. Ausgabe »Am Anfang war der Mord«, München 1972.

Antibes, ein Laden an der belgischen Grenze oder eine *guinguette* (Ausflugslokal – Anm. d. Ü.) an der Seine. Das Wetter wird mit solcher Intensität und Lust beschrieben, daß es auch dabei den Anschein hat, als sei der Autor tatsächlich dem Regen oder der Sonne ausgesetzt, über die er schreibt. Simenons Empfänglichkeit für physische Erfahrung dieser Art war größer als die jedes lebenden Romanciers. Und die Charaktere gedeihen auf diesem fruchtbaren Boden der Sinneswahrnehmung; sie passen nahtlos in das heruntergekommene Milieu oder kriminelle Leben einer Großstadt, den engen Provinzialismus einer Kleinstadt oder die unbehagliche Atmosphäre von potentieller Gewalt in einem Hafen. Sie gewinnen Farbe und Überzeugungskraft aus der jeweiligen Umgebung, und es scheint wahrhaftig keine Höchstgrenze für die Arten von Leuten zu geben, die Simenon kennt und in deren Rolle er schlüpfen kann.«

Diese Fähigkeit Simenons, sich in die Persönlichkeit anderer Menschen versetzen zu können, schrieb er selbst auch (und das zu Recht) Maigret zu. In *La Première Enquête de Maigret* (»Maigrets erste Untersuchung«), einem im Oktober 1948 geschriebenen Roman, in dem der erste Fall des künftigen Kommissars als junger Detektiv im Jahre 1913 geschildert wird, als der unerwartete Tod des Vaters den Abbruch seines Medizinstudiums bedingt hatte, erkannte Simenon seiner Romanfigur Maigret bereits die erworbene Fähigkeit zu, »das Leben von Menschen aller Schichten leben, sich in jedermanns Denkweise versetzen zu können«. Ähnlich äußert sich die amerikanische Professorin Lucille Frackman Becker von der Drew University in ihrer 1979 fertiggestellten Untersuchung über das Werk Simenons*: »Diese Fähigkeit bleibt konstant durch den ganzen Maigret-Zyklus hindurch, wie es auch Maigrets Methoden

---

* »Georges Simenon«, Boston

tun. Während die Technik des Romanaufbaus im wesentlichen dieselbe bleibt, gibt es eine Änderung des Schwergewichts von den frühen Romanen, in denen Maigret nur als mitfühlender Zeuge auftritt, hin zu den späteren Büchern, in denen er die ganze Handlung bestreitet und mehr seine Reaktionen als der betreffende Kriminalfall das Interesse des Lesers wachhalten.«

Das ist es auch, was bei aller Qualität der nach dem Krieg entstandenen »Maigrets« Régine meint, wenn sie gesteht, daß sie die frühen Romane lieber mag: »In diesen ersten Maigrets steht nicht der Kommissar im Mittelpunkt. Es sind seine Erinnerungen, seine Erfahrungen, was er gesehen, erkannt, erlebt hat usw. Das Geschehen findet durch seine Augen gesehen statt, und man liest nur von Entwicklungen, die er kennt und gut kennt. Die späteren Maigrets haben eine mehr philosophische Note. Sie sind anders als die frühen und in meinen Augen weniger zufriedenstellend.« Symons drückt es unumwundener aus; er hält die späteren Maigret-Romane für »manchmal zusammenhanglos philosophisch«.

»Zusammenhanglos« im Sinne von »weitschweifig« ist natürlich eine ziemlich herabsetzende Bezeichnung für einen Schriftsteller mit dem sparsamen und konzentrierten Stil eines Simenon, und trotzdem trifft sie den Nagel auf den Kopf.

Warum spürt der Leser diesen Unterschied in gefühlsmäßiger Hinsicht – beim Aufbau wie auch beim Inhalt –, wenn er die »Maigrets« der Frühzeit und der späteren Jahre miteinander vergleicht?

Es ist nicht nur eine Frage der größeren Reife bei Simenon selbst oder gerade vielleicht seiner verständnisvolleren Einstellung dem Leben allgemein gegenüber. Dieser Unterschied ist tiefer zu suchen, viel tiefer, in der wahrhaft eigenartigen Beziehung, die sich im Lauf der Zeit zwischen dem Schriftsteller und dem Geschöpf seiner Phantasie entwickelte.

Viele haben erklärt und geschrieben, daß Maigret Simenon ist und umgekehrt, daß sie ein und dieselbe Person sind, daß alles, was Simenon tun mußte, um diese Figur ins Leben zu rufen, darin bestand, gewissermaßen sich selbst zu Papier zu bringen. Das ist Unsinn. Simenon hatte stets diese Auffassung von sich gewiesen und tat das mit gutem Gewissen, denn die Tatsachen geben ihm recht. Erinnern wir uns an die beinahe unbeschwerte Art und Weise, wie die Person des Kommissars Maigret entstand, an Simenons Verhalten, der das Manuskript von »Pietr der Lette« wochen-, wenn nicht sogar monatelang beiseite legte, bevor er es einem Verleger anbot, an sein zynisches Vorgehen, als er den Namen »Kommissar Maigret« für die Figur eines Polizeibeamten in drei weiteren Kitschromanen verwendete, nachdem die »echten« Maigret-Romane bereits in Auftrag gegangen waren – all dies beweist, daß zumindest im Anfang die Einführung Maigrets nur ein Kunstgriff – ein »roter Faden«, um Simenons Worte zu gebrauchen – war, um den Handlungsablauf eines Kriminalromans zusammenzuhalten.

Tatsächlich hatte Simenon im Juni 1933 nach der Fertigstellung seines achtzehnten Maigret-Romans das Schreiben dieser Art von Büchern eingestellt. Er fühlte, daß es an der Zeit war, sich in einem anderen Genre zu versuchen und als Schriftsteller voranzukommen. Das glaubte er dadurch zu bewerkstelligen, daß er einen *roman dur* schrieb, einen »harten« oder »einfachen« Roman, vom Inhalt her ein psychologischer Thriller, der sich ebenfalls mit der Schattenseite des menschlichen Charakters beschäftigte, jedoch ohne Detektiv als zentrale, koordinierende Figur. »Sie müssen verrückt geworden sein!« erklärte ihm sein Verleger Fayard erbost. »Wissen Sie, Sie sind wie Conan Doyle! Der wollte auch immer einen ›einfachen‹ Roman verfassen. Aber Sie werden das ewig bereuen! Es ist noch nie vorgekommen, daß ein Kriminalromanautor auf einem anderen

Gebiet Erfolg gehabt hat. Sie werden jammernd zu mir zurückkommen!«

In den folgenden Jahren entstanden viele »einfache« Romane, die im Gesamtwerk Simenons später einmal die Bezeichnung »Nicht-Maigrets« erhalten sollten. Ganze dreizehn Jahre vergingen, bevor Simenon wieder einen »Maigret« gewohnten Umfangs fertigstellte. Das war im März 1946, als er vorübergehend in Kanada lebte und *Maigret à New York* (»Maigret in New York«) schrieb. Allerdings verfaßte er in der Zwischenzeit, auch in den Kriegsjahren, zum Zeitvertreib Maigret-Kriminalgeschichten, entweder in Form von Kurzromanen oder als Kurzgeschichten, wie es scheint, auch aus tiefem innerem *Bedürfnis*. Diese Short Stories erschienen allerdings erst eine Reihe von Jahren später auf Drängen des Verlegers in Buchform. Nachdem Simenon wieder zur alten Langversion der »Maigrets« zurückgefunden hatte, behielt er sie auch bei, bis er 1972 die Romanschriftstellerei für immer einstellte. Es geschah wohl nicht ohne tiefere Bedeutung, daß der letzte Roman, den er schrieb, sein Lebewohl an das kreative Schreiben, ein Maigret-Roman, *Maigret et M. Charles* (»Maigret und Monsieur Charles«), war, in dem der Kommisar selbst müde geworden ist und beinahe sehnsüchtig seiner Pensionierung entgegensieht.

Und doch hat es Simenon in seinen öffentlichen Äußerungen stets vorgezogen, die Rolle herunterzuspielen, die Maigret in seinem genialen literarischen Schaffen gespielt hat. Immer wieder hat er konsequent ihre Bedeutung in Abrede gestellt. Das bereits erwähnte *Observer*-Interview ist dafür typisch und kann als Muster für Behauptungen in dieser Richtung dienen:

»So um 1939 bekam ich außergewöhnlich viele Briefe von Leuten, die sich mehr Maigrets wünschten. Sie schrieben etwa: ›Hören Sie, das ist aber gar nicht nett, daß Sie diesen armen Kerl sang- und klanglos verschwinden lassen. Bitte schön, schenken Sie uns doch von Zeit zu Zeit einen Maigret!‹ Ich sagte mir darauf: Warum eigentlich nicht? Meine seriösen Romane strengen mich sehr an. Ich beschließe also, ungefähr einmal im Jahr einen Maigret zu schreiben – zum Spaß. Ich tue es nach den Feiertagen wie Weihnachten und Neujahr, wenn ich nichts tue außer mit den Kindern zu spielen. Um danach mit dem Schreiben wieder zu beginnen, mache ich den Anfang mit Maigret. Meine Finger gewöhnen sich wieder besser an die Schreibmaschinentasten, wenn ich mit etwas Leichtem loslege, auf optimistischere Weise neu anfange. Heute schreibe ich vier bis fünf Bücher pro Jahr – vier einfache und einen Maigret.«

Das ist völliger Blödsinn! Schwer zu beurteilen, wen Simenon mehr zum Narren hielt, den Interviewer oder sich selbst. Die »Maigrets« nach »Maigret in New York« wurden nicht im Abstand von jeweils einem Jahr geschrieben und auch nicht »nach den Feiertagen« zur bloßen Fingerübung. Bevor Simenon 1972 seine elektrische Schreibmaschine für immer ausschaltete, verfaßte er dreiundfünfzig weitere Maigret-Romane in einem Zeitraum von sechsundzwanzig Jahren sowie sechzig »Nicht-Maigrets«. Mit anderen Worten: Die »Maigrets« machten beinahe die Hälfte seiner gesamten literarischen Produktion nach dem Krieg aus.

Man kann verstehen, daß möglicherweise ein finanzielles Interesse dahinterstand. Claude Nielsen, Simenons gegenwärtiger französischer Verleger, hat errechnet, daß, ausgenommen vielleicht die »Nicht-Maigrets«, die erfolgreich verfilmt worden sind (es sind eine ganze Reihe), die »Maigrets« beim Publikum gefragter sind als die anderen Romane, trotz aller Anstrengungen Simenons à la Conan Doyle, sich als Autor durch mehr einen Namen zu machen als nur durch die Erfindung einer großen Detektivfigur. Man braucht nur in eine Bahnhofsbuchhandlung oder einen Buchkiosk irgendwo in der westlichen Welt zu gehen und sich umzuschauen, um den Beweis dafür zu haben. Es sind mit ziemlicher Sicherheit eher Maigret-Romane im Schaufenster oder im Buchständer als »Nicht-Maigrets«.

Allerdings ist der Grund, warum Simenon für den Rest seines Arbeitslebens zu Maigret zurückfand, tieferer als nur pekuniärer Natur. Wenn es nur ums Geld ginge, hätte dieser Mann vor Jahrzehnten aufhören können zu schreiben!

Charles Laughton als Maigret
in »The Man on the Eiffel Tower« 1948

Simenon konnte Maigret nicht in Ruhe lassen, weil er nicht von einem Teil seiner selbst lassen konnte. Zwar ist Maigret nicht auf eine simple, direkte Weise mit Simenon gleichzusetzen, aber ich bin der Ansicht, daß eine mehr als vier Jahrzehnte dauernde enge Identifizierung mit derselben Romanfigur, mit der er ohnehin

beträchtliche Ähnlichkeiten hatte (die intuitive Arbeits-
methode, die humanistische Lebenseinstellung, das
Pfeiferauchen, die kinderlose Ehe – Simenon wurde
erst zehn Jahre, nachdem er »Pietr der Lette« zu Papier
gebracht hatte, erstmals Vater –, das frühe Liebäugeln
mit dem Arztberuf usw.), Simenon so weit brachte, daß
Maigret im psychologischen Terminus sein *alter ego,*
also sein »anderes Ich«, ein wesentlicher Teil seines eigenen Lebens und seiner Persönlichkeit, wurde. Simenon würde eine solche Einschätzung, jedenfalls auf der
Bewußtseinsebene, höchstwahrscheinlich von sich weisen, doch das soll uns nicht daran hindern, sie als
brauchbare Hypothese aufzugreifen.

Simenon seinerseits machte sich über die Bewertung
Maigrets lustig. »Ich betrachte die Maigret-Romane als
halbe Schundromane«, erklärte er in »Als ich alt war«.
Nur ab und zu machte er eine Kehrtwendung und hob
Maigret auf einen Sockel, indem er ihn als »Ausbesserer
von Schicksalen« bezeichnete und hervorhob, daß er in
seinen Maigret-Romanen öfter ernstere Themen aufgriff
als in seinen übrigen Büchern – womit er ohne Zweifel
recht hat. Doch meist sprach er von ihm mit einer Bei-
läufigkeit, die fast Verachtung gleichkommt.

Er war entweder tatsächlich nicht imstande, Maigrets
wahre Bedeutung für *seine Person* einzuschätzen, oder
aber, was vielleicht wahrscheinlicher ist, er war sich im
klaren darüber, mochte sie jedoch nicht zugeben,
so wie ein Alkoholiker nicht eingesteht, daß er trinkt.

Es dürfte nicht zu gewagt sein, zu behaupten, daß Simenon manchmal Qualen ausstand, wenn er sich bemühte, die Beziehung zwischen sich und Maigret zu
beschreiben. Es wäre keineswegs abwegig, wenn die
fiktive Person des Kommissars vierzig oder fünfzig Jahre, nachdem Simenon »in die Haut« Maigrets schlüpfte,
im Gehirn ihres geistigen Schöpfers wirkliche Existenz
annähme und sich zu einem gewissen Grad seiner be-
mächtigte. Ein Schauspieler, dessen Theaterstück lange

en suite gespielt wird, nimmt möglicherweise eine Reihe von Eigenschaften der Person an, die er verkörpert: er denkt wie sie und spricht wie sie. Warum sollte das nicht auch bei einem Schriftsteller der Fall sein können mit dem En suite eines Werkes aus seiner Feder, das schon Jahrzehnte dauert und bei dem er nicht einfach einen Text spricht, den jemand anders geschrieben hat, sondern Text wie Person mit Hilfe seiner eigenen Phantasie formt?

Solch ein Phänomen kann vorkommen, und, wie es scheint, ist dies bei Simenon der Fall gewesen. Das ist auch der Grund, warum seine späteren Maigret-Romane, obwohl sie viele typische Simenonsche Stileigenheiten und scharfsinnige Beobachtungen menschlicher Charaktere aufweisen, *tatsächlich* häufig unzusammenhängende Passagen enthalten, und der Autor bei der Zeichnung von Charakteren etwa die frühere Straffheit vermissen läßt und statt dessen oft vom Hundertsten ins Tausendste kommt. Sowohl Simenon als auch Maigret werden älter, und das Ringen um die Vorherrschaft zwischen beiden in Simenons Seele wird immer strapaziöser für den Autor und unterminiert sein Talent. In einem seltenen Augenblick von Selbsterkenntnis in »Ein Mensch wie jeder andere«, den 1973 nach Einstellen seiner Romanschriftstellerei dem Tonband anvertrauten Tagebuchnotizen und Erinnerungen, beschrieb Simenon einen seltsamen Traum, den er hatte. »Genauer gesagt, war es eigentlich kein richtiger Traum«, so Simenon. »Ich befand mich noch in einem genießerischen Zustand des Halbschlafs und nahm voll Neugier einen Mann wahr, von dem ich nur den Rücken sehen konnte. Er war größer als ich, hatte breitere Schultern und war dicker. Obwohl er mir nur die Rückansicht bot, konnte ich von ihm eine Ruhe ausströmen fühlen, um die ich ihn beneidete.

Er war mit einer blauen Leinenhose bekleidet, über der er eine Gärtnerschürze trug. Auf dem Kopf hatte er einen abgenutzten alten Strohhut. Er befand sich in einem Garten, und entlang einer niedrigen Mauer, die diesen Garten von dem des Nachbarn trennte, waren unzählige Büschel würzig riechender Kräuter gepflanzt, um die herum er eifrig den Boden hackte.

Ich benötigte einige Zeit in meinem Halbschlaf, um mir klarzuwerden, daß dies nicht eine wirkliche Person, sondern ein Produkt meiner Phantasie war. Es war Maigret in seinem Garten in Meung-sur-Loire, ein Maigret im Ruhestand – wie ich selbst.«

Simenon hat sogar einen ganzen Roman *als Maigret* verfaßt. In *Les Mémoires de Maigret* (»Maigrets Memoiren«), im September 1960 in Lakeville geschrieben, tritt Jules Maigret als scheinbarer Autor auf, der von sich in den einleitenden Sätzen des Buches behauptet, »gern zu guter Letzt die Gelegenheit wahrzunehmen, meine Beziehungen zu einem gewissen Simenon zu erläutern«. In dem von Symons als »sehr geistreich« bezeichneten Roman schildert Maigret nicht nur seine Kindheit, erste Liebschaften und den Beginn seiner Karriere bei der Pariser Polizei in jungen Jahren, sondern äußert auch leichten Unmut über einige der geringfügigen Freiheiten, die sich Simenon mit ihm herausgenommen hat.

So versichert er, nur sehr selten eine Melone als Kopfbedeckung getragen zu haben, und erinnert sich nicht »an den berühmten Paletot mit dem Samtkragen« der frühen Romane, obwohl er zugibt, er habe möglicherweise einen solchen Mantel besessen.

Die Szene, in der das erste Zusammentreffen der beiden Männer beschrieben wird, erinnert stark an die alten Hollywood-Filme, in denen ein Schauspieler eine Doppelrolle spielte, gewöhnlich Zwillinge, und die Technik der Leinwandteilung es ermöglichte, daß beide gleichzeitig auftraten. Xavier Guichard, Maigrets Chef, hat diesen zu sich kommen lassen:

»›Herein mit Ihnen, Maigret!‹

Das Tageslicht war an diesem Morgen so trüb, daß die Lampe mit dem grünen Schirm auf seinem Schreibtisch brannte. Dicht daneben sah ich in einem Sessel einen jungen Mann sitzen, der aufsprang und mir seine Hand entgegenstreckte, als wir einander vorgestellt wurden.

›Kommissar Maigret, Monsieur Georges Sim, der Journalist ist...‹ – ›Nicht Journalist, Schriftsteller‹, protestierte der junge Mann lächelnd.

Xavier Guichard lächelte ebenfalls. Und er hatte eine ganze Skala von Lächeln zu seiner Verfügung, die in ihrer Nuancierung jeweils das zum Ausdruck zu bringen vermochten, was er gerade dachte. Er verfügte auch über eine bestimmte Art von Ironie, wahrnehmbar nur

»Maigrets Adresse«: Boulevard Richard-Lenoir 130, Paris

von jenen, die ihn gut kannten, die ihn in den Augen anderer Leute manchmal als Einfaltspinsel erscheinen ließ.

Er richtete mit größtem Ernst das Wort an mich, als hätten wir mit einer wichtigen Angelegenheit, einer prominenten Persönlichkeit zu tun.

›Für seine schriftstellerische Arbeit möchte Monsieur Sim in Erfahrung bringen, wie unsere Zentrale funktioniert. Wie er mir gerade erläutert hat, finden eine Menge dramatischer Geschichten in diesem Haus ihr Ende. Er hat mir auch zu verstehen gegeben, daß er nicht so sehr das eingehende Studium der Arbeit der Polizeimaschinerie betreiben will, denn darüber hat er sich schon anderweitig informieren können, sondern sich eher für die Atmosphäre interessiert, in der diese Operationen ablaufen.‹

Ich betrachtete mir nur stillschweigend den Jüngling, der ungefähr vierundzwanzig Jahre alt sein mochte, dünn von Gestalt war, das Haar fast ebenso lang trug wie der Chef und von dem ich zumindest sagen kann, daß er keine mangelnde Selbstsicherheit gegenüber seiner Umgebung zu haben schien, am wenigsten in bezug auf seine eigene Person...«

Bei allem Respekt vor Julian Symons meine ich, daß die Reaktion vieler Leser auf solche Passagen vermutlich eher Unbehagen statt Vergnügen angesichts des doch recht trockenen Humors sein dürfte. Der ganze Roman strahlt etwas Gespenstisches aus – wie auch diese Stelle, die eine weitere Begegnung einige Jahre später beschreibt:

»Simenon steht jetzt ungefähr im selben Alter wie ich bei unserem Kennenlernen. In jenen Tagen neigte er dazu, mich für einen Mann mittleren Alters zu halten, vielleicht sogar im tiefsten Herzensgrund für einen ältlichen Mann.

Ich fragte ihn nicht, wie er heute darüber dachte, konnte es mir aber nicht verkneifen, zu bemerken:

›Wissen Sie eigentlich, daß Sie mit der Zeit begonnen haben, genauso zu gehen, die Pfeife zu rauchen und sogar zu sprechen wie *Ihr* Maigret?‹

Was übrigens der Wahrheit entspricht und mir – Sie werden mir da zustimmen – Gelegenheit zu einer einigermaßen pikanten Rache bot. Es war fast so, als habe er nach all diesen Jahren angefangen, *sich* für *mich* zu halten!«

Nur ein einziges Mal hatte Simenon bei unseren langen Gesprächen etwas von der meiner Ansicht nach wahren Beziehung zwischen ihm und Maigret durchblicken lassen, als er nämlich den Kommissar »mon brave Maigret« (»mein lieber Maigret«) nannte und gestand, im Laufe der Jahre nicht mehr gewußt zu haben, wer Maigret war und wer er selbst; so sehr sei einer mit dem anderen verschmolzen.

Der folgende Auszug aus meinem Interview ist in dieser Hinsicht sehr aufschlußreich. Wir diskutierten gerade über Maigret in Verbindung mit anderen großen Detektivgestalten der Literatur wie Sherlock Holmes und Hercule Poirot:

Simenon: »Sherlock Holmes habe ich gelesen, sogar sehr viel gelesen, als ich jung war. Ich habe es später nicht mehr versucht. Die anderen habe ich nicht gelesen. Ich wollte nicht beeinflußt werden.«

Bresler: »Sie haben also nie etwas über Ihren belgischen Landsmann Hercule Poirot gelesen?«

Simenon: »Nein.«

Bresler: »Das ist interessant. Aber Sherlock Holmes, den Sie gelesen haben, war ja ein Detektiv mit einem völlig anderen Stil...«

Simenon: »Dem entgegengesetzten...«

Bresler: »...und hatte auch seinen Dr. Watson. Ihr Maigret hat keinen Dr. Watson.«

Simenon: »Nein, das ist auch nicht nötig. *Ich selbst fungiere als sein Dr. Watson!*«

Dr. Pierre Rentchnick, der Schweizer Psychiater, der, wie erwähnt, zusammen mit vier Kollegen einen ganzen Tag lang Simenon für die analytische Studie *Simenon sur le gril* befragte, ist überzeugt, daß dieser allem Anschein nach eine Persönlichkeitsspaltung aufwies. »Wir hielten ihn ausnahmslos für schizoid«, berichtet er, »doch wir wollten das nicht schreiben. Während des Mittagessens sagte Simenon irgend etwas – es spielt in diesem Zusammenhang keine Rolle, um was es ging –, und einer meiner Kollegen erwiderte darauf: ›Aber in dem und dem Roman tut es Maigret!‹, worauf Simenon erwiderte: ›Ja, Maigret kann das auch, aber ich nicht!‹« Diese Feststellung ist für Dr. Rentchnick der Schlüssel für das Verhältnis zwischen Simenon und dem Geschöpf seiner eigenen Phantasie.

»Im psychiatrischen Sinne leidet Simenon an einer Zwangsvorstellung. Die Art und Weise, wie er seine Romane vorbereitete und schrieb, beweist das deutlich. Nur ein Mann mit einer fixen Idee kann einem minuziös sämtliche stereotypen Einzelheiten seines Arbeitsschemas aufzählen: die Manila-Umschläge, die vier Dutzend angespitzten Bleistifte auf seinem Schreibtisch, das Schild ›Bitte nicht stören!‹ an der Tür seines Arbeitszimmers und so weiter. Er zeigte uns seine unglaublich reichhaltige Garderobe, die sauber in Kleiderschränken aufgehängt war; jemand, der manisch-depressiv ist, hätte das alles niemals derart ordentlich bewerkstelligt. So etwas kann nur der von einer Zwangsvorstellung Besessene: Er hält sich an eine starre Ordnung, dann wird die seelische Überforderung zu groß – und es kommt zu einer sexuellen Explosion, wie sie Simenon immer hatte, wenn er einen Roman beendet hatte.

Jemand mit einer Zwangsvorstellung oder fixen Idee ist introvertiert. Er führt Tagebuch und macht sich alle möglichen Aufzeichnungen, wie es Simenon mit seinen Notizbüchern für ›Als ich alt war‹ und in gewissem Sinne auch mit seinen Tonbanddiktaten tat. Solche Personen müssen eine extrovertierte Figur erfinden, wenn sie Schriftsteller sind, oder einen brillanten Berater zur Seite haben, wenn es sich um Politiker handelt. Für die letztere Beziehung haben Sie Beispiele wie Nixon und Kissinger, Hitler und Göring. Die Romanhelden und Ratgeber erfüllen kompensatorische Bedürfnisse; Simenon erfindet deshalb Maigret, der Dinge tun kann, die er nicht zu tun vermag. Vor allem ist er zu einer großen Liebe, einer langen, glücklichen Ehe mit derselben Frau – Madame Maigret – fähig, etwas, was er, Simenon, in seinem Leben nicht fertiggebracht hat.«

Für den Fall, daß einem dies alles zu phantasievoll, zu weit hergeholt aus der Requisitenkiste der Psychiater und verbrämt mit ihrem Fachjargon und ihren hochtrabenden Theorien erscheint, sollte man sich einmal anhören, was Simenons Sohn John zu diesem Thema zu sagen hat. »Natürlich steckt furchtbar viel von meinem Vater in Maigret. Er bestreitet das zwar energisch, aber ich gebe ihm da nicht recht. Es ist wahrscheinlich auch eine Projizierung einer Reihe von Eigenschaften, die er gern selbst besitzen möchte. So läßt er beispielsweise Maigret die Ruhe in Person sein, wo er selbst doch alles andere als ruhig ist! Ich glaube, Maigret ist viel von dem, was er selbst ist, was er gern sein möchte – und was sein Vater war!«

Damals, im Sommer 1931, hätte niemand eine solche Entwicklung voraussehen können, daß nämlich der Erfinder Teile seines Ichs an das Geschöpf seiner Phantasie verlieren würde. Zwar war die Saat gesät, doch das Sprießen der Knospen lag noch in weiter Ferne. Was aber unmittelbar vorhanden war, reichte bereits aus, um der neuen Serie von Kriminalromanen einen sofortigen Erfolg zu sichern. Simenons schriftstellerisches Können fand beinahe sofort enthusiastische öffentliche Anerkennung.

Während in den angelsächsischen Ländern der Detektivroman eine lange Tradition hatte, angefangen bei Edgar Allan Poe (1809–1849) über Wilkie Collins (1824 bis 1889) bis hin zu Sir Arthur Conan Doyle (1859 bis 1930) und Edgar Wallace (1875–1932), war dieses literarische Genre im französischen Sprachgebiet vernachlässigt worden. Obendrein war das kleine Häuflein der französischen Kriminalschriftsteller, die es um die Jahrhundertwende gegeben hatte, durch den Ersten Weltkrieg dezimiert worden. Anfang der dreißiger Jahre waren in Großbritannien Wallace, Agatha Christie (1891 bis 1976) und Dorothy Sayers (1893–1957) die meistgelesenen Autoren von Kriminalromanen, während auf dem europäischen Kontinent kein Rivale für Simenon in Sicht war.

So konnte im Juli 1932 ein begeisterter Kritiker in der Zeitschrift *La Nouvelle Revue des Jeunes* den jungen Schriftsteller überschwenglich loben: »Wir sollten unbedingt Monsieur Simenons Verdienste preisen und dem Manne huldigen, der auf geistvolle Weise wahrhaft französische Charaktere in ein Genre eingeführt hat, in dem seit dem Krieg die Angelsachsen die größten Erfolge verbuchen konnten!« Die Jahre des Triumphes lagen in greifbarer Nähe – und Simenon war nicht einmal dreißig Jahre alt.

9

Die frühen Jahre
des Triumphes

Der Erfolg stieg Simenon zu Kopf, das war nicht zu leugnen. Der junge Schriftsteller war der Liebling von Paris, wenn nicht sogar von ganz Frankreich geworden. Die überschwenglichen Kritiken und Ehrungen machten ihn ebenso benommen wie perlender Champagner. Er war berauscht von seinem eigenen Erfolg, und dieses Hochgefühl sollte ihn fast das ganze Jahrzent hindurch begleiten.

Sein Durchbruch war zu überraschend gekommen und hatte eine Zeitlang negative Auswirkungen auf seinen Charakter und auf seinen Lebensstil. Im späteren Leben war er der erste, der das bereitwillig einräumte und sich selbstkritisch äußerte. »Es gibt einen Abschnitt in meinem Leben«, erklärt er in »Ein Mensch wie jeder andere«, »die dreißiger Jahre, die ich in schlechter Erinnerung behalte und an die ich heute noch einen üblen Nachgeschmack habe...« Der Mann, der Jahre danach behauptete, seine Suche habe sein ganzes Leben »dem nackten Menschen« gegolten, hüllte seinen eigenen nackten Leib in die feinsten Stoffe, ließ seine Anzüge in London maßschneidern, schmückte sich mit einer Perle als Krawattennadel und hatte den überheblichen Einfall, Besprechungsexemplare der ersten beiden Maigret-Romane an die größten Schriftsteller und bekanntesten Kritiker Frankreichs zu versenden und alle Exemplare mit einer Widmung zu versehen, die den Adressaten das Buch »herzlich« zueignete, als sei er (er gab das später zu) über Nacht zu ihresgleichen geworden.

Die schon erwähnte Chrysler-Imperial-Limousine war eigens für ihn in Amerika mit vielen Extras ausgestattet und nach Frankreich verschifft worden. Simenon engagierte einen Chauffeur und ließ ihm mit der Arroganz der Neureichen eine Matrosenuniform verpassen, die den Vorteil hatte, daß die Verkehrspolizisten den Fahrer im Auftrag des Marineministeriums unterwegs glaubten und ihm überall freie Fahrt gaben.

Die grundsätzliche Lebensphilosophie des Georges Simenon neuer Prägung ließ sich anhand eines »anrüchigen« Vergleichs erklären, wie der Starautor ihn bei einem kurzen Besuch daheim in Lüttich seiner Mutter vortrug, mit der er untergehakt durch Outre-Meuse spazierte. »Weißt du, Mutter, auf dieser Welt gibt es zwei Arten von Leuten: die Scheißer und die Beschissenen. Ich zähle lieber zur Kategorie der Scheißer!« Es ist nicht überliefert, wie Henriette Simenon auf dieses drastische »Weltbild« ihres berühmt gewordenen Sohnes reagierte. Er selbst bekannte vierzig Jahre später, als er »Ein Mensch wie jeder andere« diktierte, schamerfüllt: »Jene Worte erfüllen mich noch heute mit Bitterkeit und demütigen mich.« Doch damals, als er sie äußerte, entsprachen sie tatsächlich seiner inneren Einstellung. Genauso wie er immer wieder mit zügelloser unruhiger Energie seine geschlechtlichen Begierden bei Prostituierten befriedigte, so kostete er mit vollen Zügen die gleichfalls physischen Genüsse aus, die der Erfolg mit sich brachte. Simenon tat nie halbe Sachen.

Im Dezember 1931, zehn Monate nach Erscheinen der beiden ersten »Maigrets«, verkaufte Simenon die »Ostrogoth« – an eine Witwe reifen Alters, die ihrem jungen Gigolo eine ungewöhnliche Morgengabe präsentieren wollte – und mietete eine pompöse Villa, »Roches Grises« (»Zu den grauen Klippen«) in Cap d'Antibes. Damals war in diesem später zu einem Treffpunkt der mondänen Welt werdenden Rivieraort erst ein gutes Dutzend herrschaftlicher Anwesen gebaut, die jedoch im Winter leer standen. Der einzige andere prominente Anwohner, der sich auch um diese Jahreszeit an der Côte d'Azur aufhielt, war der alte Aga Khan, der dem Schriftsteller, der bald selbst zum Millionär aufsteigen sollte, jedesmal jovial zuwinkte, wenn die beiden sich beim Morgenspaziergang unter Pinien als einzige Fußgänger um diese Stunde begegneten.

In den drei Monaten, die Simenon und Régine in »Roches Grises« überwinterten, schrieb Simenon drei Maigret-Romane und bearbeitete das Drehbuch für zwei Maigret-Filme nach eigenen Romanvorlagen: »Maigrets Nacht an der Kreuzung« mit Jean Renoir als Regisseur und *Le Chien Jaune* (»Maigret und der gelbe Hund«), bei dem Jean Tarride Regie führte.

Trotz der veränderten Umgebung hatte Simenon nichts von seinem in Lüttich und Paris erworbenen Geschick verlernt, sich, wann immer es nötig war, heimlich ein sexuelles Abenteuer zu verschaffen. Er hatte eine ortsansässige junge Dame als Sekretärin für die Drehbucharbeit engagiert, und, wie er sich mit offensichtlichem Vergnügen in *Point-Virgule* (»Semikolon«) erinnert, seinem vierzehnten Memoirenband, den er etwa 45 Jahre danach diktierte: »Es blieb Zeit, zwischen der Fertigstellung meines Maigret-Kapitels für den betreffenden Tag und dem Eintreffen Jean Renoirs schnell ins Bett zu hopsen...«

Das Schicksal der beiden Filme nahm einen beinahe lustigen Verlauf. »Der gelbe Hund« wurde ein bedeutender Kassenerfolg, war aber künstlerisch ein Desaster, denn der Vater des Regisseurs, Abel Tarride, ein alter Bühnenschauspieler, war als Maigret eine völlige Fehlbesetzung, weil er den in erster Linie menschlichen und durch nichts zu erschütternden Kommissar viel zu nervös und hektisch spielte. Dagegen fiel die »Nacht an der Kreuzung« seinerzeit beim Publikum durch, wird jedoch heute längst als einer *der* Jean-Renoir-Filme angesehen und überall in der Welt bei Retrospektiven von Arbeiten des großen Regisseurs in Filmtheatern und im Fernsehen gezeigt. Ein so prominenter französischer Regisseur unserer Tage wie Jean-Luc Godard hat diesen Maigret-Film »den einzigen jemals gedrehten großen französischen Kriminalfilm« genannt.

Pierre Renoir in dem Film »La Nuit du Carrefour« 1932

In seiner Autobiographie »Mein Leben und meine Filme« erzählt Jean Renoir, es sei »sein Ziel gewesen, durch die Bildführung der Kamera dem Publikum das Unheimliche der höchst mysteriösen Geschichte zu vermitteln und die Handlung der Atmosphäre unterzuordnen. Simenons Buch beschwor in wunderbarer Weise die Einsamkeit dieser Straßenkreuzung fünfzig Kilometer vor den Toren von Paris herauf. Ich glaube nicht, daß es auf der Erde einen deprimierenderen Ort geben kann. Die kleine Traube von Häusern, die in einem Meer von Nebel, Regen und Matsch verschwindet, ist in dem Roman großartig beschrieben. Sie könnte von Vlaminck gemalt worden sein.

Meine Begeisterung für diese Atmosphäre, die Simenon wachgerufen hatte, veranlaßte mich, meine eigenen Vorstellungen, wie man am besten ein literarisches Werk als Ausgangsbasis für einen Film behandelte, zurückzustellen. Wir mieteten eines der Häuser an der Kreuzung, das zufällig gerade leerstand, und richteten uns darin ein. Eine ganze Reihe von Leuten unseres Aufnahmeteams schlief auf dem Fußboden des Wohnzimmers. Wir nahmen auch unsere Mahlzeiten in dem Haus ein. Sobald die Dunkelheit so geheimnisvoll war, wie wir sie uns wünschten, weckten wir die Schläfer und gingen an die Arbeit. Fünfzig Kilometer außerhalb von Paris führten wir das Leben von Forschungsreisenden in einem abgelegenen Land unseres Erdballs. Was das Geheimnisvolle angeht, so übertraf das Ergebnis noch unsere Erwartungen, besonders weil irgendwie zwei Filmrollen mit abgedrehtem Material verlorengingen und dadurch nach der Montage die Geschichte ganz schön unverständlich wurde, selbst für ihren Autor.«

Die Anekdote von den beiden verschwundenen Filmrollen ist seither in die Folklore der französischen Filmgeschichte eingegangen. Ein Kritiker hat sogar die Auffassung vertreten, daß ihr Fehlen den Film verbessert habe: »Der Riß in der Dramatik geht Hand in Hand mit einer Unterbrechung der Ästhetik...« Das ist selbstverständlich in hehre Worte gekleideter Unsinn und bereitete Simenon köstliches Vergnügen, der seit jeher, von wenigen Ausnahmen abgesehen, gegenüber den französischen Literaturkritikern ein Gefühl hegte, das an Verachtung grenzte (»Ich habe selten den Eindruck gehabt, daß die Kritik meine Arbeit versteht«, schrieb er in »Als ich alt war«. »Sie interpretiert alles auf ihre Weise. Und wenn dann einer ihrer Vertreter sich mit mir über meine Romane unterhält, ... erkenne ich sie nicht mehr wieder!«).

Was wirklich mit jenem ersten Maigret-Film passierte, war in der Tat eine traurige Angelegenheit – besonders deshalb, weil in Simenons Augen Pierre Renoirs Verkörperung der Rolle Maigrets zu den besten zählte, die er je sah –, aber aus Taktgefühl gegenüber Jean Renoir, mit dem ihn eine enge Freundschaft verband, stellte Simenon zu dessen Lebzeiten (Renoir starb 84jährig 1979 in Beverly Hills, Kalifornien) die Dinge nicht richtig und erzählte, was damals wirklich passiert war. »Noch heute möchte ich ihm nichts Schlechtes nachsagen; sein Tod ist mir sehr nahegegangen«, sagte Simenon. »Aber als damals der Film gedreht wurde, lag Jean gerade in Scheidung von seiner ersten Frau, der Schauspielerin Catherine Hesling. Er litt deswegen unter Depressionen, fing schon morgens mit dem Trinken an, hörte gar nicht mehr auf damit und lief den Rest des Tages sternhagelvoll herum. Zwar kamen die Szenen, die abgedreht wurden, trotzdem sehr gut in den Kasten, doch er übersah eine Reihe von Einstellungen, die das Drehbuch vorschrieb, und als man es merkte, war es zu spät, sie nachzudrehen, denn die technische Crew war längst für ein neues Filmprojekt verpflichtet worden und abgereist.« Und so rückte Simenon erst jetzt mit der Wahrheit heraus: es gab gar keine »verlorenen« Filmspulen; die fehlenden Szenen waren einfach nicht gedreht worden!

Und noch ein weiterer Clou dieser Episode: Der Produzent des Films bot Simenon 50000 Francs an – genausoviel, wie dieser bereits für die Verfilmungsrechte seines Romans erhalten hatte –, wenn er sich bereit erklärte, vor die Kameras zu treten und in wichtigen Szenen, die durch die Auslassungen nicht ganz verständlich waren, dem Publikum den Handlungsablauf zu erläutern. Das Ganze sollte hintereinander gedreht und bei der Montage des Films an den entsprechenden Stellen eingefügt werden. Simenon mag damals ein *arriviste,* wie die Franzosen sagen, ein ehrgeiziger Emporkömmling, gewesen sein, aber sein Geltungsdrang hatte auch Grenzen. »50 000 Francs waren seinerzeit eine Menge Geld«, sagte er, »doch ich lehnte das Angebot ab. Ich verspürte keine Lust, mich lächerlich zu machen, nicht einmal für 50 000 Francs!«

Überraschenderweise standen Simenons erste Kontakte zur französischen Filmindustrie im Gegensatz zu den wirklich erfolgreichen vierziger Jahren und der Zeit danach unter einem Unstern. Das war eigentlich paradox, denn die frühen »Maigrets« lesen sich fast wie Filmdrehbücher. Sie enthalten sehr viel mehr Dialoge als die späteren Romane, und das Geschehen wechselt von Szene zu Szene, als wäre es durch die Schwenks einer Filmkamera eingefangen. Trotzdem hatte Simenon, abgesehen von der »Nacht an der Kreuzung« und dem »Gelben Hund«, für den gesamten Rest der dreißiger Jahre nur noch ein einziges Mal mit der Verfilmung eines seiner Romane zu tun – und auch dieses Projekt gestaltete sich zu einer Katastrophe minderen Ausmaßes.

Im April 1932 meldete die führende französische Filmzeitschrift *Vu,* »Monsieur Georges Simenon, der berühmte Autor zahlreicher Kriminalromane«, werde höchstpersönlich »bei der Verfilmung eines seiner jüngsten Bücher, *La Tête d'un homme* (»Maigret kämpft um den Kopf eines Mannes«), Regie führen. Die Hauptrolle übernimmt der große Schauspieler Monsieur Inkinijoff«. Zu guter Letzt kam dieser Streifen auch in die französischen Kinos – die Pariser Premiere fand im darauffolgenden Februar statt –, aber es war ein völlig anderer Film als der, den Simenon hatte drehen wollen. Die Produktionsgesellschaft geriet nämlich in finanzielle Schwierigkeiten, bevor die erste Klappe gefallen war, und das Vorhaben wurde von einem anderen Produzenten übernommen, der den erfahrenen Regisseur Julien Duvivier verpflichtete. Simenon gelangte damit nicht zu Regieruhm (er versuchte es auch später nie), und statt Valeri Inkinijoff wurde der gefeierte jüdische Darsteller Harry Baur der dritte Film-Maigret.

Simenon hatte indessen alles Interesse an der Verfilmung seiner Romanvorlage verloren, denn Duvivier hatte auf Drehbuchänderungen bestanden, Personen auftreten lassen wollen, die nicht im Originalskript standen und existierende Parts rigoros gestrichen. Obendrein hatte der Produzent verlangt, für die damals populäre Chansonssängerin Damia müsse unbedingt eine Rolle in dem Film geschaffen werden. Simenon zufolge war es dem Mann egal, daß ein solcher Auftritt rein gar nichts mit der Handlung zu tun hatte; seine Absicht war, von dem Filmlied eine Schallplatte pressen zu lassen und neben den Einspielergebnissen des Films zusätzlich Geld zu scheffeln. Das war übrigens in der Frühzeit des französischen Tonfilms gang und gäbe, und Simenon gefiel das ganz und gar nicht; er stieg unter Protest aus dem Projekt aus. In *Point-Virgule* erinnert er sich, wie verbittert er seinerzeit war: »Ich faßte den Beschluß, dem ich über fünf Jahre lang treu blieb, keine Filmrechte an irgendeinem meiner Bücher mehr an irgend jemand zu veräußern, auch wenn man mir immer höhere Summen anbot...!« Dieses Filmintermezzo der dreißiger Jahre sollte jedoch der einzige trübe Fleck auf dem Glanz seiner steil aufwärts führenden Karriere bleiben.

Simenons neuerworbener Reichtum gestattete ihm die Wahl des Wohnortes nach seinem Gusto ohne Rücksicht auf geographische Lage oder Preis. Der Mann, der für Millionen Leser überall auf dem Erdball ein unvergeßliches Bild von Paris gezeichnet hat, entschied sich dafür, im Südwesten Frankreichs, rund fünfhundert Kilometer von der Hauptstadt entfernt, seinen Wohnsitz zu nehmen. Seine Wahl war auf das Dörfchen Marsilly unweit des Golfs von Biscaya gefallen, von dem aus es nur wenige Kilometer bis nach La Rochelle waren, der Fischerei- und Handelshafenstadt mit ihrer im dreizehnten Jahrhundert erbauten, fast vollständig erhaltenen Stadtmauer und den berühmten beiden Leuchttürmen an der Hafeneinfahrt. Die geschichtsträchtige Stadt ist nach Norden und Süden von flachen, kaum durch urbar gemachte Felder unterbrochenen Sanddünen umgeben, die Simenon an die flache Landschaft seiner belgischen Heimat erinnern mochten. Wenn man diese Gegend heute bereist, wird einem verständlich, warum der »Mann des Nordens« so stark von dieser Region im Süden angezogen wurde: das Terrain gleicht viele Kilometer im Umkreis topographisch der Provinz Lüttich.

Es war tatsächlich die ländliche Umgebung, die Simenon so gut gefiel. Wie viele Menschen, die in der Stadt geboren und aufgewachsen sind, sehnte er sich danach, fernab von Menschengewimmel und Verkehrslärm zu leben. Nach dreimonatigem Aufenthalt im Prunk der gemieteten Villa in Cap d'Antibes bestiegen er und Régine die Luxuskarosse und traten die Rückfahrt nach Paris an. Dabei wählten sie jedoch eine mäanderförmige Umwegstrecke nach Norden, denn Simenon war willens, während der Fahrt nach einer neuen Bleibe irgendwo zwischen Mittelmeer und Seine Ausschau zu halten.

Auf diese Weise gelangten sie, an der Atlantikküste von Süden heraufkommend, nach La Rochelle. Simenon war von der Provinzstadt und ihren engen, kopfsteingepflasterten Straßen fasziniert. Noch mehr gefiel ihm die Gegend ringsum, wo er zugleich das ebene, Wallonien ähnelnde Land und die Seeluft genießen konnte. »Hier werden wir uns ein Haus suchen«, entschied er, »doch es muß ein Landsitz sein.« Régine war wohl oder übel einverstanden.

Durch Vermittlung eines Maklers fanden sie das wunderschöne kleine Landschloß »La Richardière«, das, von eigenem Grund und Boden mit einem kleinen Bauernhof, einem See und Waldbestand umgeben, bei Marsilly direkt an der Küste lag. Das Hauptgebäude hatte einen hoch in den Himmel ragenden Turm, in dem innen eine Wendeltreppe aus weißem Granit hinaufführte. Über dem Raum, der Régines Atelier werden sollte, war ein ummauerter Taubenschlag angebracht, in dem alle Arten von Vögeln aus den verschiedensten Ländern auf ihren Zügen zeitweise Rast machten. Es war ein Traumhaus, in das sich die Simenons sofort verliebten.

Sie wollten das Anwesen kaufen, doch Régine weiß genau, daß sich der Besitzer dagegen sträubte und nur bereit war, es ihnen auf drei Jahre zu vermieten; nach Ablauf dieser Zeit wollte er es ihnen dann verkaufen, versprach er. Da das Wohngebäude in ziemlich vernachlässigtem Zustand war, ließ Simenon es mit großem Kostenaufwand renovieren und zu einem gemütlichen Heim ausbauen, das seinem Lebensstandard entsprach. Auch Stromleitungen wurden verlegt – Simenon selbst installierte den Generator –, so daß das Haus endlich elektrisches Licht bekam. Im Gästebuch des »Café de la Paix« im nahe gelegenen La Rochelle verewigte sich Simenon bei einem Besuch in späteren Jahren mit dem Eintrag: »*Au souvenir du temps le plus heureux de ma vie*« – »In Erinnerung an die glücklichste Zeit meines Lebens.«

In »Als ich alt war« geht Simenon hin und verdreht, wie es charakteristisch für ihn ist, die Tatsachen. Über den Abschied von »La Richardière« nach knapp drei Jahren vermerkt er: »Ich durchtrennte die Schnur, die Nabelschnur...«, um anzudeuten, daß er selbst derjenige war, der »zu neuen Ufern« aufbrechen wollte. Régine hat es anders in Erinnerung: »Leider weigerte sich nach Ablauf der dreijährigen Mietfrist der Eigentümer, uns den Besitz zu verkaufen, wie er es ursprünglich zugesagt hatte. Sein Versprechen hatte er natürlich nur mündlich gegeben. Jetzt wollte er selbst in das Anwesen einziehen, für dessen Verschönerung wir mit viel Geld gesorgt hatten. Wir mußten raus – was nutzte es, daß wir dieses Haus so sehr mochten? Hätten wir es erwerben können, wer weiß, ob dann nicht unser späteres Leben anders verlaufen wäre?«

Nach dem Einzug im Mai 1932 kaufte Simenon zu den normalen Haustieren eines »Landjunkers«, wie mehreren Hunden und Katzen, fünf Pferde und verbrachte jeden Tag viel Zeit mit Reiten, »denn bekanntlich hatte ich ja meinen Militärdienst bei der Kavallerie absolviert. Aus dieser Zeit waren Pferde etwas Wunderbares für mich.« Sein Lieblingstier war ein weißgrauer arabischer Vollbluthengst, den er einem Wanderzirkus abgekauft hatte und der niemand anders aufsitzen ließ als ihn. Simenon brauchte bei diesem Pferd weder Sporen noch eine Reitpeitsche; er pflegte mit ihm zu sprechen, die Beine fest an die Flanken des Tieres gepreßt, das durch Ohrenspitzen zeigte, daß es verstanden hatte. Bei Rückkehr zum Haus sattelte Simenon den Hengst ab, bevor sie in den Hof kamen, und das kluge Tier trottete von ganz allein den Stallungen zu, nicht ohne auf dem Weg dorthin mit dem Maul gegen das Küchenfenster gestoßen zu haben, damit es von Boule seinen gewohnten Leckerbissen – einen Brotkanten oder manchmal auch ein paar Kekse – entgegennehmen konnte.

Simenon legte sich auch einen kleinen Pferdewagen mit Gummireifen zu und fuhr damit, sein Lieblingspferd vorgespannt, zu Einkäufen nach La Rochelle hinein. Er, Wagen und Roß wurden im Laufe der Zeit zu solch einer vertrauten Erscheinung in der Stadt, daß der Bürgermeister eigens für den berühmten Schriftsteller am Marktplatz einen Eisenring an der Bordsteinkante anbringen ließ, damit dieser sein Pferd daran festbinden konnte, während er Besorgungen machte. Dieser Ring überdauerte Jahrzehnte und befand sich noch Ende der siebziger Jahre an derselben Stelle. Er wurde erst dann bei einer Straßenerneuerung entfernt.

Auf dem See hinter dem Besitztum, der bei Flut vom Meerwasser gespeist wurde, lebten an die fünfhundert Enten glücklich und ungebunden. Hinter dem Gemüsegarten zogen die Simenons weiße Kaninchen auf. Fünfzig oder mehr weiße Truthähne, deren größte und autoritärste Exemplare von ihnen »Maigret« gerufen wurden, spazierten friedlich zwischen den Gänsen und Hühnern durchs Gelände und vervollständigten die ländliche Idylle. In den Waldstücken züchtete Simenon Fasane, die er nicht abschießen ließ und die so zahm wurden, daß sie ihrem Besitzer aus der Hand fraßen. Er pflanzte auch Bäume, darunter Walnußbäume, die zwanzig Jahre brauchten, bevor sie die ersten Früchte trugen, weil er sich sicher war, daß dieser gemütliche Rahmen auf lange Zeit sein und Régines Zuhause bilden würde.

Es war ein friedliches Landleben für Simenon und jedes Mitglied seines Haushalts, gleichgültig, ob Mensch oder Tier. Er und Régine hatten ausgemacht, in jenen hektischen frühen dreißiger Jahren viel gemeinsam zu reisen und sich die Welt anzusehen, was sie auch zur Genüge taten, doch »La Richardière« blieb immer ihre Zuflucht. Die treue Boule sah nämlich dort nach dem Rechten und hielt Haus und Hof in Schuß, derweil Monsieur und Madame Simenon sich im Ausland vergnügten, aber nicht vergaßen, ihr bunte Karten aus der Ferne zu senden. Bei Rückkehr von einem Aufenthalt in der Türkei im Frühsommer 1933, der Teil einer Reise zum Schwarzen Meer war (Simenon interviewte dabei unter anderem den damals im türkischen Exil lebenden, 1929 von seinem innenpolitischen Gegner Stalin verbannten bolschewistischen Revolutionär Leo Trotzki, der unter strengen Sicherheitsvorkehrungen auf der wunderschönen Insel Prinkipo im Marmara-Meer unweit von Istanbul lebte, für die Abendzeitung *Paris-Soir)*, brachte Simenon zur Bereicherung seines Privatzoos drei Wolfsjunge mit. Er hatte die Jungtiere spontan gekauft, als »eine Art Landstreicher« seinen Kopf über die Gartenmauer der Französischen Botschaft in Ankara steckte, wo gerade eine Gartenparty mit den Simenons als Gästen stattfand, und den Botschafter wissen ließ, daß er die »Tierchen« soeben gefangen habe.

Simenon transportierte die drei kleinen Raubtiere unauffällig in einem Sack im Schlafwagen des Orientexpresses nach Frankreich und ließ, als die Tiere größer wurden, auf »La Richardière« einen Käfig für sie bauen. Eines der Tiere, ein Weibchen, mußte eingeschläfert werden, als es infolge einer Hautentzündung bösartig wurde. Ein junger Wolf verletzte sich unheilbar, so daß ebenfalls keine andere Wahl blieb, als ihn zu töten. Der zweite lebte mehrere Jahre bei den Simenons, begleitete an einer langen Leine Simenon auf dessen weiten Spaziergängen über Land und spielte abends mit seinem Herrn im Arbeitszimmer.

Auf »La Richardière« blühte Simenon nach anstrengenden Reisen immer wieder auf, geistig wie körperlich. Er spielte Golf, fuhr Paddelboot und hatte in einem der vielen Zimmer einen Punchingball aufgehängt, um sich durch Boxen fit zu halten. Er war beleibe kein unproduktiver junger Schriftsteller. Das Klima an der Südwestküste Frankreichs und die häusliche Ruhe behagten ihm so sehr, daß er in den ersten elf Monaten zwischen Mai 1932 und April 1933 nicht weniger als zehn Romane verfaßte, obwohl er in dieser Zeit mit Régine eine über zweimonatige Afrikareise im Auftrag der Zeitschrift *Voilà* machte. Von diesen zehn Büchern waren allerdings nur zwei »Maigrets« – die letzten beiden von insgesamt achtzehn, die er vertragsgemäß dem Verleger Fayard zu liefern hatte. Ein kritisches Stadium für Simenon beim Vorwärtskommen zu seiner nächsten schriftstellerischen Etappe war nun erreicht; jetzt wollte er nicht länger »halbliterarische«, sondern psychologische Romane schreiben – in seinen Augen das einzig Wahre.

Nur wenige Schriftsteller, Essayisten und Journalisten, die sich mit dem Werk Simenons befaßten, haben die Bedeutung der Tatsache hervorgehoben, daß er schon im Juli 1931, als er noch auf der am Pariser Seine-Ufer vor Anker liegenden »Ostrogoth« lebte, seinen ersten »harten«, will sagen realistischen, Roman verfaßte. Das beweist, daß er bereits fünf Monate, nachdem seine neue »Maigret«-Reihe auf dem Buchmarkt zu erscheinen begonnen hatte, dabei war, sich auf den nächsten Schritt in seiner Karriere vorzubereiten. Doch erst auf »La Richardière«, in der komfortablen Umgebung des Heims, das er für immer sein eigen nennen zu können glaubte, fühlte er sich imstande, den neuen Romantypus zu entwickeln und zu produzieren, in dem die zentrale Stütze – die Figur Maigrets – fehlte.

Im Spätfrühjahr 1933 fuhr Simenon nach Fertigstellung von *L'Ecluse No. 1*, dem achtzehnten und letzten kontraktlich zugesagten Maigret-Roman, nach Paris zu seinem Verleger Fayard, um diesem mitzuteilen, daß er künftig keine »Maigrets« mehr zu schreiben gedenke. Man kann den Zorn und die Enttäuschung des alten Herrn gut verstehen und auch Verständnis dafür aufbringen, daß er seinen »schwierigen« Autor beschimpfte, der sich offenbar an einem Scheideweg seines beruflichen Werdegangs befand und nicht länger gewillt war, die Gans zu mästen, die ihnen beiden solch dicke goldene Eier legte. Simenon war indes in der Lage, Fayard dadurch etwas zu beruhigen, daß er die Manuskripte der neuen *Non-Maigrets* aus der Tasche zog, die er längst abgeschlossen hatte. Er war nicht so naiv gewesen, bei seinem Verleger aufzukreuzen, um zu verkünden, daß er alles Bisherige hinwerfen und versuchen wolle, zu einer anderen Romangattung zu finden.

Er konnte beweisen, daß er diesen Versuch bereits mit Erfolg unternommen hatte.

Widerstrebend erklärte Fayard sich bereit, den Roman *Le Passager du Polarlys* (»Der Passagier der Polarlys«) zu veröffentlichen, den ersten Band aus der Reihe der auf »La Richardière« entstandenen »Nicht-Maigrets«. Simenon seinerseits sagte zu, noch einen allerletzten Maigret-Roman zu schreiben, um die Serie abzurunden. Der Kommissar, den er in doppelter Hinsicht – im Roman und als Romanfigur – bereits in den Ruhestand geschickt hatte, sollte in diesem Buch zur Lösung eines einzigen Falles aus der Beschaulichkeit seiner Pensionierung in Meung-sur-Loire noch einmal zum Quai des Orfèvres zurückgerufen werden. Der Roman, der in dem gemieteten Sommerhaus auf Porquerolles im Juni 1933 entstand und schlicht den Titel *Maigret* erhielt, wurde von Fayard im März des darauffolgenden Jahres herausgebracht. Doch zu diesem Zeitpunkt hatte Simenon schon einen anderen Verleger.

Bevor dargelegt werden soll, wie und warum Simenon so kurz nach Antritt der großen Fahrt auf dem »literarischen Weltmeer« den Lotsen wechselte, sollte man innehalten und sich die erstaunlich hohe Zahl von Reisen vor Augen führen, die ihn zu Beginn und um die Mitte der dreißiger Jahre nach Afrika, Berlin und Osteuropa und schließlich um die ganze Welt führten, Régine immer an seiner Seite. Für jemanden, der im späteren Leben unter einer Art Platzangst litt, Menschenansammlungen fürchtete, es ablehnte, sein Schweizer Domizil mehr als ein paar Kilometer weit zu verlassen und sich damit begnügte, die Welt so zu sehen, wie sie ihm die Erinnerung auf den Hintergrund seines Gedächtnisses projiziert – und das Fernsehen ihm ins Haus liefert –, waren die Reiselust und die Abenteuersehnsucht, die ihn in jenen Jahren vor Ausbruch des Zweiten Weltkrieges beseelten, mehr als erstaunlich.

Zum einen war er allerdings in einer äußerst glücklichen Lage – oder profitierte er auch hier nur von seiner Gerissenheit in geschäftlichen Dingen? –, was die Reisekosten anbetraf. Zwar bezahlte er sämtliche Reisen aus eigener Tasche, doch vor der Abfahrt traf er jeweils mit dem Chefredakteur einer großen Tageszeitung oder einer bekannten Zeitschrift eine Vereinbarung, die ihm die Abnahme von soundsoviel Artikeln garantierte. Die Honorare dafür machten die Ausgaben, die er unterwegs hatte, bei weitem wett. Heutzutage schließen erfolgreiche freie Journalisten derartige Arrangements natürlich immer ab, doch vor fünfzig Jahren war Simenon, wie auch in anderen Dingen, seinen damaligen Kollegen um einiges voraus. Er verpflichtete sich auf diese Weise auch im Sommer 1934 zur Lieferung von Reisereportagen, als er sein drittes Boot, einen 100-Fuß-Schoner namens »Araldo«, samt einer siebenköpfigen Crew charterte und mehrere Monate lang im Mittelmeer kreuzte (tatsächlich hatte er das Schiff für ein ganzes Jahr gemietet, doch unaufschiebbare Termine für Manuskriptablieferungen gestatteten ihm die Nutzung des Dreimasters nur für diese relativ kurze Zeit).

Nur wenige Schriftsteller haben mehr geschrieben, mehr verdient, mehr ausgegeben und mehr Reisen unternommen, als Simenon es in einem solch kurzen Zeitraum fertigbrachte, oder versucht, derartig viele unterschiedliche Kulturkreise und Lebensbereiche kennenzulernen und geistig zu verarbeiten.

Im Sommer 1932 verbrachten er und Régine mehrere Monate (obwohl er in *Point-Virgule* [»Semikolon«] der Versuchung, zu übertreiben, nicht widerstehen kann und von »über einem Jahr« spricht, war es nur ein Bruchteil dieses Zeitraums) auf einer Reise durch Ägypten und anschließend weiter durch Zentral- und weiter nach Westafrika. Es war eine Tour, die einer Tortur gleichkam und einem Forschungsreisenden zur Ehre gereicht hätte. Régine hatte darauf bestanden, einen

Abstecher zu den Pyramiden zu machen. Diese touristische Einlage blieb die einzige auf dem gesamten Programm. Die übrige Zeit war es eine strapaziöse, wenn nicht sogar gefährliche Angelegenheit. Die Simenons flogen von Kairo aus mit einem Eindecker, einem englischen Flugzeugtyp aus der Frühzeit der Verkehrsfliegerei, der britischen Gesellschaft Imperial Airways südwärts bis zum Nordostzipfel von Belgisch-Kongo an der Grenze zum Sudan. Das riesige Territorium war damals bekanntlich noch (die einzige) belgische Kolonie, die es bis 1960 bleiben sollte. Der Flug über den Anglo-Ägyptischen Sudan erfolgte in einer Höhe von nur 2000 Metern über unerschlossenem Land, wo im Falle einer Notlandung wenig Hoffnung auf Rettung bestand.

Das Flugzeug hatte Fenster, die man wie in der Eisenbahn oder in einem Bus öffnen konnte, doch wer das tat, wurde von einem Schwall glühendheißer Luft wie von einem Vorschlaghammer getroffen und unterließ es künftig. Druckausgleichkabinen waren natürlich noch nicht erfunden. Jeder der etwa dreißig Passagiere hatte vor dem Start ein kleines Kästchen aus wasserdichtem Material bekommen und die Empfehlung, diesen Behälter ständig griffbereit auf dem Schoß zu halten. Als man nach mehreren Zwischenlandungen schließlich in Wadi Halfa eintraf, hatte jeder der Reisenden ihn mindestens einmal zu dem Zweck benutzt, zu dem er gedacht war. In dem heißen Wüstenklima waren beim Fliegen Luftlöcher unvermeidlich, und jeder an Bord fühlte sich hundeelend.

In Wadi Halfa stiegen die Simenons auf einen zerbeulten alten Fiat um, den Simenon an Ort und Stelle kaufte und später mit Gewinn in Stanleyville, der nächsten großen Station ihrer Reise durch Äquatorialafrika in Ost-West-Richtung, wieder veräußerte. Die Fahrt ging über viele hundert Kilometer in rasender Fahrt, über staubige Überlandstraßen aller Art, mit einem jungen Schwarzen am Steuer, der erst einen Monat Fahrpraxis hatte. In Stanleyville gingen der Schriftsteller und seine Frau an Bord eines Dampfers, der aussah, als sei er geradewegs vom Mississippi entliehen worden, und setzten auf dem Kongo die Fahrt nach Matadi, dem Hauptseehafen von Belgisch-Kongo an der Mündung des Stroms in den Atlantik, fort, wo Simenons Bruder Christian sie am Kai erwartete. Denn auch er hatte vor langer Zeit Lüttich den Rücken gekehrt und, wie Régine heute sagt, »eine ganz gute Position« bei einer belgischen Firma in Matadi inne, wo er über zwanzig Jahre bleiben sollte.

»Ich habe nie so etwas wie Eifersucht oder Neid zwischen den beiden erlebt«, erinnert sich Régine. »Sie wa-

*Die Pygmäen haben einen neuen Freund gewonnen
(Belgisch-Kongo 1932)*

ren von unterschiedlichem Charakter. Christian gab sich sehr ungezwungen, liebenswürdig und fröhlich. Er weilte öfters bei uns in Paris zu Besuch. Immer war er bei guter Laune und heiterte uns auf.«

Simenon spricht von seinem Bruder in *Point-Virgule* etwas weniger begeistert. Er beschreibt einen Klub in Matadi, der ausschließlich den »mehr oder weniger bedeutenden« ortsansässigen belgischen Verwaltungsbeamten und Handelsleuten vorbehalten war und in den Christian ihn aus irgendeinem Grunde nicht mitnahm, wo es jedoch die Regel war, nur Whisky oder Champagner zu trinken, so ziemlich das einzige Vergnügen, das den Männern auf ihrem abgelegenen Posten in den Tropen blieb. Die Trinksitten in Afrika brachten diese Kolonialbeamten und Kaufleute jedoch in Verruf, wenn sie auf Heimaturlaub nach Belgien in oft recht bescheidene Familienverhältnisse zurückkehrten. Wenn sie in irgendeinem genügsamen Vororthaushalt in Lüttich, Gent oder Antwerpen bei Tisch gefragt wurden, was sie trinken wollten, antworteten sie großspurig: »Champagner!«, statt sich mit Bier oder Wein zu begnügen, wie es in dieser sozialen Schicht üblich war. »Mein Bruder Christian bildete da keine Ausnahme«, erzählte Simenon, »und seine Frau brachte den ganzen Tag damit zu, faul in der Hängematte zu dösen und für jede Kleinigkeit wie ein Glas Wasser oder zum Anzünden einer Zigarette einen ihrer Boys herbeizurufen.« Die Schwägerin brauchte nicht einmal für ihr einziges Kind, einen Jungen, zu sorgen, denn der Kleine konnte das Tropenklima nicht vertragen und war nach Lüttich zurückgebracht worden, wo ihn seine Großmutter – Simenons Mutter – aufzog.

Das menschliche Mitgefühl in Simenon regte sich, als er sah, wie der weiße Mann in Afrika lebte und herrschte, und lehnte sich gegen die brutalen Kolonialmethoden der Europäer auf, nicht nur seiner ehemaligen belgischen Landsleute, sondern gleichermaßen der Franzosen und Engländer. In seinem Bericht über diese Afrikareise, der nach seiner Rückkehr in *Voilà* unter der prophetischen Überschrift »Die Stunde des Negers« erschien, heißt es:

»Wenn sie in Afrika leben, schwitzen die Weißen, fluchen, verfallen in Apathie, und es endet schließlich damit, daß sie die Welt und sich selber hassen. Sobald ihnen die Rückreise nach Frankreich möglich wird, schwören sie, nie wieder einen Fuß auf afrikanischen Boden zu setzen.

Doch sie kehren zurück, und das nicht, weil sie anderswo keine Beschäftigung kriegen können. Sie kommen wieder, und zwar aus einer Vielzahl von Gründen, hauptsächlich wegen eines Lebensstils, ohne den sie nicht mehr auskommen können.

Aber die Zeit Kolonialafrikas läuft ab. Wir leben in der Übergangsperiode zwischen Jugend und Erwachsensein. Morgen wird der Schwarze, der sich heute noch einen fliederfarbenen Anzug in dem einem Franzosen gehörenden Warenhaus gekauft hat, in untadeliges Schwarz gehüllt sein und würdevoll und entschlossen seinen Platz an den internationalen Konferenztischen einnehmen. Der eingeborene Leutnant von heute, der stolz auf seine Tressen und die auf dem Schießplatz errungenen Preise ist, kann General werden. Nicht in einer ausländischen Armee, sondern in der seines eigenen Landes.

Welche Art von Erinnerungen wird der schwarze Afrikaner von uns weißen Kolonisatoren haben? Wird er sich dankbar an die Eisenbahnlinien erinnern, die mit dem Leben eines Arbeiters pro Schienenschwelle bezahlt wurden? An die Banken, die ihm Papiergeld gaben, sehr wohl wissend, daß die Scheine sich in der Feuchtigkeit der Eingeborenenhütten nicht hielten und die Schwarzen so genötigt waren, die Banknoten gegen Münzen zu einem Kurs von fünf Francs zu drei einzutauschen? Wird man uns später noch als Wohltäter preisen, weil wir die Afrikaner mit Spirituosen bekannt machten, deren Alkoholgehalt weit höher und deren Preis viel teurer war als der ihres einheimischen Palmweins? Oder weil wir das ganze Land mit kleinen Wesen von gemischter Hautfarbe übersäten?«

Soweit der im öffentlichen Leben stehende Journalist und Schriftsteller, der sich über seine Afrikareise äußert: trotzig, tolerant und erstaunenswert liberal in seinen Ansichten. Doch da gab es selbstverständlich auch noch den Privatmann, den »nackten Menschen«, und dem gelang es, obgleich er von einer mißtrauischen Régine begleitet wurde, sich abends in die finsteren Viertel der Städte, durch die sie kamen, zu stehlen und die Art von Genuß zu finden, »der für mich notwendiger war, als ich es mir für meinen eigenen Seelenfrieden hätte wünschen mögen«. In Kairo spazierte er zu nächtlicher Stunde allein, doch mit einem Revolver bewaffnet (mit dem er auch umzugehen verstand) durch das Bordellviertel und folgte Frauen, die ihn reizten, durch einsame Gäßchen in Häuser, die er am Tage nie wiedergefunden hätte. Genauso machte er es praktisch mehr oder weniger überall in der Welt, wohin er mit seiner Frau in jenen Jahren der frenetischen Reiselust gerade kam. (Paradoxerweise war sein erregendstes Erlebnis mit einer farbigen Prostituierten die Liebesstunde mit einer »herrlichen Negerin«, die er kurz nach seiner Rückkehr aus Afrika in einer *maison aux filles,* einem Freudenhaus, in der Rue Saint-Sulpice unweit des Boulevard Saint-Germain auf dem linken Seineufer im Herzen von Paris traf. Wie er selbst sagt, hätte er zu diesem Zeitpunkt »übersättigt sein müssen« mit attraktiven Negermädchen, doch diese in Paris lebende Nutte nimmt bei ihm Platz zwei in der Rangliste seiner sexuellen Abenteuer ein. Er hatte stets die Gewohnheit, die Frauen, mit denen er schlief, nach der Art von Großwildjägern oder Sammlern touristischer Kuriositäten zu klassifizieren.)

199

An die Afrikareise schloß sich im Januar 1933 eine »panoramaähnliche Besichtigungsfahrt« durch die wichtigsten Länder Osteuropas an, die in Berlin begann und über die Simenon ebenfalls für die Illustrierte *Voilà* berichtete. Die Serie von Reportagen war »Europa '33« überschrieben. Wie es der Zufall wollte, stieg Simenon in Berlin in demselben Luxushotel, dem »Kaiserhof«, ab, in dem Hitler in den letzten Wochen vor der Machtübernahme am 30. Januar 1933 residierte. Bei zwei Gelegenheiten beobachtete Simenon den Mann, der kurz darauf Reichskanzler und ein Jahr später »Führer des deutschen Volkes« werden sollte, im Tea-Room des Hotels in angeregter Unterhaltung mit einer »sehr distinguierten und schönen Dame mit silberweißem Haar und edlem Gesicht«. Es waren ausführliche Gespräche, die im Flüsterton stattfanden und an denen offensichtlich beide Gefallen fanden. Wie sich herausstellte, war es Prinzessin Hermine, die zweite Frau des deutschen Kaisers Wilhelm II., der 1918 nach seiner Abdankung ins holländische Exil gegangen war und nach dem Tode von Kaiserin Auguste Viktoria aus dem Hause Schleswig-Holstein 1921 ein Jahr darauf die verwitwete Prinzessin zu Schönaich-Carolath geehelicht hatte. Während ihm die Einreise nach Deutschland untersagt blieb, konnte seine zweite Gemahlin nach Belieben zwischen ihrem Domizil in der kleinen holländischen Stadt Doorn und dem deutschen Reichsgebiet hin- und herreisen. Der Umstand, daß sie ganz vergnügt mit dem Führer der NSDAP, der nach der Macht strebenden Nationalsozialistischen Deutschen Arbeiterpartei, plauderte, zeigte – diesen Eindruck gewann Simenon jedenfalls –, daß Hitler offenbar nicht in allen Punkten dem Monarchismus widersprechende Auffassungen vertrat – eine interessante Fußnote der Weltgeschichte, möchte man meinen.

»Es war nichts Ungewöhnliches an Hitler«, weiß Simenon heute noch zu sagen. »Er trug ständig seine braune Parteiuniform und sah mit dem Schnurrbärtchen irgendwie etwas lächerlich aus. Er fuhr im Aufzug mit den anderen Hotelgästen, sah jedoch während der Fahrt niemanden an. Er stand aufrecht da, wartete auf seine Etage und starrte vor sich hin. Er war viel weniger beeindruckend, fand ich, als die deutschen Offiziere, die ich im Ersten Weltkrieg kennengelernt hatte, als Belgien von deutschen Truppen besetzt war und die meist adeligen Leutnants der Besatzungsmacht mit ihren Pickelhauben (Infanteriehelm – Anm. d. Ü.), den grauen Umhängen und den Schmissen im Gesicht (Narben infolge Hiebwunden bei – studentischen – Duellen – Anm. d. Ü.) durch die Stadt stolzierten, ein Monokel ins Auge geklemmt.«

In der Treibhausatmosphäre des politischen Berlin jener Wochen, als Hitler und die Nationalsozialisten an die Macht kamen, geriet Simenon auch zufällig auf verblüffende Art und Weise mitten in ein modernes Mantel-und-Degen-Abenteuer, eine Art Verschwörung, die kein Spaß war, sondern deren Beteiligte es bitterernst meinten. Simenon zufolge erschien ihm das geheimnisvolle Geschehen, dessen Ablauf er bisher noch nie geschildert hat, wie die in die Wirklichkeit versetzte Handlung eines Spionagethrillers, wie sie in späteren Jahren populär wurden.

Passiert war folgendes: Vor der Abfahrt nach Deutschland hatte Simenon sich ein Empfehlungsschreiben an den Generalsekretär der Kommunistischen Partei Deutschlands (KPD) in Berlin besorgt, weil er sich mit diesem über die Lage in der Reichshauptstadt unterhalten wollte. In Berlin wurde ihm dann über Telefon bedeutet, es sei zu gefährlich, wenn er sich für das Interview in der Parteizentrale einfinde. Er wurde statt dessen »in einen winzigen, verstaubten Buchladen in einer düsteren Seitenstraße« bestellt. Als er mit Mühe die richtige Adresse ausfindig gemacht hatte, wurde er durch die Buchhandlung eine Treppe hinauf in ein Zimmer geleitet, wo ihn drei Männer erwarteten. Ihr Sprecher wandte sich an den französischen Journalisten – denn in dieser Eigenschaft hatte Simenon die Reise angetreten – und erklärte ihm: »Sie können uns einen großen Dienst erweisen!« – »So, welchen denn?« wollte Simenon wissen. »In Ihrer Hand liegt die Rettung von mindestens fünfzigtausend Menschenleben...«, lautete die leicht pathetische Antwort. »Bei mir?« fragte Simenon erstaunt. »Wie soll ich das denn anfangen?«

Man ließ ihn wissen, daß man es fertiggebracht habe, heimlich eine Abhörvorrichtung in dem Raum im »Kaiserhof« anzubringen, in dem Hitler regelmäßig seine führenden Vasallen zu Beratungen zu empfangen pflege. Vor acht Tagen habe man dadurch eine Beratung der Nationalsozialisten belauschen können, bei der die Entscheidung getroffen worden sei, die Macht zu festigen. Die beste Möglichkeit dafür sei, unter irgendeinem Vorwand eine Situation heraufzubeschwören, die Gelegenheit biete, die führenden Männer der KPD auszumerzen. Sei erst einmal diese militante Opposition beseitigt, so hätten die Nazis argumentiert, dann sei alles übrige ein Kinderspiel.

Auf seine Frage, wie die Nationalsozialisten sich das denn ausgemalt hätten, wurden Simenon weitere Einzelheiten der abgehörten Diskussion aufgetischt. Ein Vorschlag hatte gelautet, ein Attentat auf einen prominenten Nationalsozialisten vorzutäuschen. Dabei hatte sich Hitler selbst als Scheinopfer angeboten, doch der für die Propaganda der Partei verantwortliche Joseph Goebbels, damals noch Gauleiter von Berlin, hatte sich dagegen ausgesprochen und argumentiert, auf diese Weise bringe man echte Attentäter auf den Gedanken, Hitler als Zielperson auszuersehen. Er hatte daher unter allgemeiner Zustimmung statt eines erfundenen Mordversuchs an einer Einzelperson einen wirklichen Anschlag auf ein öffentliches Bauwerk oder eine Institution angeregt, die allen Berlinern, ja dem ganzen deutschen Volk ein kostbarer Besitz sei.

Simenon erfuhr schließlich, daß dieser Anschlag in Kürze stattfinden sollte. Die drei KPD-Funktionäre erklärten ihm in der finsteren und stickigen Kammer über dem armseligen Laden verzweifelt: »Wir haben keine Ahnung, wogegen sich das Attentat richtet und in welcher Form, wann und wo es ausgeführt werden wird. Doch wenn es dazu kommt, sind wir erledigt – und Deutschland auch! Die Nazis werden die Aktion so inszenieren, daß uns die Schuld in die Schuhe geschoben werden kann. Man wird uns alle umbringen, und für Hitlers verbrecherische Politik wird der Weg frei sein! Wir wissen, daß Sie Artikel für *Paris-Soir* schreiben... (Damals die auflagenstärkste französische Tageszeitung – Anm. d. A.) Könnten Sie nicht sofort mit dem Chefredakteur telefonieren und ihm klarmachen, daß diese Vorgänge unbedingt als großer Bericht auf Seite eins gebracht werden müssen? Dann wüßte die ganze Welt über die dunklen Machenschaften der Nazis Bescheid, und diese müßten ihren Plan abblasen...! Sie *müssen* uns helfen!«

Simenon raste mit einem Taxi sofort zur Französischen Botschaft, ersuchte um eine Unterredung mit dem Botschafter und bat diesen, die Regierung in Paris von dem eben Gehörten, das er dem Diplomaten in Kurzform vortrug, zu verständigen und für ihn ein chiffriertes Telegramm mit der Story an den Chefredakteur von *Paris-Soir* weiterzuleiten, das auch die Bitte enthielt, das Ganze in der Morgenausgabe des nächsten Tages groß aufzumachen.

Aber *Paris-Soir* brachte keine Zeile über den Vorgang. Wenige Tage später, am 27. Februar 1933, knapp vier Wochen nach der Machtergreifung durch Hitler, stand der Reichstag, das Gebäude des deutschen Parlaments im Herzen von Berlin, in Flammen und brannte aus. Die Nationalsozialisten machten eine kommunistische

Verschwörung hinter dem aufgegriffenen Attentäter für das »ungeheure Verbrechen« verantwortlich. Tausende von kommunistischen Funktionären und Parteimitgliedern wurden verhaftet und in Konzentrationslager gesteckt oder sofort umgebracht. Alles verlief genauso, wie man es Simenon angekündigt hatte.

Warum hatte *Paris-Soir* geschwiegen? Der Chefredakteur, der mit den Simenons befreundet war, sandte Simenon später einen Brief, in dem er eine vermeintlich plausible Erklärung gab: Hätte seine Zeitung den sensationellen Bericht aus Berlin in großer Aufmachung veröffentlicht, wäre kein Reichstagsbrand inszeniert worden (was natürlich auch der Sinn der ganzen Operation gewesen war!), doch die neue deutsche Regierung hätte einen Grund gehabt, sein Blatt zu beschuldigen, die französische Öffentlichkeit in unverantwortlicher Weise falsch zu informieren. Aus diesem Grunde habe man von einer Veröffentlichung abgesehen. Ein klassisches Beispiel dafür, wie willensschwache Männer immer Gründe für ihre Untätigkeit finden!

Über die Reise durch mehrere osteuropäische Staaten berichtete Simenon auch in einer Artikelserie für die Zeitschrift *Le Jour*. Der von ihm selbst vorgeschlagene Titel der Reportagen lautete: »Hungrige Völker« – in jenen Tagen beinahe ein Thema, das für eine Publikation, deren Leser das französische Wohlstandsbürgertum repräsentierten, tabu zu sein hatte.

Simenon besuchte Polen, die Tschechoslowakei, Ungarn und Rumänien, bevor er im Juni das erwähnte Interview mit Trotzki auf Prinkipo führte. In Warschau nutzte er die Gelegenheit, ein Mädchen namens Niota ausfindig zu machen, das er rund fünfzehn Jahre zuvor als Untermieterin seiner Mutter in Lüttich kennengelernt hatte. Die einstige Studentin war längst verheiratet und lebte mehr oder weniger zufrieden mit ihrem Mann und dem kleinen Sohn in bescheidenen Verhältnissen. Simenon konnte ein Lächeln nicht unterdrükken, als er den Namen des Kindes hörte: Christian! Denn er erinnerte sich noch gut daran, daß sich sein Bruder damals unsterblich in Niota verliebt, aber nur sehr oberflächliche Gunstbezeigungen ihrerseits erhalten hatte, wie es sich für ein ehrbares jüdisches Mädchen geziemte, das einmal jungfräulich die Ehe eingehen wollte. Jetzt saß Niota ihm gegenüber, erst verhältnismäßig spät unter die Haube gekommen, mit einem schwarzhaarigen Ehemann und einem Jungen, dessen blondes Wuschelhaar dem Christians ähnelte – und dem sie dessen Namen gegeben hatte. Simenon fragte sich, ob sich die Frau vielleicht eingeredet hatte, das Kind sei der auf wunderbare Weise anderthalb Jahrzehnte nach ihrer Rückkehr aus Lüttich zur Welt gekommene Sohn Christian Simenons?

Allerdings verbrachte er nicht viel Zeit mit derlei romantischen Überlegungen; die Realität hatte ihn wieder, weil ihn am selben Abend Niotas Bruder zu einem anstrengenden Besuch in das beste Freudenhaus von Warschau mitnahm. Dies war aber nicht sein einziges erotisches Abenteuer während seines Aufenthaltes in der polnischen Hauptstadt. In »Ein Mensch wie jeder andere« schildert er, wie er eines Nachmittags beim Bummel über eine belebte Straße in der Toreinfahrt eines Hauses eine blonde junge Frau stehen sah, die ihm zulächelte und dabei reizende Grübchen zeigte. Sie machte einen »appetitanregenden« Eindruck auf ihn, so daß er ihr über den Hof in ein Hinterhaus und hinauf in den zweiten Stock in ihr Zimmer folgte. Ihr sexuelles Vergnügen aneinander war so groß, daß Simenon, obwohl er nicht einmal eine Stunde in den Armen dieser Frau verbrachte, sich nach fast einem halben Jahrhundert an jede Einzelheit zu erinnern behauptet.

Schließlich folgte Anfang 1935 die Krönung all seiner Reisen: eine Weltreise mit dem Schiff, die ihn in Begleitung von Régine etappenweise über die Vereinigten Staaten nach Panama, Kolumbien, Ecuador, auf die Galapagos-Inseln im Pazifik vor der südamerikanischen Küste, dann weiter nach Tahiti, der Hauptinsel der Gesellschafts-Inseln im südlichen Pazifik (wo sich die Simenons zwei Monate lang aufhielten), Neuseeland, Australien, Ostindien (Vorder- und Hinterindien und den Malaiischen Archipel), Indien und schließlich durchs Rote Meer und Mittelmeer zurück nach Frankreich führte. »Selbst wenn ich heute noch gesundheitlich dazu in der Lage wäre, würde ich diese Fahrt um die Welt nicht noch einmal machen wollen«, gestand er. »Ich möchte mir nicht noch einmal die ganze Welt ansehen und feststellen müssen, daß sie zubetoniert worden ist. Als ich diese Reise unternahm, gab es noch keine Flugzeuge, die einen von einer Station zur nächsten transportierten. Man mußte das Schiff nehmen, sich manchmal mit einem Frachtschiff begnügen. Ich erlebte eine völlig neue Welt damals. Und wenn ich mir heute im Fernsehen zum Beispiel die afrikanischen Großstädte ansehe oder die südamerikanischen, dann haben die nichts mehr mit dem zu tun, was ich seinerzeit von ihnen sah.«

In Panama passierte ein Zwischenfall, der wie eine Szene aus einem von Simenons Romanen klingt, obwohl er nie literarisch verarbeitet wurde. Zur Vorgeschichte ist vielleicht noch zu sagen, daß Simenon Mitte der dreißiger Jahre zunehmend Ärger mit Raubdrucken seiner Bücher in spanischer Übersetzung hatte, die in ganz Mittel- und Südamerika und sogar auf den Philippinen vertrieben wurden. Dadurch gingen ihm beträchtliche Autorenanteile verloren, und es war klar, daß er sich darüber ärgerte.

Irgendwie hatte er nun herausgefunden, daß die Zentrale für den Vertrieb dieser illegalen Nachdrucke ein mieses kleines Hinterzimmer in einem Bürohaus in Panama City war. Nachdem er sich zuvor mit einem Revolver bewaffnet hatte, marschierte Simenon eines Morgens unangemeldet in dieses Büro, zog die Waffe und erklärte dem erschrockenen Mann, der kreidebleich von seinem Schreibtisch aufgesprungen war, wer er war und daß er eine genaue Aufstellung der Summen angefertigt habe, die ihm für die Tausende von Büchern zustünden, die unter seinem Namen, aber ohne sein Einverständnis und ohne Zahlungen an ihn übersetzt und in den Handel gebracht worden seien. Simenon nannte einen bestimmten Betrag und erklärte dann mit Entschiedenheit: »Ich gebe Ihnen eine Stunde Zeit, um das Geld aufzutreiben und mir auszuhändigen!« – »Aber das ist unmöglich!« stotterte der »Verleger«. »Ich bin arm und habe nicht so viel Geld. Außerdem könnte ich es gar nicht in so kurzer Zeit flüssig machen. Können Sie nicht in einer Woche wiederkommen?«

»Nein!« lautete Simenons konzessionslose Antwort. »Ich schlage vor, hier mit Ihnen genau eine Stunde zu warten. Sie können in dieser Zeit telefonieren, mit wem Sie wollen, um sich den Betrag zu beschaffen und bringen zu lassen, denn aus diesem Zimmer kommen Sie mir nicht raus! Sollte ich nach Ablauf von sechzig Minuten mein Geld nicht haben, erschieße ich Sie mit diesem Revolver!«

Der Mann führte sechs oder sieben Telefongespräche. Eine halbe Stunde später erschien ein zweiter Mann mit einer Tasche, in der sich die geforderte Geldsumme befand. Sie wurde Simenon ausgehändigt, und er zog zufrieden damit ab. Ende der Episode. Es wäre schwer, Boule nicht zustimmen zu wollen, wenn sie Simenon in jungen Jahren als »Brocken von einem Mann« bezeichnet.

10

Präludium zum Glück

Es fällt schwer, die Bedeutung von Simenons beinahe hektischer Welle von Auslandsreisen in den dreißiger Jahren für sein literarisches Werk abzuschätzen. Insgesamt nahmen mindestens neun *exotische* Romane, wie die Kritiker sie genannt haben, sowie mehrere kleinere Erzählungen und Zeitschriftenbeiträge ihren Stoff direkt aus den Erfahrungen jener Jahre.

Simenon selbst berichtet in »Ein Mensch wie jeder andere«, er habe seine Schreibmaschine überallhin mitgenommen und sich in Tahiti und Panama hingesetzt und einen kompletten Roman geschrieben. »Ich entdeckte Länder, die mir völlig neu waren«, heißt es in diesen Erinnerungen. »Ich versuchte mit allen Mitteln, Anteil an der Wirklichkeit der Umgebung zu nehmen, in der ich mich gerade befand. Doch ich schrieb nicht ein Wort über meine nahezu täglichen Entdeckungen auf. Im Gegenteil. Über meine Maschine gebeugt, schrieb ich von der Rue Lepic in Paris, über Bourges und über La Rochelle...!«

Wie so vieles bei Simenon stimmt auch dies so gut wie gar nicht. Er verfaßte überhaupt keinen Roman in Panama, und in Tahiti war das Buch, das dort entstand, nicht in irgendeinem Provinzstädtchen oder einer größeren Stadt zu Hause in Frankreich angesiedelt, sondern auf den glühendheißen, eine hohe Luftfeuchtigkeit aufweisenden Galapagos-Inseln, von denen er gerade gekommen war. Dieser Roman, *Ceux de la Soif*

(»Die Durstigen«; in deutscher Übersetzung nicht vorliegend), war der einzige, den er tatsächlich zu Papier brachte, während er unterwegs war.

Wenn übrigens der Begriff *exotisch* Gültigkeit für eine bestimmte Kategorie Simenonscher Romane besitzen soll, dann gilt das nur für ihre Schauplätze, die Bildhaftigkeit und das Lokalkolorit. Das alles ist natürlich exotisch und tropisch und aus dem Rahmen seiner übrigen Bücher fallend. Doch die Handlung, die in ihnen abläuft, trägt den Prägestempel Simenons, ebenso wie die Personen, die darin vorkommen – Charaktere, die sich irgendwelche Sorgen machen, über etwas beunruhigt sind, Qualen gleich welcher Art ausstehen, kurz und gut, Leute, denen wir bei Simenon gewöhnlich in den Häusern und Cafés eines Pariser Stadtviertels oder beschaulicher französischer Provinznester, die bei näherem Hinsehen so beschaulich gar nicht sind, begegnen. Der belgische Literaturkritiker Michel Lemoine hat einmal zu Recht angemerkt: »Es existiert kaum eine Figur im gesamten Simenon-Kanon, die sich nicht die Frage stellt: ›Wer bin ich? Was habe ich mit meinem Leben angefangen?‹« Das gilt auch in vollem Maße für die *exotischen* Romane. Simenon behauptet, während er sich auf der anderen Seite des Globus aufgehalten habe, habe er über Franzosen geschrieben, deren Leben sich in Frankreich abspielte. Tatsache ist jedoch, daß er, als er sich wieder zu Hause eingefunden hatte und seine Erlebnisse draußen Revue passieren ließ, dieselben Franzosen, *in exotische Gegenden verpflanzt,* beschrieb.

Obgleich die Probleme der handelnden Personen durch die örtlichen Gegebenheiten einen besonderen Akzent erfahren, erleben diese Menschen die gleichen Traumen, unter denen sie leiden würden, wenn sie ihre Heimat nicht verlassen hätten. Es ist, als verbrächten sie ihr Leben in einer vakuumverpackten, mit Simenons Siegel versehenen Atmosphäre der Hoffnungslosigkeit, die sie mit sich nehmen, wohin sie auch gehen.

In einer Artikelserie, die *Les Vaincus de L'Aventure* (»Die am Abenteuer zugrunde gehen«) überschrieben war, 1935 in *Paris-Soir* abgedruckt wurde und später in Buchform unter dem Titel *La Mauvaise Etoile* (»Der Unstern«) erschien, beschreibt Simenon diese »Bananentouristen«, wie die Eingeborenen sie nennen, Europäer, die aus bestimmten Gründen in den Tropen leben wollen:

»Eines schönen Tages, wenn ihnen ihre Mittelmäßigkeit zum Halse heraushängt oder sie sich vor einem Leben in Armut fürchten, kommt plötzlich jemand, der ihnen sagt: ›Auf den (Südsee-)Inseln kannst du noch leben wie Gott in Frankreich, ohne Geld, ohne Kleidung, ohne Sorgen um das Morgen...!‹ Also gehen sie hin und verkaufen alles, um die Überfahrt bezahlen zu können. Wenn sie an Land kommen, machen ihnen die Behörden aufgrund zahlreicher schlechter Erfahrungen in weiser Voraussicht zur Auflage, eine Summe zu hinterlegen, die für die Passage zurück ausreicht.

Am nächsten Tag hat sich schon jeder gute Bananentourist einen Sarong und einen Strohhut gekauft. Halbnackt und voller Verachtung für die Stadt und die ›Kolonisten‹, die weiße Anzüge und Hemden mit abknöpfbaren Kragen tragen, eilt er in freudiger Erwartung den endlosen Stränden entgegen.

Er ist dann sichtbar ein wenig enttäuscht, wenn er feststellt, daß auch die Eingeborenen abknöpfbare Kragen anhaben und Fahrrad fahren, und Empörung steigt in ihm auf, wenn er auf der Landstraße von Autobussen voller Kanaken überholt wird...«

Was Simenon damit sagen will, lautet: Man kann nicht vor sich selbst davonlaufen. Die inneren Qualen bleiben dieselben wie daheim in Europa, genauso wie sich die äußeren Symbole, abgesehen vielleicht von den exotischen Farbtönen der Vegetation oder der drückenden Hitze, mit ihren Knöpfkragen, Fahrrädern und Bussen nicht verändern.

Ein solch hervorragender Kenner wie Maurice Richardson zählt einen dieser *exotischen* Romane, und zwar ausgerechnet den mit dem Titel *Touriste de bananes*, zu den zwanzig besten Büchern Simenons. Dieser Roman mit dem Schauplatz Tahiti, geschrieben aber erst auf der Mittelmeerinsel Porquerolles im Juni 1937, zwei Jahre nach der Rückkehr der Simenons von ihrer Weltreise, ist ein bewundernswertes Beispiel für das *exotische* Genre.

Der »Bananentourist« des Titels ist ein desillusionierter, reicher junger Mann namens Oscar Donadieu, der zum ersten Mal in dem Roman *Le Testament Donadieu* (»Das Testament Donadieu«) aufgetaucht war, ein Jahr zuvor ebenfalls auf Porquerolles entstanden. Auf der Flucht vor einem Familienskandal und geschäftlichen Intrigen in seiner Heimatstadt La Rochelle, mit denen der vorangehende Roman geendet hatte, ist er an Bord eines Dampfers, der zur Reederei seiner Familie gehört, nach Tahiti unterwegs. Er befindet sich auf der Suche nach einem anderen Lebensstil als dem, den er gewohnt ist. »Sein ganzes Leben lang, schon seit er ein kleiner Junge war, hatte er versucht, eine Lebensweise zu finden, die zugleich schön, untadelig und heiter sein sollte. War es das Forschen nach etwas oder nicht eher die Flucht vor etwas? Vielleicht beides zugleich.« Er kennt die Bezeichnung »Bananentourist«, doch er kann sich nicht vorstellen, daß sie in irgendeiner Weise auf ihn angewendet werden könnte.

Die unheilvolle Stimmung dieses Buches wird bereits auf den ersten Seiten deutlich, als wenige Tage vor dem Eintreffen in Papeete, der Hauptstadt Tahitis, das Schiff beidreht und einen neuen Passagier aufnimmt. Es handelt sich um Ferdinand Lagre, den Kapitän eines Schwesterschiffs derselben Gesellschaft, der auf der Rückfahrt nach La Rochelle einen seiner Schiffsoffiziere getötet hat und nun als Häftling nach Tahiti zurückgebracht wird, wo ihn ein Mordprozeß erwartet. Der

Grund für seine Bluttat: Eifersucht auf den Nebenbuhler in der Gunst einer feurigen tahitischen Prostituierten mit Namen Tamatéa. Donadieu weiß, daß Lagre einer der Angestellten seines verstorbenen Vaters war, auf die dieser besonders große Stücke hielt, und ist niedergeschlagen, als er von dem Geschehen erfährt.

Eine zusätzliche Enttäuschung erlebt er, als er feststellen muß, daß Papeete keineswegs das sonnendurchflutete Paradies ist, das er sich erhofft hat. Ein sintflutartiger Regen empfängt ihn bei der Landung und hört erst nach drei Tagen wieder auf. Das kleine Hotel am Hafen, in dem er abgestiegen ist, wird von einer hartherzigen Frau aus der französischen Provinz geführt. Zur Stammkundschaft zählen auch Dirnen (unter ihnen Tamatéa), deren freundliche Gleichgültigkeit seinen Trübsinn noch steigert. Sehr bald erkennt er, daß das Elend und die Korruption, auf die er überall stößt, ein genaues Ebenbild dessen sind, deretwegen er La Rochelle den Rücken gekehrt hatte.

Der Mordprozeß gegen Kapitän Lagre beginnt, und Donadieu kann der Versuchung nicht widerstehen, auf der Zuhörerbank der Verhandlung zu folgen. Was er sieht und hört, widert ihn an, weil ihm bald klar ist, daß das Urteil schon vor Ende des Verfahrens beschlossene Sache ist. Der Gouverneur, der Richter und die Anwälte auf beiden Seiten haben sich verschworen, ein Exempel an dem Weißen zu statuieren, der es gewagt hat, das ungeschriebene Gesetz des Lebens in den Kolonien dadurch zu brechen, daß er einen anderen Weißen aus Liebe zu einer farbigen Frau umgebracht hat. Obwohl im französischen Mutterland der Schuldige bei einem solchen *crime passionel* den Gerichtssaal als freier Mann verlassen könnte oder höchstens eine geringfügige Strafe erhielte, wird Donadieu bedeutet (während der Prozeß noch läuft), daß auf Lagre zehn Jahre Zuchthaus warten. (Es gibt übrigens nur wenige, eigentlich so gut wie gar keine positiv beschriebenen Gerichtsszenen in Simenons Büchern. Wie Maigret auch, betrachtet er argwöhnisch die Prozeduren der konventionellen Justiz.)

Dieser besondere Prozeß ist sogar noch heuchlerischer als die meisten anderen von Simenon geschilderten Verfahren: Der Richter selbst, der sich im Gerichtssaal so würdevoll gibt, ist ein ehemaliger Kunde Tamatéas. Donadieu fühlt sich unwohl in seiner Haut, weil er nicht aufgesprungen ist, um gegen diese unbeholfene Farce zu protestieren, die da vor seinen Augen inszeniert wird, »und bleich vor Entrüstung diesen gefühllosen Rohlingen seine Einwände an den Kopf geschleudert hat«.

Statt dessen unternimmt er gar nichts. Die Menschen in seiner Umgebung glauben, daß er einer von ihnen geworden ist, ein »Bananentourist«, der zu guter Letzt gelernt hat, sich anzupassen und das gemeine Spiel, das hier getrieben wird, widerspruchslos mitzumachen. In Wirklichkeit hat er bei sich genau das Gegenteil beschlossen: daß das Leben keinen Sinn mehr für ihn hat. »Angenommen, er würde anfangen zu trinken, zu leben wie die anderen – es würde nichts nützen. Eines Tages, früher oder später, würde er sich von allem angeekelt fühlen, geradeso wie jetzt, und obendrein vor sich selber Ekel empfinden, was noch schlimmer wäre. War es nicht besser, mit den Dingen fertig zu werden, bevor er dieses Stadium erreichte?

... Es war unerträglich, daß er einen inneren Kampf ausgefochten haben sollte, wie er es getan hatte, nur um so weit zu kommen. Auch wenn es ihm gegen den Strich ging, auch wenn er dabei einen Übelkeit verursachenden, qualvollen Augenblick durchstehen mußte...«

Er muß handeln. Er geht mit Tamatéa ins Bett. Als sie später halb betrunken neben ihm eingeschlafen ist, nimmt er sich mit einem Rasiermesser das Leben. Beim Aufwachen stürzt das Mädchen schreiend aus dem blutbespritzten Zimmer – doch die »Bananentouristen« haben nur ein Achselzucken übrig!

Der englische Schriftsteller, der einem unwillkürlich in den Sinn kommt, wenn es um *exotische Romane* geht, ist der 1965 verstorbene Erzähler und Dramatiker W. Somerset Maugham, doch Simenon versichert, daß er nie etwas von ihm gelesen hat und daher sicherlich nicht von ihm beeinflußt wurde, obwohl die beiden Schriftsteller Freunde wurden, als sie in späteren Jahren unweit voneinander in Südfrankreich lebten.* Obgleich Maughams in schicksalhafte Geschehnisse verstrickte Teeplantagenbesitzer und heißblütige heimatlose Frauen auf den ersten Blick den Romanfiguren Simenons zu gleichen scheinen, besteht doch ein fundamentaler Unterschied zwischen beiden Autoren. Bei Maugham hat man das Gefühl, daß die tragischen, bisweilen auch einer Ironie des Schicksals zuzuschreibenden Begegnungen in seinen Geschichten den Menschen, die durch sie zueinander geführt werden, nur deshalb passieren, weil sie so weit von der Heimat entfernt in der gänzlich fremden Umgebung des Fernen Ostens leben. Bei Simenon dagegen ist es genau umgekehrt: Oscar Donadieu hätte sich mit Sicherheit eines Tages umgebracht, auch wenn er La Rochelle nie verlassen hätte. Die Charaktere der *exotischen* Romane tragen ihre eigenen, geheimen Höllen mit sich herum. Ihr Leben wäre *tatsächlich* identisch verlaufen in den französischen Gegenstücken zu Cheltenham oder Surbiton (Vororte von Groß-London – Anm. d. Ü.).

Simenon versicherte, daß er auf seinen Reisen nie absichtlich das Pittoreske gesucht hat. »Ich schreibe,

---

* Bei einem Abendessen in Simenons Haus in Cannes Mitte der fünfziger Jahre erzählte Maugham, er habe einen herzzerreißenden Brief von einem blinden Mädchen bekommen, das Schriftstellerin werden wolle und das Geld für die Anschaffung einer Brailleschrift-Schreibmaschine benötige. Simenon meinte darauf: »Moment mal«, stand auf, sah in seinem Archiv nach, kam zurück und meinte: »O ja, den Brief habe ich auch gekriegt!« (Zitiert nach Ted Morgans Biografie »Somerset Maugham«.)

wenn jemand irgendwo lebt, daß da ein Baum steht, egal, ob das ein Kapokbaum, ein Flammen- oder Feuerbaum oder eine Eiche ist.« Selbst im hohen Alter, an seinem 75. Geburtstag, erklärte er einem Interviewer, auf die geliebte Zeder im Garten seines Häuschens in Lausanne deutend: »Ich spreche immer von meinem Baum, nie von meiner Zeder!« In »Als ich alt war« übt er Kritik an den Kritikern, die behaupten, in seinen Büchern gebe es zu viele verwickelte Motive: »Ich war damals viel auf Reisen. Und ich schilderte ganz einfach, was ich sah, so wie ich in den ersten Maigrets, die auf einem Schiff entstanden, über Kanäle, über den Norden, über Häfen usw. schrieb...«

Er war nie Tourist im eigentlichen Sinne, der Sehenswürdigkeiten und Marksteine der Geschichte besichtigte. Régine erinnert sich, daß sie ihren Mann seinerzeit förmlich zu den Pyramiden hinzerren mußte, obwohl er sich dann sehr beeindruckt zeigte, nachdem er auf ihnen herumgeklettert war. Er hatte nie ein Notizbuch bei sich und machte sich keine Aufzeichnungen. Alle seine Bücher – mit einer Ausnahme, von der schon die Rede war – entstanden nach seiner Rückkehr, manche sogar mit einem mehrjährigen zeitlichen Abstand. Er begnügte sich immer damit, seine Eindrücke in seinem Gehirn wie in einem Computer zu speichern – das ihm zuweilen einen Streich spielte.

Das ist die Erklärung für den berühmt gewordenen Beleidigungsprozeß gegen ihn, der im Mai 1934 ein Pariser Gericht beschäftigte. Eine französische Hotelbesitzerin aus Libreville in Gabun (dem Südwestteil von Französisch-Äquatorialafrika) war eigens nach Paris gekommen, um wegen einer allzu freimütigen Darstellung ihrer Person in dem Roman *Coup de Lune* (»Tropenkoller«) eine Verleumdungsklage gegen Simenon einzureichen. Das im Frühjahr 1933 entstandene Buch, für das er auf seiner Afrikareise ein Jahr zuvor gesammelte Anregungen verwendet hatte, hatte die ortsansässigen französischen Kolonialbeamten und Pflanzer ungeheuer aufgebracht, weil es eine bitterböse Beschreibung ihrer arroganten und korrupten Lebensweise enthielt. Sie hatten, nach Rache dürstend, zur Finanzierung der Reise der Klägerin heim ins Mutterland ihr Scherflein beigetragen.

Die Geschichte war teils ärgerlich, teils amüsant. Die angebliche Beleidigung lag in dem Umstand, daß Simenon in dem Roman schilderte, wie Adèle – diesen Namen hatte er der Sinnlichkeit ausstrahlenden ehemaligen Pariser Prostituierten gegeben, die das Hotel in Libreville betrieb – nichts anderes als enganliegende schwarze Baumwollkleider zu tragen pflegte, *die erkennen ließen, daß sie darunter völlig nackt war.* »Wie hätte Monsieur Simenon das denn wissen können, wenn ich nicht in seiner Gegenwart mein Kleid ausgezogen und mit ihm geschlafen hätte? Ich habe nie sexuelle Beziehungen zu diesem Mann gehabt. Es wäre eine Verunglimpfung meines guten Rufs, das zu behaupten!« lautete die etwas überraschende Begründung ihrer Klage vor Gericht. Im Laufe der Verhandlung gelang es Simenons Anwalt Maître Garçon, einem der erfolgreichsten, aber auch kostspieligsten Strafverteidiger Frankreichs, die Klage der sich, bildlich gesprochen, in unangenehmer Weise entblößt fühlenden Frau ins Lächerliche zu ziehen. Sie bestritt nicht die übrigen ihr zugeschriebenen Eigenschaften der nur dürftig die Wirklichkeit verschleiernden Story Simenons: daß sie sich hemmungslos mit Männern abgab, ihrem ahnungslosen, gutmütigen Ehemann ohne Bedenken in schäbiger Weise Hörner aufsetzte und nicht zuletzt auch, daß sie einen Mann umgebracht und, um nicht vor Gericht gestellt zu werden, mit dem örtlichen Polizeichef ins Bett gestiegen war. O nein, all diese Dinge leugnete sie nicht, doch sie behauptete felsenfest weiter, sie fühle sich durch die Unterstellung beleidigt, sie habe mit einem ihrer Hotelgäste, nämlich Georges Simenon, ein Ver-

hältnis gehabt! Garçon erreichte, daß die Klage buchstäblich vom Gericht verlacht, das heißt, wegen ihrer
Unerheblichkeit verworfen wurde, doch Simenon hatte
es sich letzten Endes selbst zuzuschreiben, daß er all
diese Unannehmlichkeiten mit dem Zivilprozeß gehabt
hatte.

Er hatte beim Schreiben des Romans sein Gedächtnis
strapaziert, damit ihm der richtige Name des Hotels
einfiele, um dann einen anderen für das fiktive Etablissement in seinem Buch wählen zu können, doch die Bezeichnung des Hotels in Libreville wollte ihm nicht ein-
fallen. Also hatte er auf Nummer Sicher zu gehen gedacht. Da er noch wußte, daß das Gasthaus am Stadtrand lag, wenige hundert Meter vom Rande des
Dschungels entfernt, nannte er es »Hôtel Central« –

Jean Cocteau mit Simenons Anwalt Maurice Garçon 1959

denn nichts konnte weniger zentral gelegen sein. Aber wie es der Zufall wollte: genau das war der Name des wirklichen Hotels!

(Ob er übrigens wirklich mit »Adèle« geschlafen hat? In seinen veröffentlichten Erinnerungen erwähnt er zwar die Affäre, vermeidet es jedoch sorgfältig, auf diese entscheidende Einzelheit einzugehen. Auf die direkte Frage lautet seine Antwort: »Nein. Da ist nichts gewesen. Ich würde es Ihnen sagen, wenn es passiert wäre...!«)

Demnach dürfte diese »Dame« offenbar eine der ganz wenigen Frauen gewesen sein, die Simenon auf seinen Reisen unbehelligt ließ, obwohl sie in Reichweite seiner Gelüste waren. Auf Tahiti mußte sogar eine echte »Tamatéa« nackt aus dem Schlafzimmerfenster seines Bungalows am Strand springen, als Simenon draußen Régine kommen hörte, die ihre Gäste für einen Augenblick allein ließ, um nachzusehen, wo ihr Mann geblieben war. Wie schrieb doch Brendan Gill in *The New Yorker?* »In den Fotoalben, die Simenon aus dieser Zeit aufgehoben hat, sind, sauber eingeklebt, beschriftet und mit Datum versehen, Schnappschüsse von hübschen schwarzen Mädchen aus dem Kongo zu sehen, von hübschen braunen Mädchen auf Tahiti, hübschen gelben Mädchen im Fernen Osten und hübschen weißen Mädchen in Cannes. So sehr er es fertigbrachte, sich von einer Kultur auf die andere umzustellen, sein Blick für das Schöne blieb untrüglich derselbe.«

Mit anderen Worten: Nicht nur in bezug auf Simenons »Bananentouristen« läßt sich sagen: *Plus ça change, plus ça reste la même chose,* was auf deutsch soviel heißt wie: Die Abwechslung allein tut's auch nicht...!

Von Simenons neun *exotischen* Romanen wurden nur die ersten drei von dem Pariser Verleger Arthème Fayard herausgebracht, dem ursprünglichen Verleger der Maigret- und der frühen Nicht-Maigret-Romane. Im

Oktober 1933 war dessen Vertrag mit Simenon, der für (die ersten) achtzehn »Maigrets« galt, ausgelaufen; die darauffolgenden »Nicht-Maigrets« erschienen bei ihm nur auf einer Ad-hoc-Basis ohne kontraktliche Vereinbarung. Um diese Zeit, Ende 1933 also, trat der andere führende französische Verleger in jenen Jahren, Gaston Gallimard, mit einem Angebot an Simenon heran. Gallimard war damals vierundfünfzig Jahre alt, stand auf dem Gipfel seines Schaffens und machte bereits Fayard den Rang als führendes Verlagshaus streitig. Simenon nahm gern die Einladung zu einem Gespräch an, die noch keine konkreten Vorschläge über eine Zusammenarbeit mit diesem Mann enthielt. Er suchte noch immer davon loszukommen, allzusehr mit seinen Maigret-Romanen identifiziert und lediglich als »populärer« Kriminalromanautor angesehen zu werden, als den ihn Fayard immer wieder der Öffentlichkeit vorgestellt hatte.

Er suchte Gallimard auf und machte diesem sofort unmißverständlich klar, daß er bereit war, über eine geschäftliche Verbindung zu reden – deren Bedingungen er nennen werde! Nicht jeder Schriftsteller ist in einer derart glücklichen Ausgangsposition oder weiß so genau wie Simenon, was er erreichen will.

Gallimard begrüßt ihn mit den Worten: »Mein lieber Freund, bitte nehmen Sie Platz. Ich möchte über einen Vertrag mit Ihnen sprechen! Ich möchte, daß Sie für unser Haus tätig sind, zu unseren Autoren zählen. André Gide (damals einer der berühmtesten Schriftsteller Frankreichs – Anm. d. A.) gehört zu ihnen, wie Sie wissen, und er hält große Stücke auf Sie! Er würde Sie brennend gern einmal kennenlernen...!« – »Das hat ja noch Zeit«, erwidert Simenon bedächtig. »Haben Sie einen langfristigen Kontrakt mit Fayard?« will Gallimard wissen. »Nein«, gibt Simenon zur Antwort, »ich habe keinen Kontrakt abgeschlossen. Ich liefere ihm, was er gern haben möchte, aber ohne Vertrag. Ich halte nicht viel von umfangreichen vertraglichen Abmachungen mit einem Verleger!«

»Schön, schön«, äußert Gallimard, offenbar sehr befriedigt. »Könnten Sie Ihre Arbeit für mich aufnehmen, sobald Sie Ihr gegenwärtiges Projekt abgeschlossen haben?« – »Ja«, antwortet Simenon, »vorausgesetzt, daß Ihre Bedingungen in Ordnung sind.«

»Oh, da machen Sie sich keine Sorgen«, erklärt Gallimard überschwenglich. »Wir werden nächste Woche in einem guten Restaurant zusammen dinieren und dann über die Einzelheiten sprechen!«

Simenon läßt sein Gegenüber sofort spüren, mit wem er es zu tun hat. »Monsieur Gallimard«, sagt er, »lassen Sie mich einige Dinge von vornherein klarstellen. Erstens werden wir nie zusammen essen. Ich habe einen Horror vor diesen sogenannten Geschäftsessen, wo von allem möglichen geredet wird, nur nicht von Geschäften, für die man dann ein neues Geschäftsessen vereinbart. Über den Vertrag werde ich mit Ihnen in Ihrem Privatbüro in Gegenwart einer maschineschreibenden Sekretärin bei geschlossenen Türen und abgestellten Telefonen verhandeln! Dann könnten wir uns binnen einer halben Stunde einig werden. Außerdem werde ich Sie niemals ›Gaston‹ nennen, wie das hier jeder zu tun scheint, und ich werde auch nicht ›mein lieber Freund‹ zu Ihnen sagen, weil ich diese Arten von Anrede hasse!

Was nun unsere Zusammenkunft anlangt, so nennen Sie mir bitte Tag und Uhrzeit. Ich werde in Ihr Büro kommen. Wir werden über alles sprechen. Doch beim nächsten Mal kommen Sie dann zu mir! Falls Sie den Vertrag erneuern wollen, müssen *Sie mich* aufsuchen!«

Simenon erinnert sich, daß Gallimard ziemlich verblüfft war. Niemand, schon gar nicht ein Autor, hatte je so mit ihm zu reden gewagt, doch er war immer noch in der Lage, einen Großverdiener zu erkennen, wenn er einem begegnete. In der darauffolgenden Woche bat er

Simenon zu sich und bot ihm einen – wie Simenon selbst ihn nennt – »erstaunlichen Vertrag« an, demzufolge sich der Schriftsteller zur Ablieferung von jährlich sechs Titeln verpflichtete – wobei Simenon sofort wußte, daß er für die Fertigstellung dieser Bücher nur ein Viertel dieser Zeit benötigen würde. Er erklärte sich ferner mit Simenons »sehr harten Bedingungen« (dessen eigener Ausdruck) einverstanden, die eine Fünfzig-zu-fünfzig-Aufteilung des Reingewinns aus Simenons Büchern vorsahen. „Ich stelle immer sehr harte Bedingungen«, erläutert Simenon seine »Geschäftspolitik«, »aber ich weiß auch genau, was die Veröffentlichung eines Buches kostet, denn ich habe mich genau informiert, welche Ausgaben dem Verleger entstehen für das Papier, für den Druck, für den Transport und Vertrieb, welche Rabatte dem Buchhandel eingeräumt werden usw., und mir ist bekannt, wieviel dem Verleger übrig bleibt. Davon kann ich dann die Hälfte verlangen!«

Der Vertrag wurde auf ein Jahr befristet und später jeweils alle zwölf Monate erneuert, wobei Gallimard jedesmal quer durch Frankreich reisen mußte, um Simenon an seinem jeweiligen Aufenthaltsort das Papier zur Unterschrift vorzulegen, genauso wie dieser es von Anfang an festgelegt hatte.

Der französische Literaturkritiker Bernard de Fallois teilt Simenons Werk in drei Hauptphasen ein, die zeitlich der Dauer der Verträge mit seinen drei hauptsächlichen Verlegern entsprechen: die Fayard-Periode, die Gallimard-Periode, die bis 1946 dauerte, und die Nielsen-Periode, die sich daran bis zuletzt anschloß. De Fallois und andere behaupten, in den in diesen Zeiträumen entstandenen Büchern individuelle Besonderheiten zu erkennen, die den Einfluß eines Verlegers vom anderen abgrenzen. Gilbert Sigaux, der Veteran unter den Kritikern, der Simenon persönlich gut kannte und ihn vielleicht am besten von allen Theoretikern verstand, die sich um den Namen Simenon scharen, ist nicht dieser Ansicht. »Es gibt keinen ästhetischen Unterschied zwischen den Romanen Simenons aus irgendeiner seiner sogenannten ›drei Schaffensperioden‹«, erklärte er mit Bestimmtheit bei einer öffentlichen Diskussion anläßlich der Simenon-Ausstellung in Paris im Januar 1982. »Der Unterschied in den Beziehungen zu seinen drei Verlegern war rein vertragsmäßiger Natur.«

Simenon selbst hat sich ähnlich über diesen Punkt geäußert. Er ist von jeher sarkastisch in seinen Bemerkungen über diejenigen Literaturwissenschaftler gewesen, die zuviel in seine Romane hineininterpretieren oder aus ihnen herauslesen und sich dabei auf die unterschiedlichen Begleitumstände berufen, unter denen diese Bücher entstanden. In einem Brief an Sigaux vom 7. September 1960, den er später in »Als ich alt war« aufnahm, tadelt er mit beißenden Worten einen Kritiker, »der von meiner Balzac-Periode spricht und durchblicken läßt, ich habe mit dem ›Testament Donadieu‹ den Stil Balzacs kopieren wollen. In Wahrheit beschrieb ich jedoch nur, was mir auffiel, während ich damals in La Rochelle lebte und mit den wohlhabenden Reedern dieser Stadt befreundet war. Und was den Umfang des Romans angeht (es ist, abgesehen von dem autobiographischen Roman ›Stammbaum‹, sein bei weitem längster – Anm. d. A.), so war der festgelegt, weil ich dafür einen Auftrag von der Zeitschrift *Le Petit Parisien* erhalten hatte, die sehr lange Romane verlangte, und nicht darauf zurückzuführen, daß ich ihm besondere Bedeutung beimaß.

Außerdem sind meine sämtlichen Romane aus jener Zeit nicht durch die Absicht gekennzeichnet, daß ich ›Spannung‹ erzeugen wollte, sondern durch die Tatsache, daß sie ausnahmslos als Fortsetzungsromane veröffentlicht wurden.«

Simenon war ein Genie gewaltigen Ausmaßes, doch er war zugleich einer der am praktischsten veranlagten, mit beiden Füßen im Leben stehenden Menschen, die je ihren Lebensunterhalt durch das Hervorzaubern von Geschöpfen aus ihrer Phantasie verdient haben. Das zeigt nichts besser als eine Begebenheit nach dem Tod Arthème Fayards.

Dessen Erbe als Verlagschef hatte sein Neffe angetreten, ein Finanzmann, der Sohn des Generaldirektors der großen Bank Crédit Lyonnais war, dessen Geschäftsgebaren jedoch bei Simenon auf wenig Gegenliebe stieß. Bis heute veröffentlichen das Verlagshaus Fayard und seine Tochterunternehmen noch immer in x-ter Auflage die frühen achtzehn »Maigrets« und die ersten Nicht-Maigret-Romane – aber nur in französischer Sprache. Denn kurze Zeit nachdem der alte Fayard das Zeitliche gesegnet hatte, erwarb Simenon von besagtem Neffen sämtliche Übersetzungsrechte für seine Romane zurück, die dem Haus Fayard bis dahin fünfzig Prozent der Nettoeinnahmen aus dem Verkauf dieser Rechte garantiert hatten. Die Art und Weise, wie er dabei vorging, verriet seinen Sinn für dramatische Effekte.

Der Neffe wohnte in einem stattlichen Gebäude, einer Art Palais, in der Avenue Foch, die damals noch Avenue du Bois hieß und vom Triumphbogen schnurgerade in den Bois de Boulogne führt. Ohne sich vorher anzumelden, suchte Simenon den Mann eines Sonntags vormittags auf, »bewaffnet« mit einer großen Aktentasche, die mit Banknotenbündeln vollgestopft war – »denn ich kannte diesen Herrn und wußte, was für ein Geizhals er war«.

Er erklärte dem Hausherrn, er wolle Fayards Anteil an den Übersetzungsrechten zurückkaufen und machte es ihm mit einlullenden Worten schmackhaft: »Es ist doch ziemlich umständlich für Sie, jedesmal den genauen Betrag ausrechnen lassen zu müssen und die verschiedenen Zahlungseingänge von all den ausländischen Verlegern, die meine Bücher veröffentlichen, voneinander zu trennen und zu verbuchen...!« Der

Neffe war nicht abgeneigt, wandte jedoch ein, die Sache habe doch sicher ein paar Tage Zeit. In der kommenden Woche könne man ja darüber verhandeln und vielleicht besser in seinem Büro? »O nein!« erwiderte Simenon, »wir sollten es jetzt gleich erledigen. Ich denke mir, Ihre Rechte sind eine Million Francs wert!« Und damit öffnete er die große Tasche und stapelte vor den Augen des erstaunten Mannes eine Million Francs in Scheinen, sauber gebündelt in hundert Päckchen von je zehntausend Francs in Hundertfrancs-Noten, auf den Tisch.

»Hier ist die Vereinbarung, die ich Sie zu unterzeichnen bitte«, fügte er hinzu, zog aus seiner Brieftasche ein juristisch unanfechtbares Dokument, das er selbst aufgesetzt hatte, und reichte dem Fayard-Erben gleichzeitig seinen Füllfederhalter.

Dieser setzte seinen Namen unter das Papier und vereinnahmte das zuvor gezählte Geld. »Hätte ich einen Scheck ausgestellt, hätte das bei weitem nicht dieselbe Wirkung gehabt«, erinnerte sich Simenon später. »Es war der Anblick des vielen Bargeldes vor seiner Nase, dem er nicht widerstehen konnte – dabei dürfte er an jenem Tag mindestens zehn Millionen Francs verloren haben. Nein, warten Sie, noch erheblich mehr, wenn ich es mir recht überlege. Es waren ja nicht nur die ›Maigrets‹ der frühen Jahre, die in unzähligen Ländern in Übersetzungen herauskamen. Später gesellten sich noch die Fernsehrechte hinzu! Es hat Maigret-Serien in der Sowjetunion, Frankreich und Japan gegeben; ferner wurde je eine in Großbritannien und in Holland gedreht und auf dem Bildschirm gezeigt. In Italien waren es sogar zwei. Noch heute habe ich täglich Einnahmen aus den Auslandslizenzen für die ersten ›Maigrets‹, von denen ich keinen Sou an einen Verleger abzugeben brauche. Es war bestimmt das einträglichste, an einem einzigen Tag abgeschlossene Geschäft meines Lebens!«

Das Rechnen mit Millionenbeträgen fiel Simenon in jener Zeit nicht schwer. Mitte der dreißiger Jahre glich sein Lebensstil dem eines immens reichen Mannes.

Als sich herausstellte, daß der Besitzer des Gutes »La Richardière«, nachdem Simenon es auf seine Kosten hatte renovieren und luxuriös herrichten lassen, nicht gewillt war, sein mündliches Versprechen einzulösen und nach Auslaufen des Mietvertrages den Simenons das Anwesen zu verkaufen, zogen diese, wenn auch schweren Herzens, aus und siedelten im Herbst 1934 mit Boule, ihren Pferden und der ganzen Menagerie in ein neues, ebenfalls gemietetes herrschaftliches Domizil über, und zwar das Château de la Cour-Dieu an der Loire im Waldgebiet um Orléans, unweit der Ortschaft Ingrannes. Es war ein prächtiger alter Bau mit viel Landbesitz, eine ehemalige Zisterzienserabtei, von deren Glanzzeit noch die Ruine einer großen Kapelle neben dem Hauptgebäude zeugte. Dies sollte nur vorübergehend als Wohnsitz dienen, denn käuflich erworben hatte Simenon gleichzeitig in ein paar Kilometern Entfernung eine Lichtung mitten im Wald mit einem verfallenen Bauernhof. Hier wollte er ein neues »Traumhaus« für sich bauen lassen – ein räumlich ausgedehntes, einstöckiges Gebäude mit großem Innenhof, Stallungen, einem Hundezwinger usw. Er pachtete auch eine nahe gelegene Jagd von einigen zehntausend Hektar Größe, um wie ein echter Landedelmann dem Weidwerk frönen zu können. Doch nachdem er bei der ersten Pirsch einen jungen Hirsch nur angeschossen hatte und gezwungen war, ihm aus nächster Nähe den Gnadenschuß zu geben, entwickelte er sofort eine heftige Abneigung gegen diese Art von Zeitvertreib und ging fortan ohne Büchse in seinen Wäldern spazieren.

Als er mit Régine dann die Weltreise antrat, blieb Boule mit den Tieren auf dem Schloß zurück. Wieder einmal erwies sie sich als treue Hüterin des Hauses. Doch nach der Rückkehr hatte das Landleben mit einem Mal seinen Reiz für die Simenons verloren, und sie beschlossen, nach Paris zurückzukehren. In »Ein Mensch wie jeder andere« behauptet Simenon, man habe sich hauptsächlich dazu entschlossen, weil Régine es so gewollt habe, der das Leben fernab der Hauptstadt zu langweilig gewesen sei. Sie erklärt ihrerseits, zwar sei der Vorschlag von ihr gekommen, doch habe sie dabei an ihren Mann gedacht. Es sei nicht gut gewesen, daß dieser kein richtiges Heim, sozusagen ein Hauptquartier, in der Metropole besessen habe. »Georges fand die Idee großartig, und er war es, der diese Riesenwohnung am Boulevard Richard-Wallace fand.«

Nun folgten drei seltsame Jahre im Leben Simenons. Denn dieser »Mann aus dem Volke«, dieser Sucher nach den »kleinen Freuden des Lebens« wählte als neues Pariser Heim für sich und Régine ein hochherrschaftliches Appartement im elegantesten Stadtteil von Paris, in Neuilly, mit Blick auf den Bois de Boulogne. Selbst heute noch bekommt man von einem Pariser Taxifahrer zu hören, daß nur die Superreichen und *les plus snob* am Boulevard Richard-Wallace residieren, wo sich das Gebäude, in dem Simenon Wohnung bezog, noch immer in solider, Wohlhabenheit ausstrahlender Pracht erhebt.

Simenon gab bereitwillig zu, daß er seinerzeit zu einem typischen Anwohner dieses Nobelboulevards wurde, nur die schickste Kleidung trug, in den allerfeinsten Restaurants und Nachtklubs verkehrte und alle die Dinge tat, die gerade »in« waren. Er legte sich ein blaßgrünes Delage-Kabriolett zu, das er selbst steuerte, elegant ausstaffiert mit einem gutsitzenden langen blauen Mantel, grauem Homburg und weißen Handschuhen. Er hatte einen ständig nur für ihn reservierten Tisch bei »Maxim's« in der Rue Royale nahe der Place de la Concorde und fand sich jeden Tag pünktlich um fünf Uhr nachmittags zum Cocktail auf der Terrasse des nicht minder berühmten Restaurants »Fouquet's« an den

226

Champs-Elysées ein. Bei sämtlichen Theaterpremieren saß er allein oder mit Régine in Loge oder Parkett und ließ, wie er selbst sagt, »buchstäblich keine Gelegenheit aus, mich in Frack und Zylinder zu werfen«.

Warum tat er das alles? In »Als ich alt war«, Anfang der sechziger Jahre in Tagebuchform zu Papier gebracht, hat er erklärt, er sei selbst verblüfft »über diese Art der Zerstreuung, die mir nichts als unklare Erinnerungen hinterließ ... Ich erkenne mich in dieser Darstellung selbst kaum wieder!« In seinen »Intimen Memoiren«, die zwanzig Jahre später entstanden, räumt er ein, daß seine Wohnung »zu pompös« gewesen sei, er aber damals Spaß an allem gefunden habe, was er tat – obgleich er auch zugibt: »Wenn ich meinen sakrosankten, langen Spaziergang unternehmen wollte, um mir Denkanstöße für einen neuen Roman zu verschaffen, der in meinem Hirn Gestalt anzunehmen begann, mußte ich die Brücke am Ende des Boulevards überqueren und mich in das Menschengewimmel der Vorortstraßen von Puteaux und Billancourt stürzen, wo ich dann in den Bistros an richtigen Zinktheken mit Arbeitern aus den Renault-Werken und ähnlichen Leuten, in deren Gesellschaft ich mich wohler fühlte als bei meinen Freunden, ein paar Gläschen trank.«

Er schien imstande zu sein, zwei verschiedene Leben zur gleichen Zeit zu führen, wenn auch vielleicht nicht ohne eine Spur von Selbsttäuschung. Es war, wie wenn heute ein militanter Linksextremist sich irgendwie bewogen fühlt, zu erklären, warum er auf den Geschmack von Champagner und Kaviar gekommen ist. Möglicherweise hat er ein schlechtes Gewissen dabei, was Simenon damals bestimmt nicht hatte. »Wir lebten nachts auf und schliefen tagsüber«, erzählt er. »Ich wollte eine bestimmte Spezies von Leuten kennenlernen, die als *le Tout Paris* (die Hautevolee von Paris – Anm. d. Ü.) bezeichnet wurde. Ich gehörte damals zu dieser Gesellschaft und traf allabendlich bei ›Fouquet's‹ Künstler wie

Raimu, Pagnol, Arletty und andere Berühmtheiten. Ich hatte das Verlangen, sie alle aus nächster Nähe zu studieren.

So kannte ich beispielsweise auch alle Mitglieder der Familie Rothschild. Sie waren Gäste in meinem Haus auf Porquerolles. Eines Nachmittags, als einer der Rothschilds mit seiner Frau gerade bei mir zu Besuch war und wir im Garten beim Kaffee saßen, nachdem wir mittags eine Bouillabaisse gegessen hatten, machte sie zu ihm eine halblaute Bemerkung, die ich nicht verstand. Er ohrfeigte sie daraufhin so heftig, daß sie vom Stuhl fiel. Mich durchzuckte ein Schreck, denn hinter ihr begann zum Meer hin ein Felsenstück, und ich fürchtete, sie würde darauf aufschlagen. Doch sie stürzte auf den Erdboden und konnte kaum wieder auf die Beine kommen. Da kann man sehen, wie kultiviert diese Art von Leuten ist... Ich für mein Teil zog die ortsansässigen Fischer, mit denen ich Boule spielte, der Gesellschaft von *le Tout Paris* vor.

Aber ich verkehrte mit ihnen, um sie ganz genau zu studieren. Spaß machte mir das ganz und gar nicht!«

Was eigentlich doch verwunderlich ist. Simenon hat es immer bestens verstanden, das für seine »Kunst« zu tun, was er zu seinem Vergnügen und Genuß ohnehin getan hätte. In »Als ich alt war« war er möglicherweise sehr viel aufrichtiger an der Stelle, wo er sich über seine Theorie ausließ, »daß Menschen mehr über sich selbst verraten, wenn sie sich amüsieren, als wenn sie bei der Arbeit sind«. Er schrieb da: »In meiner (Haus-)Bar an der Place des Vosges drängte ich meinen Gästen Cocktails auf in der Absicht, schneller ihre Hemmungen zu lösen, damit ich den nackten Menschen in ihnen erkennen konnte. Aber was war mit den Abenden, an denen ich selbst dem Alkohol zusprach? War das nur eine Art Alibi? Und wenn ich in den frühen Morgenstunden dafür sorgte, daß eine Reihe von Frauen sich wirklich auszogen, geschah das nur, um das Verhalten der anderen

Männer zu studieren oder zu meiner eigenen Befriedigung?« Allein die Frage bedeutet schon die Antwort, Simenon ist stets ein schlauer Lieferant von Alibis in eigener Sache gewesen, die den Zweck hatten, sein energisches Streben nach Erfüllung seiner selbst in jedweder Form zu kaschieren.

»All die Jahre hindurch verbrachte ich keinen einzigen Abend ausschließlich zu Hause«, weiß sich Régine zu erinnern. »Unsere Wohnung war sehr luxuriös eingerichtet, außerordentlich geräumig und trotzdem gemütlich, aber für Georges blieb sie ein Käfig, eine ›Schachtel‹, wie er sie nannte. Was er brauchte, war das Gefühl, unter Menschen zu sein, die Atmosphäre, die entstand, wenn viele um ihn herumschwirrten, sei es auf der Straße, in einem Café oder auf einer Party. Er konnte es nicht vertragen, irgendwo eingeschlossen zu sein – und jetzt schließt er sich nur noch in seinem ›kleinen rosa Haus‹ in Lausanne von der Außenwelt ab! Ich verstehe ihn einfach nicht mehr! Es ist nicht mehr mein Simenon!«

Sie erzählt, wie sie in der Pariser Zeit Mitte der dreißiger Jahre eines Abends ihrem Mann vorschlug, einmal nicht auszugehen und es sich statt dessen daheim bequem zu machen. Sie werde für ein lukullisches Mahl sorgen und wolle hinterher in Ruhe ein Buch lesen. »Na schön, einverstanden«, erklärte Simenon, ließ dann aber sofort die Bemerkung fallen, ausgerechnet der und der Film werde in einem Kino ganz in der Nähe gespielt.

»Prima, den sehen wir uns morgen an«, entgegnete Régine mit Entschlossenheit. »Er schien sich damit auch zufriedenzugeben. Doch er quälte mich während des Abendessens und danach immer wieder mit diesem Film, bis ich schließlich sagte: ›Gut, dann gehen wir eben!‹ Und wir gingen ins Kino, obwohl der Film auch noch an den folgenden Tagen lief. Es gab keinen Grund, mich zu drängen...«

In dieser Wohnung in Neuilly schrieb er sehr wenig. Boule weiß noch, wie er manchmal sogar mitten in der Nacht, ohne Rücksicht darauf, ob es Winter oder Sommer war, Régine und sie aufweckte und verkündete: »Kommt, zieht euch rasch an! Wir fahren nach Porquerolles runter!« Seinen Vertrag mit Gaston Gallimard über jährlich sechs Romane hielt er korrekt ein, doch nur zwei der achtzehn Romane, die er in den drei Jahren verfaßte, während sie auf dem Boulevard Richard-Wallace wohnten, entstanden dort. Die meisten brachte er auf Porquerolles zu Papier, wo er sich in jener Zeit besonders gern aufhielt. Nachts pflegte er öfters, begleitet von einem ortsansässigen Seemann namens Tado, zum Hochseefischen in einem Boot mit spitz zulaufendem Bug, das er sich in Cagnes-sur-Mer hatte bauen lassen, hinauszufahren. Tagsüber tippte er dann in seinem Arbeitszimmer unermüdlich seine Manuskripte, wobei er zuweilen nackt und schweißtriefend vor der Schreibmaschine hockte.

Viele Kritiker halten seine Romane aus dieser Epoche nicht für die besten. In einem Brief an André Gide, den er im Januar 1939 schrieb, wenige Monate nach dem Auszug aus der Wohnung am Boulevard Richard-Wallace, beklagt er sich bei seinem berühmten Schriftstellerkollegen (dem er von Gallimard auf einem Cocktailempfang etwa drei Jahre zuvor vorgestellt worden war), daß er mit sechsunddreißig Jahren noch immer das Gefühl habe, noch nicht seinen »ersten richtigen Roman« geschrieben zu haben. »Ich habe meinen Dompteur Maigret abgeschafft, doch mir bleibt ständig das Gefühl, daß meine Kräfte begrenzt sind. Ich arbeite nur zwei Stunden täglich wie bisher. Ich muß mich immer noch übergeben, wie es mir in der Anfangszeit passierte. Ich fühle mich noch immer in den ›Zustand der Gnade‹ versetzt, die mir die ganzen Jahre hindurch zuteil wurde: Ich bin meine Hauptfigur. Ihr Leben ist es, das ich während dieser zwei Stunden lebe. Dann fühle ich mich ausgelaugt und leer. Ich schlafe. Ich esse. Ich warte auf den Augenblick, wo ich mich wieder in das Bad der Schöpfung stürzen kann.

Aber es gelingt mir immer nur, jeweils einen Charakter aus mir heraus zu formen. Ich vermag nach wie vor in die Haut lediglich einer Person eines Romans zu schlüpfen. Mein Streben geht dahin, daß ich es eines Tages bei drei oder vier Personen, nicht nur einer einzigen, fertigbringe.«

André Gide

(Simenons Korrespondenz mit Gide entbehrt nicht eines starken Reizes für literarisch interessierte Leser.* Der Briefwechsel dauerte, von wenigen Unterbrechungen abgesehen, fast bis zum Tode des älteren Schriftstellers im Jahre 1951. Simenon begann seine Briefe

---

* »Briefwechsel mit André Gide«, Zürich 1977.

stets mit »Mon cher Maître« und schätzte das Urteil Gides, der 1947 den Nobelpreis für Literatur erhielt, über seine Karriere und sein Talent hoch ein. Im selben Brief von Anfang 1939 erklärt er auch, wie unzulänglich er sich gefühlt habe, »als ich mir unlängst das Vergnügen gönnte, wieder einmal Ihre Werke zu lesen...« In Wirklichkeit hatte er, wie er in »Als ich alt war« zugibt, nach der persönlichen Bekanntschaft mit Gide versucht, dessen Bücher zu lesen, doch: »Ich konnte es nicht. Ich habe so gut wie nichts von ihm gelesen.« Gides stilistische Perfektion war nicht nach seinem Geschmack.)

Auch Ende der dreißiger Jahre überkam Simenon von Zeit zu Zeit das krampfhafte Bedürfnis, für kurze Zeit dem Luxus der Wohnung in Neuilly zu entfliehen, der ihn zugleich begeisterte und bedrückte. Es war nichts Ungewöhnliches für ihn und Régine, tief in der Nacht zum Flughafen Le Bourget hinauszufahren, Plätze auf der nächsten abgehenden Maschine, gleichgültig, ob sie nach Prag, Bukarest oder Wien startete, zu buchen und eine kleine Reise ohne Gepäck anzutreten. In »Ein Mensch wie jeder andere« erklärt er, alle seine Abreisen seien eine Art Flucht gewesen. Aber Flucht wovor? Möglicherweise gibt er die Antwort in dem bewußten Brief an Gide: »Ich muß den Versuch unternehmen und Ihnen mein Ich erklären, was weitaus schwieriger ist, als eine Romanfigur zu erklären. Liegt das daran, daß man selbst das einzige verbotene Territorium darstellt? Diesen Gedanken hege ich oft, und darum betrüge ich mich oft, wenn es um meine Person geht. Ich gebe vor, die Wahrheit nicht zu kennen, um eine Konfrontation mit der Wirklichkeit zu vermeiden...« Er lief einerseits vor sich davon und war andererseits auf der Suche nach sich selbst.

Zu guter Letzt wurde nach Simenons eigener Darstellung die Verlogenheit seines Lebens in Paris einfach zuviel für ihn. In »Als ich alt war« beschreibt er das so:

»Eines Tages verließ ich angewidert, unfähig, meine Arbeit zu tun, Paris mit dem Auto in Richtung Nordholland, um ein schlichtes Haus irgendwo an der Küste zu finden, in dem ich wie ein bescheidener kleiner Landwirt leben konnte. Ich weiß noch, wie ich mir sagte, das Haus müsse so aussehen, daß man sich wünschte, es gehöre der eigenen Großmutter...« In den »Intimen Memoiren« gibt er fast die gleiche Version: »Eines Morgens sagte ich zu Tigy (wie bereits erwähnt, war das der Name, den er für Régine verwendete): ›Ich möchte irgendwo anders arbeiten, in einem Häuschen, das ich mir persönlich einrichte, weit weg von Städten und Touristen, in der Nähe des Meeres...‹« und schildert im folgenden, wie sie spontan losbrausten, vorbei an den Hispano-Suizas, Rolls-Royce-Limousinen und Packards, die in der Auffahrt ihres kleinen Wohnblocks abgestellt waren, um sich ein bescheidenes Domizil zu suchen.

Es ist ein rührendes Bild, doch es könnte sein, daß es falsch ist, denn Régine erinnert sich ganz anders an den Ablauf der Dinge. Nach ihrer Darstellung war sie es, die auf die Idee kam, aus dem Luxus »auszubrechen«, und nicht er – und es sollte auch nicht für immer sein, obwohl es sich schließlich so entwickelte. »Mit all unserem Kommen und Gehen lebten wir zuletzt nur noch sporadisch in der Pariser Wohnung«, erzählt sie. »Aus diesem Grunde schlug ich vor, ein Haus irgendwo auf dem Land ausfindig zu machen, wohin wir fahren konnten, wenn ihn die Schreibwut packte, und von wo aus wir, sobald er sein Manuskript abgeschlossen hatte, nach Paris zurückkehren konnten. Er stimmte zu, und wir fuhren die Küste entlang und begannen unsere Suche. Ausgangspunkt war Delfzijl an der holländischen Nordseeküste, wo der erste Maigret entstanden war. Von dort aus ging es weiter nach Süden, rechter Hand nacheinander Nordsee, Straße von Calais, Kanal und schließlich Atlantik, bis wir in die Nähe unseres ehemaligen ›La Richardière‹ vor den Toren von La Rochelle gelangten. Hier erklärte Simenon, plötzlich ganz wehmütig geworden: ›Ach, das ist wieder die Landschaft, die mir so sehr gefällt!‹ Wir setzten uns mit einem unserer Freunde, einem Arzt, in Verbindung, und er hörte sich um und berichtete uns: ›Da wird etwas in Nieul angeboten, was euch gefallen könnte!‹ Wir wußten, daß dieses Küstenstädtchen nur ein paar Kilometer von ›La Richardière‹ entfernt war – und so kam es, daß wir das Haus erwarben, in dem ich jetzt lebe!«

Régine Simenons Alterswohnsitz in Nieul ist wirklich ein »Großmutter-Haus«. Es war für beide Liebe auf den ersten Blick gewesen, die sie bewog, das Anwesen zu kaufen: ein solide gebautes, altes Gebäude aus Naturstein, das einst zu einem Kloster gehörte. Im künftigen Arbeitszimmer Simenons waren Nischen in die Wände eingelassen, in denen einmal Heiligenstatuen gestanden hatten. Im Gegensatz zu ihren bisherigen Heimen mieteten sie dieses nicht, sondern kauften es ohne Zögern. Obgleich sie die Wohnung in Paris noch für einige Zeit beibehielten, lebten sie dort nie mehr für längere Zeit, und Simenon kleidete sich bei seinen immer spärlicher werdenden Besuchen in der Hauptstadt nicht mehr wie ein englischer Gentleman. Es kam sogar vor, daß er seine Fünfuhrverabredung zum Cocktail bei »Fouquet's« vergaß.

Eine ganze Reihe von Umbauten mußten an dem Haus in Nieul vorgenommen werden; Zwischenwände wurden niedergerissen, zugemauerte Fenster freigelegt. Wie in alten Zeiten auf der »Ostrogoth« bezog die »Familie« – Simenon, Régine, Boule und der inzwischen alt gewordene »Olaf« – Quartier auf engstem Raum in einer kleinen Villa am Stadtrand von La Rochelle. Von hier aus fuhren die beiden Frauen jeden Morgen nach Nieul hinüber, um den Fortgang der Bauarbeiten zu überwachen und selbst mit anzupacken, wo es nötig war, während Herr und Hund zurückblieben und Simenon seine gewohnten zwei Stunden an der Schreibmaschine verbrachte und neue Manuskripte tippte, bevor er sich mittags ebenfalls nach Nieul aufmachte. Seine freudige Erregung über das neue Unternehmen war derart groß, daß ihm die Konzentration fehlte, komplette Romane zu schreiben. So verfaßte er statt dessen längere Kurzgeschichten von jeweils etwa fünfzig Seiten Umfang. Für jede von ihnen benötigte er nicht mehr als einen Tag. Es waren auch wieder Maigret-Geschichten darunter, die ersten nach sechs Jahren, die er teils fertigstellte, weil sie ihm besonders leicht aus der Feder flossen beziehungsweise sich leicht aufs Papier »hämmern« ließen, teils weil Gallimard ihn seit geraumer Zeit drängte, seinen früheren Dukatenesel wieder aus dem Stall zu holen.

Nachmittags half Simenon selber bei der Hausrenovierung mit und scheute sich nicht, Kelle und Wasserwaage in die Hand zu nehmen. Den Garten gestaltete er völlig neu mit Hilfe einer attraktiven jungen Sekretärin, die er frisch eingestellt hatte: der achtzehnjährigen Annette de Bretagne (die übrigens bis vor zwei Jahren Pressechefin bei Simenons französischem Verleger Claude Nielsen in dessen Verlagshaus *Presses de la Cité* war). »Sie war ein Mädchen mit großen, lachenden Augen und einem genießerischen Mund«, beschreibt er sie in den »Intimen Memoiren«. »Sie genoß alles, nicht nur, was sie aß, sondern die Sonne, das Herumtollen, die Farben. Ich sehe sie noch deutlich vor mir, wie sie eines Nachmittags vom gegenüberliegenden Bauernhof mehrere Schubkarren mit heißem Stallmist holte, den wir auf den Blumenbeeten verteilten.« Auch sie denkt noch gern an diese Zeit zurück. »Damals war die Welt für uns voll Glück und Zufriedenheit«, charakterisiert sie jene Jahre vor Ausbruch des Zweiten Weltkriegs.

Und dafür gab es zwei gute Gründe. Einmal richteten sich die Simenons zum ersten Mal ein eigenes Heim ein. Und zweitens hatte sich Régine nach fünfzehnjähriger Ehe doch noch bereit erklärt, ihrem Mann einen langgehegten, längst abgeschriebenen Wunsch zu erfüllen: ihm ein Kind zu schenken. Mit achtunddreißig gestand sie ihm im Sommer 1938, als sich die ersten Kriegswolken an Europas Himmel zeigten, freudestrahlend, daß sie in anderen Umständen war.

Die Empfängnis des Kindes, das Marc Simenon werden sollte, war ein behutsam geplanter Vorgang. Wie bereits geschildert, hatte sich Régine vor der Hochzeit ausbedungen, daß die Ehe kinderlos bleiben solle. Bei ihren mechanischen (um Simenons eigene Bezeichnung dafür zu gebrauchen) geschlechtlichen Vereinigungen hatte Simenon deshalb stets Kondome tragen müssen, »nicht sehr angenehm«, wie er mit einer Miene des Bedauerns zugibt.

Kurz nach dem Einzug in das alte Priorat in Nieul jedoch, ein Haus, das genug Wärme und Heiterkeit ausstrahlte, »daß Kinder darin ihre Großmutter hätten besuchen können«, wie Simenon später schrieb, stellte ihm Régine eines Tages ernsthaft die Frage: »Hör mal, möchtest du wirklich ein Kind haben?« – »Ja«, erwiderte er sofort, obwohl er im gleichen Augenblick voll Schrecken an ihr Alter dachte. »Gut«, erklärte sie darauf, »ich bin bereit!« Simenon weiß noch genau, daß Sonnenstrahlen ins Zimmer fielen, als sie diese Worte sagte. Behutsam führte er sie ins gemeinsame Schlafzimmer und, wie er es heute ausdrückt: »Ich machte ein Kind. Ich machte nicht Sex, sondern ein Kind!« Zum ersten Mal schlief er mit seiner Frau, ohne ein empfängnisverhütendes Mittel zu benutzen.

Warum hatte Régine ihre bisherige starre Haltung in einer solch wichtigen Frage eigentlich geändert? Einerseits geschah es wohl, weil sie ihren Mann wirklich liebte, der so glücklich in der neuen Umgebung zu sein schien, daß sie ihm das einzige schenken wollte, was ihrer Meinung nach dieses Glück noch krönen konnte.

Andererseits mag es der Einfluß des Hauses gewesen sein, das, neu tapeziert und möbliert, mit dem großen Kamin und den großen, behaglichen Räumen eigentlich ein Haus für eine Familie war, in das Kinderlachen gehörte.

Doch da war – zumindest aus Simenons Sicht – noch ein stärkerer Grund. »Sie tat es, um unsere Ehe zu retten«, erklärt er rückblickend unverblümt. »Seit geraumer Zeit spürte sie wohl, daß es Spannungen zwischen uns gab.«

Diese Mißstimmung war drei Jahre zuvor aufgekommen, um die Zeit, als Simenon und seine Frau an Bord eines von Australien kommenden Schiffes von ihrer Weltreise zurückkehrten. Die Heimfahrt nach Europa dauerte 42 Tage, und während dieser Zeit verliebte sich der zweiunddreißigjährige Schriftsteller unsterblich in eine sechzehnjährige Australierin. Die Eltern des Mädchens machten ebenfalls die Überfahrt und hatten eine Kabine direkt neben der ihrer Tochter, was jedoch Simenon nicht hinderte, sich Nacht für Nacht im Schlafanzug zu dem Mädchen zu schleichen und zu ihr ins Bett zu kriechen. Und so unglaublich es klingt: Es passierte nichts zwischen den beiden – wenn man Simenon glauben darf, der, in der Erinnerung kramend, schmunzelnd über diese merkwürdige Liaison berichtet. Der erfahrene, reife Mann und das unberührte junge Mädchen – welch ein Thema für einen Kitschroman! Jedenfalls kam es nicht zu Intimitäten, die weiter gingen als heiße Küsse, denn – so Simenon – er sei sich zu sehr des Altersunterschiedes bewußt gewesen, und außerdem habe es sich in seinen Augen nicht um eine kurze Affäre gehandelt, sondern er habe ernsthaft daran gedacht, die Kleine zu heiraten. Als das Schiff in Marseille anlegte, trug er sich tatsächlich mit dem Gedanken, sich von Régine scheiden zu lassen.

Über Hindernisse hat sich Simenon in seinem Leben immer hinwegzusetzen vermocht. Bei der Romanze auf dem Schiff stand dem nächtlichen Liebesgeflüster entgegen, daß Miß X – den Namen wollte Simenon noch nach fünfzig Jahren nicht enthüllen – kein Wort Französisch sprach, während es bei Simenon damals noch mit dem Englischen haperte. Er behalf sich mit einem Taschenwörterbuch, und man muß sich die nächtliche Szene vorstellen: Der erfolgreiche Schriftsteller im Pyjama sitzt auf der Bettkante und gesteht im Flüsterton – damit die nebenan schlafenden »Schwiegereltern« nichts hörten – der jungen Australierin in Satzbrocken seine Liebe. Vom Romantischen zum Lächerlichen war es buchstäblich nur ein Schritt.

Simenon hatte bei diesem platonischen Liebesverhältnis der Umwelt und auch Régine gegenüber keineswegs seine Gefühle für das Mädchen verborgen. Eines Abends hatte er auf dem Vorderdeck sogar eine Prügelei mit einem jungen Mann angefangen, der es gewagt hatte, die Australierin zum Tanz aufzufordern. Bei einer anderen Gelegenheit war er beinahe über Bord gesprungen, weil sie ihn gekränkt hatte. Am Ende war es das junge Mädchen und nicht der ältere Mann, das vernünftig genug war, die Bindung zu lösen. Sie lebte in London, er in Paris – und eines Tages beantwortete sie einfach seine Briefe nicht mehr. Die bittersüße, unerfüllte Liebschaft war abrupt beendet, doch Simenon wußte seit diesem Zeitpunkt, daß er eines Tages irgendwie die Trennung von Régine vollziehen würde. Als einziges seiner unzähligen Techtelmechtel hatte sie diesen Flirt mit dem Mädchen auf dem Schiff mitbekommen und aus seinem Munde von seinen fieberhaften, halb phantastischen, halb konkreten Plänen hören müssen, dieses junge Ding zu heiraten. Zum ersten Mal in ihrer zwölfjährigen Ehe hatte auch sie gespürt, daß ihre Verbindung gefährdet war.

Jetzt, drei Jahre später, waren solche Gedanken weggewischt angesichts der großen Freude, mit der Simenon auf ihre Mitteilung reagierte, daß sie sein Kind unter dem Herzen trug. Nur wenige werdende Väter können in einen solch glückseligen Zustand geraten, wie er es damals tat, selbst sein Unterbewußtsein war mit einem wohligen Gefühl freudiger Erwartung und gelassener Beschaulichkeit erfüllt. Es kommt sicher nicht von ungefähr und ist von einer gewissen Bedeutung, daß von den vier Romanen, die er, abgesehen von einer Reihe von Maigret-Kurzgeschichten, während Régines Schwangerschaft schrieb, zwei, *Chez Krull* (»Bei den Krulls«) und *Le Bourgmestre de Furnes* (»Der Bürgermeister von Furnes«), in seiner belgischen Heimat spielen, während es in den beiden übrigen, *Les Inconnus dans la Maison* (»Die Unbekannten im eigenen Haus«) und *Malempin*, um die Liebe eines Vaters zu seinem Kind geht.

»Die Unbekannten im eigenen Haus«, ein Nicht-Maigret-Roman, verdient besondere Erwähnung. Es ist einer der wenigen Romane Simenons, von dem zwei verschiedene Filmversionen hergestellt wurden: eine mit Raimu in der Hauptrolle in französischer Sprache, die zweite einige Jahre später in Englisch mit James Mason. Im Hochgefühl der Freude über die bevorstehende Geburt seines ersten Kindes geschrieben, ist es einer von Simenons Romanen, der mehr »unterhaltsamen« Charakter hat. Es geht darin um einen Rechtsanwalt namens Hector Loursat, der achtzehn Jahre lang seinen Beruf nicht ausgeübt und sich dem Trunk ergeben hat, nachdem seine Frau ihn und ihr kleines Kind verlassen hatte, und der wieder als Strafverteidiger auftritt und in einem großen Mordprozeß den triumphalen Freispruch des Liebhabers seiner herangewachsenen Tochter erreicht, der fälschlich unter Mordverdacht gestanden hatte.

»Ich habe gerade die Lektüre Ihres verblüffenden Buches ›Die Unbekannten im eigenen Haus‹ beendet«, sollte André Gide später an Simenon schreiben. »Es ist lange her, daß ich von einem Roman so stark beeindruckt worden bin ...!« Die Herzlichkeit, mit der Simenon den Vater charakterisiert, der in Wirklichkeit nicht nur den Freund der Tochter, sondern auch sich selbst rettet, hat eine ergreifende, fast Wunschdenken verratende Note, wie sie sich nicht sehr oft in Simenons Werk findet.

Das erste (und einzige) Kind von Simenon und Régine, der Sohn Marc, kam am 19. April 1939 zur Welt, aber nicht in dem alten Priorat in Nieul, sondern in Belgien – in einer Klinik in Uccle, einem Villenvorort von Brüssel. Doch, wie Régine bestätigt, hatte dies »nichts zu tun mit einem Wunsch unsererseits, unser Kind in dem Land, aus dem wir beide stammten, das Licht der Welt erblicken zu lassen. Die Geschichte von Marcs Geburt ist wirklich ein Kapitel für sich!«

Zunächst einmal war Simenon, besorgt um das Wohlergehen seiner Frau, die immerhin im neununddreißigsten Lebensjahr stand, mit keinem der Krankenhäuser und Kliniken in La Rochelle zufrieden gewesen. Ein guter Freund der Simenons, der jeden Sommer mit seiner Familie Urlaub auf Porquerolles machte, war Professor für Medizin in Straßburg und gleichzeitig Chefarzt an einem der führenden Krankenhäuser der elsässischen Hauptstadt. Simenon fragte ihn telefonisch um Rat und ging gern auf das Angebot ein, Régine zur Entbindung zu diesem Professor Pautrier nach Straßburg zu bringen. Also setzten sich Simenon, Régine und Boule in den riesengroßen alten Chrysler und fuhren quer durch Frankreich in die elsässische Rheinebene und die Metropole der *choucroute* und des *pâté de foie gras,* von Sauerkraut und Gänseleberpastete also, in deren unmittelbarer Umgebung der liebenswürdige Professor im Auftrag Simenons ein stattliches Landhaus gemietet hatte, in dem Régine ihre Niederkunft erwarten sollte.

Der schloßartige Besitz lag indessen vierzig Kilometer von Straßburg entfernt; deutsche Truppen waren gerade – am 15. März – in die Tschechoslowakei einmarschiert, und die Kriegsgefahr, ein halbes Jahr zuvor durch das Münchner Abkommen gemindert, lag wieder bedrohlich in der Luft – was Wunder, daß Simenon um die Sicherheit seiner Frau fürchtete. Zwar schlug er Pautrier vor, nach Straßburg hinein überzusiedeln, um unnötige Verzögerungen zu vermeiden, wenn Régines Wehen einsetzten, doch der Professor riet statt dessen, lieber nach Paris zu fahren, weil Straßburg und seine Umgebung zu nahe an der deutschen Grenze lägen und man den deutschen Grenzposten auf dem gegenüberliegenden Rheinufer förmlich ins Auge blicken könne. »Alles verläßt schon unser Gebiet«, argumentierte der Mediziner. »Es könnte passieren, daß alle Krankenhäuser evakuiert wären, wenn für Ihre Frau die Zeit käme. Sie hätte dann keine ärztliche Hilfe mehr. Sie fahren besser sofort los!«

Das taten sie auch, aber nicht nach Paris. Sie wählten die entgegengesetzte Richtung und reisten nach Belgien, weil das nicht nur näher war, sondern weil sie schließlich beide dort Verwandte hatten, die ihnen notfalls helfen konnten. Mit im Auto saß, behaglich im Fond neben Boule untergebracht, für alle Fälle eine Hebamme, denn Régine mußte täglich mit dem freudigen Ereignis rechnen. Sie war die einzige, die sich nicht aus der Ruhe bringen ließ.

Wenige Tage nach dem Eintreffen in Brüssel, wo Régines Bruder Yvan und seine Familie wohnten und sie herzlich willkommen hießen, wurde dann Marc geboren. »Bist du glücklich, Georges?« waren die ersten Worte Régines, als ihr Mann, vor freudiger Erregung zitternd, wie ein ängstlicher Schuljunge, der zu spät zur Messe kommt, auf Zehenspitzen ihr Zimmer betrat. Er betätigte die Autohupe wie eine Trompete und sang lauthals dazu auf der Rückfahrt zu der für kurze Zeit gemieteten Brüsseler Wohnung, wo er die Tür aufstieß und der vor Rührung ganz blassen Boule zurief: »Er ist da! Ich habe einen Sohn!«

Er hatte so lange auf diesen Augenblick gewartet, daß es für ihn fast ein Sakrileg war, wenn andere das Kind anfaßten. Als seine Schwiegermutter, die alte Madame Renchon, die längst vielfache Großmutter war und selbst fünf eigene Kinder aufgezogen hatte, ihren jüngsten Enkel aus seinem Körbchen hob und auf den Arm nahm, konnte Simenon sich nicht enthalten, entsetzt aufzuschreien: »Paß auf! Du drückst das Baby zu fest!«

So hatte es zu guter Letzt doch noch den Anschein, als sei er imstande, richtig glücklich zu sein. Er hatte seine Frau aufrichtig lieb. Er besaß jetzt einen Sohn und ein Heim, wie er es sich immer erträumt hatte. Er war auf dem Wege zum Zenit seiner schriftstellerischen Karriere, voll Hoffnung und Vertrauen auf seine Leistungen. Das Leben verlief – beinahe – in einer Bahn, die er sich selbst vorgezeichnet hatte. Wenn er auch nicht den Mond in Händen hatte, so schienen ihm doch die Sterne mit all ihrer Pracht.

Und dann trat das unfaßbare, zwar insgeheim befürchtete, dann aber doch über die Sommerfreuden in der friedlichen französischen Provinz aus dem Bewußtsein verdrängte schreckliche Ereignis doch ein: Als er an einem sonnigen Sonntagvormittag Anfang September 1939 nach einer Besorgung in La Rochelle mit Annette de Bretagne in einem Bistro bei einem Glas Wein saß, hörte er im Radio die Meldung, daß Frankreich und das verbündete Großbritannien Hitler-Deutschland den Krieg erklärt hatten.

11

Die ersten Kriegstage

Die zitternde Hand Annettes, eines jungen Mädchens, das nichts vom Krieg wußte, hatte verstohlen nach der Simenons getastet, als wolle sie bei ihm Schutz finden. Oder suchte die Sekretärin, die ihren Chef über alle Maßen verehrte, diesem im Gegenteil Trost zu spenden? Die Nachricht vom Kriegsausbruch war für alle Gäste ein Schock. Der französische Rundfunk änderte sein Programm, spielte Marschmusik und brachte Sondermeldungen und Mobilmachungsbefehle. In La Rochelle diskutierten auf den Straßen erregte Menschengruppen. Die Kirchenglocken begannen zu läuten. Simenon und seine Begleiterin saßen noch eine Weile schweigend in dem Lokal und fuhren dann beklommen nach Nieul zurück, wo Simenon sofort Régine die Neuigkeit überbrachte. Beide hatten als Kinder den (Ersten) Weltkrieg erlebt und wußten, was der neue Konflikt bedeuten konnte, der durch den deutschen Einmarsch in Polen entstanden war. Sie betrachteten ihren fünf Monate alten Sohn – und hatten Angst.

Doch trotz ihrer Besorgnis und Simenons dramatisch wirkendem Entschluß, auf der Stelle mehrere Flaschen Champagner zu leeren, »um uns den Mut anzutrinken, der Zukunft ins Auge blicken zu können«, saß er bald wieder wie gewohnt an seiner täglichen Arbeit. Über seine Schreibmaschine gebeugt und vom Leben seiner Romanfiguren in Anspruch genommen, war er mit seinen Gedanken schon bald nicht mehr bei der internationalen Lage. Wie gewohnt schaffte er es, in zehn Tagen ein neues Buch fertigzustellen, das den Titel *Il pleut bergère* (»Es regnet ...«) trug und in dem von Krieg und Massenvernichtung überhaupt keine Rede ist.

Überhaupt spielte der Zweite Weltkrieg in den Werken Simenons so gut wie keine Rolle. Nur in zwei Romanen, *Le Train* (»Der Zug«) und *Le Clan des Ostendais* (»Der Clan der Ostender«), die beide nach dem Krieg entstanden, spielt die Handlung vor dem Hintergrund der Kriegsereignisse. Und dabei dient in dem erfolgreicheren der beiden Bücher, in *Le Train,* der deutsche Einmarsch in Holland und Belgien im Mai 1940 nur als Katalysator, der dem zweiunddreißigjährigen Marcel Feron, einem Rundfunkmechaniker und »Kleinbürger« in einem Städtchen in Nordfrankreich, die Gelegenheit

Annette de Bretagne 1939

244

bietet, fast freudig mit seinem Töchterchen und seiner Frau Jeanne, die ihr zweites Kind erwartet, Heim, Arbeitsstelle und Stadt zu verlassen und zu fliehen. Es ist sein »Wendepunkt«, jener vertraute Kunstgriff vieler Simenonscher Romane, der ihn in die Lage versetzt, mit der Vergangenheit zu brechen. Im überfüllten Flüchtlingszug nach Süden verliert er Frau und Kind aus den Augen und hat eine »vorübergehende«, intensive Liebesaffäre mit einem jungen jüdischen Mädchen, das in demselben Zug unterwegs ist. Bei der Ankunft am Bestimmungsort findet er schließlich seine Familie wieder. Seine Frau ist in der Zwischenzeit von einem gesunden Jungen entbunden worden.

Die Ferons kehren später in ihre Heimat zurück, und Marcel arbeitet wieder in seinem alten Beruf. Ein paar Jahre darauf, gegen Kriegsende, trifft er die junge Jüdin durch Zufall auf der Straße wieder. Sie ist abermals auf der Flucht, diesmal vor der Gestapo. Verzweifelt bittet das Mädchen Marcel um Hilfe und Unterschlupf, doch er weigert sich. »Ich verstehe dich, Marcel!« sind ihre letzten Worte. Einen Monat später liest er auf einem Anschlag an einer Mauer, daß man sie erschossen hat. Er reagiert weder betrübt noch glücklich. Sein Leben mit seiner Frau und den Kindern im selben kleinen Haus in derselben Wohnung über dem Radiogeschäft in dem Nest im Norden geht weiter, endlos weiter.

Le Train erzählt eine eindrucksvolle Geschichte, die 1973 von dem Regisseur Pierre Granier-Deferre ebenso beeindruckend mit Jean-Louis Trintignant und Romy Schneider in den Hauptrollen unter dem gleichen Titel verfilmt wurde, wobei besonders der inzwischen verstorbene Weltstar Romy Schneider in der Rolle der Jüdin nachhaltig beim Publikum ankam. Doch Buch wie Film verdeutlichen, daß Simenon offenbar nur eine *individuelle* Tragödie nachfühlen und wiedergeben kann, besonders, wenn eine eigene Erfahrung vorausgeht, nicht aber das tragische Geschick, das die große Masse eines Volkes trifft. Obwohl er während der Kriegsjahre und der vierjährigen deutschen Besatzungszeit ständig in Frankreich lebte, ist aus den zahlreichen Romanen und Erzählungen, die in diesem Zeitraum entstanden, kein Wort zu entnehmen, beispielsweise über Hitler oder Pétain, Vichy-Regierung oder Widerstand; bei Simenon gibt es keine Konzentrationslager, keine Luftangriffe, keine Angst vor dem frühmorgendlichen Klopfen der Gestapo an der Haustür.

Im Juli 1940, kurz nachdem deutsche Truppen kampflos Paris besetzt haben, schreibt Simenon, während Hunderttausende junger Franzosen in deutschen Kriegsgefangenenlagern sitzen, Stadt und Land in Nordfrankreich Zerstörungen aufweisen und der alternde Marschall Pétain in Vichy eine Marionettenregierung installiert, in Nieul den Non-Maigret-Roman *La Vérité sur Bébé Donge* (»Die Wahrheit über Bébé Donge«), der er in den »Intimen Memoiren« selbst als Roman »ohne Krieg, ohne Geschrei, fast ohne Dramatik, voller Sonne und harmonischer Parks« bezeichnet.

Denis Tillinac, ein junger französischer Schriftsteller, hat sich über die – wie er sie nennt – »unhistorische Eigenart« Simenons geäußert und ist zu dem Schluß gekommen, daß wichtige zeitgeschichtliche Ereignisse in seinem Werk beinahe völlig fehlen und an seinen Personen nahezu spurlos vorübergehen. In seiner kritischen Untersuchung über Simenon[*] schreibt er: »Seine Gleichgültigkeit gegenüber ›großen Ereignissen‹ ist die des Mannes auf der Straße. Man kann die vielen hundert Romane von Simenon lesen, ohne zu erfahren, daß 1917 aus dem russischen Zarenreich unabhängige Sozialistische Sowjetrepubliken wurden, die sich 1922 zur Sowjetunion zusammenschlossen ... Man liest seine Bücher und wird nicht darüber belehrt, wer wem 1939 den Krieg erklärt hat.«

---

[*] »Le Mystère Simenon«, Calman-Levy, Paris 1980.

246

Aber Simenons Sonderbarkeit in puncto Zeitgeschichte geht noch weiter. Er weigerte sich auf fast perverse Weise, in seinen Büchern die Realität des Zweiten Weltkrieges hinzunehmen.

In *Signé Picpus* (»Maigret contra Picpus«) zum Beispiel, einem Maigret-Roman, der im Sommer 1941 entstanden ist, als bereits seit einem Jahr deutsche Soldaten durch die Pariser Boulevards flanierten und ausländische Touristen längst aus dem Stadtbild verschwunden waren, schildert Simenon »den Verkehrslärm auf der Ile de la Cité« und in der Rue Auber, »wo auf beiden Seiten ein Café ans andere gedrängt ist und vergnügte Menschenmengen sich auf den Trottoirs aneinander vorbeischieben«. Während Maigret seine Ermittlungen anstellte, »bahnten sich mit ausländischen Touristen vollgestopfte Ausflugsautobusse ihren Weg durch die Straßen von Paris, derweil ein Fremdenführer, in ein Megaphon brüllend, ihnen die Sehenswürdigkeiten erläuterte«.

War dies eine beabsichtigte Flucht aus der Wirklichkeit, oder gab es eine Blockierung in seinem Gehirn, die ihn daran hinderte, die Dinge so zu sehen, wie sie wirklich waren? Wenn er sich schon entschloß, während der Kriegsjahre und der bedrückenden Besatzungszeit überhaupt etwas zu schreiben (obwohl es nicht den Anschein hat, als sei er durch finanzielle Not dazu genötigt oder durch die französischen oder deutschen Behörden gezwungen worden), dann hätte man annehmen können, daß er sich mehr an die tatsächlichen Gegebenheiten hielt und sie wahrheitsgemäß schilderte, statt dieses Märchenbild von einem Paris und einem Frankreich hinzumalen, wie es leider aufgehört hatte zu existieren. Simenon sagte dazu lediglich: »Ich habe während des Krieges kaum etwas geschrieben. Es wurden wegen der Papierknappheit nicht sehr viele Bücher veröffentlicht.« Die Fakten strafen diese Darstellung Lügen. David Pryce-Jones zitiert in seinem

Buch »Paris in the Third Reich«* den seinerzeitigen deutschen Botschafter in Paris, Otto Abetz, der erklärt hatte, er sei »stolz darauf, zu verzeichnen«, daß »trotz Versorgungsengpässen französische Verleger beträchtliche Papierlieferungen erhielten; von 1941 bis 1944 war die durchschnittliche jährliche Buchproduktion von ausschließlich belletristischen Titeln, Kunstbänden und wissenschaftlicher Literatur nicht niedriger, als sie es in Friedenszeiten gewesen war. Im Jahre 1943, also mitten im Krieg, lagen die französischen Verlage sogar an der Weltspitze mit 9348 Titeln vor den USA mit 8320, Großbritannien mit 6705 und der Schweiz mit 3325 Neuerscheinungen«. Und da behauptete Simenon, es habe kein Papier gegeben!

Die deutschen Besatzungsbehörden hatten während der vierjährigen Dauer der *occupation* einen offiziellen Zensor eingesetzt. Dieser Funktionär der Reichsschrifttumskammer in Berlin, Gerhard Heller mit Namen, hatte sein Büro auf den Champs-Elysées in Paris. Pryce-Jones sagt von ihm: »Heller ließ praktisch alles durchgehen...« Obwohl er ein nobler Mann und keineswegs ein hundertprozentiger Nationalsozialist war, war es nicht seine liberale Einstellung, auf die die großzügige Handhabung der Vorschriften zurückzuführen war, sondern die Passivität und Feigheit der französischen Verleger insgesamt, die sich in Einschränkungen und Maßnahmen überstürzten, von denen sie annahmen, daß Heller sie in Kürze verfügen würde. Wie Heller selbst es in seinem Buch »Un Allemand à Paris«**, das 1981 in Frankreich veröffentlicht wurde, ausdrückt: »Die Franzosen praktizierten untereinander eine Selbstzensur.« Noch heute ist außerhalb Frankreichs weitgehend unbekannt, daß knapp drei Monate nach Unterzeichnung des deutsch-französischen Waffenstillstan-

---

* Collins, London 1981.
** Editions du Seuil, 1981.

des am 22. Juni 1940 der Syndicat des Editeurs Français – der französische Buchverlegerverband – ein Abkommen mit den deutschen Besatzungsbehörden schloß, wonach er sich verpflichtete, keine Bücher herauszubringen, deren Autoren Juden oder Freimaurer waren (später kam noch die Einschränkung »Kommunisten« hinzu). Als Gegenleistung brauchten der deutschen Zensurstelle nur Bücher vorgelegt werden, »bei denen der französische Verlag im Zweifel war«. Unter den Verlegern, die diese Abmachung trafen, befand sich an prominenter Stelle auch Simenons Verleger Gaston Gallimard.

Es ist kein erfreuliches Kapitel der französischen Kulturgeschichte. Der amerikanische Journalist Sam White, ein jahrzehntelanger Beobachter und Kenner der Pariser Kulturszene, meint dazu: »Die Leute übersehen die Tatsache, daß während der deutschen Besatzung eine Zeitlang zwei Stücke des Erzradikalen Jean-Paul Sartre gleichzeitig in Paris aufgeführt wurden, eines davon im Théâtre de la Cité, dem ehemaligen Théâtre Sarah Bernhardt, das man umbenannt hatte, weil die 1923 verstorbene große Tragödin Jüdin gewesen war.«

Für die meisten Angehörigen künstlerischer Berufe ging das Leben seinen gewohnten Gang während der deutschen Besatzungszeit weiter, oder man arrangierte sich, so gut es ging. Sartre drückte es später einmal so aus: »Die Okkupation war unerträglich, doch zugleich paßten wir uns ihr ganz gut an...« Schriftsteller und Dramatiker wie Sartre, seine Schülerin und spätere Lebensgefährtin Simone de Beauvoir, Marcel Aymé, Jean Anouilh und Marcel Pagnol lebten und arbeiteten weiterhin in Paris. Sacha Guitry, damals der wohl berühmteste Schauspieler und Stückeschreiber der Pariser Bühnen, war häufiger Besucher bei Botschafter Abetz in der Deutschen Botschaft in der Rue de Lille, von deren Fahnenmast zum täglichen Ärger der vaterlandsliebenden Franzosen stolz die Hakenkreuzflagge wehte. Der Choreograph Serge Lifar durfte Gala-Ballettabende an der Pariser Oper inszenieren und des rauschenden Beifalls hoher deutscher Militärs und Parteifunktionäre in Uniform gewiß sein. Der weltbekannte Chansonnier Maurice Chevalier wohnte die meiste Zeit über außerhalb von Paris, kam jedoch öfters zu Konzerten und Auftritten, vor allem im Sender Radio Paris, in die Hauptstadt. Er wurde für seine Vorträge hoch bezahlt, mußte aber nach dem Krieg noch teurer in der Publikumsgunst dafür bezahlen, daß er mit den Deutschen zusammengearbeitet hatte. Das gleiche gilt für die Chansonnette Edith Piaf, die als luxuriöses Domizil in der Seine-Metropole das gesamte obere Stockwerk über einem stadtbekannten eleganten Bordell gemietet hatte. Bei einem einzigen abendlichen Bühnenauftritt verdiente sie bis zu 20 000 Francs, was damals in Frankreich dem durchschnittlichen Jahresgehalt eines Büroangestellten entsprach. Weder sie noch Maurice Chevalier schreckten davor zurück, in Deutschland vor französischen Kriegsgefangenen aufzutreten, deren Begeisterung von deutschem Wachpersonal im Zaum gehalten wurde.

Der Pianist Alfred Cortot sah nichts Schlimmes darin, Konzerte in Berlin zu geben, und Leinwandstars wie Danielle Darrieux, Vivianne Romance und Albert Préjean (der später in drei Filmen Kommissar Maigret verkörperte) nahmen Einladungen zu Verbeugungstourneen in Deutschland an.

Die Comédie Française spielte auch während der Kriegsjahre ohne Unterbrechung ihren Molière. Zu ihren Spitzenkräften zählten die noch heute bekannten Darstellerinnen und Darsteller Marie Bell, Mary Marquet, Madeleine Renaud und Jean-Louis Barrault. *Le Tout Paris* tat sein Bestes, um den Krieg anderswo in der Welt vergessen zu lassen und den neuen Herren ein angenehmes Leben in der Etappe zu bieten. Die illustren Restaurants wie »Fouquet's«, »Lapérouse«, »La Marquise de Sévigné«, »La Tour d'Argent« und »Le

Grand Véfour« boten erlesene Speisen und Getränke wie in Friedenszeiten. »Maxim's«, obwohl von der Geschäftsleitung des exklusiven Berliner Feinschmeckerrestaurants Horcher übernommen, bot äußerlich dasselbe Bild wie eh und je. Abend für Abend wurden prominente deutsche Besucher – darunter sehr oft Reichsmarschall Hermann Göring – und ihre französischen Freunde mit kriecherischer Höflichkeit vom alten, schon in der Vorkriegszeit auf seinem Posten fungierenden Oberkellner an ihren Tisch geleitet. Auf einer glanzvollen privaten Abendgesellschaft, zu deren Gästen auch der Duc d'Harcourt und die Modeschöpferin Coco Chanel zählten, ließ letztere eine lange Haßtirade gegen die Juden los, »doch glücklicherweise«, so notierte einer der Anwesenden in sein Tagebuch, »wechselte man rasch das Thema, als jemand bemerkte und jedermann zustimmte, daß die Smaragde der – nicht anwesenden – Catherine d'Erlanger nur raffiniert geschliffene grüne Flaschenscherben waren«. Pryce-Jones zufolge lebten »(der Schriftsteller) Jean Cocteau und sein Freund (der Schauspieler) Jean Marais in ihrer gemeinsamen Wohnung im Palais-Royal, als ob der Krieg und die deutsche Besetzung gar nicht existierten. ›Wie bekomme ich mein Opium?‹ war Cocteaus Hauptsorge«.

In der Filmindustrie lautete die Devise gleichfalls: Weitermachen um jeden Preis! Arrivierte Stars wie Raimu, Pierre Fresnay und Jules Berry setzten ebenso ihre Karriere fort wie junge Talente, etwa Serge Reggiani, Gérard Philippe und Daniel Gelin. Ein französischer Historiker, der sich mit jenen Kriegsjahren beschäftigt hat[*], resümiert nicht ohne Bitterkeit: »Die Résistance fand nur ein schwaches Echo in der Welt des Films . . .«

Das Gefühl der Scham ist noch heute bei vielen Franzosen vorhanden, die damals zu »Mitläufern« wurden; vierzig Jahre nach der Befreiung konnte die große kon-

---

[*] J.-P. Agéma: »De Munich à la Libération (1938–1944)«, Ed. du Seuil 1979.

servative Tageszeitung *Le Figaro* noch eine Kritik über ein neues Buch, das kritisch die deutsche Besatzungszeit beleuchtet, mit der Schlagzeile versehen: »Le Temps de l'Humiliation« (Die Zeit der Demütigung). Nach dem deutschen Einmarsch in Paris gelang es so berühmten und genialen Künstlern wie René Clair, Louis Jouvet, Jean Gabin, André Maurois, Fernand Léger und dem Komponisten Darius Milhaud, die Ausreise in die Vereinigten Staaten zu bewerkstelligen. Dem in Paris lebenden russisch-amerikanischen Schriftsteller Vladimir Nabokov glückte die Überfahrt nach New York mit dem letzten Ozeandampfer, der Le Havre verließ, bevor es die Deutschen besetzten. Der Filmregisseur Jean Renoir, wie erwähnt einer der engsten Freunde Simenons, brachte es auf spektakuläre Weise ebenfalls fertig, Frankreich zu verlassen. Auf die Frage, ob sie und ihr Mann sich zu keinem Zeitpunkt mit dem Gedanken getragen hätten, Frankreich für die Dauer der Besetzung den Rücken zu kehren, antwortet Régine, ehrlich erstaunt, mit »Nein! Da war nichts zu machen. Wir lebten schließlich in einem besetzten Land!«.

Nach dem Krieg sah sich Simenon unangenehmen Vorwürfen ausgesetzt. Richardson drückte es drastisch so aus: »Nach der *libération* flitzte der kommunistische Dichter (Louis) Aragon mit seiner gespaltenen Zunge in ganz Paris herum und erzählte jedermann, das Vorbild für Maigret sei ein Erzkollaborateur.« In Simenons gesamten Aufzeichnungen findet sich über diesen Vorgang kein Wort, doch er hat sich einmal so darüber geäußert: »Ich wurde nicht daran gehindert, während des Krieges meine Filme zu machen. Man drehte weiter Maigrets. Ich fragte mich, warum es eigentlich Schauspielern verwehrt sein sollte, sich ihr Brot zu verdienen, nur weil Krieg war. Also hatte ich nichts dagegen, daß meine Filme entstanden. Aber einige Leute fanden, daß es – wie soll ich sagen? – von schlechtem Geschmack zeugte...«

Tatsächlich wurden einige dieser Filme von der »Continental«-Filmgesellschaft in Paris hergestellt, die von den Deutschen auf Geheiß von Propagandaminister Joseph Goebbels gegründet und der UFA-Filmproduktion in Berlin unterstellt worden war. Die Aufführung von *Le Inconnus dans la Maison* war nach der Befreiung einige Zeit lang verboten, weil der 1941 von Henri Decoin gedrehte Streifen stark antisemitische Untertöne enthielt und als »antifranzösische Propaganda« eingestuft wurde. Diese Akzente waren im ursprünglichen Text von Simenons Roman *nicht* vorhanden, doch der Autor hatte sich mit dem Verkauf der Verfilmungsrechte einverstanden erklären müssen. Es war bezeichnend für Simenon, daß er sich nach seinen schlechten Erfahrungen in den dreißiger Jahren nie mehr darum gekümmert hat, was aus seinen Geschichten wurde, nachdem der Stoff einmal für die Leinwandversion erworben worden war; zu diesem Zeitpunkt hatte er längst das Interesse an seinem Produkt verloren. »Nimm, was du kriegen kannst!« könnte man diese Einstellung auf eine nüchterne und wenig schmeichelhafte Formel bringen, die jedoch den Kern der Dinge treffen dürfte. Simenon hätte eigentlich angesichts der deutschen Besetzung und der damit in Zusammenhang stehenden Einschränkungen der geistigen Freiheit in seiner Wahlheimat vorsichtiger sein müssen.

Als ihm nach dem Krieg von einem Journalisten bei einem Interview vorgehalten wurde, er habe die Ereignisse zwischen 1940 und 1944 schlichtweg ignoriert, gab Simenon leicht verärgert zurück: »Ich verfolge immer sehr aufmerksam die politischen Ereignisse, doch sie berühren mich innerlich nicht. Heute schalte ich, wenn ich zum Lesen zu müde bin, das Fernsehen ein und sehe mir beiläufig eine Nachrichtensendung an. Aber fragen Sie mich hinterher nicht, was ich im einzelnen mitbekommen habe; das wiederzugeben würde mir schwerfallen. Tagesereignisse wiederholen sich:

dieselben Sieger, dieselben Verlierer. Ich hoffe, daß eines Tages die Verlierer die Gewinner sein werden – und ich hoffe ebenfalls, daß wir, bevor das eintritt, nicht noch eine reaktionärere Epoche durchmachen müssen, als wir das gegenwärtig tun.«

Dies ist allem Anschein nach ein geschicktes Ausweichen vor der Antwort auf eine schwierige Frage, doch in Wahrheit leidet Simenon vielleicht wirklich an einer Art »Tunnelsicht«. Das ist jemand, der mit Scheuklappen durch das Leben geht und nur mit starrem Blick geradeaus seine Umwelt wahrnimmt. Er sucht nach der Wahrheit – nicht zum wenigsten der über sich selbst –, aber er ist im Grunde am Tagesgeschehen und seinen Mitmenschen nur insofern interessiert, als sie *mit ihm* zu tun haben. Simenon ist der Gott der Simenonschen Welt, und in der ist kein Platz für einen anderen Gott!

Sein enger Freund, Dr. Jean Martinon (den Simenon, um der Wahrheit die Ehre zu geben, instruiert hatte, frei von der Leber weg zu reden und nichts zu verschweigen, was einem Biografen von Nutzen sein könnte), erzählt interessante Dinge aus der Zeit Mitte der fünfziger Jahre, als Simenon und seine zweite Frau Denise in Cannes lebten. »Simenon legte damals ein Verhalten an den Tag, das es einem schwermachte, Wahrheit und Unwahrheit auseinanderzuhalten. Beide neigten ein wenig zur Übertreibung. Sie behaupteten von sich: ›Wir sind heilige Monster!‹, und diese Redensart erlaubte ihnen alles mögliche...« Simenon würde ohne Zweifel gegen die Unterstellung protestieren, doch der Augenschein läßt darauf schließen, daß dies auch für seine Tätigkeiten in den Kriegsjahren gilt. Gewöhnliche Maßstäbe haben für ihn keine Gültigkeit; zumindest möchte er das gern glauben – und andere glauben machen.

Régines Urteil über das Verhalten ihres früheren Ehemanns in jener schweren Zeit fällt bezeichnenderweise viel milder aus: »Tagesereignisse interessieren ihn nicht aus literarischer Sicht, weil er seinen Blick auf den ›nackten Menschen‹ konzentriert. Auf persönlicher Ebene ist es etwas anderes. Er hat im Krieg viel durchgemacht. Er befaßt sich nicht mit dem Menschen im Rahmenwerk des politischen Geschehens; er untersucht ihn auf seine Wünsche, seine Illusionen, seinen Kummer, seine Freuden hin. Und ob gerade Krieg ist oder nicht, reflektieren seine Romane nicht...«

Was also war mit Simenon während der schrecklichen Kriegsjahre los? Wie sahen seine Erlebnisse in Wahrheit aus? Was könnte er ehrlichen Herzens auf die heute gängige Frage antworten: »Was hast du im Zweiten Weltkrieg gemacht, Papa?«

Er würde ohne Zweifel schlicht erwidern: »Ich habe gelebt.« Wie Millionen anderer Belgier und Franzosen ist er weder ein Held noch ein Feigling, weder ein Heiliger noch ein Speichellecker gewesen. Er war nicht wie Serge Lifar innerhalb eines einzigen Jahres dreimal nach Deutschland gereist, um sich von Hitler, Göring und Goebbels bewundern und Komplimente machen zu lassen.* Er hatte es sogar abgelehnt, die deutschen Rechte für seine Bücher neu zu vergeben, nachdem sein eigentlicher deutscher Verleger vor den braunen Machthabern ins Ausland geflohen war, und war trotz vieler verlockender Angebote während des ganzen Krieges bei dieser Weigerung geblieben.

Gewiß gibt es in Europa heute noch eine Reihe von Männern und Frauen in Simenons Alter, die mehr Grund haben, voll Stolz auf ihr Verhalten in den Kriegsjahren zurückzublicken als er, aber die Zahl derer, die in der Rückschau erkennen müssen, daß sie versagt haben, als ihre Zivilcourage auf die Probe gestellt wurde, ist weitaus größer.

---

* Im Jahr 1947 wurde Lifar offiziell vom Vorwurf der Kollaboration mit den Deutschen entlastet (Anm. d. A.).

Vor Beginn des deutschen Westfeldzuges, der Hitlers Divisionen am 10. Mai 1940 gleichzeitig in Belgien, Holland und Luxemburg einrücken ließ, fühlte sich Simenon als belgischer Staatsbürger von den Kampfhandlungen in Polen im Herbst 1939 und der deutschen Besetzung Dänemarks und Norwegens im April 1940 noch nicht unmittelbar vom Krieg betroffen. Doch sobald unter Verletzung der Neutralität die Grenzen seiner belgischen Heimat von den Deutschen überschritten worden waren, stellte er sich sofort, wenn auch auf etwas melodramatische Weise, in die Dienste des Vaterlandes.

Wenige Stunden nach dem deutschen Einmarsch hatte die belgische Regierung alle männlichen Einwohner des Landes unter 50 zu den Waffen gerufen und sie angewiesen, sich sofort in den örtlichen Kasernen oder Wehrbezirkskommandanturen einzufinden. Simenon war zu diesem Zeitpunkt siebenunddreißig Jahre alt. Zwar besaß er längst nicht mehr die Uniform, die er knapp zwanzig Jahre zuvor während seiner Militärdienstzeit als Kavallerist getragen hatte, doch die alte Feldmütze mit dem bunten Pompon darauf hatte er aufgehoben. Mit dieser militärischen Kopfbedeckung, Reithose und -stiefeln sowie einem Tweedjackett ausstaffiert, gab er Régine und dem kleinen Marc einen Abschiedskuß und bestieg in La Rochelle einen Schnellzug nach Paris, um von dort nach Lüttich weiterzufahren. Als er jedoch auf der Gare Montparnasse in der Hauptstadt eintraf, waren dort große Hinweisschilder mit der Aufschrift angebracht: »Alle Belgier werden ersucht, die Weiterfahrt in das Königreich Belgien nicht fortzusetzen und sich statt dessen in der Belgischen Botschaft in der Rue des Suresnes zu melden.« Simenon bahnte sich einen Weg durch die Menschenmenge, winkte ein Taxi heran und ließ sich zur Botschaft fahren, wo sich bereits viele seiner Landsleute eingefunden hatten. Infolge der Schnelligkeit des deutschen Vormarsches auf belgischem Boden herrschte jedoch beim Botschaftspersonal Verwirrung über die Lage in der Heimat.

Simenon gelang es, zum Ersten Sekretär vorzudringen, den er gut kannte. Dieser brachte sein Erstaunen darüber zum Ausdruck, den berühmten Landsmann in dieser Situation zu treffen, noch dazu – was er natürlich nicht sagte – in einem derart prächtigen, operettenhaften Aufzug. »Ich möchte mich wie andere auch meinem alten Regiment zur Verfügung stellen!« erklärte Simenon, mußte jedoch zugleich zugeben, daß er keine Ahnung hatte, wo seine Einheit stand. »Da kann ich Ihnen auch nicht helfen«, meinte der Erste Sekretär. Nach seiner Darstellung war die Situation ziemlich chaotisch, denn während die belgischen Streitkräfte angeordnet hatten, alle Freiwilligen sofort in ihr Heimatland weiterzuleiten, kamen laufend Anweisungen von der Regierung in Brüssel, die Aktion zu stoppen, weil Straßen und Eisenbahnlinien bereits in deutscher Hand seien. »Jede halbe Stunde trifft ein Fernschreiben ein, dessen Inhalt dem vorangehenden widerspricht. Ich weiß wirklich nicht mehr, woran ich bin«, klagte der Diplomat und gab dann Simenon den Rat: »Sie haben doch sicher eine Menge Freunde hier in Paris. Verabreden Sie sich doch mit einem von ihnen zum Mittagessen. Wenn Sie mich heute nachmittag um drei wieder aufsuchen, kann ich Ihnen definitiv sagen, ob Sie weiterreisen können oder nicht.«

Dies war sein letzter Lunch, bevor ihn eine ungewisse Zukunft erwartete. Er wollte keineswegs die Zeit mit einem Essen in irgendeinem Lokal vergeuden. Daher rief er die Frau eines seiner reichen adligen Freunde aus La Rochelle an, die, wie er wußte, eine in der Nähe gelegene Stadtwohnung mit Blick auf die Seine besaß. Sie war zu Hause und lud ihn ein. Ihre Köchin bereitete eine köstliche Mahlzeit zu, die sie beide mit großem Genuß aßen. Als er hinterher mit der Dame des Hauses beim Kaffee im Salon saß, nahm er plötzlich neben ihr auf dem Sofa Platz, ergriff ihre Hände und flüsterte ihr zu: »Schauen Sie, liebe Freundin, ich habe Sie, wie Sie wissen, nie bedrängt, aber Sie haben so wundervolle Beine und müssen doch spüren, daß ich Sie sehr mag. Ich möchte gern Ihre Schenkel streicheln, um eine schöne Erinnerung zu haben, egal, was dann mit mir passiert!« Die Dame gab durch ein Lächeln zu verstehen, daß sie nichts dagegen hatte, und Simenons Hände glitten sanft über die seidenen Strümpfe nach oben und liebkosten das zarte Fleisch der Oberschenkel, bevor sie wieder unter dem Rock zum Vorschein kamen. Mit einer Umarmung nahm er dann Abschied, »um in den Krieg zu ziehen«.

Simenon erwähnt diese Episode in seinen »Intimen Memoiren«, verschweigt dabei jedoch, daß die bewußte gastfreundliche Dame, obwohl verheiratet, Lesbierin war, was er längst erfahren hatte. »Das spielte keine Rolle«, sagte er heute. »In meinen Beziehungen zu Frauen ist das eigentlich alles, was ich immer wollte: Zärtlichkeit. In diesem Fall war für mich das zarte Streicheln der Beine einer schönen Frau etwas, was mir wirklich Vergnügen bereitete.«

Wieder in der Belgischen Botschaft angekommen, teilte ihm der Botschaftssekretär mit, daß es mit einer Weiterfahrt Hals über Kopf zum Schlachtfeld nichts war. Alle Fernstraßen in Belgien waren tatsächlich blokkiert oder bereits vom Feind erobert. Es gab – so der Diplomat – allerdings für Simenon trotzdem eine Möglichkeit, wie er seinem Vaterland helfen konnte. Die französische Regierung habe den Südwesten des Landes um La Rochelle als Auffanggebiet für die vielen tausend belgischen Flüchtlinge bestimmt, die mit Auto, Eisenbahn, Pferdewagen und jedem denkbaren Transportmittel vor den deutschen Armeen das Weite suchten. Ob Simenon den zuständigen Präfekten kannte? »Er ist ein sehr guter Freund von mir. Er war noch vorgestern zum Abendessen bei uns«, war die Antwort. War ihm auch der Wehrbereichskommandeur bekannt? »Natürlich. Wir sind ebenfalls eng befreundet. Er und seine Frau sind öfters bei uns zum Essen und wir bei ihnen...« – »Fein«, sagte der Erste Sekretär, »in diesem Fall ernenne ich Sie im Einverständnis mit der französischen Regierung zum Hochkommissar für die belgischen Flüchtlinge! Sie haben *carte blanche.* Ihre Befugnisse erstrecken sich auf Anweisungen aller Art. Sie können in jedem Umfang belgisches Eigentum requirieren, falls es Ihnen erforderlich erscheint. Im übrigen sind Sie ermächtigt, die belgische Regierung zur Erstattung sämtlicher Kosten für Waren und Dienstleistungen an die französischen Behörden heranzuziehen, die Frankreich im Rahmen Ihrer Maßnahmen entstehen.«

Ohne eine volle Nacht von zu Hause fort gewesen zu sein, war Simenon am nächsten Morgen um vier Uhr früh in Nieul zurück. »Ich habe eine Menge Arbeit vor mir«, erklärte er Régine.

Während der nächsten drei Monate war Simenon völlig ausgelastet mit seinen Aufgaben im Dienst der belgischen Flüchtlinge. Er versicherte sich der Hilfe des Bürgermeisters von La Rochelle und des Präfekten des Departements Charente-Maritime und ließ Hallen aus genormten Fertigteilen in unmittelbarer Nachbarschaft des Bahnhofs von La Rochelle errichten, die als vorübergehende Unterkunft für die ununterbrochen eintreffenden Menschenmassen dienten. Die meiste Zeit übernachtete er auf einer Bank auf einem der Bahnsteige, weil die Züge vorzugsweise nachts einliefen und er möglichst früh wissen wollte, ob Passagiere durch deutsche Tieffliegerangriffe verwundet worden waren. Man teilte ihm zum Beispiel telefonisch von den Zwischenstationen mit: »Der etwa dann und dann zu erwartende Zug ist dreimal mit Bordwaffen beschossen worden. Eine ganze Reihe von Flüchtlingen benötigt ärztliche Hilfe nach der Ankunft. Außerdem ist eine schwangere Frau dabei, die jeden Augenblick ihr Baby kriegen kann...« Simenon sorgte dann rechtzeitig für die Bereitstellung von Ambulanzen und Krankenhausbetten.

Er ließ alle Personenautos und Lastkraftwagen, die Flüchtlinge herantransportiert hatten, beschlagnahmen, um sie zur Verteilung der Neueintreffenden auf das Gebiet um La Rochelle zu verwenden. Bis zur Unterzeichnung des Waffenstillstandes durch die Regierung Pétain am 22. Juni, der die deutsche Besetzung Frankreichs nördlich der Linie Genf–Tours sowie der französischen Atlantikküste bis hinunter zur spanischen Grenze vorsah, und zum Eintreffen der ersten deutschen Besatzungstruppen in La Rochelle war Simenon für die Aufnahme, temporären Unterkünfte, ärztliche Versorgung und Weiterleitung in andere Teile des Departements von nicht weniger als 55000 heimatlosen belgischen Männern, Frauen und Kindern verantwortlich gewesen. Er hatte es sogar fertiggebracht, den jüngeren Männern, die gesund und arbeitsfähig waren, gutbezahlte Anstellungen in den Fabriken der Region zu verschaffen. Da wurde er eines Tages im Sommer 1940 aufgefordert, sich in der Präfektur einzufinden, die inzwischen Sitz der deutschen Kommandantur geworden war. Dort stellte sich ihm ein sympathischer, junger deutscher Oberleutnant vor, der ausgezeichnet Französisch sprach, und teilte ihm mit, daß man beabsichtige, sämtliche belgischen Staatsangehörigen, die im Raum La Rochelle untergekommen waren, zu repatriieren.

Simenon nahm diese Ankündigung gelassen entgegen. »Schön, ich werde sie mal fragen, ob sie das überhaupt wünschen«, erwiderte er völlig unmilitärisch. Aber zu seiner Überraschung stellte sich heraus, daß alle Belgier ohne Ausnahme zurück in die Heimat wollten, die entgegen ihren Befürchtungen beim deutschen Vormarsch, der auf nur geringen Widerstand gestoßen war, wenig in Mitleidenschaft gezogen worden war. »Wissen Sie, die Belgier hängen sehr an ihren kleinen

Häusern«, erläuterte er später den Entschluß seiner Landsleute zur Rückkehr. »Sie arbeiten ihr Leben lang, um eines zu erwerben. Wie meine Mutter, die während der ganzen Kriegsjahre in ihrem eigenen Häuschen in Lüttich wohnen blieb, für das sie so schwer hatte arbeiten müssen. Die nach Frankreich gekommenen Belgier zog es in ihre vertraute Umgebung zurück, selbst wenn jetzt die Deutschen das Land regierten.«

Die gewaltige Aufgabe, die Repatriierung in die Wege zu leiten, fiel ebenfalls Simenon zu. Gemeinsam mit seinem neuen Freund, dem Oberleutnant, fuhr er in einem Wehrmachtswagen zum Hauptquartier des deutschen Militärbefehlshabers Südwest in Bordeaux, wo er dem für das Transportwesen zuständigen diensthabenden Offizier verständlich machte, daß jedem Sonderzug nach Belgien mindestens zwei Erster-Klasse-Waggons beigegeben werden müßten, die für Kriegsbeschädigte, für Kranke, für alte Leute und für Mütter mit Kleinkindern reserviert seien – »um die anderen Wagen machte ich mir kein Kopfzerbrechen« – und daß er selbst kraft seiner von der belgischen Regierung erhaltenen Vollmachten die Garantie dafür übernehmen wolle, daß jeder Rückkehrer für die dreitägige Bahnreise genügend Verpflegung sowie eine kleine Bargeldsumme erhielt. Er werde – so versicherte Simenon dem deutschen Offizier – aus den Reihen der Flüchtlinge jedem Transport jeweils einen Arzt, eine Krankenschwester und mehrere junge Pfadfinder als Begleitpersonal zuteilen. Die Deutschen stimmten Simenons Vorschlägen in allen Punkten zu und forderten ihn auf, einen detaillierten Zeitplan für die Rückführung der Belgier aufzustellen, was der Schriftsteller auch tat. »Alle Flüchtlinge traten in bester Verfassung die Heimreise an«, erinnerte Simenon sich später, »doch es dauerte rund vier Wochen, bis die Aktion abgeschlossen war, und ich fühlte mich hinterher völlig erschöpft. Ich war todmüde!«

Das schöne Anwesen in Nieul-sur-Mer hatte inzwischen seinen Reiz verloren. Die Trockendocks im Hafen von La Rochelle dienten jetzt der deutschen Kriegsmarine zur Reparatur der im Atlantik operierenden U-Boote und wurden immer mehr zum bevorzugten Ziel britischer RAF-Bomber. Die Luftangriffe mehrten sich, und Simenon mußte einmal auf dem Rückweg zu seinem Haus durch ein Flammenmeer von brennendem Benzin laufen, das aus einem von einer Fliegerbombe getroffenen großen Vorratstank auf die Straße geströmt war. Um das Maß der Unannehmlichkeiten vollzumachen, hatten die Simenons »Einquartierung« aufnehmen müssen, und ein deutscher Offizier benutzte jetzt Simenons Arbeitszimmer als Schlafraum.

So entschlossen sich Régine und Simenon, das Traumhaus zu verlassen. Im August 1940 siedelten sie mit Marc und Boule auf einen kleinen Bauernhof im Waldgebiet von Vouvant nordöstlich von Fontenay-le-Comte im sich nördlich an die Charente-Maritime anschließenden Departement Vendée über. Hier waren sie vor alliierten Bomben und deutscher Einquartierung sicher. Sie wohnten zwei Monate lang in dem Bauernhaus, während die Bäuerin, deren Mann noch in deutscher Kriegsgefangenschaft war, mit ihrem kleinen Sohn in ein Nebengebäude umzog. Auf dem Heuboden dieser vorübergehenden rustikalen Bleibe schrieb Simenon den heiteren und harmonischen Roman »Die Wahrheit über Bébé Donge«, in dem sich nicht die leiseste Andeutung von Kriegslärm findet.

Während des kurzen Aufenthaltes auf diesem Hof stieß Simenon im Spätsommer auch ein Unfall zu, der nichts mit dem Kriegsgeschehen zu tun hatte, dessen Folgen ihm aber während der folgenden vier Jahre gesundheitlich erheblich zu schaffen machen sollten. Innerlich machten sie ihn noch selbstbezogener und blockierten sein Wahrnehmungsgefühl für die Unbilden von Krieg und Besatzungszeit. Bei der Bearbeitung eines großen Holzstücks, aus dem er ein Spielzeug für Marc anfertigen wollte, rutschte ihm der Holzblock aus der Hand und prallte mit ziemlicher Wucht gegen seinen Brustkorb. Simenon verspürte zunächst nur einen leichten Schmerz, dem er wenig Bedeutung beimaß, doch am nächsten Morgen waren die Beschwerden noch nicht weg, sondern hatten sich sogar verschlimmert. Ständig mit dem Gedanken belastet, daß sein Vater in verhältnismäßig jungen Jahren an einem Herzleiden gestorben war, stieg in ihm mit einem Mal der schreckliche Verdacht auf, er müsse ebenfalls mit vierundvierzig Jahren diese Welt verlassen. Er beschloß, seine Brust unter allen Umständen sofort röntgen zu lassen.

Da er, inzwischen wieder Privatmann geworden, keine Benzinzuteilungen für sein Auto erhielt, mußte er die knapp zwanzig Kilometer nach Fontenay-le-Comte zu Fuß zurücklegen. Dem Telefonbuch hatte er Namen und Adresse eines dortigen Facharztes für Röntgenologie entnommen. Dieser stellte dem berühmten Patienten die vielleicht berühmteste Fehldiagnose, mit der je ein Arzt die Literatur »bereicherte«. Der Radiologe teilte Simenon nämlich mit, daß dessen schlimmste Befürchtungen sich bewahrheitet hätten: er habe *tatsächlich* wie sein Vater ein schweres Herzleiden. »Sie haben eine schlimme Angina pectoris«, eröffnete ihm der Arzt. »Vorausgesetzt, Sie lassen ab sofort die Finger von alkoholischen Getränken, Tabak und reichhaltigem Essen und hüten sich vor jeglicher Form von körperlicher Anstrengung – und das schließt Sexualverkehr ein! –, dann können Sie etwa noch zwei Jahre leben...«

Niedergeschmettert trat Simenon den Heimweg zu dem Bauernhaus im Wald an. Für die Idylle hatte er jetzt keinen Blick mehr. Als er die schlechte Nachricht den beiden Frauen, die ihn liebten, schonend beibrachte, legte Régine schweigend ihre Hand in die seine. Boule versicherte unter Tränen: »*Mon petit Monsieur joli,* ich werde Sie niemals verlassen!« Simenon verbrachte dann einen Großteil des Krieges unter der Drohung, jederzeit vom Tod überrascht werden zu können. Selbst als die zwei Jahre vorüber waren und er noch lebte, führte er das auf sein persönliches Glück zurück und nicht auf einen möglichen Fehler bei der furchtbaren Diagnose.

Warum nahm er derart gutgläubig die Voraussage seines baldigen Endes entgegen? In seinen »Intimen Memoiren« berichtet er, daß er anschließend noch einen praktischen Arzt in Fontenay aufsuchte, der lediglich den Röntgenologen anrief, der bei seiner Interpretation der Röntgenbilder blieb. »Sie täten gut daran, einen Herzspezialisten in Paris zu konsultieren«, riet ihm der zweite Arzt noch. Doch Simenon hält dem in seinen Memoiren entgegen: »Er hatte gut reden. Wir befanden uns schließlich mitten im Krieg. Wir waren ausländische Staatsbürger, die sich im Prinzip täglich in die auf dem zuständigen Polizeirevier geführte Anwesenheitsliste hätten eintragen müssen. Wir waren nicht befugt, die Region zu verlassen.«

Régine stellte es anders da: »Er hätte nach Paris reisen können, wenn er gewollt hätte, obwohl es natürlich weniger Züge gab. Er hätte nicht einmal einen besonderen Passierschein benötigt, um den Wohnort zu verlassen. Der war nur erforderlich, wenn man an die Küste fahren wollte, die wegen der deutschen Befestigungen militärisches Sperrgebiet war.«

Wie wir später sehen werden, unternahm Simenon tatsächlich – im Februar 1944 – eine Reise nach Paris, offensichtlich ohne Sondergenehmigung, und unterzog sich bei einem führenden Kardiologen einer neuen Untersuchung. Dieser bescheinigte in seinem Gutachten dann dem Röntgenologen »in der Provinz« einen krassen Fehler bei der Diagnose und beruhigte den überraschten und zugleich von einer schweren Belastung befreiten Simenon, daß nicht zu befürchten sei, daß er vorzeitig sterben müsse. Warum hatte Simenon also nicht, selbst wenn man seiner Darstellung der Ereignisse folgt, bereits im Herbst 1940 zumindest versucht, eine Reiseerlaubnis von den Besatzungsbehörden zu erhalten? Er scheint sich nicht einmal genau erkundigt, geschweige denn ein solches Dokument beantragt zu haben.

Der Grund dafür ist anderswo zu suchen. Simenon ist nämlich in Wahrheit wie viele seiner Schriftstellerkollegen immer ein Hypochonder gewesen, der von Geburt an geneigt war, widerspruchslos hinzunehmen, daß ihn irgendeine fürchterliche Krankheit befallen hatte. Selbst die treue Boule muß gestehen: »Georges Simenon machte sich stets sehr viele Gedanken um seine Gesundheit.« Simenon würde das vermutlich sogar selbst zugeben.

Obwohl die Sache mit der Fehldiagnose des Röntgenarztes inzwischen längst allen vertraut ist, die sich mit Simenons Leben beschäftigt haben, hat die ganze Geschichte einen Aspekt, der weitgehend unbekannt sein dürfte: Régine hatte nämlich fast von Anfang an ihren Mann zu überzeugen versucht, daß die Todesprophezeiung nicht stimmte. Doch er hatte nicht auf sie hören wollen. Über vierzig Jahre später erzählt sie: »Ich dachte mir gleich, daß das Blödsinn sein mußte, denn schließlich war er bis dahin so gut wie nie krank gewesen und hatte auch nie über Herzschmerzen geklagt. Wie konnte da ein Stoß gegen die Brust das auslösende Moment sein? Ich suchte also, sobald ich konnte, diesen Radiologen selbst auf und wollte wissen, ob die Sache wirklich so ernst stünde. Er habe meinen Mann in einen furchtbaren Zustand versetzt. Und wissen Sie, was der gute Mann mir antwortete? ›Oh, das tut mir leid, aber Sie brauchen sich gar keine Gedanken zu machen. So schlimm ist es gar nicht mit ihm!‹ Er konnte mir jedoch keine Erklärung dafür geben, warum er Simenon eine solch maßlos übertrieben falsche Diagnose mitgeteilt hatte. Es war einfach grausam! Und mein Mann blieb äußerst beunruhigt, obwohl ich alles in meiner Macht Stehende tat, ihm klarzumachen, daß der Arzt sich geirrt oder ihm absichtlich einen falschen Befund mitgeteilt hatte. Ich verstehe diesen Doktor noch heute nicht. Entweder war er eifersüchtig auf die Erfolge meines Mannes, oder er war ein Sadist. Es war jedenfalls eine Unverschämtheit, meinem Mann solche Angst einzujagen, die er auf Jahre hinaus nicht los wurde...!«

Wie dem auch sei, der Schaden war nun einmal angerichtet. Während Millionen auf den Schlachtfeldern verbluteten oder in der Heimat ums Leben kamen, lernte Simenon mit seiner eigenen Niedergeschlagenheit zu leben – auch wenn er sie sich teilweise selbst zuzuschreiben hatte.

12

Der Krieg
greift in das Leben ein

Im September 1940 vertauschten Simenon und seine Familie die Schlichtheit des kleinen gemieteten Bauernhauses mit einer luxuriösen Wohnung, die die Hälfte eines alten Schlosses einnahm. Dieses lag in der Stadt Fontenay-le-Comte selbst. Noch heute beherrscht das große, prachtvolle Château de Terre-Neuve, ein aus dem 16. Jahrhundert stammender Bau, das kleine Landstädtchen, auf das es von einer Anhöhe oberhalb des mit Bäumen bestandenen jenseitigen Ufers der Vendée herabschaut.

Heutzutage können Touristen gegen Entrichtung von sieben Francs das Schloß besichtigen, das seine Tore für Ausflugsbusse geöffnet hat, um aus den Einnahmen Erbschaftssteuern oder Instandhaltungskosten zu bezahlen. Doch selbst ein handgemaltes Schild »Bar – Crêperie« an der Seitenfront des Gebäudes nimmt einem nicht das Gefühl, daß man innerhalb der Mauern dieses stattlichen Bauwerks, eines Sinnbilds von Reichtum und örtlicher Macht, gegen die Anfeindungen der bösen Welt gefeit ist. Die Türmchen und prächtigen steinernen Statuen, die die Fassade schmücken, überragen einen riesigen Park mit unzähligen Bäumen, Rasenflächen und Geranien in jahrhundertealten Schalen. Eine Atmosphäre der Ruhe und Sicherheit umfängt den Besucher.

Hier läßt sich leicht nachfühlen, daß der Krieg, wenn man in einer solchen Umgebung lebte, wenigstens in der Anfangszeit ein Ereignis war, das einen nicht unmittelbar berührte, jedenfalls nicht Simenon und die Seinen. Zwar waren deutsche Soldaten in dieser Gegend stationiert, doch ihre Kasernen lagen weiter entfernt, und man sah sehr wenig deutsche Uniformen in Fontenay. Das Provinzstädtchen, das damals nur 5000 Einwohner zählte, bekam die Auswirkungen der deutschen Besetzung Frankreichs nur gedämpft zu spüren.

Simenon selbst hat in seinen »Intimen Memoiren« bekannt: »Wir lebten beinahe zwei Jahre lang ein ruhiges und geschütztes Leben in diesem ruhigen und geschützten Winkel Südwestfrankreichs mit seinem ver-

Château de Terre-Neuve in Fontenay-le-Comte

schwiegenen Reiz...« Es ist interessant, das, was er über seine Kontakte zu ortsansässigen Bürgern sagte, mit dem zu vergleichen, was *sie* darüber berichten. In seinen Erinnerungen schilderte er, daß er meist nachmittags Bridge mit ein paar guten Freunden – einem Arzt, einem Rechtsanwalt und anderen Honoratioren – im Café du Pont zu spielen pflegte. (Diesmal gibt er einen Namen fast korrekt wieder. Es war tatsächlich das Café du Pont-Neuf, das inzwischen abgerissen worden ist.) Er war oft auch Gast in einem anderen Café, das belebter und volkstümlicher war. Hier brachen die Gäste zuweilen in laute Lachstürme aus, und hier war es auch, wo Simenon »mit schamerfüllter Stimme« den Mut aufbrachte, ein kleines Glas Weißwein zu bestellen, »um meinem mit seinem Wissen protzenden Radiologen zu trotzen, der im ›schönsten Stadtteil‹ wohnte, der der *grande bourgeoisie* vorbehalten war, und sich nicht dazu herabließ, seinen Fuß in eines dieser beiden Cafés zu setzen«.

Doch man lernt das Leben oder die Stimmung einer Stadt nicht nur dadurch kennen, daß man sich in ihren Kaffeehäusern aufhält. Jim Dindurand, der Inhaber der führenden Buchhandlung in Fontenay, weiß es noch genau: »Ich erinnere mich, daß Simenon mit seinem Auto oder zu Fuß in die Stadt kam. Er machte gewöhnlich beim Zeitungshändler halt und trank dann ein Glas Wein im Café, bevor er wieder heimkehrte und sich in seinem Elfenbeinturm einschloß.« Pierre Chaigneau, einer von Simenons wenigen noch lebenden Bridgepartnern aus der damaligen Zeit, erzählt: »Ja, das mit den Bridgepartien im Café du Pont-Neuf stimmt, wir konnten auch ins Schloß kommen und dort Karten spielen. Er stand mit jedermann auf freundschaftlichem Fuß. Alle kannten ihn. Er war überhaupt nicht aufgeblasen. Trotzdem lebte er irgendwie isoliert aus Achtung vor Fontenay und mischte sich nicht in das Leben der Stadt ein.«

In *Je me souviens,* dem ersten Buch (und ersten autobiografischen Werk, verfaßt, als er siebenunddreißig
Jahre alt war), das er schrieb, während er auf dem
Schloß von Fontenay wohnte, schärfte er seinem kleinen Sohn Marc ein, nie ihre Herkunft aus bescheidenen
Verhältnissen zu vergessen: »Du lebst in einem Schloß,
Du hast einen Park, um darin zu spielen ... Eine erstklassige Gouvernante überwacht jeden Deiner Schritte ... Ich umklammere die zerbrechliche Kette, die Dich
mit jenen verbindet, von denen Du abstammst: der
Welt der kleinen Leute, die sich in ihrem Lebensbereich
abmühten – so wie Du es morgen in Deinem tun wirst –

Georges Simenon mit Marc auf diesem Schloß (1942)

270

und beklommen nach einer Möglichkeit zu entkommen suchten, nach einem Ziel, einem Daseinszweck, einer Erklärung für Glück oder Pech, einer Hoffnung auf bessere Lebensbedingungen und auf heitere Tage...«

Trotzdem war sogar mitten in einem Krieg für Simenon die Schranke aus Reichtum und Ruhm zu hoch, um sie einfach zu überspringen, so aufrichtig auch seine Gefühle sein mochten. Den übrigen Bürgern der Stadt ging es zwar verhältnismäßig gut, trotz der Lebensmittelrationierung, hatten sie doch fast alle Verwandte oder Freunde, die in der Umgebung der Stadt Bauernhöfe besaßen, Felder bestellten und Vieh im Stall hatten, doch, wie der ehemalige Bridgefreund des Schriftstellers sich ausdrückt: »Er brauchte nicht aufs Land zu fahren. Er hatte genügend Geld, um sich alle Lebensmittel zu kaufen, die er wollte!«

Als 1942 ausgerechnet die »Welturaufführung im »L'Eden, dem kleinen Kino von Fontenay, von *La Maison des Sept Jeunes Filles,* einem nach dem gleichnamigen, ein Jahr zuvor veröffentlichten Roman Simenons (»Das Haus der sieben Jungfrauen«) gedrehten französischen Film, stattfand, drängten sich natürlich sämtliche Notabeln des Städtchens im Sonntagsstaat im Saal, um den berühmten Schriftsteller, der vorübergehend in ihrer Mitte weilte, die Ehre zu erweisen. Jean Tissier, einer der Darsteller des Films, übernachtete bei Simenons im Schloß, und man erzählte sich später, daß der Schauspieler beim Frühstück heimlich den Inhalt der Zuckerdosen in seine Taschen geleert habe, weil sein Gastgeber offensichtlich auch daran keinen Mangel litt und in Paris kein Zucker zu bekommen war.

Simenon dachte wirklich, er sei »ein Mensch wie jeder andere« und könne echte Kontakte zu gewöhnlichen Menschen knüpfen und in ihren Lebensbereich eindringen. Seit seinen frühen Erfolgsjahren ist diese Auffassung in Wirklichkeit ein Mythos gewesen, an den er irgendwie glauben mußte. Über zehn Jahre später, als er auf der anderen Seite des Ozeans in Lakeville im US-Bundesstaat Connecticut lebte, verfaßte er *Maigret a peur* (»Maigret hat Angst«), eine Mordgeschichte, die in einem Fontenay angesiedelt ist, das er als unsympathischen, engstirnigen Ort mit – wie der Klappentext des Buches verrät – »unter der Oberfläche gärenden persönlichen, gesellschaftlichen und politischen Haßgefühlen« beschreibt. Das hat indes dem Gefühl des mit einem Hauch von Ehrfurcht vermischten Stolzes keinen Abbruch getan, mit dem die Einheimischen immer noch auf Simenon blicken. »Nein, sie fanden es überhaupt nicht schockierend, als das Buch und einige Zeit darauf der danach gedrehte Film herauskamen«, versichert Jim Dindurand. »Im Gegenteil: Sie genossen eher noch ihren Bekanntheitsgrad. Er hat sogar meinen Familiennamen verwendet und eine Person in dem Roman damit ausgestattet, aber ich nehme es ihm nicht übel.«

Ein Mann aus dem Volk zu sein, heißt, wenn man ein berühmter Millionär ist und auf einem Schloß wohnt, einem Irrlicht nachjagen.

Doch wie es scheint, hat Simenon ganz enge Beziehungen zu mindestens einem der Einwohner von Fontenay unterhalten. Und trotz der dringenden Empfehlungen des Röntgenologen, sich vor physischen Anstrengungen in acht zu nehmen, dürfte es nicht schwer zu erraten sein, welche Art von Beziehung das war. »Madame X. hätte Ihnen bestimmt viel über Simenon erzählen können«, meint Monsieur Dindurand und meint damit eine erst kürzlich verstorbene ortsansässige Witwe. »Sie war eine schöne Frau, besonders in der Blüte der Jahre, und hatte großen Erfolg bei Männern.« Noch heute halten sich im Städtchen hartnäckig die Gerüchte, daß sie seinerzeit Simenons Geliebte war. (Eines Tages unterhielt sie sich in ihrem Geschäft mit ihrem Buchhalter, als sie Simenon hereinkommen sah, und brach das Gespräch mit den Worten ab: »Oh, Moment mal! Da kommt mein Dichter!«)

Zur Premiere seines Films erschien er im Lichtspielhaus von Fontenay mit eben dieser bekannten Geschäftsfrau am Arm. Sie war eine auffallende Erscheinung in der traditionellen Tracht der Bewohnerinnen der Vendée: Holzschuhe, kurzer Rock und eine hohe Haube mit weißen Flügeln. Régine war natürlich ebenfalls gekommen – ohne Begleiter, und sofort fing das Gerede an. Wie in vielen Provinzstädtchen war man auch in Fontenay Affären gewohnt, doch sie spielten sich gewöhnlich hinter zugezogenen Vorhängen ab. Hier wurde ein Verhältnis öffentlich zur Schau gestellt, dazu noch in Gegenwart der Ehefrau (obwohl Régines gewohnt würdevolle Miene die Neugierigen daran hinderte, ihr anzusehen, ob sie von dem, was sich da unter ihren Augen abspielte, etwas mitbekommen hatte oder nicht).

Selbst wenn Simenon nicht durch ärztliche Warnung zur Zurückhaltung bewogen worden wäre – Fontenay war nicht der Ort, wo ein verheirateter Mann, der sich für andere Frauen interessierte, viel Gelegenheit zu Seitensprüngen gehabt hätte. Eine attraktive Witwe konnte ihm wohl liebevolle Freundschaft entgegenbringen, aber das war unter den gegebenen Umständen auch wohl das Äußerste. Sehr viel andere Möglichkeiten blieben Simenon bestimmt nicht. Die Klatschbasen in der Stadt regten sich ohnehin schon darüber auf, daß der Schriftsteller (eine alte Dame, die schon damals in der Stadt lebte, erinnert sich noch gut daran) in seinen Räumlichkeiten im Schloß manchmal so gut wie unbekleidet in Anwesenheit der Hausmädchen herumlief – einige von ihnen stießen sich schockiert daran und kündigten den Dienst.

So also sieht der Schauplatz aus, wo sich am 9. Dezember 1940 Simenon in einer kleinen Holzhütte, die er im Schloßpark als provisorisches Arbeitszimmer hatte herrichten lassen, an den Tisch setzte, eine große Kladde aufschlug und (in Französisch) die erste Seite wie folgt beschriftete:

STAMMBAUM
MARC SIMENONS
MIT DER BESCHREIBUNG
SEINES VATERS, SEINER
GROSSVÄTER UND GROSS-
MÜTTER, SEINER ONKEL,
TANTEN UND COUSINS

Das in der Originalfassung »Pedigree« überschriebene Buch – Pedigrée ist ein aus dem Englischen entlehnter Begriff und bezeichnet in der Züchtersprache den Stammbaum von Pferden und Hunden – beginnt »*Mon cher garçon*« und ist in Form eines langen Briefes an seinen kleinen Sohn Marc verfaßt, in dem Simenon die wesentlichen Ereignisse seines eigenen bisherigen Lebens schildert. Das ausschließlich in Langschrift zu Papier gebrachte Manuskript war ursprünglich nicht zur Veröffentlichung bestimmt. Es war Simenons Versuch, sich gegenüber seinem damals gerade zwanzig Monate alten Sohn zu rechtfertigen, dessen Heranwachsen er nach dem Stand der Dinge nicht mehr erleben zu können glaubte.

Dieselbe literarische Form sollte Simenon später noch einmal in seinem Buch *Le Fils* (»Der Sohn«) verwenden, einer fiktiven Geschichte, die er im Dezember 1956 in Cannes schrieb. Darin greift ein anderer Vater, ein Mann namens Alain Lefrançois, zur Feder, um auf eindrucksvolle Weise in einem ausführlichen Brief eine Art Beichte gegenüber seinem sechzehnjährigen Sohn Jean-Paul abzulegen und ihm anläßlich der Beisetzung seines Großvaters die Wahrheit über seine Familie zu eröffnen. »Ich bin ein Lefrançois«, lautet ein Satz ziemlich zu Anfang des Briefes, »genauso wie Du einer bist, wie mein Vater vor mir einer war und dessen Vater vor ihm. Ich muß unwillkürlich lächeln, und tue es ohne

Melancholie, wenn ich mir vorstelle, wie Du Dir in meinem Alter vielleicht Deinerseits Gedanken darüber machst, was Dein Sohn von Dir und seinem Großvater hält...«

Marc Simenon, inzwischen Mitte Vierzig und Direktor einer Filmgesellschaft, der mit seiner bezaubernd schönen Frau, der Ex-Filmschauspielerin Mylène Demongeot, Boule und seinen beiden Kindern aus erster Ehe in einem ungewöhnlich reizvoll gebauten Landhaus vor den Toren von Paris lebt, nahm in Wirklichkeit *Je me souviens* (wie das ihm gewidmete »Briefbuch« schließlich hieß, als Simenon sich überreden ließ, es nach dem Krieg im Dezember 1945 zu veröffentlichen) erst mit siebzehn in die Hand. »Ich habe ziemlich spät begonnen, die Bücher meines Vaters zu lesen«, sagt er, »aber dies Buch veranlaßte mich, auch zu anderen zu greifen. Als er es schrieb, glaubte er, bald sterben zu müssen und stand Qualen aus. Wir standen uns sehr nahe – schließlich hatte er ja auch lange auf mich warten müssen! –, doch er hatte dies enge Verhältnis zu all seinen Kindern.

Ob es ihm gelungen ist, mir ein Bild von sich zu vermitteln? Nun, unzweifelhaft hat er das in *Je me souviens* versucht, aber ich denke, er versuchte es immer in allen Büchern, die er schrieb. Wissen Sie, ich glaube, mein Vater brauchte die Kommunikation mit Menschen. Er selbst hatte ein zeitlich nur sehr kurzes, herzliches Verhältnis zu seinem eigenen Vater. Der starb ja, als mein Vater achtzehn war – gerade in einem Alter, in dem er begonnen haben könnte, ihn richtig kennenzulernen und zu verstehen. Mag sein, daß er bemüht war, in den Beziehungen zu uns Kindern etwas zu finden, worauf ihn sein Vater gebracht hatte. Das ist meines Erachtens der Grund dafür, daß er, als er annehmen mußte, bald zu sterben, anfing, zu schreiben und zu versuchen, sich mir anzuvertrauen, damit ich eines Tages nicht in dieselbe Lage wie er käme, als mein Großvater in jungen

Jahren aus dem Leben gerissen wurde. Und mit seinen auf Tonband diktierten Erinnerungen ist es dasselbe. Sie sind alle mehr oder weniger eine Selbstanalyse. Er wollte sie zunächst überhaupt nicht in Buchform herausbringen lassen – wie es schon der Fall bei *Je me souviens* war –, doch schließlich gab er nach, weil er tief in seinem Herzen immer irgendeiner Form der Kommunikation bedarf.«

In einem späteren Vorwort zu *Je me souviens* (übrigens stammt dieser Titel nicht von Simenon) erklärte Simenon, beim erneuten Lesen des »primitiven Textes« sei er ziemlich verlegen geworden. »Es ist natürlich überhaupt kein literarisches Werk, sondern eine Art Dokument. Die Ausdrucksweise ist mehr die des gesprochenen Wortes, die eines Vaters, der sich mit seinem Sohn unterhält, als der geschliffene Stil eines Romanciers.« Trotzdem ist das bisher in keine Fremdsprache übersetzte Werk ein außerordentlich kraftvolles Buch, und als Simenon vierzig Jahre später seine letzte veröffentlichte Arbeit, die umfangreichen »Intimen Memoiren«, niederschrieb, wählte er dafür den gleichen dokumentnarischen Stil – diesmal in Form eines Briefes an seine einzige Tochter, die fünfundzwanzigjährige Marie-Jo, die zwei Jahre zuvor Selbstmord begangen hatte.

Trotz seiner Vorzüge wurde *Je me souviens* später in Frankreich und anderen Ländern von seiner völlig geänderten Neufassung, dem langen und weitschweifigen autobiographischen Roman *Pedigree*, in den Schatten gestellt, der zu einem enormen finanziellen Erfolg wurde. Zur Veröffentlichung von *Je me souviens* war es übrigens folgendermaßen gekommen: Claude Gallimard, Gaston Gallimards Sohn, hatte Simenon besucht, das in Arbeit befindliche Manuskript entdeckt und mit Erlaubnis des Autors ein Exemplar mit zu André Gide genommen, der damals in einer für ihn charakteristischen eleganten Umgebung an der Riviera lebte. Gide hatte Interesse daran bekundet, zu erfahren, was Simenon gerade schrieb, doch als er den autobiographischen Text mit seiner nüchternen Darstellung der Dinge las, war er entsetzt. Er riet Simenon in einem dringenden Brief mit ungewöhnlichem Nachdruck, seine gegenwärtige Arbeit sofort einzustellen und mit demselben Material als Grundlage noch einmal anzufangen – nur diesmal die Romanform zu wählen, in der dritten Person zu erzählen und scheinbar erdachte Figuren auftreten zu lassen.

Simenon, der zwar des »Meisters« eigene Werke unlesbar gefunden hatte, machte sich dessen Rat zu eigen und stellte die Arbeit an *Je me souviens* ein; so endet auch der gedruckte Text des Buches fast mitten in einem Satz. Es gab jedoch noch einen anderen Grund für solch rasches Handeln. Die überlebensgroßen Personen seiner frühen Kindheit in Lüttich verfolgten ihn in seiner Phantasie und blockierten die volle Verwirklichung seines Talents. Er hatte keine andere Wahl, als sie auszutreiben und so Platz in seinem Unterbewußtsein zu schaffen. Von den Einschränkungen befreit, die eine authentische Biographie ihm auferlegte, konnte er genau das jetzt tun. Wie er später André Parinaud in einer Serie von Rundfunkinterviews bedeutete: »Als ich *Pedigree* schrieb, hatte ich einen zweiten Grund, dies zu tun... Als der Roman abgeschlossen war, sagte ich mir: ›So, jetzt bin ich mit all diesen Leuten fertig! Nachdem ich sie in einem Buch zu Fleisch und Blut habe werden lassen, fallen sie mir nicht länger zur Last, und ich werde imstande sein, neue, andersartige Charaktere zu schildern.‹«

Das Resultat war ein fast fünfhundert Seiten starker Band. Paradoxerweise gefiel Gide das nun umfangmäßig erweiterte Werk überhaupt nicht. In einem Brief an Simenon vom September 1946 formulierte er etwas überspitzt seine Kritik so: »Ich habe auf den Seiten dieses Buches so gut wie gar nichts von den außergewöhnlichen, einmaligen Qualitäten wiedergefunden, denen ich in einer Vielzahl Ihrer Werke solch großen Wert beimesse...« Simenon schien sich übrigens diesem Urteil anzuschließen: »Wenn ich die Wahl hätte, eines meiner Bücher auszusuchen, das Fortbestand hätte, während alle übrigen untergingen, würde ich auf keinen Fall *Pedigree* wählen!« versicherte er einem amerikanischen Interviewer ein paar Jahre später.

Dabei hatte dieses Buch Simenon bei weitem mehr Zeit gekostet als alle seine übrigen Romane, nämlich fast zwei Jahre. Es löste große Kontroversen aus, als es schließlich 1948 in die Buchhandlungen kam, und trug ihm verschiedene Beleidigungsklagen von erbosten Verwandten und Freunden aus Lüttich ein, die sich im Text, nicht gerade schmeichelhaft geschildert, wiederzuerkennen behaupteten. »*Pedigree* hat mich eine Stange Geld gekostet«, sagte Simenon. »Obwohl ich damals erklärte, daß Roger Mamelin, die Hauptfigur des Buches, dessen Lebensgeschichte bis zum sechzehnten Lebensjahr es erzählt, in Wirklichkeit nicht ich war und ich in den Interviews mit Parinaud den Satz prägte, in diesem ›Roman‹ – denn um einen solchen handelt es sich! – sei ›alles wahr und zugleich nichts exakt‹, konnte das nicht verhindern, daß jeder beteuerte, die Beschreibung stimme mit seiner Person überein...«

Ein Lütticher Rechtsanwalt las Simenon zufolge das Buch als erster, erstellte eine Liste derjenigen Personen, die angeblich unverfälscht in der Handlung auftauchten, und suchte sie dann der Reihe nach mit den Worten auf: »Wollen Sie sich nicht ein eigenes Häuschen verdienen? Sie brauchen nur diesen Simenon zu verklagen!« Mehrere Leute gingen auf das Angebot ein. Simenon wies den Vorwurf der Verleumdung zurück und engagierte abermals Maître Garçon, der ihn, wie geschildert, in der *Coup de Lune*-Sache vor Gericht so erfolgreich vertreten hatte, um die erste Klage und damit alle anderen abweisen zu lassen. Trotz aller Anstrengungen Garçons ging jedoch dieser Zivilprozeß verloren. Da andere Verfahren noch liefen, war Simenon so klug, für die nächste Auflage sämtliche ihn möglicherweise teuer zu stehen kommenden Passagen des Buches zu streichen und es jeweils bei den leeren Stellen zu belassen.

Selbst das genügte noch nicht. Bei der dritten Auflage im Jahre 1957 wurden auch diese freien Räume weggelassen, und Simenon bekannte in einem neuen Vorwort: »Nicht ohne gewisse Wehmut habe ich sogar auf jegliche Ironie verzichtet und aus meinem Buch alles ausgemerzt, was verdächtig oder beleidigend sein könnte.«

Das Komische an der ganzen Sache war, daß die einzige Person, die Simenon beleidigt zu haben glaubte und um derentwillen er die Erstveröffentlichung von *Pedigree* fünf Jahre lang hinausgezögert hatte, schließlich überhaupt nicht eingeschnappt war. Es war seine Mutter. Wie er später in »Brief an meine Mutter« zugab, war er nach und nach immer mehr zu der Überzeugung gelangt, daß seine Beschreibung von ihr in dem Roman (in der Person der Elise) ungerecht und übertrieben war. Trotzdem hätte er sich keine Gedanken darüber machen müssen, ihre Gefühle verletzt zu haben; die unverwüstliche Henriette Simenon war aus härterem Holz geschnitzt. Simenon erzählte Brendan Gill später: »Zuerst war sie sehr beleidigt. Als aber *Pedigree* sie in ganz Europa berühmt gemacht hatte, kam sie schnell darüber hinweg. Die Leute kommen kilometerweit aus der Umgebung, um sie zu besuchen. Sie führt sie stolz durchs Haus und zeigt ihnen den Tisch, an dem ich meinen ersten Roman geschrieben habe. In Wirklichkeit ist es gar nicht derselbe Tisch. Den hatte sie längst für viel Geld verkauft!« Es ist fast beruhigend, zu erfahren, daß die alte Dame ihre kleinen Charakterschwächen nicht verloren hatte.

Damals, im Herbst 1942, hatte Mutter Simenon ihrem Sohn, der zu dieser Zeit noch an *Pedigree* schrieb, einen unschätzbaren Dienst erwiesen. Sie rettete ihm vermutlich dadurch das Leben, daß sie mithalf, Beweise zu erbringen, daß er kein Jude war.

In jenem Jahr wurde, sowohl im von den Deutschen besetzten Teil Frankreichs wie auch in der von der Vichy-Regierung als »Etat français« verwalteten *Zone libre*, in die nach der Landung der Alliierten in Nordafrika im November 1942 ebenfalls die deutsche Wehrmacht einzog und sie besetzte, der Druck auf die Juden verstärkt, die noch nicht in Konzentrationslager in Deutschland und im besetzten Polen abtransportiert worden waren. Sammellager war für alle – Juden wie politische Gefangene – das berüchtigte Lager Drancy bei Saint-Denis vor den Toren von Paris. In Zusammenarbeit mit der Gestapo war es das berüchtigte »Amt für jüdische Angelegenheiten« der Vichy-Regierung, das in ganz Frankreich auf Judenjagd ging. Bis Juli 1944 sandten diese emsigen Antisemiten rund 76000 Juden in deutsche Vernichtungslager, von denen nach amtlichen französischen Angaben nur 2500 überlebten. Selbst so prominente, zur Zusammenarbeit mit den Deutschen bereite Künstler wie Sacha Guitry (dem nachgesagt worden war, er hieße eigentlich Gutmann) und Serge Lifar (dessen Familienname, rückwärts gelesen, Rafil lautete und damit jüdisch klang, wie irgendein Schlauberger herausgefunden hatte) mußten den Behörden den Nachweis erbringen, daß sie seit mindestens drei Generationen »rein arische« Vorfahren hatten.

Auch Simenon gehörte zu denen, die überprüft wurden. Eines Tages tauchte ein »eiskalter und unheilverkündender« Kommissar von der Vichy-Dienststelle bei ihm auf und kam sogleich in barschem Ton zur Sache: »Na, Monsieur Simenon, Sie sind doch bestimmt Jude, was?« Simenon erwiderte: »Nein, das bin ich nicht!« – »Kommen Sie, Simenon, keine Ausflüchte! Es ist doch klar, daß Sie Jude sind! Ihr Großvater hieß bekanntlich Brüll mit Umlaut-U... Nach unseren Unterlagen sind

Sie kein Arier. Mein Auftrag lautet, Ihnen mitzuteilen, daß Sie verhaftet werden, wenn Sie binnen einem Monat nicht nachweisen können, daß Sie kein Jude sind ...! Sie wissen, was Sie dann erwartet!«

Simenon wollte wissen, welcher Nachweis verlangt wurde. Er erinnert sich, daß er diesem Mann »mit dem Gesicht eines Polizisten« sogar anbot, seinen Penis vorzuzeigen, damit er sich überzeugen konnte, daß er nicht beschnitten war. Die Offerte sei jedoch abgelehnt worden mit den Worten: »Dieser Eingriff ist nicht bei allen Juden vorgenommen worden!« Da gab es nur eines, was die Bürokraten gelten ließen: Geburtsurkunden und Auszüge aus Taufregistern, die drei Generationen weit zurückreichten. »Aber wie kann ich die denn zusammenbekommen?« fragte Simenon verzweifelt. »Die ganzen Unterlagen befinden sich in Belgien. Ich darf nicht dorthin reisen. Wie zum Teufel soll ich mir die Papiere beschaffen?« – »Sie müssen doch jemand in Belgien kennen. Ihre Mutter wohnt doch noch in Lüttich«, war die Antwort. »Das ist eine alte Frau, die nicht ...« – »Egal! Sie soll die Dokumente auftreiben – wenn sie überhaupt existieren! Ich komme in vier Wochen wieder und muß Sie mitnehmen, falls die Bescheinigungen dann nicht vorliegen!« Damit verließ der Beamte die Wohnung.

Niedergeschlagen schrieb Simenon sofort an seine Mutter und flehte sie an, umgehend die erforderlichen Schriftstücke zu besorgen und ihm zuzuschicken. Henriette Simenon, damals Anfang Sechzig, fuhr wochenlang mit der Eisenbahn durch das Land, um die erforderlichen Urkunden herbeizuschaffen, und drängte Kirchendiener und Gemeindeangestellte, verstaubte Register in Dorfkirchen und Rathausarchiven zu wälzen. Sie sandte dann alle Papiere mit eingeschriebener Eilpost an ihren Sohn, und dieser konnte, als sein ungebetener Besucher nach Ablauf von vier Wochen, diesmal mit Gefolge, zurückkehrte, triumphierend auf die ausgebreiteten Dokumente weisen: »Bitte schön! Sie können sich selbst davon überzeugen, daß ich kein Jude bin! Selbst wenn mein Großvater ›Brüll mit Umlaut‹ hieß, so war auch er keiner! Ich habe sein Foto da, und Sie können selbst feststellen, daß er kein bißchen semitisch aussieht...« – »Ich glaube Ihnen nicht«, erklärte der

Henriette Simenon, Georges Simenons Mutter

unsympathische Gast, der offensichtlich enttäuscht war. »Aber leider muß ich mich hiermit zufriedengeben...« Sprach's, steckte die Urkunden ein und verschwand finsteren Blickes mit seinen Begleitern.

Simenons Begründung für die ganze Angelegenheit klang etwas simpel: »Als der Kerl anrückte, war ich wirklich in Sorge, denn ich hatte mich tatsächlich immer gefragt, ob mein Großvater Brull nicht Jude war. Ich hatte mir stets gesagt, ›vielleicht war er's‹, aber ich hätte mir nichts daraus gemacht, im Gegenteil. Im ganzen gesehen sind bekanntlich die Juden weitaus intelligenter als andere Leute. Das ist der Grund, warum sie in manchen Ländern scheel angesehen werden, denn sie haben einen hohen Rang sowohl als Wissenschaftler wie als Künstler und bekleiden wichtige Stellungen beim Fernsehen, beim Rundfunk und in der Filmindustrie. So kommt es unweigerlich dazu, daß die Nichtjuden, die erfolglos bleiben, versuchen, die Juden hinauszudrängen. Daher rührt der Antisemitismus!«

Der Publizist Maurice Einhorn veröffentlichte Anfang 1982 in der in Brüssel erscheinenden, linksgerichteten Zeitschrift *Regards* einen Artikel, den er nach eigenen Angaben als »Antidot für die einseitige Lobhudelei« verstanden wissen wollte, die nach seiner Meinung nach Erscheinen der »Intimen Memoiren« im Herbst zuvor und mit Beginn einer – übrigens höchst erfolgreichen – Simenon-Ausstellung in Paris eingesetzt hatte. Er stellte rundheraus fest: »In seinen Büchern vor, im und nach dem Krieg kehrt Simenon starken Antisemitismus hervor!« Zum Beweis zitierte Einhorn Stellen aus drei Simenon-Romanen, wo der Autor angeblich bestimmte jüdische Rassenmerkmale beschreibt. Der Vorwurf ist ungerechtfertigt. Der jüdische New Yorker Anwalt Harry Torczyner, ein gebürtiger Belgier und angesehener internationaler Jurist, versichert: »Die Unterstellungen in Einhorns Zeitschriftenbeitrag stehen im Widerspruch zu allen Ansichten, die Georges Simenon mir gegenüber im Laufe vieler Jahre geäußert hat.« Torczyner sollte es wissen, denn er war mit Simenon befreundet, seit sie nach dem Ersten Weltkrieg gemeinsam ihren Militärdienst bei der belgischen Kavallerie absolvierten.

Simenon mochte viele kleine menschliche Schwächen aufweisen, doch er war kein Rassist. In Wahrheit war er seit jeher von Außenseitern der Gesellschaft fasziniert gewesen und hat ihnen besondere Sympathie entgegengebracht – ohne Rücksicht darauf, ob rassische oder religiöse Eigenheiten die betreffende Person als Fremdling auswiesen. Man braucht nur zwei von Simenons weniger bekannten Romanen miteinander zu vergleichen, um auf interessante, gegensätzliche Weise zu erkennen, daß es sich so verhält.

In dem Roman *Chez Krull*, der im Herbst 1938 in Nieul entstand, ist dieser Außenseiter ein Deutscher, der alte Cornelius Krull, der mit seiner Familie einen Kolonialwarenladen mit angeschlossenem Ausschank nach dem Vorbild von Simenons Tante Marie und ihrem Etablissement am Quai de Coronmeuse in Lüttich betreibt, mit dem Unterschied, daß der Schauplatz der Geschichte eine an einem Kanal gelegene Kleinstadt in Nordfrankreich ist. Die Bevölkerung ächtet die deutsche Familie, weil es Ausländer sind, und nur dank der Schifferkundschaft vom Kanal erzielen die Krulls die existenzsichernden Einnahmen.

Dann wird ein stadtbekanntes Flittchen ermordet, und für jeden in der kleinen Stadt steht sofort fest, daß der Mörder ein Mitglied der Familie Krull sein muß. Die Aufregung schlägt hohe Wellen, bis sich plötzlich herausstellt, daß die Beschuldigung falsch ist. Die Krulls suchen nach dem betagten Oberhaupt der Familie, um ihm mitzuteilen, daß nun alles wieder gut ist – und finden ihn erhängt; er hat sich das Leben genommen. »Er hatte sich erhängt, warum, wußten sie nicht genau«, schrieb Simenon. »Aber wußten sie, warum er, der Auswanderer, sich hier am Rand der Stadt angesiedelt hatte, warum er jahraus, jahrein still sein Leben in dieser Werkstatt mit seinem buckeligen Gehilfen gefristet hatte?«

In *Le petit homme d'Arkhangelsk* (»Der kleine Mann von Archangelsk«), ebenfalls einem Non-Maigret-Roman, achtzehn Jahre später in Cannes geschrieben, ist ein Jude der Außenseiter, ein kleiner, in Rußland geborener Mann, der sein Leben in einer kleinen Provinzstadt im Herzen Frankreichs nahe Bourges zubringt, nachdem ihn seine Eltern als Kind auf der Flucht vor den Revolutionswirren in der Heimat hierher mitgebracht hatten. Er ist ein bescheidener Buchhändler mit einer stillen Leidenschaft: dem Briefmarkensammeln, und hat es gelernt, in der Schutzhülle seiner täglichen Routine ein glückliches Leben zu führen.

Da drängt ihm eine ebenfalls in der Stadt lebende italienische Familie ihre Tochter auf, zuerst als Hausmädchen, dann nach einem Sprung ins Bett als seine Ehefrau. Sie ist eine Herumtreiberin und hat mit unzähligen Männern geschlafen, doch der kleine Mann, der schon im mittleren Lebensalter steht, findet sich damit ab. Wenn seine Frau ihm von Zeit zu Zeit wegen einer kurzen Affäre mit einem anderen Mann davongelaufen ist, nimmt er sie immer wieder freudestrahlend, ohne ein vorwurfsvolles Wort, bei sich auf und deckt gewissermaßen – ironisch gesagt – den Mantel der christlichen Nächstenliebe über sie.

Die dramatischen Ereignisse setzen ein, als die Frau eines Tages mit der Briefmarkensammlung, die inzwischen einen enormen Wert hat, verschwindet. Aus Mitleid mit ihr zögert der Mann, bei der Polizei wegen des Diebstahls Anzeige zu erstatten, und die ganze Stadt vermutet, daß er seine Ehefrau aus Eifersucht getötet – wie es ein »richtiger Mann« getan hätte – und die Leiche versteckt hat. Haß auf den Juden macht sich breit; nicht einer von den Mitbürgern, in deren Mitte er bisher unbehelligt und zufrieden gelebt hat, glaubt ihm seine Geschichte. Schließlich ist er ja »nur« ein Ausländer. Die Polizei will ihn gerade verhaften, da meldet sich ein Zimmermädchen aus einem Hotel in Bourges und macht eine Aussage, die ihn völlig entlastet. Allein nach Hause zurückgekehrt, wo es ihm freistünde, sein normales Leben fortzusetzen, sinniert er über das, was geschehen ist, und begeht schließlich wie der alte Krull Selbstmord.

Der Mann, der imstande war, diese beiden ergreifenden Romane zu schreiben, kann unmöglich Antisemit oder Antiirgend-jemand-anders im rassistischen Sinne gewesen sein. Simenon einen Antisemiten zu nennen, wäre dasselbe, als würde man Shakespeare als Antisemiten bezeichnen, weil er im »Kaufmann von Venedig« die Figur des jüdischen Wucherers Shylock als Sinnbild des hartherzigen Gläubigers geschaffen hat, wobei man ganz außer acht lassen würde, daß der große Dichter mit dem berühmten »Ich bin ein Jude«-Monolog, mit dem Sylock mit seinen Verleumdern abrechnet, diesem die großartigste Verteidigungsrede für eine verfolgte Minderheit in den Mund gelegt hat, die je ein Mensch verfaßt hat. »...Wenn ihr uns stecht, bluten wir nicht?... Und wenn ihr uns beleidigt, sollen wir uns nicht rächen...?«*

Das Auftauchen des verbissenen *commissaire* vom »Amt für jüdische Angelegenheiten« verbitterte Simenon die letzten Wochen seines Aufenthaltes in Fontenay. Er hatte allerdings schon längst beschlossen, weiterzuziehen.

Der Charme des Château de Terre-Neuve war verflogen. Er wollte ein eigenes Haus haben, nicht nur einen Teil des Besitzes, der jemand anders gehörte, so prächtig sich auch hier wohnen ließ.

Er wünschte sich einen eigenen Garten so wie den, den er mit Annette de Bretagne (die inzwischen bei ihrem Vater in La Roche-sur-Yon, der Hauptstadt des Departements Vendée, lebte) fast ausschließlich eigenhändig auf dem Besitz des alten Klosters in Nieul-sur-Mer angelegt hatte. Vielleicht wollte er sich aber auch vor allem den, wenn auch nur gelegentlichen, Anblick deutscher Offiziere oder Soldaten in den Straßen von Fontenay ersparen.

---

* III. Akt/1. Szene; zitiert nach der Übersetzung von August Wilhelm Schlegel (Anm. d. Ü.).

Zunächst plante er, mit Hilfe eines ortsansässigen französischen Freundes mit dem Auto die Vendée ganz zu verlassen und mit den Seinen in die »Freie Zone« der Pétain-Laval-Regierung zu fahren, um dort zu bleiben. Alles war arrangiert. Da Simenon als Ausländer keinen Passierschein für den Übertritt nach Vichy-Frankreich bekommen konnte, ließ er das Nummernschild des Wagens seines Freundes auf dem eines Lastkraftwagens befestigen, den er eigens für die Fahrt in die »Freie Zone« gemietet hatte. Makabres Detail: Der Lastwagen hatte bisher als Leichenwagen für Überlandtransporte gedient, und Simenon mußte das Fahrzeug gründlich desinfizieren lassen, bevor es mit Gepäck vollgeladen werden konnte.

So saß er dann eines Morgens im Spätherbst 1942 um sechs Uhr in der Frühe am Steuer dieses Vehikels und wartete auf Régine, die mit Marc und Boule jeden Augenblick aus der Wohnung herunterkommen mußte. Da vernahm er aus dem Radio des Lastwagens die unfaßbare Nachricht, daß deutsche Verbände während der Nacht auch in die »Freie Zone« einmarschiert waren. Es war der 11. November. Hitler hatte drei Tage nach der Landung der amerikanisch-britischen Invasionsstreitkräfte in Marokko und Algerien für die Besetzung des bisher unbesetzten Teils Frankreichs den 24. Jahrestag des Abschlusses des Waffenstillstandes von Compiègne gewählt, der den Ersten Weltkrieg beendet und die Niederlage des Deutschlands Kaiser Wilhelms II. bedeutet hatte, um ganz Frankreich unter seine Kontrolle zu bringen.

Betrübt packten die Simenons ihre Koffer wieder aus. Simenon gab seinem Freund das Nummernschild wieder und brachte den Lastwagen in die Garage zurück. Es hatte keinen Sinn mehr, seinen Wohnsitz in die ehemals Freie Zone Frankreichs zu verlegen. Die Reise mußte anderswohin führen, wenn man sich den Deutschen entziehen wollte.

Auf alle Fälle verließ die Familie Simenon erst einmal Fontenay und siedelte in ein ebenfalls in der Vendée gelegenes, knapp achtzig Kilometer entferntes Dorf mit Namen St. Mesmin-le-Vieux über. Es war wieder eine Mietvilla, das leerstehende Eigentum eines reichen Freundes, der selbst in Fontenay lebte, doch zumindest hatten die Simenons hier das ganze Haus zur Verfügung, und deutsches Militär ließ sich kilometerweit im Umkreis nicht sehen. Die Gegend war zu abgelegen, eine halbvergessene Landschaft inmitten von Hügeln, die ohne strategische Bedeutung war.

Man kann fast als sicher annehmen, daß sich hier das Leben so friedlich abspielte, wie es in den Romanen geschildert wird, die Simenon weiterhin schrieb – der Krieg war nicht vorhanden, und keine bösartigen Beamten tauchten auf, um einen festzunehmen, weil man im Verdacht stand, Jude zu sein.

13

Besatzungszeit und Befreiung

St. Mesmin-le-Vieux hat sich vermutlich von den Kriegsjahren bis heute kaum verändert; das Dorf ist nicht mehr als eine kleine Häusergruppe mit ein paar Läden. Es liegt an einer Kreuzung von Landstraßen der untersten Kategorie inmittem der Hügellandschaft der nördlichen Vandée. Das Haus, das die Simenons damals bewohnten, ist ein großes, dreistöckiges, villenähnliches Gebäude ohne Besonderheiten: gebaut vermutlich Ende der dreißiger Jahre im Stil eines kleinen normannischen Schlosses mit Giebeldach und großen, überstehenden Dachrändern. Auf dem dazugehörigen ausgedehnten Grund und Boden steht etwas abseits ein scheunenartiger Bau.

André Caillaut, ein Bauernsohn, der in dem Örtchen groß geworden ist, weiß noch gut, daß der berühmte Schriftsteller vor vierzig Jahren hier vorübergehend sein Domizil hatte. Für ihn war das Simenonsche Haus »beinahe eine Burg, nicht eine normale Villa. Es war ganz anders als die anderen Häuser...!« Er erinnert sich auch daran, daß der kleine Marc auf dem Anwesen seiner Eltern mit einem von einem Pony gezogenen zweirädrigen Wägelchen herumkutschierte, aber »in die Volksschule ging er nicht mit uns. Er hatte einen Privatlehrer«. Als Caillaut, ungefähr gleichaltrig mit Marc, damals mit seinem Bruder an einem Herbsttag im Wald eßbare Pilze gesammelt hatte, begegneten die Jungen auf dem Heimweg Simenon, der ihnen die Pilze abkaufte. »Er gab uns einen Zehnfrancschein dafür, und wir waren mächtig stolz, als wir den zu Hause vorzeigten!«

Constant Vaillant, pensionierter Lehrer und anerkannter Heimatforscher, berichtet, daß die Nachbarn noch wissen, wie damals tagelang die Fensterläden von Simenons Arbeitszimmer geschlossen blieben, was bedeutete, daß ein neues Buch im Entstehen begriffen war. »Man hat Simenon hier in der Gegend vor allem als Wohltäter nicht vergessen«, erzählt Vaillant. So kaufte er zum Beispiel eine Kuh und stellte sie bei einem ortsansässigen Kleinbauern unter. Seine Absicht war, immer frische Butter für die Simenon-Familie zu haben, für die er dann noch extra bezahlte. Als Simenon bei Kriegsende dann das Dorf verließ, schenkte er dem Bauern die Kuh. Jeden Monat erhielt ein junger Mann eine Geldsumme von ihm, dessen Vater Kriegsgefangener in Deutschland war und dessen Mutter keine Mittel hatte, um sich und den Sohn angemessen zu ernähren und zu kleiden. Wenn ein Wohltätigkeitsbasar stattfand, dessen Erlös für Pakete an Kriegsgefangene bestimmt war, gab er großzügig seine alten Manuskripte für die Auktionen her (Simenon selbst bestätigt dies: »aus diesem Grunde besitze ich keine Originalmanuskripte mehr von den Büchern, ich vor 1945 geschrieben habe!«). Man hat den Eindruck, daß der Schriftsteller so etwas war wie ein Gutsherr nach traditioneller englischer Art; befreundet waren die Simenons hauptsächlich mit zwei Ärzten im Ort und mit »ein paar bekannten Persönlichkeiten aus der Gegend«, wie Monsieur Vaillant es etwas geheimnisvoll ausdrückt.

Es war ein sorgenfreies, zufriedenes Leben, eintönig, aber friedlich, das die Simenons hier führten. Sie hatten sogar ihre alten Bücherregale aus Ebenholz wiederbekommen, die den Umzug von der Wohnung am Boulevard Richard-Wallace in Paris in das Haus in Nieul mitgemacht hatten. Dort hatte Régine sie mit einem geliehenen Lastwagen abgeholt und war, wie sie sich erinnert, von den deutschen Offizieren, die inzwischen in dem alten Klostergebäude einquartiert waren, »höflich empfangen« worden. Materiell fehlte es ihnen in St. Mesmin-le-Vieux an nichts; zu guter Letzt besaßen sie statt nur einer Kuh deren drei, so daß sie mit Milchprodukten hinreichend versorgt waren. Dazu hielten sie Schweine, Hühner, Gänse und Truthähne, bauten ihr eigenes Obst und Gemüse an (Simenon hatte sich sogar ein kleines Tabakfeld angelegt) und hatten Pferde, Hunde und Katzen. Der Besitz glich einem kleinen Bauernhof, und Simenon gefiel sich in der Rolle eines Landwirts. Annette de Bretagne zufolge, die nicht mehr für Simenon tätig war, ihn und seine Familie jedoch von Zeit zu Zeit besuchte, weil sie ja in der Nähe lebte, führten die Simenons ein »sehr schlichtes, rustikales Leben. Sie unternahmen Wanderungen über Land und beschäftigten sich intensiv mit ihrer Landwirtschaft. Es war eine einfache, doch sehr gesunde Lebensweise«.

In den knapp zweieinhalb Jahren, die der Aufenthalt in St. Mesmin dauerte, verfaßte Simenon neben dem umfangreichen (und zeitraubenden) *Pedigree* fünf weitere Romane, darunter auch *La Fuite de Monsieur Monde* (»Die Flucht des Herrn Monde«), eines seiner erfolgreichsten und mit Sicherheit eines seiner charakteristischsten Bücher. »Die tiefe Traurigkeit Ihres Helden ist mir sehr nahegegangen«, schrieb ihm Colette aus Paris.

Dieser Monsieur Monde ist von Kritikern als Simenons Verkörperung des, wie der Name sagt, französischen Herrn Jedermann oder Durchschnittsbürgers interpretiert worden. Die Romanfigur ist ein erfolgreicher Geschäftsmann, der plötzlich am Morgen seines achtundvierzigsten Geburtstages auf dem Weg in sein Büro aufschaut und sieht, wie sich die Hausdächer gegen einen mattblauen Himmel abheben, an dem ein einziges weißes Wölkchen entlangsegelt. Von diesem Augenblick an ist Monsieur Monde wie verwandelt. Er fühlt sich nicht mehr wohl an seinem Schreibtisch mit der täglichen Routine ringsum und erkennt, daß er diese Umgebung verlassen muß. »Da gab es kein Hin und Her in seinem Inneren..., keine Entscheidung, die zu treffen war, überhaupt keine Entscheidung...« Er rasiert sich den feschen Schnurrbart ab und zieht sich statt des feinen Maßanzuges einen unauffälligen,

Colette

schlechtsitzenden Anzug an, wie ihn der Mann auf der Straße trägt. Fast automatisch besteigt er dann einen Bus zur Gare de Lyon. »Er hatte sich nicht entschlossen, das eine oder das andere zu tun. Einmal mehr richtete er sich nach einem Programm, das im voraus aufgestellt worden war, doch nicht von ihm selbst...« Genauso mechanisch setzt er sich in einen Zug nach Marseille. Als er an der Mittelmeerküste ankommt, fängt er an zu weinen:

»Was durch seine beiden Augen aus ihm heraus-
strömte, war die ganze Erschöpfung, die sich in achtundvierzig Jahren angesammelt hatte, und wenn diese
Tränen süß waren, dann war der Grund dafür, daß jetzt
die Schicksalsprüfung vorüber war.

Er hatte aufgegeben. Er kämpfte nicht mehr. Er war
von weit her herangeeilt – der Zug existierte nicht für
ihn, sondern nur eine ungeheure Fluchtbewegung –, er
war dem Meer entgegengestürzt, das, unendlich blau,
mehr Leben in sich trug als irgendein Mensch und, Seele der Erde, Seele der Welt, friedlich zu seinen Füßen
atmete... Er sprach, ohne den Mund aufzumachen,
denn das war nicht nötig. Er sprach von seiner unend-
lichen Müdigkeit, die nicht von seiner Eisenbahnreise
herrührte, sondern von seiner langen Reise als
Mensch...«

Danach nimmt er eine neue Identität an und führt ein
völlig verändertes Leben, bis er sich schließlich klar darüber wird, daß die Zeit gekommen ist, nach Paris zurückzukehren und wieder seine alte Existenz aufzunehmen. Dies tut er auch, und seine Mitarbeiter, sogar seine Frau, glauben, daß er sich nicht verändert hat. Doch
er selbst weiß, daß eine Veränderung in ihm vorgegan-
gen ist. Selbst sein Kompagnon wagt indes nicht, ihn
zu fragen, wo er gewesen ist oder was er getan hat,
»weil er vermutlich wie alle anderen auch tief beeindruckt war von diesem Mann, der alle Geister gebannt,
alle Erscheinungen hinter sich gelassen hatte und einem mit kühler Gelassenheit in die Augen sah«.

Eine neuerwachte Gelassenheit, vermischt mit Freude, erfüllte übrigens auch Simenon selbst, als er »Monsieur Monde« schrieb. Die Titelfigur seines Romans
wurde ein Stück von ihm selbst, denn er hatte ebenfalls gerade eine Befreiung persönlicher Art erfahren.
Das Buch entstand in St. Mesmin im März 1944; als
fast einziges seiner zahlreichen Werke enthält es eine
Widmung:

»Für Professor Lian und Professor Giroire
sowie Dr. Eriau in Erinnerung an den Februar 1944!«

Diese drei Ärzte waren es gewesen, die in dem genannten Monat, als Simenon gerade einundvierzig Jahre alt
geworden war, das Wunder vollbracht hatten, ihn davon überzeugen zu können, daß dem Röntgenologen in
Fontenay fast vier Jahre zuvor ein folgenschwerer Irr-
tum unterlaufen war. Er mußte *nicht mehr* in ständiger
Furcht vor einem jähen Tod leben, wie er es jahrelang
getan hatte, als er Frauen und sexuelle Affären beiseite
gelassen und das beschauliche Leben eines Literaten
und Gutsbesitzers an seinem abgelegenen Zufluchtsort
auf dem Lande geführt hatte. Obwohl er später in seinen »Intimen Memoiren« wer weiß wie von den Vorzü-
gen des Landlebens schwärmte, so fand er es damals
doch im Laufe der Zeit bedrückend langweilig, fernab
der Welt und ihrer Freuden so asketisch zu leben. »Ich
glaube wie Sie«, schrieb er Gide im selben Jahr nach der
Befreiung Frankreichs ein paar Monate später, »daß
meine Krankheit in gewisser Weise heilsam gewesen ist
– und nicht nur meine Krankheit, sondern die lange
Selbstbesinnung und Abkehr vom Krieg. Sie schreiben,
daß Sie nicht sehr viel gelebt haben. Ich, ich habe überhaupt nicht gelebt! Die meiste Zeit über war mein Le-
benshunger vollständig vergangen. Ich habe in meinem
kleinen Winkel gearbeitet, habe verschiedene Romane
vor *Pedigree* und hinterher verfaßt, die noch nicht erschienen sind und die ich für die Nachkriegszeit aufbe-
wahrt habe. Jedesmal glaubte ich, mich endgültig von
einer großen Bürde der Verantwortung gegenüber der
Vergangenheit befreit zu haben (der Satz scheint mir
fehl am Platze zu sein, doch mir fällt kein besserer ein),
die schwer auf meinen Schultern lastete. Und jedesmal
mußte ich feststellen, daß immer noch ein bißchen
Schlamm übrigblieb, der sich hartnäckig festgesetzt
hatte.

Aber im März dieses Jahres hatte ich, nachdem ich den Roman *La Fuite de Monsieur Monde* fertiggestellt hatte, der in drei Wochen veröffentlicht werden soll, das untrügliche Gefühl, das ich auch jetzt noch habe, daß ich das Wort ›Ende‹ schreiben kann, daß eine Periode meines Lebens abgeschlossen ist und eine neue begonnen hat. Wie sie aussehen wird, was sie bringen wird, das vermag ich noch nicht zu sagen ...«

Simenon hatte stets die leicht romantische Vorstellung vertreten, daß für einen Literaten »das Leben mit vierzig beginnt«. In einem früheren Brief an Gide aus dem Jahre 1939 hatte er behauptet, er habe seit seinem achtzehnten Lebensjahr genau gewußt, »daß die Arbeit eines Romanschriftstellers nicht beginnt, bevor er vierzig ist. Ich sage bewußt Romanschriftsteller und nicht Dichter!« Doch dies neuentdeckte Gefühl keimender Erfüllung saß zu tief, als nur aus purer Launenhaftigkeit herzurühren. Es basierte auf zwei soliden physischen Fakten: einmal wußte er jetzt endgültig, daß ihm kein baldiger Tod bevorstand, zum anderen war er sich klar darüber geworden, daß die Ehe mit Régine auf die Dauer nicht halten konnte. Beide Erkenntnisse waren das unvermeidliche Ergebnis des scheinbaren Wunders, das die ärztliche Überredungskunst im Februar 1944 bewirkt hatte.

Die Geschichte dieser »Heilung« ist aus der Sicht Régines nicht ohne amüsante Note: »Sie wissen ja, ich hatte all die Jahre Simenon davon zu überzeugen versucht, daß sich der Röntgenologe in Fontenay geirrt haben mußte, doch er wollte nichts davon hören. Er glaubte mir einfach nicht. Dann stellte sich in St. Mesmin-le-Vieux bei ihm plötzlich eine nervöse Störung in Form einer Aerophagie (permanentes Luftschlucken – Anm. d. Ü.) ein, deren Symptome – heftige Schmerzen in der Brust – denen der Angina pectoris sehr ähnlich sind, so daß er noch mehr davon überzeugt war, todkrank zu sein. Er sagte immer wieder, man habe seinem Vater ständig versichert, er habe nichts Ernstes, bis er schließlich an Angina pectoris gestorben sei!

Dr. Eriau aus St. Mesmin, ein guter Freund von uns, glaubte ebenfalls nicht an Simenons ›Angina‹, und auch er bemühte sich unablässig, seinen Patienten davon zu überzeugen. Es gelang auch ihm nicht. Wenn Simenon eine Erkältung bekam oder sich an irgendeinem Tag nicht wohl fühlte, nahm er gleich an, nun lasse der Tod nicht mehr lange auf sich warten. Schließlich blieb nur noch eine Möglichkeit offen: er konnte dazu überredet werden, nach Paris zu fahren, um sich von einer Kapazität eine neue Diagnose stellen zu lassen – denn man *konnte* mit der Eisenbahn nach Paris reisen, wenn es auch weniger Zugverbindungen gab! –, und das gelang nur, weil ein anderer Arzt, gleichfalls ein Freund, aus Nantes, der seine in St. Mesmin weilende Frau besuchte, sich der Auffassung anschloß, Simenon habe Angina pectoris, und ihm dringend zu einer neuen Untersuchung durch einen Pariser Facharzt riet. Kurz und gut, Simenon war endlich willens, Professor Lian, den führenden Herzspezialisten Frankreichs, zu konsultieren, der ihm der einzige schien, von dem noch Hilfe zu erwarten war. Was natürlich tatsächlich in all den Jahren passiert war, war, daß durch die jahrelange innere Unruhe und Beklemmung Simenons Gesundheitszustand derart gelitten hatte, daß es zu dieser Aerophagie gekommen war, deren Anzeichen, wie gesagt, auch auf Angina schließen lassen konnten.

Daß dem nicht so war, stellte sich gleich nach der Ankunft in Paris heraus, noch bevor mein Mann und der Nantaiser Arzt, der ihn begleitete, den berühmten Kardiologen aufgesucht hatten. Der Arzt schilderte mir später, wie sich Simenon bei Antritt der Reise wie ein Invalide aufgeführt habe. Er habe so geschlurft, daß er ihn förmlich in den Zug habe schieben müssen. Doch in ihrem Pariser Hotel trafen die beiden dann durch puren Zufall Jean Cocteau und Marcel Pagnol, die Simenon seit Jahren nicht mehr gesehen hatte. Von da an konnte der Doktor Simenon nicht mehr zügeln. Er war mit einem Mal wie neugeboren. Die drei Literaten sausten so viel durch Paris – von einem Nachtklub zum anderen –, daß der gute Doktor aus Nantes gar nicht Schritt halten konnte.

Es stand fest: Simenon war bereits geheilt. Es war der Einfluß gewesen, den die Kriegsjahre in der Vendée auf ihn ausgeübt hatten; er hatte sich eingezwängt und der Erstickung nahe gefühlt, weil er in einem verhältnismäßig kleinen Haus leben und eine Art Landjunker abgeben mußte.«

Am nächsten Morgen teilte Professor Lian, nachdem er einige von seinem Kollegen Professor Giroire angefertigte neue Röntgenplatten überprüft hatte, Simenon lächelnd mit: »Sie haben ein Herz, das ihnen erlaubt, so lange zu leben, wie Sie wollen! Mit Ihnen ist alles in Ordnung, mein Lieber! . . . Ich nehme an, Sie haben noch immer eine Pfeife bei sich?« wollte er dann wissen. »Ja«, erwiderte Simenon, »aber ich rauche nicht mehr wegen der Warnung des Röntgenologen . . .« – »Tabak werden Sie doch sicher auch in der Tasche haben?« – »Ja, das schon«, gab Simenon zu. »Na, dann zünden Sie sich doch Ihre Pfeife an«, forderte Lian ihn auf. »Es wird Ihnen guttun!« Er erkundigte sich dann noch, ob Freunde auf Simenon warteten. »Ja, Pagnol und Cocteau«, ließ Simenon ihn wissen. »Sie sitzen im Hotel Bristol und sind sehr besorgt um mich . . .« – »Fein«, erklärte Lian darauf, »dann laden Sie sie mal heute abend schön zum Essen ein. Sie werden bestimmt ein Restaurant finden, in dem sie ohne Marken superb dinieren können. Gönnen Sie sich ein exzellentes Mahl mit ein paar Flaschen guten Weins! Das ist das einzige Rezept, das ich Ihnen geben kann!«

Simenon kehrte buchstäblich als neuer Mensch nach St. Mesmin zurück. Er war nun wieder, um Boules herrlichen Ausdruck zu gebrauchen, »wie ein Felsbrokken«. Und Boule war auch daran schuld, daß Simenons Ehe nach fast zwanzig Jahren voller verbotener, heimlicher Liebschaften nun unwiderruflich in die Brüche ging. Denn Simenon stürzte sich nach der langen, erzwungenen Abstinenz in sexuelle Abenteuer wie ein Delphin in die Wogen des Meeres. Mag sein, daß er es im Gefühl der wiedergewonnenen Manneskraft unterließ, sorgfältig seine täglichen »Freiübungen« mit Boule vor seiner Frau zu verbergen, wie er es früher getan hatte. Jedenfalls öffnete Régine eines Tages kurz nach der Rückkehr ihres Mannes leise die Tür seines Arbeitszimmers, wo er angeblich ein Mittagsschläfchen halten wollte, und erwischte die beiden in flagranti. Entsetzen und Wut packten sie, und sie verstieg sich zu der Forderung: »Entweder weist du dieses Mädchen da auf der Stelle vor die Tür oder ich verlasse dieses Haus!« Kurz darauf unterhielt sich Simenon mit seiner Frau im Garten, nachdem sie sich etwas beruhigt hatte. Er erklärte ihr beim Aufundabgehen, er wünsche nicht, daß sie Boule als »dieses Mädchen da« bezeichne (heute noch, beinahe vierzig Jahre später, wird er böse, wenn er diesen Ausdruck hört), und es komme nicht in Frage, daß er sie aus dem Dienst entlasse. »Aber du kannst das Haus auch nicht verlassen«, erklärte er Régine unmißverständlich, »und ich genausowenig. Unser Junge braucht uns beide!«

Sie trafen eine feierliche Vereinbarung bei ihrer Aussprache im Garten, um des Kindes willen »als Mann und Frau zusammenzubleiben, aber in Wirklichkeit nur als gute Freunde«. Jeder versprach dem anderen völlige sexuelle Freiheit; für die Öffentlichkeit wolle man jedoch weiterhin den Schein einer glücklichen Ehe aufrechterhalten. Sie spazierten zwischen den Beeten herum, bis die Nacht hereinbrach. Dann war alle Verbitterung aus der Welt geschafft, und nur noch Mitgefühl beseelte beide. »Ich glaube nicht, daß ich jemals so sehr wie damals die zuverlässige und treue Gefährtin ge-

schätzt habe, die sie mir so lange gewesen war«,
schreibt Simenon in seinen Memoiren.

Aber wie lange kann eine Ehe ohne jede Geschlechtlichkeit überhaupt halten? Jeder der beiden Partner
wollte künftig sein eigenes Leben führen, doch wie sollte dieses Leben aussehen?

Der Krieg in Europa begann in sein Endstadium einzutreten. Am 6. Juni 1944 landeten die alliierten Streitkräfte an den Stränden der Normandie. Im Nordwesten
Frankreichs entwickelten sich schwere Kämpfe mit den
abziehenden deutschen Verbänden, bevor an den Vormarsch auf Paris gedacht werden konnte. Im Südwesten des Landes gab es keine Invasion großen Umfangs,
sondern zahlreiche Fallschirmabsprünge von französischen Soldaten des in London von General de Gaulle
organisierten und repräsentierten »Freien Frankreichs«,
die zu den örtlichen Résistancegruppen stießen. Sie trugen beim Absprung die Fliegeruniform der britischen
Royal Air Force, um bei Gefangennahme als Kriegsgefangene behandelt und nicht als Spione erschossen zu
werden, was unweigerlich der Fall gewesen wäre, hätten sie Zivilkleidung angehabt. Ihr Ziel, das sie weitgehend erreichten, war es, gemeinsam mit den Männern
der Résistance Nachschublager und Konvois der deutschen Besatzungstruppen in den weniger befestigten
Gebieten des französischen Hinterlandes zu überfallen.
Simenons eigene Art und Weise, den Krieg zu »ignorieren«, was ihm in Anbetracht seiner »Krankheit« und
der übrigen auf Selbstbeobachtung ausgerichteten Aktivitäten nicht schwergefallen war, fand dann kurz vor
dem Höhepunkt der Kämpfe auf französischem Boden
ein jähes Ende.

In einer Julinacht des Jahres 1944 wurde sein Anwesen in St. Mesmin von drahtigen Männern aufgesucht,
die kurz zuvor in britischen Uniformen mit Fallschirmen aus in England gestarteten Transportmaschinen

Mitglieder der französischen Résistance

abgesprungen und mit Maschinenpistolen bewaffnet waren. Sie schellten Simenon aus dem Schlaf und erklärten höflich, sie hätten von örtlichen Kontaktleuten gehört, er habe im Stall unter dem Stroh ein Auto versteckt; ob sie es benutzen dürften? »Mit dem allergrößten Vergnügen!« erwiderte Simenon und zeigte ihnen das Versteck. Sie holten einen schönen gelben Citroën heraus, der so gut wie neu war, da Simenon ihn nach dem Kauf drei Monate vor Kriegsausbruch kaum gefahren hatte, und benutzten ihn bei Überfällen auf deutsche Einrichtungen in der Vendée. »Sie spritzten ihn jede Woche andersfarbig«, erzählt Simenon. »Wenn ihnen ein Coup gelungen war, bekam mein Auto schnell eine neue Lackfarbe. Es war schließlich schwarz, aber zuvor war es rot und grün gewesen, die ganze Farbskala wurde ausprobiert!« Marc Simenon, damals noch ein Kind, hat ebenfalls die Fallschirmspringer nicht vergessen: »Ich weiß noch, daß wir ein gelbes Citroën-Auto hatten, was ja schließlich eine ungewöhnliche Farbe war. Eines Tages wurde es abgeholt, weil Papa es den Männern zur Verfügung stellte, die in unserer Gegend abgesprungen waren. Ich kann mich noch erinnern, wie sie mit umgehängten MPs ins Haus geschlichen kamen. So etwas vergißt man sein Leben lang nicht, auch wenn man erst fünf Jahre alt war, als es passierte.«

Simenon berichtete weiter über die damaligen Ereignisse: »Da ich die Umgebung durch meine Spaziergänge sehr gut kannte, kamen die Männer fast jeden Abend heimlich zu mir. Ich hatte eine große Landkarte der Vendée ausgebreitet und pflegte dann zu sagen: ›Wenn ihr diese Bahnlinie sprengt oder hier die kleine Straße an dieser wichtigen Stelle blockiert, könnt ihr erreichen, daß die deutschen Nachschubtransporte für geraume Zeit zum Stillstand kommen!‹ Und bei diesen Zusammenkünften abends oder nachts stand einer der Soldaten draußen mit entsicherter Waffe Posten. Es war wirklich ganz amüsant...«

Die Überfälle waren höchst erfolgreich. Die Fallschirmjäger versahen das Heck des Autos mit zwei Öffnungen, durch die sie mit Maschinengewehren feuern konnten. Einer von ihnen, ein junger Mann von Anfang zwanzig mit einem richtigen Kindergesicht, der eine Priestersoutane über seiner Uniform trug, hatte den Auftrag, die kleinen, selbstgebastelten Sprengsätze an den ins Auge gefaßten Objekten anzubringen. Keinem deutschen Wachtposten kam der *curé* mit dem unschuldigen Blick verdächtig vor. Bei den Operationen, die meist nachts stattfanden, wurden deutsche Munitions- und Verpflegungsdepots überfallen und an verschiedenen Abschnitten die Eisenbahngleise auf der wichtigen Strecke in die Luft gejagt, auf der der Nachschub der Wehrmacht für die Truppen am vielgepriesenen »Atlantikwall« entlang der Küste rollte.

Die Soldaten, denen Simenon half, bildeten nicht die einzige Gruppe, die mit Landsleuten aus dem *maquis*, der französischen Widerstandsbewegung, gegen die deutschen Besatzer operierte. Überall im Südwesten Frankreichs fanden ähnliche Aktionen statt. Die Deutschen hielten sich zwar in der zur Festung umgewandelten Stadt La Rochelle bis zur Unterzeichnung der deutschen Gesamtkapitulation durch Generaloberst Jodl im Hauptquartier des westalliierten Oberbefehlshabers General Eisenhower in Reims in der Nacht zum 7. Mai 1945, doch um die Mitte August 1944 glich ihre Machtstellung in den südwestfranzösischen Departements bereits einem madigen Apfel: außen noch rotbackig und glänzend, innen längst ausgehöhlt.

Am 25. August 1944 wurde Paris befreit. An diesem Tag kam Dr. Eriau zu Simenon gelaufen und schrie: »Wir müssen alle fliehen, nur schnell weg von hier!« Die deutschen Truppen waren gezwungen, unter schweren Verlusten ihren Widerstand an der Atlantikküste aufzugeben, und konnten sich nur noch in La Rochelle und Umgebung hartnäckig behaupten. Auf dem

*Das Dorf Cerizay, im August 1944 von den Deutschen
in Brand geschossen*

Rückzug aus dem Sektor La Roche-sur-Yon ergoß sich der endlose Fahrzeugstrom – deutsche Panzer, Panzerspähwagen und Lastkraftwagen jeglicher Art – in Richtung Nordosten durch St. Mesmin über die Straße, an der die Häuser der Simenons und Eriaus standen. Die Deutschen brandschatzten und plünderten auf ihrem Rückzug, trieben die Bewohner aus ihren Häusern und zündeten dann die Gebäude zu beiden Seiten der Straße an – alles Maßnahmen, um Widerstandsnester auszuräuchern und Heckenschützen ihr Versteck zu nehmen. Im Nachbarort Cerizay, wo französische Widerstandskämpfer aus dem Hinterhalt die Kolonne beschossen und dabei einen deutschen Oberst sowie einige seiner Leute getötet hatten, nahmen die zurückfließenden Verbände der *boches* fünfzehn Geiseln und steckten das ganze Dorf in Brand. Fünf Einwohner fanden in den Flammen den Tod; 172 Häuser brannten bis auf die Grundmauern nieder.

Fast eine Woche lang lebten Simenon, Régine, Boule und Marc, zusammen mit Dr. Eriau und seiner Familie, draußen auf den Feldern und schliefen im Stroh von Scheunen, durch deren Dach der Regen tropfte, oder in den Nebengebäuden von entlegenen Bauernhöfen. Das Wetter war nämlich ausgerechnet zu dieser Zeit miserabel. Es goß tagelang in Strömen, und das Ende August. Als die beiden Familien dann mit vielen anderen Dorfbewohnern aus der Umgegend, die ebenfalls vor den Deutschen davongelaufen waren, erschöpft und übermüdet in ihre Häuser zurückkehrten, war von den Deutschen gottlob nichts mehr zu sehen. Aber Simenon war ernstlich erkrankt. Er hatte sich in den sechs Tagen im Freien und in zugigen, feuchten Heuschobern eine Rippenfellentzündung zugezogen, und während der nächsten beiden Monate war er wirklich dem Tode nahe, wie er es in den dreieinhalb Jahren zuvor infolge seiner eingebildeten »Unheilbarkeit« nie gewesen war.

Als er dann wieder auf die Beine kam, nicht zuletzt dank der hervorragenden ärztlichen Betreuung durch seinen Freund Dr. Eriau und der aufopferungsvollen Pflege durch Régine und Boule, lebte er während der Schlußmonate des Kriegsgeschehens in Europa wieder friedlich und zurückgezogen wie bisher – einen merkwürdigen Zwischenfall ausgenommen, dessen wahren Ablauf er bisher in keinem seiner Memoirenbände dargestellt hat.

In den »Intimen Memoiren« erzählt er, wie in den letzten Tagen vor dem endgültigen Abzug der Deutschen Boule eines Nachmittags gegen vier Uhr in St. Mesmin die Haustür öffnet, an der es geläutet hat, und draußen einen deutschen Offizier, begleitet von der berüchtigten *Mademoiselle Docteur*, einer prominenten Kollaborateurin aus dieser Gegend, stehen sieht. Sie fragen nach Simenon und erklären gleichzeitig, daß sie gekommen sind, um ihn mitzunehmen. Boule, die schnell schaltet, versichert, er sei nicht zu Hause. Er werde jedoch in ein bis zwei Stunden zurück sein; die Simenons äßen immer um sechs zu Abend. »Schön, wir kommen dann wieder«, erklären die Besucher und fahren davon.

Boule stürzt augenblicklich in den hinter dem Haus gelegenen großen Garten, wo Simenon die ganze Zeit über damit beschäftigt gewesen ist, Gemüsebeete zu jäten, und berichtet atemlos über das Vorgefallene. »Ich rannte zum Telefon und wählte einen guten Freund aus dem Dorf an, der eine Motorradvertretung hatte und zugleich ein Café betrieb. Ich wußte, daß er selbst eine schwere Maschine fuhr, und bat ihn dringend, mich in einer halben Stunde abzuholen. Ich packte unterdessen einige Kleidungsstücke, mehrere Dosen mit Büchsenfleisch und so weiter in eine große Tasche. Als der Freund vorfuhr, fragte ich ihn nach einem geeigneten Versteck. Er jagte mit mir auf dem Rücksitz zu einem einsamen Bauernhaus in etwa sieben Kilometer Entfernung, das die Deutschen, die es mit dem Rückzug eilig hatten, wohl kaum aufstöbern würden. Dort setzte er mich also ab, und ich verbarg mich zwei ganze Tage in der Scheune hinter Strohballen, die ich mit Hilfe des Bauern aufgetürmt hatte. Dann machte ich mich vorsichtig auf den Rückweg zu meinem Haus, wo Boule mir winkend bedeutete, daß die Luft inzwischen rein war. Der deutsche Offizier war am selben Abend zurückgekommen, hatte sich aber mit Boules Auskunft begnügt, daß ich nicht zurückgekommen sei, weil ich vermutlich Wind von der beabsichtigten Festnahme bekommen habe.«

Das ist eine interessante Geschichte, die Simenon in einem vorteilhaften Licht zeigt. *Tatsächlich* nahmen zu diesem Zeitpunkt die zurückflutenden deutschen Divisionen bestimmte französische Persönlichkeiten gefangen und führten sie als Geiseln für den Fall mit, daß Truppenteile in alliierte Gefangenschaft gerieten und dadurch ehrenvollere Bedingungen ausgehandelt werden konnten. Der Darstellung Simenons steht leider nur entgegen, daß sowohl Régine als auch Boule übereinstimmend aussagen, daß es nicht die Deutschen waren, die vor der Haustür standen, um ihn zu verhaften, sondern die Franzosen! »Es waren Leute von der F.F.I., der Force Française de l'Intérieur«, behauptet Boule, die ihnen ja schließlich die Tür aufgemacht hatte. (Die im Untergrund operierende und erst gegen Ende des Krieges auf französischem Boden regulär kämpfende Widerstandsbewegung F.F.I. war mehrheitlich konservativ, während die konkurrierende Gruppe der Franctireurs et Partisans (F.T.P.) einen starken kommunistischen Flügel aufwies. Sie ging im Frühjahr 1944 in der F.F.I. auf. – Anm. d. Ü.) »Das waren diejenigen, die in den letzten Kriegstagen und danach beispielsweise allen Frauen, die auf irgendeine Weise den Deutschen geholfen hatten, die Köpfe kahlschoren. Die Frauen wurden dann auf Karren gesetzt und durch den Ort gefahren... Schrecklich! Es waren beileibe nicht nur lebenslustige Mädchen, die einen deutschen Soldaten zum Freund gehabt hatten, sondern auch arme alte Frauen, die für deutsches Militär die Wäsche gewaschen hatten, um sich ein paar Francs zu verdienen, und sonst nichts getan hatten, was man ihnen nach dem Krieg hätte vorwerfen können!«

Doch Boule hält treu zu ihrem früheren Arbeitgeber: »Wohlgemerkt, die F.F.I. kann natürlich auch nur gekommen sein, um Auskünfte einzuholen, so genau weiß ich das nicht. Mag sein, daß man neidisch auf Simenon war, weil der nicht Soldat hatte werden müssen wie sie.«

Und Régine urteilt: »Die F.F.I. war ein Zusammenschluß junger Männer, die sich wichtigtun wollten, glaube ich. Es war eine Art von revolutionärer Bewegung, die nicht lange Bestand hatte. Ich wüßte nicht, warum sie Simenon hätten festnehmen wollen...«

Forces Francaises de l'Intérieur wurden seit Februar 1944 alle französischen Einheiten genannt, die auf französischem Boden gegen die deutschen Besatzer kämpften. Diese offizielle Namensgebung, die alle Résistancegruppen zusammenfaßte, war durch Charles de Gaulle, den Präsidenten des von Algerien aus operierenden »Komitees der Nationalen Befreiung«, erfolgt. Einer seiner wichtigsten militärischen Mitarbeiter, General Marie-Pierre Kœnig, bisher Chef der französischen Streitkräfte in England, war im März 1944 zum gleichzeitigen Oberbefehlshaber der französischen Verbände im Inneren Frankreichs ernannt worden und darüber hinaus weiterhin für die Koordination ihrer Aktivitäten mit dem interalliierten obersten Generalstab in London zuständig. Die Operationen der F.F.I. scheinen also aus heutiger Sicht eine höchst anerkennenswerte, wenn nicht sogar heroische Leistung gewesen zu sein, doch eine Reihe von Franzosen, die auch während des Krieges in Frankreich lebten, denken mit etwas gemischten Gefühlen an die Organisation zurück. »Natürlich standen einige sehr tapfere Männer in ihren Reihen«, erklärt Annette de Bretagne, »aber es gab bei den F.F.I. unzählige politische Extremisten, die die Situation für ihre eigenen Zwecke ausnutzten, sowie ein paar ausgemachte Schufte!«

Pierre Chaigneau, Simenons einstiger Bridgepartner in Fontenay, weiß auch Interessantes zu diesem Thema zu sagen: »Als die Deutschen abzogen, waren plötzlich viele Leute, die sich während des Krieges nicht gerührt hatten, in den Reihen der Résistance. Simenon kam, wie ich selbst noch aus seiner Zeit in Fontenay weiß, oft mit den deutschen Behörden in Kontakt. Dies geschah, wie ich weiß, immer nur, um bestimmten Belgiern und Franzosen zu helfen, denn er sprach ja Deutsch, doch die F.F.I. sahen auch diese Verbindungen keineswegs mit einem wohlwollenden Auge. Viele Franzosen hatten während des Krieges täglich mit den Deutschen zu tun, nicht, weil sie sie mochten, sondern weil sich die Notwendigkeit ergab. Und viele von ihnen bekamen nach Kriegsschluß Schwierigkeiten. In der Gegend von Limoges war es besonders schlimm. Da wurde eine Anzahl von Leuten erschossen, die überhaupt nie mit den Deutschen in Berührung gekommen waren. Persönliche Rivalitäten, Erpressungen und Morde spielten in jenen Tagen eine Rolle, und oft war es leicht, jemand der *collaboration,* der Zusammenarbeit mit dem Feind, zu beschuldigen. Auch diese Geschehnisse gehen auf das Konto der F.F.I., genauso wie ihre wirklichen Heldentaten.«

Man muß annehmen, daß es wirklich so gewesen ist. Angehörige der F.F.I. oder Männer, die sich nur dafür ausgaben, können durchaus die Absicht gehabt haben, Simenon für ihre eigenen Zwecke festzunehmen und mitzuschleppen, sei es, daß sie Lösegeld für ihn verlangen wollten, sei es, daß sie seine Anwesenheit in ihren Reihen anderweitig ausschlachten wollten. Trotzdem ist es merkwürdig, daß der Betroffene selbst sich an den Vorfall so erinnerte, daß er den ausländischen Eindringlingen die Rolle der Schurken in dem Stück zuweist und nicht den Vertretern seiner Wahlheimat, die schließlich offiziell für die Sache ihres Landes kämpften.

Ohne Zweifel erhebt sich hier eine wichtige Frage: Handelt es sich bei der Version, die Simenon von dem Geschehen gibt, um absichtliche Irreführung seinerseits, an der er aus irgendeinem Grunde festhielt, oder ist sie ein perfektes Beispiel dafür, daß Dr. Pierre Rentchnick, der Schweizer Psychiater, ihn als »Phantasten« kennzeichnet? Es ist eine Frage, auf die möglicherweise Simenon selbst keine Antwort weiß.

14

Ein neues Leben in der
Neuen Welt

Simenon verspürte bei Kriegsschluß das brennende Verlangen, sich in den Vereinigten Staaten niederzulassen. Der oft von ihm dafür genannte Grund – der Wunsch, daß sein Sohn dort aufwachsen und in die Schule gehen sollte, den er angeblich bereits seit Mitte der dreißiger Jahre für einen zukünftigen Sohn hegte, als er auf seiner Weltreise auch New York kennengelernt hatte – erweckt nicht den Anschein, voll und ganz der Wahrheit zu entsprechen.

Gewiß ist es paradox, daß der Mann, der offenbar zu keinem Zeitpunkt daran gedacht hatte, mit seiner Familie über den Atlantik zu entkommen, als deutsche Truppen in Frankreich einmarschierten, jetzt, da die Besatzungszeit vorüber und der Krieg beendet war, nicht schnell genug den Ozean überqueren konnte, um ins »Gelobte Land« zu kommen.

Könnte es andere Motive für diese neue »Flucht des Monsieur Monde« geben? Frankreich war in der unmittelbaren Nachkriegszeit kein besonders ideales Land, um sich darin wohl zu fühlen, besonders nicht, wenn jemand sich wegen irgendwelcher leicht dubiosen Tätigkeiten während der *occupation* etwas vorzuwerfen hatte. Zudem gab es keine Garantie für politische Stabilität. Trotz aller emotionalen Appelle General de Gaulles konnte niemand sicher sein, daß nicht die Kommunisten an die Macht gelangten. In diesem Sinne äußerte sich Simenon auch kurz nach der Ankunft in New York mit Hilfe eines Dolmetschers gegenüber einem Reporter: »Wenn hundert Schiffe mit Lebensmitteln in Frankreich einträfen, würde sich die Zahl der Kommunisten um die Hälfte verringern. Doch wenn dies der dritte Winter ohne Kohlen wird, ist alles möglich!«

Man hätte Verständnis dafür, wenn er zugäbe, er habe all diesen Schwierigkeiten entfliehen wollen.

Régine ist da wie immer ehrlicher: »Ich glaube nicht, daß sein Verlangen, Marc in Amerika aufwachsen zu lassen, obwohl das sein langgehegter Wunsch war, ausschlaggebend für unseren Aufenthalt in den USA war. Wir reisten schließlich nicht allein Marcs wegen in das Land der unbegrenzten Möglichkeiten. Es gab andere Beweggründe, und ich meine, Simenon erhielt den entscheidenden Anstoß durch die Tatsache, daß Frankreich seinerzeit vom Kommunismus bedroht war. Ich habe nie daran geglaubt, daß wir für immer in den Vereinigten Staaten bleiben würden. Aber ich hätte es mir auch nicht vorstellen können, daß ich bei unserer endgültigen Rückkehr nach Europa Simenons Ex-Ehefrau geworden sei. Das Leben in Amerika war eben etwas, was er während der nächsten paar Jahre anfangen wollte.« Das große Haus in Nieul wurde nicht verkauft. Es bestand guter Grund zu hoffen, daß auf lange Sicht das Heim der Simenons doch in Frankreich stehen sollte.

Im Mai 1945, wenige Tage nach der deutschen Kapitulation am 7. bzw. 9. Mai in Reims und Berlin-Karlshorst, verließ Simenon mit seiner Familie St. Mesmin und siedelte zunächst wieder nach Paris über. Er hatte das Glück, daß die alte Wohnung in der zweiten Etage des Hauses Place des Vosges Nr. 21 kurzfristig möbliert zu mieten war. Von hier aus machte sich Simenon an die mühevolle Arbeit, seine und Régines Ausweispapiere in Ordnung zu bringen und die nötigen Visa für die Transatlantikreise und den permanenten Aufenthalt in den USA zu erhalten.

Der Bescheid auf die entsprechenden Anträge ließ einige Wochen auf sich warten, und Simenon nutzte die Zeit, um rasch zwei Maigret-Romane herunterzutippen: *Maigret se fâche* (»Maigret regt sich auf«) und *La Pipe de Maigret* (»Maigrets Pfeife«), die später in Frankreich zusammen unter dem Titel *La Pipe de Maigret* veröffentlicht wurden. Es stellte sich heraus, daß er von seiner Erzählkunst nichts verlernt hatte, denn von dem Doppelband wurden allein in französischer Sprache über eine halbe Million Exemplare verkauft. Auch seine Vorliebe für das Paris der Zeit zwischen den Weltkriegen, wie er es in Erinnerung hatte, war ungetrübt. Ein Kapitel von »Maigret regt sich auf« beginnt:

»Paris war herrlich geräumig und leer. Die Cafés um die Gare de Lyon strömten einen Duft nach Bier und in Kaffee eingetauchten Croissants aus. In einem Friseursalon am Boulevard de la Bastille lag ohne besonderen Grund eine erfreuliche Helligkeit in der Luft, vielleicht aber deswegen, weil dies Paris im Monat August war, weil es Morgen war und vielleicht auch, weil Maigret in Kürze das Büro betreten und seinen Kollegen die Hand schütteln würde.

›Man sieht, daß Sie gerade aus dem Urlaub zurück sind! Sie haben ganz schön Sonne mitbekommen!‹

(Später) ... bestieg Maigret frisch rasiert, die Haare im Nacken gestutzt, eine leichte Puderspur hinter den Ohren, die Plattform eines Autobusses und stieß ein paar Minuten später die Eingangstür zur *Police judiciaire* auf. Auch hier spürte man etwas von der Atmosphäre der Urlaubszeit angesichts der verlassen liegenden Korridore, in denen sämtliche Fenster offengelassen worden waren ...«

Im Sommer 1945, während der Krieg im Fernen Osten noch nicht beendet ist, nimmt ein unveränderter Maigret seine Ermittlungen in einem Paris auf, das ewig friedlich ist, das sich jedoch bereits im Formaldehyd von Simenons Phantasie konserviert zeigt. »Maigret ist im wesentlichen eine Figur der dreißiger Jahre«, hat Maurice Richardson geäußert. »Er gehört in das Vorkriegs-Paris, wie auch alle Maigret-Romane, die Simenon seither geschrieben hat...« – »Viele, wenn nicht sogar die meisten der Schauplätze, die Simenon gern beschreibt, besonders in seinen Büchern aus den vierziger Jahren, werden in nicht allzu ferner Zukunft verschwunden sein«, hat die amerikanische Kritikerin Lis Harris in *The New Yorker* geschrieben, »kein Kulturanthropologe hätte solche Szenerien besser für die Nachwelt bewahren können.« In Wahrheit wußte Simenon genau, was er tat. Schon als er die beiden genannten Maigret-Romane verfaßte, sie sozusagen vakuumverpackt in ihrer eigenen Zeitkapsel ablieferte, war es ihm klar, daß das Paris Maigrets, das Paris seiner eigenen Vergangenheit, tot war. »Als ich nach dem Krieg zurückkehrte«, sagte er, »fand ich ein Paris, das besiegt worden war, das jedoch behauptete – oder zumindest wollte de Gaulle uns das glauben machen –, daß es den Krieg gewonnen habe. Es war traurig, und ich haßte den Gedanken. Mein Paris existiert nicht mehr!«

Am 5. Oktober 1945 fuhren Simenon, Régine und Marc an Bord eines kleinen schwedischen Frachtdampfers, den sie in Southampton bestiegen hatten, in den Hafen von New York ein, nachdem sie zuvor wochenlang geduldig in London im dortigen Lieblingshotel Simenons, dem »Savoy«, auf ihre Visa gewartet hatten. Boule war vorerst in Paris zurückgeblieben und wohnte vorübergehend bei der Concierge in Simenons Haus an der Place des Vosges, finanziell gut versorgt von ihrem Arbeitgeber. Sie sollte nach Amerika nachkommen, sobald ihre Formalitäten bei der US-Botschaft in der französischen Hauptstadt erledigt waren und auch sie ein Visum in Händen hielt. Ursprünglich war auch geplant gewesen, daß Annette de Bretagne wieder als Sekretärin in Simenons Dienste trat und die Überfahrt nach New York mitmachte, doch dann hatte sich Simenon besonnen, daß es ein Ding der Unmöglichkeit war, denn: »Sie konnte nicht drei zusammenhängende Worte Englisch sprechen«, erläuterte er, »und ich benötigte unbedingt eine perfekt zweisprachige Sekretärin für mein neues Leben!«

»Ich möchte ein Zwei-Kontinente-Schriftsteller sein«, diktierte er einem New Yorker Reporter in die Feder, als er von Verhandlungen mit seinem amerikanischen Verlag Harcourt, Brace & Co. (inzwischen Harcourt Brace Jovanovich) in sein Hotel zurückkehrte. »Es gibt nicht mehr einen ausschließlich französischen oder amerikanischen Schriftsteller. Die Tendenz der Autoren geht heute zum Internationalismus hin. Der Krieg hat uns alle sehr eng zusammengebracht. Schriftsteller werden nicht länger nach ihrem Stil beurteilt, sondern nach der Übertragung ihrer Ideen. Und eine französische Idee ist mit einer amerikanischen Idee vergleichbar.«

Wie es scheint, hat er in seinen ersten Interviews auf amerikanischem Boden seinen Wunsch unerwähnt gelassen, seinem kleinen Sohn, der von der Presse als »äußerst wohlerzogenes, blondes, sechsjähriges Kind« beschrieben wurde, unbedingt eine amerikanische Erziehung angedeihen zu lassen. Man möchte meinen, ein solch schlauer Reklamefachmann in eigener Sache wie Simenon hätte um den Public-Relations-Wert einer solchen Ankündigung gewußt, wenn er sich seinerzeit überhaupt mit dem Gedanken getragen hätte.

Einem anderen Journalisten – diesmal in Montreal, wohin er bald darauf mit seiner Familie gereist war, um in der vertrauteren, französischsprachigen Atmosphäre dieser kanadischen Stadt besser Fuß in Nordamerika zu fassen – erklärte er, er benötige in allererster Linie zwei Dinge: »Ein Auto und eine Sekretärin!« Diese Suche nach einer Schreibkraft war es, die binnen einem Monat nach seiner Ankunft in der Neuen Welt sein Leben und das der ihm nahestehenden Menschen unwiderruflich verändern sollte.

Im Herbst 1945 war Denise Ouimet (später änderte sie selbstgefällig ihren Vornamen und wählte die – altfranzösische – Schreibweise »Denyse«) eine attraktive, schlanke, fünfundzwanzigjährige junge Frau. Die Frankokanadierin, Tochter eines französischsprachigen Regierungsbeamten in Ottawa, hatte seit zwei Jahren im Rahmen von Kriegspropagandamaßnahmen beim Britischen Informationsdienst in der amerikanischen Stadt Philadelphia gearbeitet.

Denise Simenon

Noch heute mit Anfang Sechzig strahlt diese Frau, die ein Leben voller Wechselfälle hinter sich hat und während der vergangenen beiden Jahrzehnte jahrelang in psychiatrischer Behandlung war, erfolgreich gegen eine Krebserkrankung ankämpfte und noch an den Folgen eines schrecklichen Autounfalls leidet, eine Aura von unterschwelliger Sexualität aus. Mit Mitte Zwanzig muß sie eine atemberaubende Schönheit gewesen sein. Simenon zufolge behauptete sie, vor ihm fünfundzwanzig Liebhaber gehabt zu haben. »In vielerlei Hinsicht war ich meiner Zeit voraus«, sagt sie heute. »Ich hatte beschlossen, mein Leben nach meinen eigenen Vorstellungen zu gestalten. Ich wollte nicht heiraten – ich haßte die Ehe! Ich bin überhaupt keine ›Emanze‹, wie man das heute nennt, aber meine Freundinnen hatten nur eines im Sinn: heiraten, während das für mich nicht die einzige Möglichkeit war, sein Leben auszufüllen. Es war mir überlassen, wenn ich ein Kind bekam, ob ich es behielt oder nicht, doch ich mußte mich in dieser Beziehung nie entscheiden. Ich hatte Glück, denn empfängnisverhütende Mittel verwendete ich nicht...

Ich war das schwarze Schaf in meiner Familie und sehr stolz darauf!«

Heute ist sie, die dem Gesetz nach noch immmer Simenons zweite Ehefrau ist, obwohl die beiden seit fast zwanzig Jahren getrennt leben, unzweifelhaft das »schwarze Schaf« ihrer jetzigen Familie. Von ihren drei Kindern aus der Ehe mit Simenon hat sich die Tochter Marie-Georges (»Marie-Jo«) das Leben genommen (nach Darstellung Simenons und seines ältesten Sohnes Marc, weil ihre Mutter ihr Lügen über den Vater aufgetischt hatte), und die beiden Söhne John (»Johnny«) und Pierre haben sich von ihrer Mutter losgesagt und allem Anschein nach nicht die Absicht, sich mit ihr wieder zu versöhnen. John äußert sich dazu mit Worten, die sich, schwarz auf weiß gedruckt, grausam ausnehmen mögen, die jedoch mit gelassener Offenheit ausgesprochen wurden: »Meine Mutter ist eine natürliche Person, die ich weder hasse noch liebe – sie existiert für mich einfach nicht! Wenn ich all ihre Lügen aufdecken und mir klar all dessen bewußt würde, was geschehen ist – Dinge, die sie meinem Vater angetan hat –, würde ich wohl beginnen, Haß gegen sie zu empfinden. Mein

›kleiner Bruder‹ Pierre (er ist Anfang Zwanzig – Anm. d. A.) kümmert sich nicht darum und möchte ebenfalls keine Einzelheiten darüber erfahren.«

Was Simenons Verhältnis zu seiner zweiten Ehefrau betraf, so herrschte eine Verbitterung zwischen diesen beiden Menschen, die ätzend wirkte, wenn man sie untersuchte. Obwohl er in den zurückliegenden Jahren eine Unmenge über sie geschrieben hatte, konnte er es nicht über sich bringen, im Gespräch ihren Namen zu erwähnen, und sprach von ihr entweder als *la locataire* (»die Mieterin«), weil er sie als jemand ansah, dem er monatlich Miete in Form seiner Unterhaltszahlung entrichtete, oder als »meine zweite Frau«; in seinen gedruckten Erinnerungen bezeichnete er sie schlicht mit »D.«. Einer, der sich rühmte, daß er – wie Maigret – nie über andere Menschen richtet, hat über Denise zu Gericht gesessen und sie dabei als unrettbar verloren eingestuft – dementsprechend groß war auch seine Bitterkeit, seine Verachtung und vielleicht auch ein nicht zugegebenes, im Unterbewußtsein schlummerndes Gefühl der Mitschuld.

1978 veröffentlichte Denise Simenon eine Biographie mit dem Titel *Un oiseau pour le chat* (»Ein Vogel für die Katze«) – weil, wie sie versichert, Simenon mit ihr gespielt habe wie eine Katze mit ihrem Opfer. Sie verkündete der Welt ihre Version der Schlafzimmergeheimnisse im Hause Simenon und versuchte dabei, ihn als wahres Monstrum hinzustellen mit nicht nur einem gesunden, wenn auch ein wenig maßlosen, Interesse an Sex, sondern als unersättlichen Schürzenjäger mit fast abstoßender Besessenheit in sexuellen Dingen. Und sein übersteigertes Geschlechtsleben war ihr zufolge nicht sein einziges Laster. In ihrem Buch erscheint er durchgehend auf allen Seiten als whiskytrinkender Alkoholiker, der herumschrie und großspurig redete und die ganze Welt, besonders aber sie, nach seiner Pfeife tanzen lassen wollte.

Simenon tat prompt das Buch gegenüber den Medien als »geeignete Lektüre nur für Psychiater« ab und schwor, er werde es nicht lesen, um dann doch in den drei Jahre später veröffentlichten »Intimen Memoiren« viel Zeit darauf zu verwenden, einige ihrer Beschuldigungen zurückzuweisen. Er haßte sie. Es ist ein unauslöschlicher, weißglühender Haß. Und doch forderte er seinen Besucher auf: »Suchen Sie sie ruhig auf; Sie müssen sich selbst ein Urteil bilden!«

»Sie sagen, daß Sie Tatsachen hören wollen. Ich werde Ihnen die Wahrheit sagen«, erklärt Denise Simenon. »Bisweilen wird meine Wahrheit eine andere sein als die von Simenon, und Ihre sieht möglicherweise wieder anders aus.« Beim Vergleich von dem, was sie gesagt hat, mit dem, was andere geäußert haben, oder mit gelegentlich vorhandenen schriftlichen Unterlagen und Dokumenten ergaben sich meiner Auffassung nach Abweichungen, die man als falsche Darstellung von Tatsachen bezeichnen muß, die mit der bloßen Schwäche des menschlichen Gedächtnisses nicht zu entschuldigen ist. Trotzdem scheint einiges von dem, was sie berichtet, der Wahrheit zu entsprechen, auch wenn ihre Version mit der von Simenon nicht übereinstimmt. Ihr Sohn John hat nur die ersten fünfzig Seiten ihres Buches gelesen. »Ich konnte einfach nicht mehr weiterlesen«, gesteht er. »Nicht, weil ich gefühlsmäßig zu stark engagiert gewesen wäre. Nein, ich brach die Lektüre aus reiner Langeweile und Interesselosigkeit ab, doch ich muß gestehen, daß in dem, was sie sagt, viel Wahres steckt!«

Denise Simenon hat sich nicht damit zufriedengegeben, Simenon in bezug auf Tatsachen aus der gemeinsamen Vergangenheit zu attackieren. In einem offensichtlich geplanten Versuch (der, wie sich herausstellte, fehlschlug), ihrem Mann und seinen »Intimen Memoiren« den Wind aus den Segeln zu nehmen, veröffentlichte sie kurz vor Erscheinen der Memoiren ihren ersten Roman *Le Phallus d'Or* (»Der goldene Phallus«) unter dem Pseudonym Odile Dissane, der, wie ihre Biographie auch, nie ins Deutsche übersetzt wurde. Im Mittelpunkt dieses Buches steht »The Old Man«, der mit jeder Frau, die in seine Reichweite kommt, ins Bett steigt, sein Geld in goldenen phallischen Objekten hortet und eine solche Atmosphäre der Klaustrophobie schafft, daß es zu Haß und häuslichen Spannungen kommt und, als er stirbt, eine vernichtende Auseinandersetzung um die Aufteilung seines gigantischen Besitzes beginnt. Geliebte, Sekretärinnen, Prostituierte, das italienische Dienstmädchen, das den Platz seiner Ehefrau eingenommen hatte, seine Tochter, die Selbstmord beging – alles wird im Strudel der Handlung durcheinandergewirbelt. Denise versichert zwar im Vorwort, daß jede Ähnlichkeit mit lebenden Personen vollkommen zufällig sei, doch es kann nur wenig Zweifel geben, wer das Vorbild für »The Old Man« im wirklichen Leben abgegeben hat.

Als der Roman herauskam, hielt sie es für richtig, einem sie interviewenden Reporter kundzutun, daß Simenon gar nicht der große Frauenliebhaber sei, als der er sich ausgabe. »Er war ein echter Weiberfeind!« erklärte sie. »Er war besitzergreifend und eifersüchtig. Er wollte die Frauen unter seine Fuchtel bekommen.«

»Ich habe Simenon einmal gefragt: ›Wie konnten Sie eine solche Person zur Frau nehmen?‹« erzählt Annette de Bretagne. »Und er gab mir zur Antwort: ›Annette, es geschah aus Leidenschaft, und Leidenschaft ist eine Krankheit!‹«

Dies ist also die Frau, die Simenon am 4. November 1945 in New York kennenlernte. Atemlos vom Laufen, weil er kein Taxi bekommen konnte, traf er die auf ihn wartende Denise Ouimet mittags im nach der belgischen Hauptstadt benannten »Brussels Restaurant« im Zentrum von Manhattan. Er erschien eine Viertelstunde zu spät zur Lunchverabredung. Er hatte Régine und

Marc in Montreal zurückgelassen, um in New York mit verschiedenen Verlagen zu Vereinbarungen über eine literarische Arbeit in den Vereinigten Staaten zu kommen, deren Honorare ihm ein sorgenfreies Leben ermöglichen sollten. Die Bedingungen waren von ihm genau ausgearbeitet worden. Ein Freund, der auch Denise kannte, hatte ihm diese gutaussehende, zweisprachige Frankokanadierin als ideale Sekretärin empfohlen.

Beide zogen einander sofort wie magisch an. Obwohl sie kaum etwas von ihm wußte und ihr sein Ruhm in Europa unbekannt war, ging sie auf seinen Vorschlag ein und erklärte sich bereit, seine Sekretärin zu werden. Am selben Abend kam es in Simenons mit dicken Teppichen ausgelegtem luxuriösem Zimmer im Hotel Drake schon zur ersten intimen Begegnung zwischen Arbeitgeber und Angestellter. Simenon schildert die pikante Szene in seinen »Intimen Memoiren« mit seiner typischen Vorliebe für sexuelle Details: »Ich warf mich auf sie und war kaum in sie eingedrungen, als sie zu stöhnen begann und am ganzen Körper zitterte. Das Stöhnen wurde zu einem langanhaltenden Schrei, der bestimmt im Nebenzimmer zu hören war. Zum Schluß folgte ein ungeheurer Krampf, der ihre Augen sich fast in sich selbst umdrehen ließ, so daß ich fürchtete, nur noch das Weiß ihrer Augäpfel zu sehen. Ich habe viele Frauen gekannt, doch nie ein solch vollständiges Sichgehenlassen in der sexuellen Ekstase erlebt.«

Er war zweiundvierzig, Denise fünfundzwanzig und Régine eine am Sexualleben desinteressierte Frau von fünfundvierzig Jahren. Von diesem Augenblick an schwebte über Simenons Ehe das Damoklesschwert.

Simenon war verliebt, wie er es noch nie gewesen war. Was die rein sexuelle Seite anging, so hatte es den Anschein, als habe er bis dahin keine solch perfekte Partnerin wie Denise Ouimet kennengelernt. Kurz nach ihrer Bekanntschaft, so behauptet sie, liebten sie sich in einer einzigen Nacht siebzehnmal, und selbst wenn das übertrieben ist, so gibt es keinen Zweifel daran, daß sie in körperlicher Hinsicht hundertprozentig harmonierten. Im Vergleich zu dieser Frau muß die solide, aufrichtige und bewußt schlichte Régine für Simenon eine jämmerliche Versagerin gewesen sein; doch sie blieb weiterhin nicht nur seine Ehefrau, sondern auch eine gute Freundin. »Dieses Mal habe ich mich richtig verliebt!« gestand er ihr, als er kurz darauf von New York nach Kanada zurückkehrte. »Ein junges Mädchen?« wollte sie wissen. »Ja«, erwiderte er, mochte ihr aber nichts Genaues berichten, weil er abergläubisch war und fürchtete, die wunderbare neue Liebesaffäre werde dann in die Brüche gehen.

Aber sie tat es nicht. Als er zwei Monate später, im Januar 1946, dazu kam, seinen ersten Roman auf nordamerikanischem Boden zu verfassen, schrieb er mit *Trois chambres à Manhattan* (»Drei Zimmer in Manhattan«) eine für ihn völlig untypische Liebesgeschichte voll Zärtlichkeit und Hochstimmung mit einer zusätzlichen, äußerst raren Note: einem Happy-End, das Ausblick auf eine noch glücklichere Zukunft gewährte.

Ausnahmsweise verarbeitete Simenon in diesem fast zeitgleich spielenden Roman einmal ein wichtiges Ereignis aus seinem eigenen Leben ohne die sonst bei ihm übliche »Tragezeit« von mehreren Monaten, wenn nicht sogar Jahren. Das Buch erzählt, wie ein großer, alternder französischer Schauspieler namens François Combe, in Paris von seiner Frau verlassen, die als Schauspielerin weiter Triumphe feiert, nach New York gekommen ist und in einer verkommenen Behausung auf ein Hollywood-Engagement wartet. Eines Tages trifft er in einem billigen Speiselokal durch Zufall eine Landsmännin, die ebenfalls einsame, lebensmüde Kay, ehemals mit einem Botschafter verheiratet, mit der er sich (wie Simenon und Denise) in seiner Muttersprache unterhalten kann. Ebenso wie Simenon und Denise verbringen die beiden »Fremden in einem fernen Land«

die erste Nacht mit einem ziellosen Spaziergang kreuz und quer durch die verlassenen Straßen von Manhattan, bevor sich kurz vor Tagesanbruch ihre Leidenschaft in einer wilden körperlichen Vereinigung in einem Hotelzimmer entlädt.

Combe beschreibt Kay als »eine Frau für drei Uhr morgens, eine, die sich nicht entschließen kann, zu Bett zu gehen, die sich unter allen Umständen in Stimmung halten, trinken, rauchen, reden muß, bevor sie schließlich, nervlich am Ende, einem Mann in die Arme sinkt«. Sie trennen sich für eine kurze Weile und kommen dann wieder zusammen. Combe begreift, daß ihre beiderseitige Vergangenheit keine Rolle spielt. »›Das alles hat ja keine Bedeutung, denn wir fangen ja von vorne an.‹ Das Leben am Nullpunkt neu beginnen. Zwei Leben. Zwei Leben vom Nullpunkt an...« Ihre Liebe ging über die physische Sexualität hinaus:

»Er fühlte sie in seinen Armen schlaff werden, und er war genauso schwach und ungeschickt wie sie angesichts dieser wundervollen Sache, die mit ihnen geschehen war, doch er versuchte noch, sie zum Bett zu führen, bevor sie zusammenbrach. Sie protestierte schwach: ›Nein!‹

Das Bett war nicht ihr Platz in dieser Nacht. Die beiden saßen eingezwängt in dem großen, abgenutzten Sessel, so dicht beieinander, daß ihre Pulse gemeinsam schlugen und einer den Atem des anderen auf der Wange verspürte.

›Sag jetzt nichts, François. Morgen...‹

Morgen bei Tagesanbruch würden sie für immer in ihr neues Leben eintreten. Morgen würden sie nicht mehr einsam sein, sie würden überhaupt nie mehr einsam sein. Er fühlte, wie sie fröstelte, und spürte gleichzeitig, daß ihm die Kehle eng wurde, als stiege ein alter, längst vergessener Kummer in ihr auf. Im gleichen Augenblick hatten beide zum letzten Mal auf ihre Einsamkeit zurückgeblickt, die nun vorüber war. Und beide fragten sich, wie sie es fertiggebracht hatten, dieses Alleinsein zu überstehen...«

»Drei Zimmer in Manhattan« wurde sofort zum Bestseller, obwohl es eines der wenigen Bücher Simenons ist, in dem keine Leiche vorkommt. 1965 wurde der Roman unter der Regie von Marcel Carné verfilmt, und Maurice Ronet, der verstorbene französische Filmstar, und Annie Girardot verkörperten darin das Liebespaar.

John Simenon

Es besteht kein Zweifel daran, daß Simenon François Combe ist und Denise das Vorbild für Kay. Sowohl Denise als auch ihr Sohn John haben sich in diesem Sinn geäußert. Simenon selbst bemerkte mehrere Jahre später zu einem Journalisten, der ihn für die französische Zeitschrift *Réalités* interviewte: »Sie haben vielleicht bemerkt, daß seit Erscheinen von ›Drei Zimmer in Man-

hattan‹ meine weiblichen Romanfiguren weniger zwei-
dimensional, weniger unerbittlich und weniger mit-
leidslos gezeichnet sind ... Ich habe den Eindruck, daß
ich mit vierzig ... plötzlich von dem Wunsch beseelt
war, die Frauen zu verstehen; bis dahin hatte ich sie
nur benutzen wollen, in meinen Romanen, meine ich.
Ich benutzte sie als Gefährtinnen der männlichen Figuren und zur Abrundung einer Handlung, doch im
Grunde hatte ich bis zu diesem Zeitpunkt nur eine einzige Art von Frauen kennengelernt, glaube ich. Plötzlich entdeckte ich, daß es noch andere Arten gab ...!«

Am 4. Januar 1946 kam der kleine Marc morgens aufgeregt in Simenons Arbeitszimmer in dem Chalet gelaufen, das der Schriftsteller für sich und seine Familie in
dem verschneiten kanadischen Wintersportort Sainte-
Marguerite am Lake Masson in der Provinz Ontario gemietet hatte und rief: »Papa, komm schnell! Deine neue
Sekretärin wartet unten! Sie ist gerade angekommen!«
Fast vier Jahrzehnte später erinnert sich Marc noch an
diesen Tag: »Ich glaube, ich wußte sofort am ersten
Tag, daß etwas zwischen meinem Vater und dieser Frau
passiert war: Ein Kind *spürt* so etwas. Es hat eine Art
Eingebung dafür. Wenn Sie eine fremde Frau in Ihrem
Haus zu Gast haben und vorher etwas mit ihr hatten,
wird Ihr Kind – selbst wenn es erst sechs Jahre alt ist
wie ich damals – das auf der Stelle merken. Es zeigt sich
an der Art und Weise, wie Sie sich benehmen und wie
die Frau sich benimmt. Ich wußte es damals gleich!«
Im Gegensatz zu ihrem Sohn brauchte Régine länger,
um dahinterzukommen, daß ihr Mann »etwas« mit der
neuen Sekretärin »hatte«. Zunächst brachte sie es fertig, sich einzureden, daß alles in Ordnung sei. Mit einem etwas außergewöhnlichen Angebot wollte sie dem
schönen Mädchen ihre Zuneigung beweisen: Sie erbot
sich, sie zu malen – nackt! Denise nahm den Vorschlag
an und saß Modell für ein Aktporträt. Ein paar Tage

später erklärte Régine ihrem Mann: »Ich weiß, daß sie nicht das junge Mädchen aus New York ist, das du erwähnt hast. Sie hat eine Operationsnarbe am Bauch, und du hast ja immer gesagt, du könntest Frauen mit Narben am Körper nicht ausstehen!«

Pech für Régine, daß die Leidenschaft sich über alle Grundsätze hinwegsetzt. Selbst die Narbe hatte Simenon nicht von seiner großen Begeisterung für diese Frau abbringen können. Statt dessen machte er sich daran, Denise nach seinen eigenen Wunschvorstellungen umzumodeln, genauso, wie er es in der Vergangenheit mit Régine und später mit Boule getan hatte. Er ließ sich von seiner neuen Geliebten »Jo« statt Georges nennen, weil sie ihm gestanden hatte, früher einmal einen Freund namens Georges gehabt zu haben. Er bestand darauf, daß sie ihr Haar lang wachsen ließ und es auf dem Kopf zu einem Knoten zusammensteckte. Sie mußte zunehmen, um ihre Körperformen für sein Auge gefälliger zu machen, und auf Make-up und lackierte Fingernägel verzichten. Er wollte, daß sie ein »natürliches Aussehen« besaß – das war eine Marotte von ihm, die er in ein Diktat ummünzte.

Dieses ihr nur allzu bekannte Schema, das da vor ihren Augen abgewickelt wurde, ließ endlich Régine zu der Überzeugung gelangen, daß »die Neue« *doch* das Mädchen aus New York war, von dem Simenon so geschwärmt hatte. »Hat mein Mann Sie gebeten, kein Make-up mehr aufzulegen und Ihr Haar lang zu tragen?« fragte sie dann Denise eines Tages unumwunden. »Ich liebe ihn«, war die freimütige Antwort. »Das ist Ihre Sache«, erwiderte Régine achselzuckend. »Ich möchte Sie nur darauf aufmerksam machen, daß Sie nicht für lange Zeit die einzige bleiben werden!« Worauf Denise schnippisch zur Antwort gab: »*Ich* bin nicht eifersüchtig!«, auf die schwächste Stelle der Frau ihres Brötchengebers abzielend, die ihre Mutter hätte sein können.

Denise gibt in ihrer Biographie an, zwischen ihr und Régine Simenon habe eine weitere »freundschaftliche« Unterhaltung stattgefunden. Inzwischen verließ Simenon regelmäßig nachts heimlich das Landhaus, um in dem für sie auf dem gleichen Grundstück eingerichteten Blockhaus ein Schäferstündchen mit ihr zu verbringen. Sie fühlte sich sicher in ihrer Stellung; nach ihren Angaben schloß sie mit Régine ein »Gentleman's Agreement«, wobei Simenons Frau erklärt habe: »Mein Mann gehört Ihnen; Sie lieben das Kind – also vertraue ich es Ihrer Obhut an. Aber vergessen Sie nicht: den Namen und das Geld behalte ich!«

Ich halte es für unmöglich, daß es je zu einer solchen Aussprache gekommen ist. Régine liebt ihren Sohn über alles; noch heute als Achtzigerin hat sie in ihrem Haus in Nieul in Simenons Arbeitszimmer immer ein frisch bezogenes Bett bereit für den Fall, daß er zu Besuch kommt. Sie hat in ihrem Leben viel für ihr Kind gelitten. Es ist unwahrscheinlich, daß sie bereit gewesen sein soll, ihn auf eine derart sorglose Manier einer anderen Frau zu übergeben. Auf den entsprechenden Absatz in Denise Simenons Buch hingewiesen, bestreitet sie nachdrücklich ein solches Gespräch.

In Wahrheit dürfte es überhaupt keine große Konfrontation, keine großartige Erklärung seitens beider Frauen darüber gegeben haben, wie die Situation zu bereinigen sei oder wie sie künftig aussehen solle. Régine begnügte sich damit, der ganzen Sache ihren Lauf zu lassen; seit dem Zwischenfall mit Boule in St. Mesmin hatte sie gelernt, ihre Eifersucht zu zügeln. Sie betrachtete ihren kleinen Sohn, so widerstrebend sie ihn auch empfangen hatte, weiterhin als Mittelpunkt ihres Lebens. Sie hatte ihre Malerei. Sie mochte Amerika nicht besonders und stand immer mit der englischen Sprache auf Kriegsfuß, doch das berührte sie nicht sehr, denn Simenon erlaubte ihr nur zu gern, häufig heim nach Frankreich zu reisen – wo sie übrigens das große Haus in Nieul renovieren ließ, das durch die jahrelange Benutzung als Quartier für deutsche Soldaten und nach dem Krieg als Unterkunft für obdachlose französische Familien ziemlich heruntergekommen gewesen war, dann jedoch wieder in alter Pracht erstrahlte. Wenn Simenon nicht mehr zu ihr ins Bett kam – pah! Was machte das schon? Diese Seite der Ehe hatte ihr ohnehin nie besonderen Spaß gemacht.

Régine Simenon fand sich stoisch mit ihrer neuen Rolle ab und bewahrte dieselbe ruhige Stärke, die ihr heute nach einem langen Leben noch anzumerken ist. Es würde einem schwerfallen, sie nicht gern zu haben und zu bewundern.

Was Simenon betrifft, so urteilt John heute scharfsinnig: »Er sehnte sich tatsächlich danach, sich zu verlieben – und es passierte auch! Es war vermutlich eine hundertprozentige Liebe, und er machte eine fünftausendprozentige daraus!« Trotz dieser zynischen Bemerkung läßt sich nicht leugnen, daß Simenon die neue Situation in seinem Leben idyllisch fand und überglücklich war; seine Arbeit als Romanschriftsteller erhielt ungeheuren Auftrieb dank des Wohlgefühls innerer Zufriedenheit. »Es ist sehr erfreulich, in Ihrem Alter die ›Liebe‹ zu entdecken«, schrieb ihm Gide. »Sie kommt deutlich in der neuen Lockerheit und Meisterschaft Ihrer Arbeit zum Ausdruck.« In wenig mehr als einem Jahr schrieb Simenon nicht weniger als acht Romane, alle für ein neues Pariser Verlagshaus, die *Presses de la Cité*, das, mit einem brillanten jungen Mann dänischer Abstammung namens Sven Nielsen als führendem Kopf des Unternehmens, die Nachfolge von Gallimard als »sein« Verlag angetreten hatte. Wie bereits erwähnt, behaupten einige französische Kritiker, Stil und Inhalt von Simenons Romanen hätten sich jeweils mit der Wahl eines neuen Verlegers geändert, doch Gilbert Sigaux, der Doyen aller französischen Literatursachverständigen, hat zweifellos recht mit seiner Ansicht, daß es keinen ästhetischen Unterschied zwischen den von verschiedenen Verlegern veröffentlichten Büchern Simenons gibt. Trotzdem führte der schlaue Nielsen eine Neuerung gegenüber seinen Vorgängern ein: Er war es, der anregte, daß künftig alle Maigret-Romane den Namen »Maigret« auch im Titel hatten, und Simenons erstes in Amerika geschriebenes Buch hieß dementsprechend dann auch *Maigret à New York* (»Maigret in New York«).

Er siedelte seine Handlung an den unterschiedlichsten Schauplätzen an, ebenso wie er selbst die Manuskripte an den verschiedensten Orten in die Maschine tippte: Der genannte »Maigret«, der in New York spielt, entstand zum Beispiel, als in Sainte-Marguerite noch hoher Schnee lag, während *Le Passager Clandestin* (»Der blinde Passagier«) in Bradenton Beach in Florida Gestalt annahm, wo die fast tropische Sonne unerbittlich heiß von einem blauen Himmel herunterbrannte und Simenon nackt an seiner Schreibmaschine saß, die Handgelenke mit Taschentüchern umwickelt, damit kein Schweiß auf das Papier tropfte.

Insgesamt verfaßte er während seines zehnjährigen Aufenthaltes in den USA sechsundzwanzig »Maigrets« und siebenundzwanzig »Non-Maigrets«. Zwei der Maigret-Romane spielten in Amerika, wo der Pariser Kommissar etwas zusammenhanglos eine Art Arbeitsurlaub verbrachte, und sieben weitere Romane hatten ebenfalls die Vereinigten Staaten zum Hintergrund. Brendan Gill hat ganz richtig erkannt, daß die angelsächsischen Leser überrascht sein müssen, wenn sie in einem Simenon-Roman wie *Les Frères Rico* (»Die Brüder Rico«) auf knappe Dialoge stoßen wie diesen zwischen einem Gangster und seinem Bruder: »›Eddie?‹ – ›Ja . . .‹ – ›Hier ist Phil!‹« Das Geschick, mit dem er das amerikanische Fluidum einfing, ist genauso groß wie seine treffende Charakterisierung des Lokalkolorits in seinen Büchern, deren Handlung sich in einem europäischen

Land abspielt. Da ist zum Beispiel die in sengende Hitze getauchte Landschaft von Arizona mit dem »leuchtenden Nebel, der aus der Sandwüste aufstieg und . . . den ständig wechselnden Farben der Bergspitzen, die in weiter Entfernung ringsum die Welt einzugrenzen schienen« in *La Jument perdu* (»Die Ranch zur verlaufenen Stute«). Da gibt es den während der Regenzeit angeschwollenen Santa-Cruz-Fluß, der die wirkliche Hauptrolle in *Le Fond de la Bouteille* (»Bis zur Neige«) spielt, der »Hochwasser führte, das während der Nacht noch angestiegen war. Es bildete eine schmutzig-gelbe Masse, die schlammig und zähflüssig ihren Weg nahm, sich hier und da hob und senkte, Laute von sich gab wie ein wildes Tier, Baumstämme, leere Fässer, allen möglichen Unrat mit sich führte . . .«

Eine lebendige Beschreibung des Meeres vor der Küste von Florida bei Sonnenaufgang bietet dieser Satz aus »Die Brüder Rico«. Eddie Rico wacht eines Morgens ganz früh auf und: »Die See war ruhig. Alles, was er hörte, war eine kleine Welle, eine, die sich unweit des Ufers unter einer kaum merklichen Schwankung bildete und mit funkelnder Schaumkrone über den Sand ausrollte, Tausende von Muscheln aufwühlend . . .«

Doch der eindrucksvollste Aspekt von Simenons ein Jahrzehnt langer Schaffensperiode in den Vereinigten Staaten ist die Kunst, mit der er, über fünftausend Kilometer entfernt, ein Frankreich und vor allem ein Paris erstehen läßt, in dem man fast den Knoblauchgeruch wahrnehmen und den warmen Duft frisch gebackener *croissants* einatmen kann. Es ist unmöglich, die folgende kaleidoskopartige Szenerie am Seineufer im Herzen von Paris besser zu beschreiben. Es ist ein Auszug aus *L'Enterrement de Monsieur Bouvet* (»Das Begräbnis des Herrn Bouvet«), der beschreibt, wie ein alter Bücherliebhaber oben am Quai bei den *bouquinistes* stirbt. Entstanden war der Roman Anfang 1950 in einem sonnendurchfluteten Haus am Pazifik in Carmel im Süden Kaliforniens:

»Der Sprengwagen fuhr vorüber, und als sein kratzender Drehbesen Wasser auf den Asphalt sprühte, sah die halbe Fahrbahn aus wie mit dunklen Farben bemalt. Ein großer gelber Hund hatte eine zierliche weiße Hündin besprungen, die ganz still hielt.

Nach Art der Europäer in den Kolonien trug der alte Herr ein helles, fast weißes Jackett und einen Strohhut.

Alles behielt seinen Platz im szenischen Ausschnitt bei, als habe man es für eine Apotheose zurechtgerückt. Am Himmel sammelten die Türme von Notre-Dame um sich herum einen unsichtbaren Nimbus von Hitzestrahlen, und die Spatzen – unbedeutende Schauspieler, die von der Straße her fast gar nicht zu sehen waren – fühlten sich hoch oben zwischen den steinernen Wasserspeiern wie zu Hause. Eine Kette von Lastkähnen, gezogen von einem Schlepper mit rot-weißem Wimpel, hatte Paris der Breite nach durchquert, und der Schleppdampfer knickte jetzt den Schornstein ein, entweder zum Salut oder um unter der Pont Saint-Louis hindurchzufahren.

Das Sonnenlicht strahlte kräftig und üppig, flüssig und vergoldet wie Öl herunter, pickte sich bestimmte Stellen auf der Seine, auf der vom Sprengen feuchten Straßendecke, auf einem Dachfenster und auf dem Ziegeldach eines Hauses auf der Ile Saint-Louis heraus und warf Glanzlichter auf sie. Jeder tote Gegenstand war durchdrungen von stummem, überströmendem Leben, Schatten waren violett wie impressionistische Gemälde, Taxis auf der weißen Brücke röter, Autobusse grüner.

Eine kaum merkliche Brise ließ die Blätter einer Kastanie erbeben, und über die gesamte Länge des Quais hinweg zog ein Zittern, das genießerisch näher und näher kam und zu einem erfrischenden Lufthauch wurde, der die auf den Kästen der Bouquinisten festgesteckten Radierungen zum Flattern brachte.

Die Leute waren von weither gekommen, aus allen Ecken und Enden der Welt, nur um diesen einzigen

Augenblick zu erleben. Rundfahrt-Autobusse reihten sich auf dem Vorplatz von Notre-Dame hintereinander, und ein aufgeregter kleiner Mann hielt eine Ansprache durch ein Megaphon.

Näher zu dem alten Herrn und der dicken, schwarzgekleideten Buchhändlerin vor ihren Kästen hin betrachtete ein amerikanischer Student das Universum durch den Sucher seiner Leica.

Paris war riesig groß und ruhig, beinahe still, mit seinen Lichtbündeln, seinen ausgedehnten Schattenzonen genau an den richtigen Stellen, seinen Geräuschen, die die Stille im rechten Moment durchdrangen.

Der alte Herr mit dem hellen Jackett hatte eine Mappe mit Farbdrucken aufgeklappt und, um diese besser studieren zu können, die Mappe auf die steinerne Brüstung gelegt.

Der Student aus Amerika hatte ein rotkariertes Hemd an und ging ohne Rock.

Die Buchhändlerin auf ihrem Klappstuhl bewegte ihre Lippen, ohne ihren Kunden anzusehen, den sie mit einem ungeheuren, nicht enden wollenden Wortschwall überschüttete. Dies war zweifellos alles Teil der Symphonie. Sie strickte. Rote Wolle glitt durch ihre Finger.

Das Rückgrat der weißen Hündin gab unter dem Gewicht des großen Rüden nach, dem die Zunge heraushing.

Und dann, als alles an seinem Platz war, als die Perfektion dieses bestimmten Vormittags einen fast erschreckenden Punkt erreicht hatte, starb der alte Herr, ohne ein Wort zu sagen, ohne einen Schrei, ohne Verdrehung des Körpers, während er sich die Farbdrucke ansah, auf die Worte der Buchhändlerin achtgab, die endlos weiterredete, dem Tschilpen der Spatzen lauschte, das gelegentliche Hupen der Taxis vernahm...«

Das ist sozusagen ein gedruckter Canaletto, ein Wortgemälde, das ein Bild von solcher Komplexität und De-

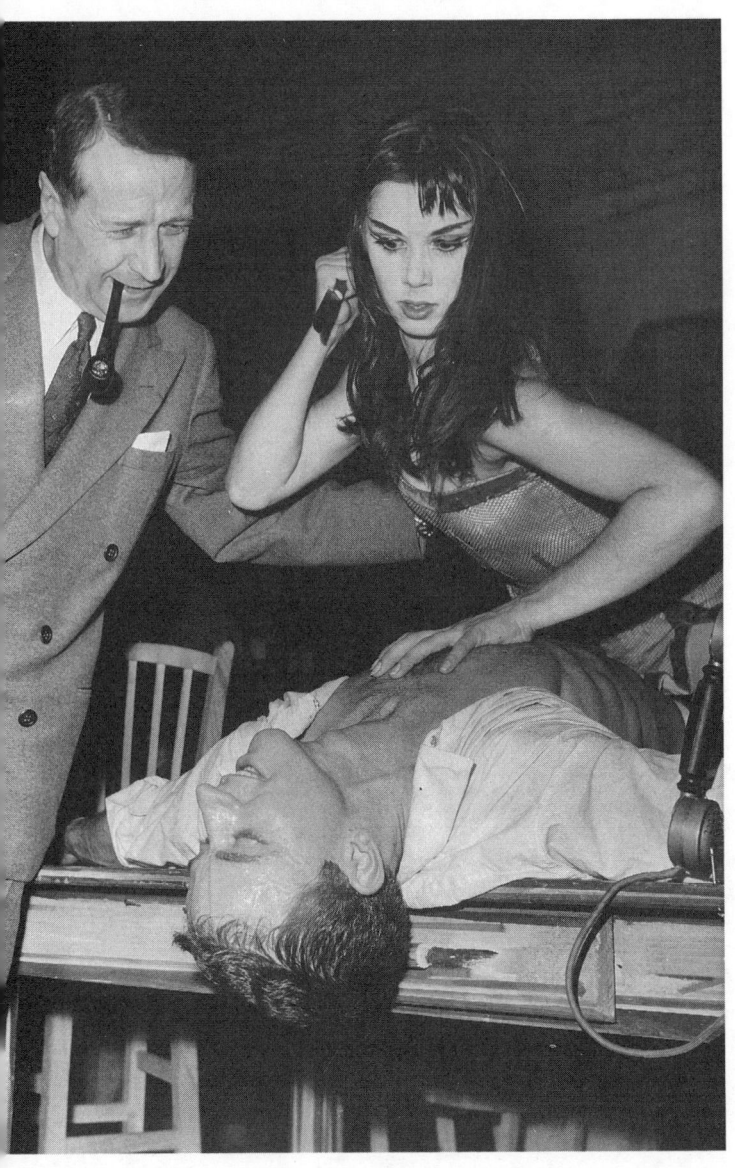

Der Raum. Probe im Theater Champs-Élysées, Paris, 1955

tailliertheit darstellt, daß man meinen möchte, Simenon sitze in einem Hubschrauber, der über dem Quai St. Michel schwebe, von dem aus er alles wahrnehmen, alles begreifen könne. Er hat längst das Stadium überschritten, das zu sein, als was ihn der englische Literaturkritiker Raymond Mortimer einmal bezeichnet hat: »der Poet des Gewöhnlichen«. Dies ist ein beschreibender Stil allerersten Ranges. Und doch hatte Gide recht, der Simenon schrieb, als dieser in Amerika lebte: »Nichts ist schwieriger, als das Publikum dazu zu bringen, von einem übereilten ersten Eindruck abzurücken. Sie sind noch immer der Sklave Ihrer ersten Erfolge, und die Faulheit des Lesers würde es gern bei Ihren seinerzeitigen Triumphen belassen ... Sie sind weitaus bedeutender, als dies gemeinhin angenommen wird ...«

Als Simenon Gewicht anzusetzen begann und in die reifen Mannesjahre kam, wurden die Worte, die er Jahre zuvor einer Romanfigur, dem Mörder Kees Popinga in *L'Homme qui regardait passer les trains* (»Der Mann, der den Zügen nachsah«), in den Mund gelegt hatte, auf wundersame Weise für ihn selbst wahr: »Vierzig Jahre lang habe ich das Leben betrachtet wie ein armer kleiner Junge, der sich die Nase an der Schaufensterscheibe einer Konditorei plattdrückt und zusehen muß, wie andere den Kuchen verzehren. Jetzt weiß ich, daß der Kuchen denen gehört, die ihn sich einfach nehmen!«

15

Glück in Neuengland

Es wäre falsch, den Simenonschen Haushalt in Amerika Ende der vierziger Jahre augenzwinkernd als *ménage à trois,* als Ehe zu dritt also, zu bezeichnen, wobei der Schriftsteller behaglich »eingebettet« war zwischen seiner Ehefrau und seiner Geliebten bei täglichem Wechsel ganz nach »Lust« und Laune. Zwar mochten die Leute, die in gesellschaftlichem Kontakt zu den Simenons standen, sich eine solche Situation ausmalen, wenn sie bei formellen Anlässen Einladungskarten mit der Aufschrift erhielten:

Mr. and Mrs. Georges Simenon
and Miss Denise Ouimet
have the honor of inviting
you to . . .

Doch in Wirklichkeit bestand zu keinem Zeitpunkt ein *gemeinsamer* Haushalt unter demselben Dach. »Simenon wechselte niemals vom Bett einer Frau in das einer anderen«, versichert Denise Simenon. Das stimmt insofern, als er nie wieder mit Régine schlief. Nur während einiger Monate in Kanada, wo sie von Ste. Marguerite ins nahe gelegene St. Andrew's-by-the-Sea übergesiedelt waren, und später noch einmal für kurze Zeit in Tucson im US-Bundesstaat Arizona lebten alle drei im selben Haus, wobei Simenon und Denise das Schlafzimmer teilten und Régine sich mit einem Gästezimmer begnügte. Von September 1946 bis Juni 1950 zogen Simenon und Denise durch den Süden der Vereinigten Staaten und schlugen für mehrere Monate ihre Zelte in Florida auf, verbrachten anschließend zwei Jahre an drei verschiedenen Orten in Arizona und danach noch ein knappes Jahr in Carmel in Südkalifornien. Während dieser Zeit bewohnte Régine immer, wenn sie nicht gerade in Frankreich weilte, ausgenommen in Tucson, mit Marc ein Haus in der Nähe und nahm nur die Mahlzeiten mit Simenon und Denise gemeinsam ein. Hielt sie sich in Frankreich auf, blieb Marc bei seinem Vater.

Als endlich 1948 nach Klärung vieler Probleme in Zusammenhang mit Paßausstellung und Visaerteilung Boule nach Amerika nachkam, zog sie bei Régine ein und half ihr bei der Erziehung von Marc. Auf die täglichen Bettfreuden mit ihrem *petit monsieur joli* mußte sie von nun an verzichten.

Für Simenon und seine Geliebte war das Leben voll Frohsinn und (mag er auch heute etwas anderes sagen) in höchstem Maße lebenswert. »Ich hatte keine Ahnung, wer Simenon war, als ich mich in ihn verknallte«, bekennt Denise. »Ich mochte den Mann, nicht den Schriftsteller. Es passierte gleich am allerersten Tag. In seiner stürmischen Art riß er mich direkt mit. Ich habe nur einmal vorher im Leben solch eine leidenschaftliche Liebe erlebt. Bei ihm klappte alles; die physische Übereinstimmung war einfach unglaublich!«

In ihrer Biographie berichtet sie in genüßlichen Einzelheiten die Episode, wie Simenon sie eines Abends in einer Hotelsuite aufforderte, zum Abendessen zu zweit, das sie in ihrem Salon einnehmen wollten, nur ein schwarzes, durchsichtiges Negligé mit tiefem Ausschnitt anzuziehen. Er hatte es ihr am selben Tag gekauft. Simenon beobachtete dann gespannt die Reaktion des Zimmerkellners, der das Diner servierte und es sichtlich verlegen tat. Als der junge Mann dann den Raum verließ, um für Denise noch ein Dessert zu holen, streifte Simenon ihr die luftige Hülle von den

Schultern, so daß sie bis zu den Hüften nackt am Tisch saß. So mußte sie bleiben, während der vor Staunen stumme Kellner den Rest der Mahlzeit brachte. Als er endgültig gegangen war, stürzte sich Simenon auf Denise, riß ihr das gewagte Hauskleid vollends vom Leib und trug die splitternackt strampelnde Geliebte eilends ins Schlafzimmer.

Ein paar Monate später ereignete sich, wenn man Denise Glauben schenken darf, ein weiterer ungewöhnlicher Zwischenfall erotischer Natur. Als sie während eines Aufenthaltes auf Kuba das im voraus gebuchte Hotel bezogen, stellte sich heraus, daß es ein Bordell war. Einige der »Girls« luden sie zu einer »privaten Show« ein, die damit endete, daß Simenon sich auszog und im Adamskostüm zwischen den nackten Frauenkörpern wälzte, bevor er Denise zum Mitmachen einlud. Es kam schließlich dazu, daß Simenon und Denise im Beisein der anderen auf dem Fußboden den Akt vollzogen, während die Mädchen sie liebkosten und ihre erregten Leiber betasteten.

»Ich war keine Sklavin«, betont Denise Simenon heute. »Ich wollte ihm nur in jeder Beziehung gefällig sein. Zum ersten Mal in meinem Leben warf ich alle meine geheiligten Prinzipien und Überzeugungen über Bord. Ich versuchte, ihm zuliebe alles zu tun, was er mich gerne tun sah. Ich bemühte mich, die Frau zu sein, die ich für ihn sein sollte...« Um ihm ihre völlige, einzigartige Hingabe zu beweisen, ging sie sogar auf sein Drängen hin und verbrannte die Briefe, die ihr verstorbener Vater ihr geschrieben hatte und die sie in Ehren gehalten und verwahrt hatte. Der von ihr sehr verehrte Vater war übrigens wie auch die Mutter verstorben, bevor sie Simenon kennenlernte.

Simenon seinerseits war, so arrogant, grausam und egozentrisch er in der Leidenschaft seiner Gefühle sein mochte, in diesen Jahren wirklich glücklicher, als er es je in seinem Leben gewesen war. Jahre später sollte er

Denise, wie er es in »Als ich alt war«, den Tagebüchern der Jahre 1960–1963, tat, als »echte Frau« bezeichnen und die Erinnerung wachrufen an gemeinsame Nächte der Ekstase wie jene Mondnacht in Tumacacori in Arizona, wo sie zur Durchquerung eines wider Erwarten überfluteten *arroyo* (ausgetrocknetes Flußbett – Anm. d. Ü.) ihre Kleidung ablegten. Meilenweit im Umkreis war kein anderes menschliches Wesen anzutreffen. »Näher konnten wir der Natur nicht kommen. Wir waren wie ein Kojotenpärchen, und wirkliche Kojoten müssen uns (»dabei«) zugesehen haben...«

Alles war ohne Zweifel in Ordnung für die beiden Verliebten, die ihre körperliche Vereinigung wie zwei wilde Tiere betrieben und ihre Freude daran hatten. Marc allerdings sieht aus anderer Sicht auf diese Zeit zurück. »Ein Kind bekommt eine Menge aus der Erwachsenenwelt mit, und ich vermute, ich spürte damals, daß irgend etwas an der ganzen Situation faul war. Alles war geheuchelt. Alle Liebesbezeugungen, die Denise mir zuteil werden ließ, kamen nicht von Herzen. Das fühlte ich genau. Mag sein, daß ich auch so etwas wie Eifersucht verspürte, denn mein Vater durchlebte eine Periode wirklicher Leidenschaft für Denise. Wohlgemerkt für sie – nicht für mich!

So beschloß ich schon frühzeitig, mich von der Familie fernzuhalten, soweit das möglich war, und diese Trennung, sobald ich konnte, zu vollziehen, beispielsweise ein Internat zu besuchen oder so etwas. Als ich dazu in der Lage war, lebte ich mein eigenes Leben ziemlich weit außerhalb der Familie.«

Eltern versichern gern, was für eine erfreuliche Last es doch ist, Kinder zu haben; Kindern sollte zumindest ebensooft der Gedanke verziehen werden, was für eine Last es ist, Eltern zu haben.

An einem Novembermorgen des Jahres 1947, als Simenon im Arbeitszimmer des gemieteten Hauses in

Tucson .(Arizona) am Manuskript von *Les Vacances de Maigret* (»Maigret macht Urlaub«) sitzt, klingelt das Telefon. Denise geht an den Apparat und muß sich die Frage anhören: »Stimmt es, daß Simenon tot ist?« Sie regt sich fürchterlich auf: »Wie können Sie es wagen...! Wer sind Sie?« Es stellt sich heraus, daß es ein Journalist ist, der aus Paris anruft, wo das Gerücht umläuft, daß der Schriftsteller gestorben ist. »Das stimmt nicht!« schreit sie den »taktvollen« Anrufer an. »Er sitzt gerade an seinem Schreibtisch und arbeitet an einem neuen Roman. Aber woher nehmen Sie sich überhaupt das Recht, auf diese Weise hier anzurufen? Er hätte ja auch auf Reisen sein und ihm etwas passieren können... Ich hätte es dann auf diese Weise erfahren. Sie haben rücksichtslos und unverantwortlich gehandelt, Monsieur!«

»Ich sagte ihm meine Meinung«, erzählt sie heute, »aber ich war derart schockiert, daß ich, als ich den Hörer aufgelegt hatte, auf Zehenspitzen die Treppe hinunterschlich und mich vor seiner Tür vergewisserte, daß das Schreibmaschinengeklapper zu hören war.« Sie konnte sich auf das in Frankreich kursierende Gerücht keinen Reim machen, bis zwei Tage darauf ein Telegramm von Simenons Mutter eintraf, das aus nur zwei Worten bestand: *Christian mort* (»Christian verstorben«). Die Pariser Presse hatte zunächst aufgrund von falschen Agenturmeldungen die beiden Simenons miteinander verwechselt.

Man wird vergebens nach einer Schilderung dieses Geschehnisse in all den persönlichen Büchern und ins Diktaphon gesprochenen Erinnerungen suchen, die in überreichlichem Maße von Simenon der Öffentlichkeit vorgelegt worden sind. Er ist tatsächlich merkwürdig schweigsam, was das Schicksal seines jüngeren Bruders betrifft, mit dem ihn lange Jahre eine herzliche Zuneigung verband. Wir wissen aus dem »Brief an meine Mutter«, daß Henriette Simenon gegenüber ihrem Sohn einmal den schrecklichen Satz äußerte: »Wie schade,

Georges, daß es ausgerechnet Christian war, der sterben mußte!« Nirgendwo teilt uns Simenon indessen mit, wo, wie oder wann sein Bruder ums Leben gekommen ist.

Hier verbirgt sich in der Tat ein Geheimnis. Régine, die sich gegen Jahresende 1947 weitgehend aus Simenons Leben zurückzog, gibt an, über die genauen Umstände des Todes ihres Schwagers nichts Genaues zu wissen. »Er starb während des Krieges«, meint sie. »Er wurde von den Deutschen umgebracht. Ich bin mir nicht sicher, ob es in Belgien war. Es wäre besser, wenn Sie Simenon direkt danach fragen. Er starb jedenfalls nicht an einer Krankheit. Er war noch ziemlich jung – in den Vierzigern...«

Doch Simenon erklärte: »Ich kenne nicht das genaue Sterbedatum meines Bruders. Er fiel bei Kampfhandlungen in Vietnam; in welchem Jahr, vermag ich nicht zu sagen.« Er schlug vor, bei den Meldebehörden in Lüttich diesbezüglich Erkundigungen einzuziehen.

Vietnam? »Bei Kampfhandlungen« und nicht durch die Deutschen im Zweiten Weltkrieg? Warum diese ganze Ungewißheit? Professor Maurice Piron, der Leiter des Simenon-Forschungszentrums an der Universität Lüttich, teilt mit, die örtlichen Register wiesen aus, daß Christian Simenon als Angehöriger der französischen Fremdenlegion bei That Khe in Indochina, dem heutigen Vietnam, am 31. Oktober 1947 gefallen sei.

Das macht die Angelegenheit noch seltsamer. Wieso Fremdenlegion? Man fragt sich unwillkürlich, wer was vor wem verbirgt – und welches Motiv dahintersteckt. Die Wahrheit lautet schlicht und einfach, daß Christian sozusagen die Leiche im Keller der Familie Simenon, also das Familiengeheimnis, ist. Ohne Zweifel fühlte sich Georges Simenon angesichts der Begleitumstände etwas beschämt, doch wie man sehen wird, hatte er selbst bei der traurigen Geschichte durchaus ehrenvoll und mitfühlend gehandelt. Jedenfalls sind die Vor-

gänge um Christian Simenon auch Teil der Lebensgeschichte seines Bruders Georges und sollten deshalb
nicht verschwiegen werden.

Im Sommer 1940, als Simenon damit beschäftigt war,
in La Rochelle für die belgischen Flüchtlinge zu sorgen,
tauchte plötzlich Christian bei ihm auf. Er war mit einem Dampfer von der Hafenstadt Matadi in Belgisch-
Kongo trotz der Kriegsereignisse wohlbehalten nach
Frankreich gekommen. Bei sich hatte er eine große
Menge Goldbarren, die Eigentum seiner belgischen Firma waren, die er anschließend aufsuchen wollte. Simenon sah und hörte dann nichts mehr von seinem jüngeren Bruder während der nächsten fünf Jahre. Erst im
Frühsommer 1945 sollten die beiden sich wiedersehen.
Der Krieg in Europa war vorüber; Simenon war bekanntlich mit Régine und Marc aus St. Mesmin nach
Paris zurückgekehrt und hatte sich vorübergehend in
seiner alten Wohnung an der Place des Vosges, dem berühmten Platz im Marais-Viertel, installiert. Da wurde
ihm eines schönen Tages die Mitteilung überbracht,
sein Bruder wünsche ihn zu sprechen und warte unten.
Tatsächlich saß Christian auf einer Bank auf dem Platz
unweit des Simenonschen Hauses. Warum wollte er
nicht in die Wohnung hinaufkommen?

Simenon eilte hinunter, um ihn zu begrüßen – und
war entsetzt, als Christian ihm anvertraute, daß er auf
der Flucht vor der Polizei war! Warum wurde er gesucht? Offenbar hatte er sich im Krieg nicht gerade mit
Ruhm bekleckert. Er hatte sich in seiner belgischen Heimat der mit der deutschen Besatzungsmacht zusam-
menarbeitenden Rex-Bewegung* angeschlossen gehabt
und an einer Nacht-und-Nebel-Aktion der Rexisten gegen belgische Widerstandskämpfer teilgenommen, aber
nur, weil er »ein wenig getrunken« hatte, so gestand er

---

* Die von L. Degrelle 1930 gegründete Rex-Bewegung (von lat. »Christus Rex«)
war ein rechtsradikaler, antidemokratischer Zusammenschluß (Anm. d. Ü.)

jedenfalls seinem Bruder. (Christian hatte aus seiner Kolonialzeit im Kongo »Probleme mit dem Alkohol«, wie es die Ärzte euphemistisch nannten.) Er schwor jedoch, daß er nur ein Fahrzeug gesteuert und niemand umgebracht habe; als die Maschinengewehre losgerattert hätten, habe er sich übergeben müssen. Trotzdem fliehe er jetzt vor dem sicheren Tod. In Belgien seien in den ersten Monaten nach der Befreiung angesichts einer wütenden Stimmung in der Bevölkerung viele Kollaborateure von den neuen belgischen Justizbehörden in Schnellverfahren abgeurteilt, an die Wand gestellt und erschossen worden, die weniger auf dem Kerbholz gehabt hätten als er. »Du mußt mir helfen, Georges!« flehte er seinen prominenten Bruder an.

Nein, dessen Haus wollte er nicht betreten, das wäre zu gefährlich für sie beide. Also traf man sich noch ein paarmal unauffällig an öffentlichen Orten wie Kneipen und Parks. Simenon erbat sich Rat von seinem berühmtesten Kollegen und väterlichen Freund André Gide, und dieser schlug das vor, was man gemeinhin Flüchtlingen vor dem Gesetz in Frankreich empfahl: den Eintritt in die Fremdenlegion! Genau diesen Schritt tat dann auch Christian Simenon.

Er wurde zunächst einfacher Soldat in der *Légion étrangère.* Die Ausbildung erfolgte in Nordafrika; zu den Kosten der Überfahrt trug sein Bruder bei. Denise weiß noch, daß Simenon während ihres Zusammenlebens in den Jahren nach dem Krieg öfter Briefe mit dem Absender »Christian Renault« und exotischen bunten Marken auf dem Umschlag erhielt.

Christian kam in der Legion gut zurecht. Er diente sich vom Gemeinen zum Sergeanten empor, was nicht leicht war in Anbetracht des harten Drills bei dieser Elitetruppe. Stationiert blieb er zunächst in Nordafrika, bevor er dann mit seinen Kameraden nach Indochina verschifft wurde. Hier gehörte er zu denen, die in einer der ersten Schlachten im Herbst 1947 den Tod fanden, mit denen sich die Franzosen als Kolonialherren in Hinterindien zu behaupten suchten. (Die Kämpfe zogen sich bekanntlich bis zum Frühjahr 1954 hin; die Kapitulation der französischen Dschungelfestung Dien Bien Phu bedeutete dann das Ende der Kolonialherrschaft Frankreichs in Südostasien und den Sieg der kommunistischen Vietminh unter ihrem Führer Ho Chi Minh.)

Trotz Christians »Heldentod« blieb sein Name noch mehrere Jahre lang im dunkeln, bis in Belgien eine Amnestie erlassen und er posthum rehabilitiert wurde. Lange Zeit machte sich Simenon Selbstvorwürfe wegen des Todes seines Bruders. »Wie konnte ich denn wissen, daß es Krieg in Indochina geben und die Legion dorthin entsandt würde?« fragte er immer wieder, und Denise pflegte ihn dann zu trösten, indem sie sagte: »Du hast ihm das Leben gerettet, als du ihm geholfen hast, in die Legion zu kommen. Du brauchst keine Gewissensbisse zu haben!«

Doch Simenons Mutter Henriette Simenon, unversönlich von Natur aus, machte ihn bis zu ihrem Lebensende für Christians Tod verantwortlich. Als sie ihn ein paar Jahre darauf in Lakeville im amerikanischen Bundesstaat Connecticut besuchte und gewissermaßen der Ehrengast des Hauses war, ließ sie eine spitze Bemerkung gegenüber ihrem Sohn fallen, die Denise mitbekam: »Wenn du dich nicht eingemischt hättest, wäre Christian noch am Leben!« – »Es war mit einem Mal eine eisige Atmosphäre... Einfach schrecklich war das!« erinnert sie sich. Jahrelang weigerte sich Simenon, über seinen Bruder oder seine eigene Rolle bei dessen schicksalhafter Entscheidung für die Legion ein Wort zu verlieren. Die ganze Geschichte wurde zum Familiengeheimnis. Aber es gibt weitaus niederträchtigere Verbrechen, als seinem eigenen Bruder zu helfen, der kein Mörder war, sich der in jener unmittelbaren Nachkriegszeit in Westeuropa manchmal unberechenbaren Justiz durch Flucht zu entziehen.

Ende Januar 1949, als Simenon und seine Lebensgefähr-tin auf einer Ranch namens »Stud Barn« bei Tumacacori (Arizona) unweit der mexikanischen Grenze lebten, wurde Denise schwanger. Verwunderlich war, daß dies nicht schon vorher eingetreten war, denn nach den er-sten drei Monaten ihrer Bekanntschaft hatte Simenon keine Verhütungsmittel mehr benutzt. Das Kind wurde mit an Sicherheit grenzender Wahrscheinlichkeit in De-nises Bett im Krankenhaus gezeugt, wo sie sich von ei-nem bösen Sturz vom Pferd erholte. Das Tier hatte sie bei einem gemeinsamen Ausritt mit Simenon durch un-bewohntes Gebiet in Arizona plötzlich abgeworfen. Vermutlich hatte Simenon mit der Wiederaufnahme der sexuellen Beziehungen nicht warten können, bis die Ärzte Denise wieder nach Hause entließen.

»Es wird ein schönes Kind werden, Jo!« versicherte ihm Denise immer wieder. »Kinder der Liebe sind im-mer die schönsten!«

Und es war ein gesundes, kräftiges Baby, das da in den frühen Morgenstunden des 29. September 1949 das Licht der Welt erblickte und Jean (»John«) Dennis Chré-tien Simenon getauft wurde. Simenon war außer sich vor Freude über die Geburt seines zweiten Sohnes, die allerdings, wie sich herausstellte, gewaltige Probleme für ihn schuf. »Wir müssen damit rechnen, daß wir von den Einwanderungsbehörden als unerwünschte Aus-länder nach Frankreich ausgewiesen werden!« teilte er kreidebleich Régine mit. Seine Erkundigungen ergaben zwar, daß das Kind nach dem Gesetz des Staates Arizo-na nicht als unehelich galt, »doch ich kann nicht den Rest meines Lebens in Arizona zubringen!« erklärte er nachdrücklich seiner (wirklichen) Ehefrau.

Es gab nur eine juristische Lösung. Obwohl weder er noch Régine je von Scheidung gesprochen hatten und er für sein Teil sowieso von vornherein eine offizielle Trennung nicht wollte, mußte er jetzt wohl oder übel der Auflösung seiner ersten Ehe zustimmen und die

*Georges Simenon mit dem zweijährigen Söhnchen John
im März 1952*

Mutter des neugeborenen Kindes heiraten, um ernsten Schwierigkeiten aus dem Wege zu gehen. Dazu Simenon heute: »Ohne Johnny (er hat seinen Zweitältesten immer ›Johnny‹ genannt; für die meisten ist er allerdings ›John‹ – Anm. d. A.) hätte ich niemals geheiratet. Ich wollte meine zweite Frau überhaupt nicht heiraten, denn ich hatte keineswegs die Absicht, Tigy und unseren Sohn Marc allein zu lassen!« Es war auf alle Fälle kein sehr vielversprechender Start für die neue, »lebenslange« Verbindung.

In seinen »Intimen Memoiren« stellte Simenon die Dinge so dar, als habe Régine damals ohne großen Widerspruch seinem Vorschlag auf Scheidung zugestimmt. »Natürlich, ich habe doch Verständnis . . .!« zitierte er sie und ihr Einverstandensein. In Wirklichkeit wehrte sie sich erbittert gegen die Vorstellung, den Verlust ihres Mannes jetzt auch formell bescheinigt zu bekommen, einen Verlust, der immerhin schon fast vier Jahre her war. Er war schließlich der einzige Mann, der je in ihr Leben getreten war. Um sie »loszuwerden«, mußte Simenon seine ganze Überredungskunst aufwenden. Da sie jedoch offenbar nicht ausreichte, verfiel er auf eine machiavellistische Idee, die einer seiner weniger sympathischen Romanfiguren zur Ehre gereicht hätte: er schickte einen Freund vor. »Er bat mich, für ihn mit Régine zu sprechen«, erzählt Harry Torczyner, sein in New York lebender Regimentskamerad aus Lüttich. »Ich sah wie einer ihrer Spielkameraden aus Kindertagen aus, wie sie mir selbst einmal gesagt hatte, und Simenon meinte, das würde mithelfen, ihr Herz zu rühren und ihn freizugeben.« Das tat es auch – nach Annahme harter finanzieller Bedingungen allerdings erst. Unter anderem ließ sich Régine urkundlich die Schenkung des Prioratsgebäudes in Nieul zusichern – was Simenon »so gut wie mittellos« dastehen ließ, um Denise Simenons Ausdruck zu verwenden, die natürlich interessierte Partei war.

Doch auch Simenon wußte genau, wie er sein eigenes emotionelles Pfund Fleisch erzwingen konnte. Die Scheidungserklärung, in Régines Namen von einem Anwalt ausgehandelt, den Simenon bezahlte und den ihm Torczyner vorgeschlagen hatte, der als Anwalt für Simenon auftrat, enthielt eine Klausel, der zufolge Régine sich verpflichten mußte, bis zu Marcs vollendetem achtzehnten Lebensjahr ständig mit dem Jungen »in einem Umkreis von sechs Meilen« von dem Ort zu wohnen, wo sich Simenon gerade aufhielt. Sie selbst hätte es wahrscheinlich vorgezogen, mit ihrem Sohn nach Frankreich zurückzukehren, sobald das zuständige Gericht die Scheidung ausgesprochen hatte. Wie hielt sie es bloß aus, weiter in einem fremden Land zu leben, wo sie sich nie ganz zu Hause gefühlt hatte, und für die nächsten sieben Jahre gezwungen zu sein, sich in der Nähe ihres Exmannes aufzuhalten, den sie immer noch liebte, der ihr jedoch eine andere vorgezogen hatte? Ihre Antwort ist charakteristisch: »Weil ein Kind da war, das sonst gelitten hätte! Marc war damals sehr verstört. Zumindest blieb er auf diese Weise mit beiden Elternteilen in enger Verbindung.«

Bitterkeit war damals allerdings reichlich bei ihr vorhanden. Als sie einmal im kalifornischen Carmel Denise auf der Straße, in der beide Haushalte sich befanden, zufällig begegnete, blickte sie in eine andere Richtung und hat sie seitdem nicht wiedergesehen, geschweige denn mit ihr gesprochen. Boule, die von jeher resolut war, wenn es galt, diejenigen in Schutz zu nehmen, die sie liebte, erklärte Denise ins Gesicht, daß sie sie verachte, weil sie Marc so etwas antue. »Als ich in der Zeitung las, daß Simenon sich scheiden lasse, war ich verblüfft«, sagt Annette de Bretagne in der Rückschau. »Wenn ein Mann mehr als fünfundzwanzig Jahre lang mit einer Frau verheiratet gewesen ist, läßt er sich nicht von ihr scheiden, selbst wenn er ein Verhältnis mit einer anderen hat...! Vielleicht hätte die Ehe gehalten, wenn Régine sinnlicher gewesen wäre – so sinnlich wie Denise!«

Harry Torczyner benötigte fast zwei Monate, um Gründe für die Scheidung herauszuarbeiten, die für Régine akzeptabel, nach amerikanischem, französischem und belgischem Recht (denn beide Parteien besaßen natürlich nach wie vor die belgische Staatsbürgerschaft) hieb- und stichfest und außerdem für Simenon nicht allzu ehrenrührig waren. Régine konnte als Klägerin auftreten, doch Simenons Ehebruch sollte, wenn irgend möglich, nicht als Grundlage für den Gerichtsentscheid herangezogen werden. Schließlich fand Torczyner heraus, daß im Bundesstaat Nevada eine Ehe geschieden werden konnte, wenn ein Partner dem anderen über einen Zeitraum von mindestens drei Jahren die Ausübung der ehelichen Rechte verweigert hatte. Das paßte in diesem Falle glänzend: Simenon und seine Frau hatten in den vergangenen sechs Jahren nicht mehr das Ehebett miteinander geteilt.

Am 21. Juni 1950 nahm Régine, nachdem sie den notwendigen sechswöchigen Aufenthalt in Reno, der Hauptstadt Nevadas, hinter sich gebracht hatte, die Scheidungsurkunde aus der Hand eines über zwei Meter großen Richters mit breitkrempigem Cowboyhut entgegen. Anschließend flog sie sofort nach Carmel zurück, während fast gleichzeitig Simenon mit Denise ein Flugzeug nach Reno bestieg, wo sie am nächsten Tag derselbe Richter, mit seinem Zehn-Gallonen-Hut auf dem Kopf und jetzt noch prächtiger anzusehen, in einem türkisblauen Anzug, zu Mann und Frau erklärte.

Simenon war damals im Überschwang seiner Gefühle nicht in der Lage, zu bemerken, daß seine neue Angetraute ihm bereits einen Vorgeschmack dessen vermittelt hatte, auf was er sich einzulassen anschickte. Während der sich in die Länge ziehenden Vorverhandlungen für die Scheidung hatte Régine darum ersucht, den Buchstaben des Gesetzes nach »Madame Georges Simenon« zu bleiben. »Nein!« hatte Denise kategorisch erklärt, »die einzige ›Madame Georges Simenon‹ werde ich sein, denn so darf sich nur die rechtmäßige Ehefrau des Schriftstellers Georges Simenon nennen. Laß sie sich gefälligst ›Madame Régine Simenon‹ titulieren!« Und so wurde es dann auch festgelegt. Ohne Zweifel beugte sich Régine dieser Entscheidung mit einem Achselzucken und ihrem traurigen Lächeln. Aber hätte nicht der welterfahrene Frauenheld Simenon bereits in diesem frühen Stadium seiner Beziehung zu Denise erkennen müssen, daß Leidenschaft, die selbstverständlich eine hervorragende Grundlage für eine Liebesaffäre ist, nicht notwendigerweise auch ein ideales Fundament für eine Ehe darstellt?

Wie dem auch sei, er war jedenfalls zu sehr in Denise verliebt, um die warnenden Anzeichen zu beachten, zumal auch die durch die Geburt von John ausgelöste neue Dimension häuslichen Glücks ihm den Blick trübte und die Ohren versperrte.

Das amerikanische Städtchen Lakeville in Connecticut ist eine ländliche Gemeinde von schätzungsweise 25 000 Einwohnern im Herzen von Neuengland in einem wald- und seenreichen Gebiet. Es ist der letzte Ort auf der Erde, von dem man erwarten könnte, daß hier ein Simenon die vermutlich fünf glücklichsten Jahre seines Lebens zugebracht hat.

Noch heute, über dreißig Jahre später, vermag keiner der »Ureinwohner«, die seinerzeit die Simenons kannten, als sie von Juli 1950 bis März 1955 in ihrer Mitte lebten, zu sagen, warum dieser berühmte französische Schriftsteller in seiner unerklärlichen Art urplötzlich in ihrer Stadt auftauchte und sich niederließ, geschweige denn, weshalb er dem damals wohl mehr als heute so zu bezeichnenden Provinznest Lakeville dann nach knapp fünf Jahren ebenso abrupt den Rücken kehrte. Man nimmt ihm besonders übel, daß er sich »auf französisch empfahl«, nämlich ohne Abschied beziehungsweise Abschiedsparty für seine Freunde auszog, um nie mehr zurückzukehren.

Sogar die zwei ältesten Söhne Simenons erinnern sich voll Rührung an ihre Kindheit in Lakeville. Marc hat seine eigene junge Familie bereits auf einer nostalgischen Reise dorthin mitgenommen, um seiner Frau und den Kindern die Stadt und die herrliche Umgebung zu zeigen und alles, was ihm einst so vertraut war. Die Erinnerung an seine »idyllischen« Jahre in Lakeville ist dagegen für den noch unverheirateten John so intensiv, daß er erst besuchsweise in diesen Ort zurückkehren will, wenn er eine Begleiterin mitnehmen kann, die ihm etwas bedeutet. »Für mich«, so versichert er, »ist dies ein idealer Platz, an den ich seit den Kindertagen oft zurückdenke. Mag sein, daß das in der Erinnerung großartiger wirkt, als es damals war, doch so sehe ich Lakeville nun einmal. Wahrscheinlich kommt es daher, daß ich die Jahre dort als eine Zeit im Gedächtnis behalten habe, während der meine Eltern glänzend miteinander auskamen. Es war auch die Zeit, als meine Mutter mich noch von Herzen gern hatte und wie eine richtige Mutter aufzog. Ich wurde also verwöhnt – aber das dauerte nicht sehr lange!«

Wie war Simenon ausgerechnet auf Lakeville verfallen? Zunächst hatte er nach der Scheidung und der Hochzeit mit Denise die Absicht gehabt, mit der zweiten Frau und dem kleinen Sohn auf eine ausgedehnte Europareise zu gehen, doch, wie er berichtet, redete ihm der belgische Generalkonsul in New York den Plan wegen der politischen Weltlage aus. Der soeben ausgebrochene Koreakrieg* habe in Europa die Furcht vor einem dritten Weltkrieg ins Unermeßliche steigen lassen. »Viele Belgier und Franzosen haben in Erwartung eines neuen Kriegsausbruchs Visa zur Ausreise in die Vereinigten Staaten beantragt«, habe ihm der Diplomat mitgeteilt. »Und da wollen ausgerechnet Sie hinüberfahren? Es ist besser, wenn Sie noch ein Weilchen auf dieser Seite des Atlantiks bleiben. Jetzt ist bestimmt nicht der geeignete Zeitpunkt für eine Vergnügungsreise nach Europa!«

Simenon ließ sich überzeugen und gab schweren Herzens sein Vorhaben auf. Gleichzeitig ging er auf den Vorschlag des Konsuls ein, sich vielleicht ein Haus in Connecticut zu suchen, dem westlich an den Staat New York angrenzenden Nachbarstaat, wo viele wohlhabende und einflußreiche New Yorker wohnten und täglich als Pendler in ihre Geschäfte und Büros in die City ka-

---

* Der Koreakrieg begann am 25. Juni 1950 – also drei Tage nach der Hochzeit Simenons mit Denise – mit dem Einmarsch nordkoreanischer Truppen in Südkorea und wurde am 27. Juli 1953 mit einem Waffenstillstand beendet (Anm. d. Ü.).

men. »Also stieg ich in meinen Wagen und fuhr mit dem Generalkonsul, der mich unbedingt begleiten wollte, hinauf nach Connecticut«, erzählte Simenon. »Doch der Südteil dieses Staates gefiel mir gar nicht wegen des scheußlichen Anblicks all der kleinen Bahnhöfe mit den unzähligen geparkten Autos der Pendler darum herum. Deswegen setzten wir die Fahrt in Richtung Norden fort und kamen zur Mittagessenszeit in dieses Städtchen mit einem netten Restaurant an einem kleinen See im Ortskern, und ich erkundigte mich nach dem Namen der Stadt, und man sagte mir: ›Lakeville‹. Ich wollte dann wissen, ob es am Ort eine gute Schule für Marc gäbe und erfuhr, daß hier die Hotchkiss School beheimatet war, eines der berühmtesten amerikanischen Jungeninternate. So kam es, daß ich mit Denise drei Tage

Das Haus der Simenons in Lakeville

später in diese Stadt zurückkehrte. Wir bezogen zunächst in einem Hotel Quartier, während ich nach einem passenden Haus Ausschau hielt.« Es war eine typisch Simenonsche Blitzentscheidung.

Innerhalb von zehn Tagen hatte Cap Robinson, ein ortsansässiger Grundstücksmakler, ein ideales Heim für ihn aufgetrieben: die Shadow Rock Farm, ein altes, weißes Bauernhaus im typischen Neuenglandstil. Es hatte über ein Dutzend Räume und vier Badezimmer, lag in Reichweite der Stadt, doch gleichzeitig ungewöhnlich isoliert inmitten eines einunddreißig Morgen großen Areals, das Felder, ein Waldstück, Felshänge sowie Sumpfland umfaßte. In der Nähe des Hauptgebäudes befand sich ein in die Felsen eingebauter kleiner Swimmingpool, und dahinter floß an den Resten eines Steinwalls ein Bach vorbei, der früher eine jetzt stillgelegte Mühle gespeist hatte. Außerdem standen noch drei Scheunen auf dem Gelände. Das Anwesen glich Simenons Bauernhof in St. Mesmin-le-Vieux, auf dem er die Kriegsjahre verbracht hatte, nur stark vergrößert und in die amerikanische Landschaft hineingestellt. Als Simenon den Besitz zum erstenmal zu Gesicht bekam, rief er fast sofort begeistert: » Ja, den nehmen wir!«

Der Besitzer des Hauses kannte sich in der Lieraturszene aus. Es war Ralph McAllister Ingersoll, der frühere Verlagsdirektor der Zeitschrift *The New Yorker*. Bevor er eine höchst erfolgreiche Kette von Provinzzeitungen erwarb und selbst Verleger wurde, war er noch der Herausgeber des Wirtschaftsmagazins *Fortune,* das Henry Luce gehörte. Er war sehr vermögend und liebte seine Shadow Rock Farm, deren Räumlichkeiten er hatte modernisieren lassen. Doch seine Ehefrau (er war viermal verheiratet) mochte das Landleben nicht, und er hatte sich deshalb wider Willen entschlossen, die Farm zu verkaufen. Er erinnert sich nach über dreißig Jahren noch daran, wie ihn damals der Immobilienhändler Robinson anrief und erklärte: »Ich habe hier einen verrückten Franzosen, der Ihr Anwesen kaufen will, aber erklärt, kein Geld zu haben!« – »Wie heißt er denn?« wollte Ingersoll wissen. »George Simenon oder so ähnlich...« – »Was? Georges Simeon? Ich werde verrückt! Ich liebe seine Bücher!« brüllte Ingersoll ins Telefon. »Lassen Sie ihn nicht weg, bevor ich bei Ihnen bin!«

Ingersoll suchte eilends den Makler auf, und wenig später saß er mit Simenon und Denise in einem Restaurant bei einem fabelhaften Lunch, das drei Stunden dauerte und in dessen Verlauf man sich über den Kaufpreis einig wurde. »Er erklärte mir, er habe die Summe nicht verfügbar, weil all sein Geld auf Konten in Frankreich eingefroren sei und wegen der strengen Devisenbestimmungen nicht transferiert werden dürfe«, erzählt Ingersoll. (Oder war der wahre Grund doch, wie Denise behauptet, daß die Abfindungszahlungen an Régine bei der Scheidung Simenon »mittellos« hatten werden lassen?) »Ich bedeutete ihm indessen, sich darüber keine Gedanken zu machen, denn ich war riesig erfreut, daß gerade er es war, der die Farm erwarb. Wir vereinbarten den Preis von 60 000 Dollar, und ich gewährte ihm aus eigener Tasche eine Hypothek in dieser Höhe, rückzahlbar in Raten über einen Zeitraum von zwanzig Jahren. Meine Bedingung lautete nur, daß, falls er je den Besitz wieder veräußern wolle, er ihn mir zum selben Preis zurückverkaufen müsse. Doch was tat dieser Herr Soundso? Als er schließlich Lakeville Hals über Kopf verließ, verkaufte er den Landsitz, ohne mich zu informieren und schlug sogar noch einen Höchstpreis dafür heraus!« (Simenon bestritt diesen Vorwurf, wider Treu und Glauben gehandelt zu haben, entschieden und versicherte, er habe nie verbindlich zugesagt, Ingersoll wieder die Farm zum ursprünglichen Kaufpreis zu überlassen. Wer nun recht hat, sei dahingestellt; Ingersoll ist jedenfalls noch heute sauer – und kein Simenon-Fan mehr!)

Sobald es möglich war, zogen Simenon und Denise zusammen mit dem kleinen John und Boule, die sich verpflichtet hatte, für das Baby zu sorgen, in die Shadow Rock Farm ein. Natürlich folgten nach kurzer Zeit, wie es das Scheidungsurteil vorschrieb, Régine und Marc nach. Sie bezogen ein kleines Haus im Nachbardorf Lime Rock. Simenon fügte sich schnell in die örtliche Szene ein. »Das Städtchen hat eine große Sommerhauskolonie«, berichtete er später Brendan Gill. »Als ich hierher kam, wollten die Ortsansässigen vor allem eines von mir wissen: ›Sind Sie bloß im Sommer hier oder das ganze Jahr über?‹ Ich erklärte: ›Das ganze Jahr!‹ Sie erwiderten: ›C'est bon, Simenon!‹ Sie akzeptieren mich nicht wegen meiner Bücher, sondern weil ich ein *year-round*-Mitbürger bin!«

Régine allerdings gefiel auch das Leben in diesem Teil der USA nicht besonders. Sie schloß nur mit einem Menschen Freundschaft, eine Verbindung, die drei Jahrzehnte überdauert hat: mit Maxine Mallach, einer hausbackenen älteren Dame, deren Vater das Grundstück und das Haus besaß, in dem Régine in Lime Rock wohnte. »Sie war hier sehr unglücklich«, weiß Miß Mallach zu berichten, die immer noch im Nachbargebäude von Régines damaligem Domizil wohnt. »Sie ist der talentierteste Mensch, den ich je kennengelernt habe. Sie konnte einfach alles – nur mit der englischen Sprache stand sie auf Kriegsfuß! Ich mußte gebrochen Englisch sprechen, damit sie mich verstand . . .

Ich glaube, sie liebte damals Simenon immer noch und war auf Denise natürlich alles andere als gut zu sprechen. Sie sagte mir immer wieder, sie habe das Gefühl, ›diese Frau‹ habe ihr ihren Mann auf unrechtmäßige Weise weggenommen; sie selbst habe miterlebt, wie sie das angestellt habe.

Nach meinem Empfinden behandelte ihr Exmann sie auf vielfältige Weise ziemlich grausam. Sie mußte ihr Kind mit ihm teilen. Simenon hatte Marc an den Wochenenden bei sich; sie sorgte während der Woche für den Jungen. Doch besonders gegen Ende ihres Aufenthaltes hier beschnitt Simenon ständig ihre Zeit und war bemüht, den Jungen zu verlocken, bei ihm zu bleiben. Es war schrecklich mitanzusehen!«

Als Simenon diese Vorwürfe später vorgehalten wurden, erhob er verärgert Einspruch: »Das stimmt überhaupt nicht! Ich mußte es einfach tun. Ich war gezwungen, gewisse Pflichten der Mutter des Jungen mit zu übernehmen! Sie tat nicht, was sie hätte tun können und was ich sehr gerne tat!« Es ist unmöglich zu sagen, ob das ein vorurteilsfreier Kommentar ist. Wenn Kinder von ihren Eltern als Schachfiguren benutzt werden, wird es immer zu derartigen Auseinandersetzungen kommen. In dieser Hinsicht ist Simenon leider »ein Mensch wie jeder andere«. Um der Gerechtigkeit willen gibt Miß Mallach jedoch zu: »Simenon konnte ausnehmend gut mit Kindern umgehen. Zweifelsohne verbrachte Marc glückliche Tage bei seinem Vater. Tigy konnte dem Kind diese Erziehung nicht bieten. Sie tat ihr Bestes, doch es überstieg ihre Kräfte.

Trotzdem war sie wohl insgeheim froh, daß Simenon sich mit dem Jungen so gut verstand, denn sie erachtete den männlichen Einfluß auf Marc für sehr wichtig. Ich hatte eigentlich immer das Gefühl, sie sei irgendwie niedergeschlagen... Sie war kein lebensfroher Mensch!«

Alles, was Régine dazu sagen will, ist: »Nein, die Jahre in Lakeville waren nicht gerade voller Freude für mich.«

Simenon seinerseits, von dessen Beherrschung der englischen Sprache es heißt, er habe »genauso wie Maurice Chevalier mit dem gleichen liebenswerten Akzent« geklungen, paßte sich dagegen der Kleinstadt an. Mrs. Elise Becket, die personifizierte amerikanische Lady guter Herkunft aus den Neuenglandstaaten, weißhaarig und elegant, erinnert sich, wie sie eines Tages Einkäufe in einem Supermarkt in Lakeville tätigte und plötzlich in der Schlange an der Kasse Simenon stehen sah, mit dem damals etwa dreijährigen John an der Hand, der eine Spielzeugpfeife fest zwischen den Zähnen hielt. Mrs. Becket, deren Mann Campbell Simenons Anwalt und einer seiner engsten Freunde in der Stadt wurde, schildert das Auftreten Simenons in der Öffentlichkeit so: »Jede Geste, die ich bei Georges sah – und ich hatte nie den Eindruck, daß er schauspielerte oder sich irgendwie unnatürlich gab –, war herzlich, unverfälscht und freundlich. Er war in meinen Augen ein hingebungsvoller Vater, der seine Kinder über alles liebte. Zu den Nachbarn war er ebenfalls ausgesprochen nett. Er unterhielt sich mit jedem ohne Rücksicht auf dessen gesellschaftliche Stellung auf die gleiche natürliche Weise mit einem Funkeln im Auge...«

»Cam« Becket, ihr Mann, ein lebhafter alter Herr von bemerkenswerter Rüstigkeit, der mit achtzig noch Squash spielt, ergänzt: »Jeder, der in einen Ort wie diesen käme, auch wenn er kein Franzose wäre, hätte Schwierigkeiten, Zugang zu den Alteingesessenen zu finden. Ich möchte sagen, daß er auf abstrakte Art ein sehr populärer Mitbürger war. Die Leute respektierten seine Zurückgezogenheit. Wenn ich jemand fragte: ›Kennen Sie Georges Simenon?‹ kam meist die Antwort: ›Nun, ich habe ihn zwar nie besucht, aber ich höre nur das Beste. Scheint ein ausnehmend netter Bursche zu sein!‹«

Brendan Gill beschreibt Simenons typisches Verhalten nach Fertigstellung eines neuen Romans in Lakeville so: »...Er kehrt dann langsam in den Lebenskreis des Städtchens zurück... Sein Blutdruck, der während des Schreibens am Manuskript ständig gestiegen ist, sinkt wieder auf normal zurück. Seine Einkaufsgänge in den Ort hinein werden von fröhlichen Rufen der Anwohner und Passanten begleitet: ›*Good Morning! Good Morning!*‹ Er setzt sich mit einem Freund auf ein Glas

Bier in die Kneipe neben dem Postamt. Sie tauschen Vorhersagen für das Wetter am nächsten Tag aus. Schnee liegt in der Luft, da sind sich beide einig. Na, was kann man um diese Jahreszeit anderes erwarten...?«

Die meisten Lakeviller kannten Simenons Ruhm als Schriftsteller, und wenn auch nicht viele von ihnen seine Bücher gelesen hatten, so waren sie doch wie die wackeren Bürger von Fontenay-le-Comte zehn Jahre zuvor sehr stolz auf den bekannten Autor, der unvermutet plötzlich in ihrer Mitte lebte, wo er doch eigentlich gar nicht hinpaßte. Als im Sommer 1978, dreiundzwanzig Jahre, nachdem die Simenons weggezogen waren, ein deutsches Fernsehteam nach Lakeville kam, um Aufnahmen für den nach dem Non-Maigret-Roman *La Mort de Belle* (»Bellas Tod«) entstehenden Film mit dem gleichen Titel am Schauplatz der Handlung zu drehen, interviewte ein Reporter der Lokalzeitung *Lakeville Journal* Mrs. Dolores James, eine Mitbürgerin, die als junge Frau im Simenonschen Haushalt gearbeitet hatte und Johns Kindermädchen gewesen war. Das Blatt brachte die Story auf der ersten Seite, und Mrs. James, eine attraktive Farbige, berichtete den Lesern über Simenons »Besessenheit«: seine glühende Verehrung für Josephine Baker, der sie, wie er immer wieder sagte, damals sehr ähnlich sah. Ja, sie erinnerte sich noch »intensiv« an den Schriftsteller, der oft in einem Tweedumhang und mit einer Jagdmütze auf dem Kopf pfeiferauchend »wie Sherlock Holmes« stundenlang durch die Straßen von Lakeville und seiner Außenbezirke trottete, wenn er »um Einfälle verlegen war«. Niemand scheint sich daran gestoßen zu haben, daß Simenon ausgerechnet diesen erfreulich stillen Winkel von Connecticut als Schauplatz eines besonders scheußlichen Mordes ausgewählt hatte. Es war die gleiche, eher von Stolz geprägte Reaktion, wie sie die Einwohner von Fontenay seinerzeit gezeigt hatten, als sich in ihrer friedlichen kleinen Stadt die Mordserie ereignet haben sollte, wie sie in »Maigret hat Angst« geschildert ist.

Zu keinem Zeitpunkt versuchte allerdings Simenon den Anschein zu erwecken, sein Leben nach dem amerikanischen *way of life* auszurichten. »Die Shadow Rock Farm war der Wohnsitz eines Franzosen, den es zufällig nach Connecticut verschlagen hatte«, drückt es Mrs. Becket aus. »Georges und Denise sprachen unteinander und mit den Kindern Französisch. Als Georges erklärte, ›Cam‹ solle sein Anwalt am Ort werden, machte er fast eine Zeremonie daraus. Das war wirklich sehr nett, aber niemand, der hier geboren ist, wäre auf eine solche Idee gekommen.« Tatsächlich waren die Lakeviller von der ausländischen Exzentrik ihres berühmten Mitbürgers eher angetan und fanden ihn charmant, wenn auch die junge Tochter des Maklers Cap Robinson und ihre Freundinnen ziemlich entsetzt waren, als Simenon an einem Sommertag zum Schwimmen an einen der nahe gelegenen Seen kam, wo sie schon herumplanschten, seinen Bademantel abstreifte und sich in einem äußerst knappen Badehöschen präsentierte. Selbst junge Männer und schon gar solche mittleren Alters – Simenon war um die fünfzig – hatten damals in den Neuenglandstaaten der USA noch Badehosen zu tragen, die fast bis auf die Knie reichten und später mit anderem Zuschnitt als Bermudashorts auch in Europa populär wurden.

Ein bestimmter ortsansässiger Arzt mußte stets gewärtig sein, daß Simenon bei der Arbeit an einem Manuskript, bei der ein medizinisches Detail zu klären war, unverzüglich bei ihm anrief und darauf bestand, mit ihm verbunden zu werden, ohne Rücksicht darauf, wer sich gerade im Sprechzimmer befand. Der Doktor hat noch einen Zwischenfall dieser Art frisch im Gedächtnis und erzählt ihn schmunzelnd. Er behandelte einmal einen neuen, äußerst nervösen Patienten, als Simenon sich am Telefon meldete und Auskunft über die schnellste Möglichkeit verlangte, jemand mit Gift umzubringen. »Na, Sie könnten es mit Digitalis-Tabletten (Medikament aus der stark giftigen Arzneipflanze Fingerhut; eine Überdosis führt zu Herzkammerstillstand und Tod – Anm. d. Ü.) versuchen«, riet der Arzt. »...Nein, zwei Tabletten würden nicht ausreichen. Sie müßten schon eine stärkere Dosis wählen, um den Tod rasch herbeizuführen!« Der Kranke erbleichte, verließ rasch die Praxis und ward nicht mehr gesehen.

Auf einer amerikanischen Schreibmaschine mit französischer Tastatur tippte Simenon in den nahezu fünf Jahren, die er in Lakeville verbrachte, nicht weniger als sechsundzwanzig Romane, zu genau gleichen Teilen »Maigrets« und »Non-Maigrets«. In seiner ganzen Karriere ist er niemals produktiver gewesen. Als Brendan Gill ihn im Herbst 1952 erstmals besuchte, um ihn für *The New Yorker* zu interviewen, traf er einen Mann an, »dessen Lebenslage nie angenehmer gewesen ist. Sie ist tatsächlich so problemlos, daß er gar nicht von ihr zu sprechen wagt, ohne auf Holz zu klopfen und seine Stimme zu einem beruhigenden, im Bariton vorgebrachten Flüstern zu senken.

›Sehen Sie, ich bin glücklich!‹ versichert er und läßt seine Augen verwundert im Wohnzimmer seines weißen Bauernhauses umherschweifen. ›Nach dreißig Jahren des Reisens, Reisens, Reisens bin ich endlich seßhaft geworden! Ich beginne Wurzeln zu schlagen!‹ Er versucht, einen Fuß vom kiefernen Dielenboden hochzustrecken. Vergebens – er ist fest verwurzelt!«

16

Doch es währt nicht
für immer...

Simenons Einstellung gegenüber literaturwissenschaft-
licher Würdigung seines Schaffens war, milde ausgedrückt, doppeldeutig. Er gab sich den Anschein, als ließe er sich weder durch Beifall noch durch kritische Bemerkungen aus der Ruhe bringen. Ralph McAllister Ingersoll dazu: »Ich habe versucht, amerikanische Verleger zu bewegen, ihn ernst zu nehmen. Es klappte nicht.
Er ist in den Vereinigten Staaten nie als der große
Schriftsteller anerkannt worden, der er ist. In den Augen der Verleger hier veröffentlichte er zu viele Bücher.
Seine erstaunliche Produktivität sprach in Amerika gegen seine Qualität!«
  Gilbert Sigaux zufolge ist in Frankreich genau dasselbe passiert. »Er schreibt viel zuviel, als daß irgendeines
seiner Bücher wirklich gut sein könnte«, scheint die
Einstellung des literarischen Establishments auf beiden
Seiten des Atlantiks zu sein. Daß ihm André Gide bescheinigt, daß er »viel bedeutender ist, als gemeinhin
angenommen wird«, und Dashiell Hammett erklärt, er
habe »etwas von Edgar Allan Poe an sich«, das alles ist
ganz schön und gut, dennoch ist die Tatsache nicht zu
leugnen, daß, um es in Brendan Gills Worten auszu-
drücken, »Simenon zwar populär, aber nicht schick ist.
Die Kritiker – zumindest die, die über die englischen
Ausgaben seiner Bücher zu schreiben haben – nehmen
gewöhnlich gar keine Notiz von ihm oder ordnen ihn

wohl oder übel in die Kategorie ›Kriminalroman‹ ein...«

Verständlich, daß Simenons Reaktion auf all diese kontroversen Standpunkte ziemlich geringschätzig ausfiel. Als er sich in »Als ich alt war« über den Literaturnobelpreis ausließ, merkte er an: »Die Zeitungen haben wieder einmal mich in diesem Zusammenhang genannt. Es fängt langsam an, mich zu verärgern. In einem Jahr werde ich als Favorit bezeichnet, im nächsten spricht man mir nur eine Außenseiterchance zu. Dies geht nun schon seit über sechs Jahren so. Ich habe nichts verlangt und verlange auch jetzt nichts. Sollen sie doch zum Teufel gehen und mich in Ruhe lassen! Der Nobelpreis hätte mir vor ein paar Jahren große Freude bereitet. Jetzt bin ich nicht sicher, daß ich ihn annehmen würde...«

In späteren Jahren behauptete er, eine endgültige Entscheidung über diesen Punkt getroffen zu haben. Im Februar 1978 versicherte er einem Journalisten bei einem Interview anläßlich seines 75. Geburtstages: »Ich habe bereits beschlossen, die Entgegennahme des Nobelpreises zu verweigern, falls er mir verliehen werden sollte. Ich weiß, daß ich Dauerkandidat auf ihren Listen bin. Ich besitze keinen einzigen Literaturpreis, und ich will auch keinen haben. Preise, Medaillen und Ordensbänder rufen in mir nur die Bilder von der Auszeichnung der ›besten Kuh des Jahres‹ auf Landwirtschaftsausstellungen wach.« Gleichzeitig ließ er seinen Gesprächspartner wissen, zwei prominente französische Schriftsteller hätten ihm mitgeteilt, sie wollten sich bei der belgischen Regierung dafür einsetzen, daß ihm neben der belgischen auch die französische Staatsbürgerschaft verliehen werden könne, damit es möglich sei, ihn zum Mitglied der *Académie française* zu wählen, doch er habe sie von diesem Vorhaben abgebracht. »Ich sähe doch lächerlich aus in einer grünen Uniform und einem komischen Hut mit einem Schwert an der Seite!«

Dennoch hatte Simenon im Jahre 1952 seine Wahl zum Mitglied der *Académie Royale* in Brüssel angenommen und war damals zu der Zeremonie eigens mit Denise aus den USA nach Belgien gereist. Warum hatte er *diese* Ehrung über sich ergehen lassen? »Nun, man braucht in dieser Akademie keine Uniform zu tragen«, lautete seine Antwort in den »Intimen Memoiren«.

Wie dem auch sei, jedenfalls war die Europareise ein ungeheurer Erfolg. Als die *Ile-de-France* am Pier von Le Havre festmachte, erwarteten ihn nicht nur seine drei französischen Verleger – Jean Fayard (der Sohn des berühmten Arthème), Gaston Gallimard und Sven Nielsen – am Kai, sondern auch Tausende begeisterter Anhänger, die sich mit rhythmischen »Sime-non! Simenon! Sime-non!«-Rufen bemerkbar machten und ihrem Idol zuwinkten. Dieser triumphale Empfang war dann der Auftakt zu einer ebensolch erfolgreichen Reise, die den Autor und seine Frau nach Paris, Mailand, Rom, Brüssel und Lüttich führte.

Doch auch bei dieser glanzvollen »Verbeugungstournee« verlangte die Schattenseite von Simenons Sexualität ihr Recht. Auf der Überfahrt über den Atlantik macht Simenon die Bekanntschaft einer attraktiven, blonden Mitreisenden (die er in seinen »Intimen Memoiren« als die »kleine Gräfin« bezeichnet, während Denise sie in »Ein Vogel für die Katze«, ausnahmsweise einmal weniger überheblich als ihr Gatte, im Adelskalender herabstuft und die »kleine Baronin« nennt). Sie langweilt sich zu Tode, weil ihr Mann kaum die Kabine verläßt. Also lädt Simenon sie in seine gemeinsame Kabine mit Denise ein. Und jetzt ist es interessant, zu vergleichen, wie verschieden die beiden Ehepartner in ihren späteren Erinnerungen das beschreiben, was dann folgte:

Simenon: »Sie kommt an, inszeniert einen sensationellen Auftritt, indem sie sofort ihr Kleid heruntergleiten läßt und ihren molligen, rosigen Körper enthüllt.

Ich zögere nicht lange und dringe in sie ein, und sie hat ein-, zweimal einen Orgasmus, während ihrerseits D. sich auszieht. In dem Augenblick, da die Gräfin spürt, daß ich kurz davor stehe, zu ejakulieren, stößt sie mich sanft zurück: ›Nein! Für sie...!‹ D. ist bereit. Das ist alles.«

Denise: »Ihr Seidenkleid rutschte auf ihre Füße hinunter. Ich ging ins Badezimmer. Fast unmittelbar danach rief mich Jo, und ich kam zurück. Sie waren schon eifrig beim Vorspiel. Die ›kleine Baronin‹ lächelte mir zu: ›Kommt, wir lieben uns alle drei! Das ist ungeheuer aufregend!‹ Das war direkt... Ich fand es ziemlich komisch und war zugleich sehr besorgt. Jo ermutigte mich: ›Komm schon! Zieh deinen Bademantel aus!‹ Ich setzte mich auf die Bettkante; er stand wieder auf und veranlaßte mich, mich auf die andere Seite neben ihn zu legen. Er wechselte dann von einer von uns zur anderen. Plötzlich schrie die Baronin mit heiserer Stimme: ›Nein, laß es ihr zukommen!‹ – und er warf sich wieder auf mich. Jo behauptete später immer, die kleine Baronin habe damit ein Beispiel ohnegleichen für Großmut gegeben... Ich begnügte mich damit, zu lächeln.«

Bei einem Paar wie diesem erhebt sich unweigerlich die Frage, wer mit dem Steinewerfen angefangen hat, da doch beide im Glashaus sitzen. Simenons Schilderung, weniger scheinheilig und sich unverblümter an Tatsachen haltend, ist nicht ganz so unangenehm wie Denise Simenons ekelhafte Version, meine ich. Trotzdem kann man wohl sagen, daß angesichts eines Ehemannes und einer Ehefrau, die beide zu derartiger Lustbarkeit fähig sind und hinterher zur Unterhaltung ihrer Leser auch noch darüber schreiben, die einzige Person bei dieser Affäre, deren Ehre gewissermaßen gekränkt wurde, die »kleine Gräfin« oder »kleine Baronin« war.

Viel interessanter war eine andere Person, die Simenon während seiner »girlandenbekränzten« Europareise wiedertraf und die sich auf die ihr eigene Weise behauptete, ohne sich je charakterlich geändert zu haben: Madame Henriette Simenon, seine Mutter, die inzwischen Anfang der Siebzig war. Eine von Simenon erst im nachhinein humorvoll empfundene Episode mit ihr ereignete sich in Lüttich, wo Simenon als berühmtester Sohn der Stadt groß gefeiert wurde und natürlich auch seine Mutter überallhin eingeladen wurde. Für einen Abend hatte nun Simenon zugesagt, an einem zwanglosen Essen mit ehemaligen Kollegen von der *Gazette de Liège* teilzunehmen, das diese ihm zu Ehren in einem der vielen großen Bierlokale der Stadt veranstalten wollten. Madame Simenon, die bislang bei allen Festivitäten als »Heldenmutter« ihre großen Auftritte gehabt hatte, wobei die Stadtverwaltung jedesmal ein großes Auto mit Chauffeur zu ihrem kleinen Reihenhaus entsandt hatte, um sie abzuholen, war verärgert, als Simenon sie dieses Mal nicht dabeihaben wollte. Er suchte es ihr taktvoll beizubringen, daß diese feuchtfröhliche Bierrunde mit Journalisten und pensionierten Reportern wohl nicht das richtige sei für eine achtbare alte Dame. »Gütiger Himmel, Georges«, bemerkte sie in mißbilligendem Ton, »dann paß wenigstens gut auf dich auf! Du wirst sehen, die wollen bloß eine Orgie mit dir veranstalten!« Simenon war damals knapp fünfzig Jahre alt...

Im Jahr darauf bewies sie ein weiteres Mal, diesmal bei einem Besuch ihres Sohnes in Amerika, daß sie neben der besorgten Mutterliebe auch eine andere Tugend, die der Sparsamkeit, im Laufe der Jahre nicht abgelegt hatte.

Simenon hatte, wie bereits erwähnt, seine Mutter auf die Shadow Rock Farm nach Lakeville eingeladen und ihr bedeutet, so lange zu bleiben, wie sie wollte. Als er sie mit dem Auto am New Yorker Flughafen abholte, war er bestürzt, daß sie »wie eine Bettlerin« angezogen war, obwohl er wußte, daß ein Verwandter, der in Lüttich und anderen Städten eine Reihe von Modegeschäften besaß, sie mit reichlich Garderobe versorgt hatte. Als sie in Lakeville eintrafen, erkundigte er sich beiläufig, ob sie noch weitere Sachen zum Anziehen mitgebracht habe, da ihm ihr Gepäck verdächtig klein erschien. »Nein!« erklärte sie trotzig. Sie hatte, wie sich herausstellte, absichtlich alle neuen Kleider zu Hause gelassen. Das war aber noch nicht alles. Denise, die aus Neugierde die wenigen Kleidungsstücke ihrer Schwiegermutter begutachtete, stellte fest, daß diese nur ein einziges verschlissenes und aus der Form geratenes altes Korsett mit auf die große Reise genommen hatte. Denise kaufte prompt ein neues und legte es heimlich der alten Dame ins Zimmer und warf das alte Mieder ebenso stillschweigend in eine Mülltonne.

Und nun kommt der Clou: Als sie am nächsten Morgen Abfall in denselben Behälter werfen wollte, war das Korsett verschwunden! Madame Simenon senior war offenbar nachts aufgestanden, hatte irgendwie den Weg durch die verlassenen Korridore des ihr fremden Hauses zu den Mülleimern gefunden und sich ihr abgenutztes Wäschestück wiedergeholt. Sie verlor kein Wort darüber. Niemand sagte etwas. Am selben Abend steckte Denise, die gewohnt war, ihren Willen durchzusetzen, das Prunkstück erneut in den Abfallbehälter. Und wieder war es am Morgen darauf nicht mehr da! Henriette Simenon war ein weiteres Mal auf erfolgreiche Suche gegangen . . .

Es entwickelte sich eine stumme Auseinandersetzung zwischen den beiden Frauen, den beiden Willen. Auf der einen Seite Denise – »arrogant, aggressiv, unbarmherzig«, wie er sie in »Brief an meine Mutter« nannte, wo er den Vorfall erwähnte, auf der anderen die kleine alte Dame, die die weite Strecke von Lüttich nach Lakeville mit den ältesten Kleidern am Leib hergekommen war, als wolle sie trotzig verkünden: »Ihr habt mich eingeladen. Ihr habt darauf bestanden, daß ich kam.

Schön, dann müßt ihr mich eben nehmen, wie ich bin, denn mit euren modischen Extravaganzen könnt ihr mir nicht imponieren!«

Während des Besuches der alten Madame Simenon standen Simenon und Denise fast wie Verschwörer in geheimem Konflikt mit ihr. Traurig ist nur, daß es beim Tode der betagten Frau achtzehn Jahre später Simenon nicht für nötig hielt, seine ihm zu diesem Zeitpunkt längst entfremdete Frau zu informieren, die es dann der Presse entnehmen mußte.

Trotz Johns Euphorie bei der Erinnerung an die Jahre in Lakeville, wo seine Eltern so gut miteinander auskamen, und Simenons hingerissener Schilderung in verschiedenen seiner biographischen Veröffentlichungen über jene Zeit begann sich bereits in den Anfangsjahren seiner zweiten Ehe eine winzige schwarze Wolke am tiefblauen Himmel seiner immer wieder von ihm gepriesenen Glückseligkeit zu bilden.

Denise führte den Haushalt auf völlig andere Art als die gemächlichere Régine, die sich damit zufriedengab, Boule die Details (und das Kochen) zu überlassen. Denise war selbst eine hervorragende Köchin, und sie hatte ihren Haushalt im Griff wie ein Admiral sein Flaggschiff unter Kontrolle hat. »Alles war tipptopp, jeder Gegenstand hatte seinen festen Platz«, weiß Dolores James noch aus ihrer Zeit als Johns Kindermädchen. »Mrs. Simenon kommandierte im Haus herum und kümmerte sich um die kleinste Kleinigkeit!«

Neben ihrer Tätigkeit als Ehefrau und Sekretärin fungierte Denise praktisch auch noch als Simenons Geschäftsführerin. »Meine Frau ersetzt mir zwei Agenten und sechs Anwälte«, rühmte Simenon sie seinerzeit gegenüber Brendan Gill. »Sie kümmert sich um alles!« – »Er pflegte zu sagen, daß ich fünf Personen in mir vereinte«, erinnert sich Denise wehmütig, »nämlich seine Frau, seine Geliebte, die Mutter seiner Kinder, seine

Haushälterin und seine Managerin.« Simenon war zuletzt eher geneigt, es so darzustellen, als habe sie sich einen Status angemaßt, der ihr rechtmäßig nicht zugekommen sei, daß sie sich aufspielte und wichtiger gab, als sie war oder zu sein brauchte.

Es mag etwas Wahres daran sein, aber unbestreitbar ist andererseits auch, daß angesichts der finanziellen Belastung durch Simenons Scheidung Denise ihr Bestes tat, um die angespannte Situation beheben zu helfen. Sie dürfte ganz gewiß eine spürbare Hilfe für ihn gewesen sein.

Andererseits machte sie sich tatsächlich gern wichtig und gab als die Ehefrau einer berühmten literarischen Persönlichkeit nicht wenig an. Simenon stellte das bei einer Gelegenheit mit besonderem Unbehagen fest. Bei einem Galaessen in Lüttich anläßlich seiner Aufnahme in die belgische *Académie Royale* 1952 erspähte Denise beim Hereinkommen in den Saal die Tischkarte ihrer Schwiegermutter direkt rechts neben dem Platz ihres Mannes, der ja Ehrengast war. Sie ließ blitzschnell die Karte in ihrer Hand verschwinden, sagte in kategorischem Ton: »Du sitzt hier, Mama!« und geleitete die alte Dame zu einem weniger auffälligen Platz, der eigentlich für sie bestimmt gewesen war. »Ich schaltete nicht schnell genug, um etwas zu unternehmen«, hat Simenon diese Szene beschrieben, »doch ich schämte mich dermaßen vor mir selbst, daß ich weder während des Essens der Musik noch hinterher den Reden zuhören konnte.«

Warum sagte er nichts? Eine naheliegende Vermutung ist, daß er noch immer in Denise vernarrt war. Zu Beginn ihres Aufenthalts in Lakeville war er so eifersüchtig auf sie, daß es direkt unschön war, sich das ansehen zu müssen. »Als sie hier noch neu waren, schlug ich ihr meinen Friseur vor, weil sie solch wunderschönes langes schwarzes Haar hatte und er Franzose war. Ich nahm in aller Unschuld an, sie könnten sich dann nett auf französisch unterhalten«, erzählt Orpha Robinson, die Witwe Cap Robinsons. »Aber Simenon war dagegen. Er wollte, wie Denise mir sagte, nicht haben, daß ein anderer Mann ihr Haar berührte!«

Mrs. Robinson fällt in diesem Zusammenhang noch ein anderer Zwischenfall ein. Gleich zu Beginn der Lakeviller Zeit der Simenons fand ihnen zu Ehren eine große Party statt, mit der die Honoratioren der Stadt die neuen Mitbürger willkommen heißen wollten. Simenon fing fast eine Prügelei an, weil er dagegen war, daß Denise mit jemand anderem tanzte.

Die Weißglut der Leidenschaft sollte indessen nicht allzulange anhalten. Bald wurde es zum Stadtgespräch, daß Simenon einigen weiblichen Beschäftigten seines Haushalts ein Interesse entgegenbrachte, das ungewöhnlich für einen Arbeitgeber war. Dolores James, fünfzehn Jahre alt, als sie ihre Arbeit bei den Simenons aufnahm, weiß noch gut, wie gern Simenon offen über sexuelle Dinge sprach. »Ich war schon ein bißchen bang damals«, gesteht sie mit verlegenem Lachen, »wenn Mr. Simenon auch versuchte, mir seinen Standpunkt klarzumachen. Heute denke ich wieder mehr an diese Gespräche. Ich habe mal jahrelang versucht, sie aus meinem Gedächtnis zu verdrängen. Ich war anders erzogen worden, und darum konnte ich mich mit diesen Dingen schlecht auseinandersetzen. Wenn ich zurückdenke, wünschte ich, ich hätte eine bessere Erziehung gehabt, dann wäre ich damals auch nicht so sehr vor mir selbst erschrocken...!«

In dem Maße, in dem Simenons Begeisterung für Denise abkühlte, stieg sein sexuelles Verlangen nach anderen Frauen. Gegenüber Dolores James gab er sich allerdings rein väterlich. »Er war ein Freund besonderer Art für mich«, urteilt sie heute. »Er beschäftigte sich mit seinem Personal, bezog es ein in seine Gedankenwelt und versuchte besonders mir den Wert der eigenen Person beizubringen... Wie gesagt, war ich damals noch sehr jung, ein Teenager. Ich wußte noch nicht, was ich mal werden sollte. Es war eine hochinteressante Erfahrung, im Haushalt eines berühmten Schriftstellers tätig sein zu können...

Josephine Baker spielte in seinem Leben eine sehr große Rolle. Er sprach viel von ihr. Ich glaube schon, daß ich ihr ähnlich sah. Dann hatte ich Gelegenheit, sie persönlich kennenzulernen. Sie kam mit ihrem Mann zu Besuch bei Simenons und unterhielt sich mit mir. Ihr Rat lautete, bei dieser Familie zu bleiben, weil sie eine Menge für mich tun könne.« Lange, nachdem sie ihre Stellung bei »Mr. Simenon« aufgegeben hatte, korrespondierten sie noch miteinander, und »er war immer interessiert, zu erfahren, wie es mir ging«.

Ansonsten war jedoch für Simenon Sex der rein funktionellen Art gefragt. Mrs. McAllister Ingersoll weiß zu berichten: »Wir hatten eine französische Freundin, die mit ihrem Mann die Simenons zu besuchen pflegte, bevor sie ein paar Tage bei uns zubrachte. Die Geschichten, die sie über Simenon erzählte, waren fast unglaublich – er schien mit jeder ins Bett zu gehen, die ins Haus kam! Nicht nur das, sondern er erzählte auch Denise brühwarm alle Einzelheiten. Stellen Sie sich vor: der eigenen Frau! Nach dem zu urteilen, was man in der Stadt über ihn munkelte, schien es eine ganz andere Person zu sein...!«

Denise mußte auf schmerzliche Art mitkriegen, daß ihr Mann nicht auf lange Zeit einer einzigen Frau völlig treu sein konnte, doch zumindest war er ihr gegenüber ehrlich. »Meine zweite Frau kannte keine Eifersucht«, sagte er. »Ich brauchte also nicht zu all den Lügen und Ausflüchten zu greifen wie in den Jahren mit Tigy.«

Bald wurde Lakeville zu klein angesichts des Wiedererwachens seines Appetits auf geschlechtliche Dinge. Er begann außerhalb des Städtchens nach geeigneten Gelegenheiten zu suchen, um, wie Annette de Bretagne es genannt hat, »Frauen zum Zeitvertreib« aufzugabeln. Er fuhr oft nach New York, angeblich, um seine Verleger aufzusuchen. Brendan Gill erinnert sich, im Frühjahr 1953, kurz vor Marcs vierzehntem Geburtstag, einen Anruf von ihm bekommen zu haben, »weil er geeignete Vorkehrungen treffen wollte, um den Eintritt Marcs ins Mannesalter würdig zu feiern«. Er bat Gill, ihm aus diesem Grund das beste Bordell in New York zu empfehlen und »ging dann zuerst mal selbst dorthin, um die Waren persönlich auszuprobieren«. – »Ja, das stimmt«, bestätigt Simenon fröhlich. »Trotz des unleugbaren Vergnügens bei der ganzen Angelegenheit hätte ich mir die Mühe ersparen können. Marc beichtete mir nämlich später, daß er seine Mannbarkeit ein paar Wochen vor seinem Geburtstag ohne meine Hilfe erlangt hätte!«

Denise wurde allmählich klar, daß sie, ungeachtet der vielen Freuden, die ihr sinnlicher Körper bot, bei Simenons sexuellem Temperament nur noch unter »ferner liefen« rangierte und zwangsläufig eine von den vielen Frauen wurde, die ihm Erfüllung seiner unablässigen Begierden schenkten. Zu dieser Umverteilung ihrer sexuellen Rolle gesellte sich ein weiteres Faktum: Beinahe jeden Monat wurde sie jetzt krank, legte sich ins Bett und weigerte sich, aufzustehen. »Es war mehr eine psychosomatische als eine echte Erkrankung«, sagte Simenon zuletzt dazu. Der Hausarzt habe ihm bedeutet, daß es nur ein geeignetes Mittel gebe, sie zu heilen: »Bringen Sie sie dazu, das Haus öfter zu verlassen, am besten Lakeville regelmäßig für einige Zeit den Rücken zu kehren! Sie könnten doch mit ihr mindestens eine Woche im Monat in New York, Boston, Chicago oder einer anderen Großstadt verbringen. Sie muß dazu gebracht werden, aus sich selbst herauszugehen und die Kinder und die tägliche Routine hinter sich zu lassen...«

Im Rückblick auf jene Jahre erscheint es ganz klar, daß zwei Dinge Denise seelisch zu schaffen machten und sich auf ihre Gesundheit auswirkten. Zum einen erlebte sie zum ersten Mal in ihrem bewegten Dasein, daß man sie sexuell zurückwies, daß es ihr nicht länger möglich war, durch die bloße Kraft ihrer Leidenschaft ihren Ehemann einzig und allein an *sich* zu fesseln. Das war nicht leicht zu verkraften, und es spielte dabei keine Rolle, ob Simenon ihr in seiner »Ehrlichkeit« von seinen neuen Eroberungen berichtete oder nicht.

Zweitens war ihr die Stellung als Ehefrau eines international berühmten Schriftstellers inzwischen vollends zu Kopf gestiegen. Ihr schwebte ständig der Glanz der großen Europareise vom Frühjahr 1952 vor Augen, wo man Simenon und sie überall begeistert willkommen geheißen hatte. Auf allen Stationen dieser Reise hatte es glanzvolle Empfänge und prächtige Bankette gegeben.

Jean Gabin und Annie Girardot
in »Maigret tend un piège«1957

In Nordamerika aufgewachsen, hatte sie bis dahin nie *so* deutlich gemerkt, *wie* prominent ihr Gatte wirklich war und wie viele illustre Persönlichkeiten zu seinen Freunden zählten. Da waren Maurice Chevalier, Jean

Michel Simon in »Brelan d'as« 1952

Gabin, Charles Boyer, Jean Renoir, Jean Cocteau, Marcel Pagnol, Michel Simon, um nur einige der französischen Zelebritäten zu nennen... In Paris war sie verwundert, daß fast alle großen Stars von Bühne, Leinwand und aus der Literatur zu ihrem Mann *tu* statt des förmlichen *vous* sagten, mit ihm also auf Duzfuß standen. Für die Frankokanadierin, die die Seinemetropole durch die rosarote Brille einer transatlantischen Provinzlerin betrachtete, mußte dies alles ungeheuer aufregend sein.

In diesem Zusammenhang sei daran erinnert, daß dies eine Frau war, die bereits, bevor sie Simenon kennenlernte, derart von ihrer eigenen Schönheit überzeugt war und hoch hinaus wollte, daß sie sich in Ottawa von Karsh, damals einem der berühmtesten Porträt-fotografen der Welt, konterfeien ließ – obwohl sie ihn dann bitten mußte, das Honorar in Raten zahlen zu dürfen. Außerdem war sie mit ihrem launenhaften Charakter kurz vor der Bekanntschaft Simenons an einem Punkt angelangt, da sie in einem depressiven Anfall beschlossen hatte, sich das Leben zu nehmen, weil sie sich – wie sie später ihrem Mann gestand – »so unerfüllt« fühlte.

In Kenntnis auch dieser Einzelheiten ihres »Vorlebens« und weil er seine Frau immer noch wirklich liebte, ging Simenon auf den Ratschlag des Lakeviller Arztes ein. Alle vier Wochen entführte er sie (und sich) aus dem eintönigen Alltag der Kleinstadt in Connecticut für eine Woche in die glitzernde Welt Manhattans. Entgegen seinem persönlichen Geschmack fand er sich wieder einmal mitten hineinversetzt in dieselbe Art von hektischem gesellschaftlichem Leben, wie er es in Paris Mitte der dreißiger Jahre erlebt hatte: »Wir fuhren nach New York, immer ins Plaza-Hotel, hatten dort immer dieselbe Suite und taten immer dasselbe... Wir erwachten abends zum Leben und schliefen während des Tages, was mir persönlich überhaupt nicht gefiel. Ich glaubte, dieses Leben für immer hinter mir gelassen zu haben, als ich seinerzeit Paris verließ und in das ›Großmutterhaus‹ in Nieul übersiedelte.«

Diese »Behandlung« half zudem Denise ganz und gar nicht. Simenon muß um diese Zeit bei ihr die ersten Anzeichen von psychischen Störungen festgestellt haben, derentwegen sie sich später einer Behandlung in einer psychiatrischen Klinik in der Schweiz unterziehen mußte. Es passierte eines Abends im »Plaza«: »Sie hatte mich im Laufe des Tages gebeten, ihr einen kleinen Handstaubsauger zu besorgen. Ich hatte ihn gekauft und ihr gebracht, ohne mir denken zu können, wofür sie ihn haben wollte. Als ich abends in unser Appartement zurückkehrte, fand ich sie splitternackt bei der Arbeit. Alle Schranktüren und Schubläden standen offen. Sie hatte überall das Auslegepapier herausgenommen und saugte alle Ecken und Winkel gründlich durch, bevor sie die Holzflächen mit neuem Papier bedeckte, von dem sie sich eine ganze Rolle beschafft hatte. Das war noch nicht alles. Sie desinfizierte auch noch mit irgendeinem Mittel das Badezimmer, die Waschbecken und sämtliche Telefonapparate!« In den Jahren darauf sollte diese Reinlichkeitsmanie zu einem Ritual werden, sobald sie irgendwo ein Hotelzimmer bezogen – selbst im »George V« in Paris und im Londoner »Savoy« betätigte sie sich als Putzteufel.

War es ein Hilfeschrei – oder der Ausbruch einer Krankheit? Es war vermutlich eine Mischung von beidem.

Die Geburt seiner Tochter Marie-Jo im Februar 1953, wenige Tage nach seinem fünfzigsten Geburtstag, war einer der glücklichsten Augenblicke in Simenons Leben. »Als Tigy mein erstes Kind erwartete, hoffte ich, es werde ein Mädchen werden«, bekennt er. »Ich ließ mir sämtliche Kataloge der führenden Babyausstatter kommen. Ich *wollte* eine Tochter haben! Ich wollte sie anziehen, als Baby und später als junge Frau, so wie ich es dann auch mit Marie-Jo tat, bis sie fünfzehn war...

Als schließlich mein drittes Kind ein Mädchen wurde, ging für mich ein Traum in Erfüllung!«

Sein Arbeitseifer nahm inmitten der sanften Hügel und schönen Wälder und Seen Connecticuts stetig zu. »Er tat gegenüber einer Reihe von Leuten hier in Lakeville so, als spreche er gar kein Englisch«, erzählt Ralph McAllister Ingersoll, »und doch verarbeitete er in seinen Büchern die Charaktere mancher Leute, die ich gut kenne, und fühlte sich hervorragend in sie ein...« – »Sogar seine Pfeife, die bei ihm ständig in einem Mundwinkel auf und ab wippte, spähte umher und taxierte die Umgebung, hätte man meinen können«, stellt es Brendan Gill dar. Als einige Jahre später »Bellas Tod«,

Georges Simenon mit seiner Tochter Marie-Jo

der in Lakeville spielende Roman, in den USA erschien, erkannte die Bevölkerung der kleinen Stadt zu ihrem Vergnügen eine Reihe von Personen in dem Buch wieder.

»Ich bin sehr froh, daß ich nach New York ging«, stellte Simenon in »Als ich alt war« fest. »Hätte ich es nicht getan, wie lange hätte ich dann noch Stoff zum Schreiben gehabt?« Selbst wenn man seinen natürlichen Hang, gelegentlich zu übertreiben oder sogar Dinge zu erfinden, berücksichtigt, steckt ein Körnchen Wahrheit in dieser Aussage. Fünfzehn seiner Romane haben irgendeinen Teil der Vereinigten Staaten zum Schauplatz; bis auf zwei entstanden sie alle während seiner »amerikanischen Zeit«.

Doch schon im Herbst 1952 bei Brendan Gills Besuch begann ein dunkler Punkt sich ins rosige Bild zu stehlen. »Man kommt in ein gemütliches, sonniges, eine herzliche Atmosphäre ausstrahlendes Haus«, schilderte Gill für seine Leser Simenons Heim. Aber während der Journalist ins Schwärmen geriet über »seine (Simenons) junge und hübsche Frau, eine Frankokanadierin, die er kurz nach seiner Ankunft in den USA kennenlernte und die sich inzwischen um die weitreichenden kommerziellen Interessen von Simenon Inc. kümmert«, fehlt in seinem langen Artikel jeglicher Hinweis auf Simenons erste Ehefrau oder die Tatsache, daß sie auf dessen ausdrückliche Forderung hin in einem Umkreis von wenigen Meilen von ihrem Exmann leben mußte. »Er ersuchte mich ausdrücklich, sie nicht zu erwähnen«, beantwortet Gill eine entsprechende Frage dreißig Jahre später. »Das war die einzige Bedingung, die er an mein Interview knüpfte.«

Unter solch angespannten Bedingungen ließ sich nicht ewig weiterleben. Im Frühjahr 1955 hielt sich Simenons englischer Verleger Hamish Hamilton einige Tage bei seinem Starautor in Lakeville auf. Am letzten Abend seines Besuchs saßen die beiden Männer noch lange beieinander und unterhielten sich. »Sag mal ehrlich, Georges, was hält dich eigentlich in Amerika?« wollte Hamilton wissen. »Für mich kam diese Frage überraschend«, sagte Simenon später. »Doch ich führte mindestens zehn gute Gründe für mein Verbleiben in den Vereinigten Staaten an. Hamish hörte sie sich höflich an und sagte ›ja, ja, ja‹, aber sehr überzeugt klang das nicht.«

Am folgenden Tag nach Hamiltons Abreise wandte sich Simenon ohne jede vorherige Diskussion plötzlich an Denise mit der Frage: »Wieviel Zeit brauchen wir fürs Packen?« Sie erkundigte sich, welche Reise denn geplant sei. Ginge es nach New York? »Nein, viel, viel weiter! Wir fahren nach Frankreich!« Nur sie beide? »Nein, wir alle zusammen!«

Simenon zufolge war Denise damals hocherfreut über diese ungewöhnliche Ankündigung.

»Ich bin im Innersten fest davon überzeugt, daß ich ihretwegen nach Europa zurück wollte. Ursprünglich hatte ich meine Tage in Lakeville beschließen wollen. Aber Sie wissen ja, was man die ›goutte d'eau‹ nennt, den Wassertropfeneffekt, bei dem nach dem Sprichwort ›Steter Tropfen höhlt den Stein‹ nach unzähligen Jahren ein Loch im Felsen entsteht. Im Unterbewußtsein erlebte ich diesen Vorgang bei mir selbst. Insgeheim hatte Denise gehofft, als sie mich heiratete, wir würden in Paris oder wenigstens in Frankreich leben. Ihr ganzes Leben lang hatte sie sich wie die meisten Frankokanadier danach gesehnt, nach Frankreich überzusiedeln, wo ihr Mekka war.

Nachdem wir aus Paris zurück waren, das wir bei unserer Belgienreise ebenfalls besucht hatten, wurde es noch schlimmer. Keine zwei Tage vergingen, ohne daß sie anfing, von Paris zu schwärmen usw. Es war eine *goutte d'eau*-Technik!«

In typischer Manier verschwendete er keine Zeit. Die Entscheidung, nach Europa zurückzukehren, war im

Februar 1955 gefallen; am 19. März traten sie in New York an Bord der »Ile de France« die Reise über den Atlantik an. »Wir ließen alles zurück«, erzählt Simenon. »Ich hatte Cap Robinson beauftragt, alles zu verkaufen, was im Haus war.« Bis heute wissen seine Freunde in Lakeville nicht, warum er sie so Hals über Kopf verließ. Ralph McAllister Ingersoll, der versichert, Simenon und er seien im Verlauf der vorangehenden fünf Jahre Freunde geworden, behauptet, sich an irgendeine Ausrede Simenons zu erinnern, seine Mutter liege im Sterben oder so etwas (tatsächlich lebte sie noch weitere sechzehn Jahre). »Cam« Becket gibt an: »Ich glaube, wir hatten alle den Eindruck, daß er nicht für immer wegging. Daß er eines Tages zurückkommen würde.«

Doch das hat er nie getan. Der amerikanische Abschnitt seines Lebens war unwiderruflich beendet. Jetzt war er auf dem Weg nach Hause. Aber wo war sein »Zuhause«? War es Paris, wo er hauptsächlich zu Ruhm und Reichtum gelangt war, indes seit über zwanzig Jahren nicht mehr für längere Zeit gelebt hatte? In Nieul war das alte Klostergebäude, das er so liebevoll hatte umbauen lassen und jetzt Régines Heim war, mit seinem Tor ihm verschlossen – zumindest solange er noch mit Denise zusammen war ... Wohin sollte er sich wenden, wo seine Zelte neu aufschlagen?

Er beschloß, sich mit der Wahl des neuen Wohnorts Zeit zu lassen. Sie sollte ein wichtiges Ereignis in seinem Leben sein. Brendan Gill hatte er nämlich ein paar Jahre zuvor auf der Shadow Rock Farm erklärt: »Dies ist das sechsundzwanzigste Haus, in dem ich wohne. Ich möchte meinen, sechsundzwanzig verschiedene Wohnungen sind genug für einen Fünfzigjährigen!«

Paris kam für ihn nicht in Frage, trotz allen Drängens Denises, denn mit dem »Rummel« der Nachkriegszeit dort, wo man wie in den Jahren nach dem Ersten Weltkrieg auf ausgelassene Weise »aufzuleben« begann, hatte er nicht viel im Sinn. Wo in Frankreich konnten sie also eine vorübergehende Bleibe finden, bis sie etwas Dauerhafteres entdeckten? Da kam nur eine Gegend in Frage, die genug »Leben« für die nach Glanz und Herrlichkeit der mondänen Welt lechzende Denise bot: die französische Riviera, die *Côte d'Azur*.

Innerhalb eines Monats nach ihrer Ankunft im Hafen von Le Havre hatten sich Simenon und Denise eine prächtige Villa in Mougins, einem malerischen Dorf in den Hügeln oberhalb von Cannes, gemietet, wo sie die nächsten sechs Monate zubrachten und wo Simenon wieder einmal seine Fähigkeit unter Beweis stellte, sich ohne Rücksicht auf die äußeren Lebensumstände ganz auf seine geistige Arbeit konzentrieren zu können, und nicht weniger als drei Romane schrieb. Sein letzter in Lakeville entstandener Roman, an dem er im Januar 1955 gearbeitet hatte, während Schnee und Eis die Hänge und Seen Connecticuts bedeckten, war eine besonders grausige Maigret-Geschichte mit dem Titel *Maigret et le corps sans tête* (»Maigret und die kopflose Leiche«) gewesen, in der es um zerstückelte Teile eines menschlichen Körpers ging, die von Schiffern im Canal Saint-Martin in der Nähe der Gare de l'Est entdeckt worden waren. Trotz intensiver Suche durch Taucher konnte der fehlende Kopf nicht gefunden werden, anhand dessen der Tote schnell hätte identifiziert werden können. Doch Kommissar Maigret kam – natürlich – auch so dem Mörder auf die Spur. Simenons erster Roman in Südfrankreich, den er im Juli 1955 unter der Mittelmeersonne in der von Jasminduft erfüllten Luft von Mougins verfaßte, war *Maigret tend un piège* (»Maigret stellt eine Falle«, noch nicht in deutscher Übersetzung vorliegend) gewesen. Hier muß Maigret mit seinen Leuten eine rätselhafte Serie von sechs scheußlichen Morden im Montmartre-Viertel aufklären, wo ein unbekannter Täter seine Opfer – ihm völlig fremde weibliche Passanten – auf offener Straße ersticht, weil ihm ein innerer Zwang »irgendeine wilde Gewalttat« befiehlt. Niemand, der diese zeitlich aufeinanderfolgenden Bücher liest, würde erraten, daß ihre Entstehungsorte fünftausend Kilometer auseinander liegen und ihr Verfasser in gewisser Weise inzwischen auch einen völlig unterschiedlichen Lebensstil pflegte.

Im Oktober siedelten die Simenons dann von Mougins (seine dort gemietete Villa bezog für einige Zeit der französische Kommunistenführer Maurice Thorez, der offenbar keinen Widerspruch zu seiner politischen Einstellung darin sah, wenn er sich an den Freuden des kapitalistischen Daseins labte) hinunter nach Cannes in

Der Schriftsteller in seinem Haus »Golden Gate«
in Cannes, 1957

eine noch großartigere Villa um, die in der vermutlich wohlhabendsten Wohngegend der Stadt, in »La Californe«, lag, nach dem amerikanischen Bundesstaat benannt. Ausgebreitet an einem Hang oberhalb von Cannes, reiht sich in diesem Stadtteil ein Traumbesitz an den anderen, fast alle mit Blick auf das Meer. Sein Haus »Golden Gate« sei »pompös« gewesen – so Simenons eigene Worte. Es sollte beinahe zwei Jahre lang sein Domizil sein. Trotz der hinreißenden Schönheit der angestrahlten Springbrunnen, die nachts den ausgedehnten Besitz beleuchteten, und des in die Felsen gebauten heizbaren Swimmingpools sollte es allerdings nicht den Rahmen für uneingeschränktes Glück abgeben. »Die erste Erinnerung daran, daß ich merkte, daß es zwischen meiner Mutter und meinem Vater erhebliche Differenzen gab, führt mich nach Cannes«, sagt John Simenon.

17

Rückkehr nach Europa

Von seinem jahrelangen Aufenthalt in den Vereinigten Staaten brachte Simenon eine Angewohnheit mit nach Europa zurück, über die er, was vielleicht nur zu verständlich ist, in seinen gedruckten biographischen Aufzeichnungen nicht gerade offenherzig berichtet. »Ich war nahe daran, zum Alkoholiker zu werden«, bekennt er in »Als ich alt war«, ein Geständnis, das hinreichend selbstenthüllend zu sein scheint, bis man weitere Fakten zu Gesicht bekommt.

Ohne Frage trank er nur sehr mäßig Alkohol, bevor er die ersten »Maigrets« zu schreiben begann. Dann wurde es ihm allmählich zur Gewohnheit, mehr und mehr Wein zu konsumieren, bis sein tägliches Quantum in den Tagen unmittelbar vor Ausbruch des Zweiten Weltkriegs nicht weniger als drei Flaschen Rotwein ausmachte. Indes behauptet er: »Ich war nur selten betrunken. Ich benötigte frühmorgens, besonders vor dem Schreiben, eine Stärkung. Ich war ehrlich davon überzeugt, daß es anders mit dem Schreiben nicht geklappt hätte. Wenn ich nicht bei der Arbeit saß, trank ich wahllos Aperitifs, Cognac, Calvados, *Marc* (aus den Rückständen beim Keltern gewonnener Branntwein – Anm. d. Ü.) und Champagner...!«

Es waren alles Produkte, die Trauben zur Grundlage hatten. In den Vereinigten Staaten kam er dann auf den Geschmack von nach amerikanischem Geschmack gemixten Cocktails mit Gin als Hauptbestandteil. Ganz besonderen Gefallen fand er jedoch an Whisky, und zwar an Scotch. Dadurch lernte er eine Welt kennen, in der der Alkoholgenuß bewirkt:

»...einen besonderen, fast permanenten Zustand, in dem man vom Alkohol beherrscht wird, entweder während der Stunden, in denen man trinkt, oder während der Stunden, in denen man voll Ungeduld auf einen Drink wartet, beinahe so verzweifelt wie ein Drogensüchtiger seiner Injektion oder seiner Dosis entgegenfiebert. Wenn man diese Erfahrung noch nicht gemacht hat, ist es schwer, das Leben in Amerika zu verstehen. Nicht jedermann trinkt, doch... die Menschenmassen sind nicht länger anonym, die Bars nicht länger ordinäre, schlechtbeleuchtete Orte, die Taxifahrer keine Kerle mehr, die sich ständig beklagen oder Leute bedrohen.«

Er trank nicht allein. »Wir kannten diesen Zustand, D. und ich, nur zeitweilig, und ich gebe zu, daß Alkoholismus für zwei im Zusammenhang mit Liebe, Leidenschaft und gesteigerter Sexualität überhaupt nichts Unangenehmes ist, ganz im Gegenteil.« Er gab vor, sie beide hätten all dies hinter sich gelassen »an einem sonnigen Tag in Arizona im Jahre 1949, als wir beschlossen, überhaupt keinen Alkohol mehr anzurühren. Wir taten das nicht aus tugendhafter Überlegung. Einzig und allein, weil wir wußten, daß wir unfähig waren, rechtzeitig aufzuhören...« Sie waren tatsächlich »unfähig, rechtzeitig aufzuhören« – und sie unterließen auch nicht das Trinken.

Man sollte nicht vergessen, daß Denise Tag für Tag die neugeschriebenen Manuskripte von »Als ich alt war« las, während das Tagebuch entstand, das bekanntlich die Jahre 1960 bis 1963 umfaßt. »Ich konnte diesen Notizbüchern nur anvertrauen, was sie, wie ich wußte, gern lesen würde«, sagte Simenon zuletzt (obwohl diese Einschränkung nirgendwo im Text der französischen Buchausgabe, die 1970 erschien, und der 1977 erstmals veröffentlichten deutschen Übersetzung angemerkt wurde). In Wahrheit ließen weder Denise noch Simenon 1949 oder später für immer vom Trinken ab. Als Annette de Bretagne irgendwann im Jahre 1963 Denise im Hotel »George V« in Paris aufsuchte, um etwas im Zusammenhang mit der Drucklegung des jüngsten Simenon-Romans *Les Anneaux de Bicêtre* (»Die Glocken von Bicêtre«) zu besprechen, traf sie diese schon am Vormittag Whisky trinkend an. »Ich besuchte sie damals häufig, wenn sie in Paris war«, berichtet Madame de Bretagne. »Ich war schon für die Presses de la Cité tätig, und mein Chef Monsieur Nielsen (Simenons französischer Verleger) bat mich von Zeit zu Zeit, Denise Simenon aufzusuchen und zu versuchen, ihr zu helfen. Es war ein Vergnügen besonderer Art, eine Art Spiel – wir tranken beide eine Menge. Ich bin nicht der Auffassung, daß sie durch Simenon dazu gebracht wurde, so viel in sich hineinzuschütten. Wahrscheinlich hatte sie schon in jungen Jahren mit dem Alkoholkonsum begonnen...«

Marc Simenon nimmt noch weniger ein Blatt vor den Mund: »Ich bin kein Psychotherapeut, der das Leben meines Vaters durchleuchtet, und möchte auch keiner sein. Doch ich weiß noch, daß um die Zeit, als Marie-Jo sechs oder sieben Jahre alt war, also 1959 oder 1960, Denise schwer trank und mein Vater ebenfalls. Er konnte ein großer Säufer sein!«

John Simenon weist ebenfalls die Legende zurück, seine Eltern hätten 1949, als er gerade geboren war, in Arizona beschlossen, nie mehr Alkohol anzurühren. »Solange ich zurückdenken kann, hat mein Vater stets ein ganz besonderes Verhältnis zum Alkohol gehabt. Ich würde ihn nicht einen Alkoholiker nennen, doch später, Anfang der sechziger Jahre in der Schweiz, habe ich ihn als Kind oft betrunken erlebt. Ich begann ihn deshalb zu hassen, und der Haß hielt eine Zeitlang an, zumal auch meine Mutter schreckliche Dinge über ihn erzählte. Sie malte ihn zum Beispiel, wenn er sich betrunken hatte, und sagte zu mir: ›Sieh mal, wie schlimm dein Vater ist!‹ und so weiter.

Meist begann er nach dem Mittagessen mit dem Trinken, das sich dann bis zum Abend steigerte. Es gab allerdings auch Zeitabschnitte, in denen er zwei Monate lang gar nicht zum Alkohol griff, doch dann kam ich nachmittags aus der Schule und merkte sofort, daß er nicht mehr er selbst war. Ich erinnere mich an schreckliche Szenen: wie mein Vater sternhagelvoll mit Gläsern um sich schmeißt und meine Mutter deswegen hysterische Anfälle bekommt.«

Soweit John sich ins Gedächtnis zurückrufen kann, fingen derartige Auseinandersetzungen erstmals in Cannes nach der Rückkehr aus Amerika an. »Ich hörte eines Tages einen Riesenkrach im Eßzimmer, als wenn Geschirr vom Tisch gefallen wäre. Ich lief aus meinem Zimmer nach unten und sah die Bescherung: Von einer hellgrün tapezierten Wand tropfte langsam ein Spaghettiknäuel mit Tomatensauce ... Mein Vater, der sehr jähzornig war, hatte in einem Wutanfall seinen Teller gegen die Wand gefeuert, und solange wir dort wohnten, erinnerte ein allmählich verblassender roter Saucenfleck an den Vorfall.«

Die Behauptung Simenons, er habe 1949 den übermäßigen Genuß von Alkohol jeglicher Art eingestellt, hält objektiver Prüfung also nicht stand, da alle Aussagen von Personen, die ihm nahestanden und ähnliche häusliche Auftritte mitbekamen, gegen ihn sprechen. Hinzu kommen noch die Urteile von zwei Ärzten außerhalb des Familien- und Freundeskreises Simenons.

Da ist einmal der schon mehrfach erwähnte Schweizer Psychiater Dr. Pierre Rentchnick, der folgendes zu diesem Thema zu sagen hat: »Natürlich trank er Unmengen von Alkohol! Allerdings war er im medizinischen Sinn kein Alkoholiker, ebensowenig wie Beethoven einer war, obwohl dieser am Alkohol zugrunde ging. Heutzutage hätte er Tranquilizer eingenommen –

und Simenon gehört dem gleichen Typus an. Dem von einer Zwangsvorstellung Besessenen erleichtert es das Leben. Es ist, wenn Sie so wollen, ein Alkoholismus der Tranquilizer, ein Alkoholismus, der medizinisch notwendig ist.

Der Unterschied ist schwierig zu definieren. Es gibt Patienten, die Alkoholiker sind, ohne kreative Menschen zu sein; ihre Gesundheit läßt nach, und sie begehen zuweilen Selbstmord. Simenon dagegen, so glaube ich, war auf der Suche nach kreativen Impulsen mittels Alkohol!«

Eine zweite Stellungnahme kommt von Dr. Jean Martinon, einem von Simenons wenigen noch lebenden, ungefähr gleichaltrigen Freunden. Er ist Kinderarzt und lebt in Cannes. Obwohl er und seine Frau die Simenons, damals noch den Schriftsteller mit seiner Frau Régine, bereits von Ansehen her von gemeinsamen Aufenthalten auf der Mittelmeerinsel Porquerolles in den dreißiger Jahren kannten, machten sie offiziell die Bekanntschaft Simenons und seiner zweiten Frau Denise erst zwanzig Jahre später, als Dr. Martinon ins Haus geholt wurde, um die kleine Marie-Jo wegen einer Kinderkrankheit zu behandeln. Danach wurde er offiziell Hausarzt für alle Kinder Simenons.

Er und seine Frau hegten echte Sympathie für Simenon und waren mit ihm freundschaftlich verbunden, doch der Arzt räumt ein: »Johnny, Marie-Jo und Marc waren betroffen angesichts der plötzlichen Zornesausbrüche ihres Vaters. Er konnte äußerst wütend werden, obwohl er meist sanftmütig und freundlich im Umgang mit anderen war. Denken Sie daran, daß sowohl er als auch Denise viel tranken. Der eine sagte sich: Ich trinke, damit der andere sich nicht zu trinken schämt, und der andere dachte bei sich: Ich trinke, um ihm (oder ihr) Gesellschaft zu leisten. Es kam auch vor, daß beide monatelang abstinent lebten. Sie pflegten zu erklären: ›Es ist doch egal, was wir tun, wir sind heilige Monstren...!‹ Die Dinge, die sie in ihrem Buch beschreibt, sind in der Substanz wahr, doch sie interpretiert sie auf ihre Weise. Zum Beispiel schreibt sie, Simenon habe manchmal getrunken und sich dann sehr gewalttätig aufgeführt. Schön, das stimmt. Simenon war zuweilen tage-, ja wochenlang in alkoholisiertem Zustand und konnte tatsächlich sehr heftig auf irgendwelche Dinge reagieren, die ihn störten. Aber in Denise Simenons Buch liest es sich doch anders, als es in Wirklichkeit war.«

Es wäre stark untertrieben, zu behaupten, daß das Zusammenleben mit dem einen oder anderen Partner leicht war. Sowohl Simenon als auch Denise taten sich immer schwerer, eine nach außen hin mustergültige Ehe zu führen. Es war nur eine Frage der Zeit, bis es zur unvermeidlichen Explosion kam.

Das Ehepaar Martinon im Rückblick dazu: »Beide waren erstklassige Komödianten. Dieses selbstverfertigte Etikett, ›heilige Monstren‹ zu sein, erlaubte ihnen alles mögliche. Georges hatte einen starken sexuellen Appetit, und Denise tat viel für ihn in dieser Beziehung. Sie pflegte Mädchen mit ins Haus zu bringen und ihn hinterher zu fragen, wie es gewesen war und so weiter. Zwischen ihm und ihr bestand eine Art Komplizenschaft.

Bei anderen Gelegenheiten, wenn er diese Ausbrüche von übertriebener Bewunderung für sie hatte, konnten wir etwas an ihm bemerken, was das Lügen strafte, was er gerade sagte.

Und das fing bereits in der allerersten Zeit ihres Aufenthalts hier in Cannes an!«

Trotz seiner diversen sexuellen Abenteuer mit anderen Frauen verstand sich Simenon weiter glänzend im Bett mit Denise. Er kaufte ihr eine kleine Wohnung in Cagnes-sur-Mer, einem kleinen Küstenort zwischen Nizza und Antibes, die er *La Folie de Denise,* »Denises Leidenschaft«, taufte. Eine winzige Treppe führte von der Straße zur Wohnungstür hinauf. Ein schmiedeeisernes Treppengeländer mit den Initialen D. S. war eigens dafür angefertigt worden. Auch die Bettwäsche war mit Denises Anfangsbuchstaben gezeichnet. Es sollte ein kleines Liebesnest für ihn und sie werden, doch sie verbrachten am Ende lediglich eine Nacht darin. Es war nur eine seiner Launen gewesen, eine verrückte Idee, die viel Geld kostete. Aber er hatte ja genug davon.

Seine sexuellen Vergnügen suchte er weiterhin auch anderswo, wann immer er konnte. In einem Band seiner auf Tonband gesprochenen Erinnerungen mit dem Titel *Des traces de pas* (»Fußstapfen«) findet sich folgende Stelle, wo er eine für ihn typische, mechanische Sexszene mit einem anonym bleibenden Mädchen schildert, das in seinem Haus aushilfsweise als Sekretärin arbeitete.

»Ich sehe wieder das große Möbelstück vor mir, das mir als Schreibtisch diente. Gar keine Vorstellung mehr habe ich von der Aushilfssekretärin, die ich für ein paar Wochen engagiert hatte.

War sie hübsch? Ich glaube nicht. Häßlich? Das auch nicht. Es war ein nicht sehr freundliches Durchschnittsgesicht, wie es einem oft auf der Straße begegnet.

Sie schrieb die Briefe nach Diktat, weil es bei ihr mit der Stenografie haperte. Ich setzte mich neben sie, um sicherzugehen, daß sie keine Fehler machte. Und eines Tages rutschte ihr Kleid hoch. Ich diktierte weiter, ließ meine Hand gleiten und war nicht wenig überrascht, das schwöre ich, daß ihre Schenkel sich beinahe automatisch öffneten.

Ich streichelte sie. Sie tippte weiter. Ich diktierte weiter. Dann sah sie mich an, als wolle sie mich bitten, eine Weile mit dem Diktat aufzuhören. Das tat ich auch, fuhr aber fort, sie zu liebkosen, während sie starr auf die Wand vor sich blickte. Plötzlich fühlte ich, wie ihr Unterleib zitterte, und einen Moment später kam sie überreichlich.

Dann schrieb sie den Satz weiter, den ich bereits angefangen hatte zu diktieren, als wenn nichts geschehen wäre.

Ich glaube oder, richtiger gesagt, ich bin mir sicher, daß ich sie nicht geküßt habe. Ich sprach mit ihr kein Wort über Liebe oder erotische Dinge. Bereits in jenem Augenblick fühlte ich, daß ich sie auf der Straße nicht wiedererkennen würde.

Am nächsten Tag merkte ich an ihrem nervösen Verhalten beim Schreiben, daß sie darauf wartete, daß dasselbe wieder passierte. Ich spielte wieder bei ihr. Sie tippte erneut.

Und das ging fast einen Monat lang so weiter...«

Abends besuchte Simenon oft mit Denise einen der beiden ersten Nachtklubs, die seinerzeit in Cannes Stripteasevorführungen boten, und wurde, wie er es ausgedrückt hat, »gut Freund mit sämtlichen Stripperinnen«. Häufig fragte ihn bei dieser Gelegenheit dann Denise: »Willst du nicht nach oben gehen?« und wies dabei auf die schmale Treppe, die hinauf zu den Garderoben der Tänzerinnen führte. Schwupp! entschwand er dorthin, um »ganz ohne Umstände das eine oder andere Mädchen zu vernaschen«. Sie erzählten ihm ihre Lebensgeschichten und luden ihn zu sich nach Hause in ihre kleinen möblierten Wohnungen ein. Er spielte sogar einmal mit dem Baby einer dieser Tänzerinnen. Wenn er es darauf anlegen würde, eine scheinheilige Ausrede für diese Art von Beschäftigung vorzubringen (was er dankenswerterweise dies eine Mal nicht getan hat), so könnte er immerhin behaupten, es habe sich um Studien vor Ort gehandelt, denn im Juni 1957 schrieb er, während er noch die »Golden Gate«-Villa bewohnte, einen Roman mit dem Titel *Striptease*.

Denise Simenon streitet rundweg ab, daß sie je ihren Mann auf andere Frauen aufmerksam gemacht und ihn angeregt hat, mit ihnen zu schlafen. Sie fragt skeptisch: »Warum sollte ich denn so etwas tun? Das wäre doch

Er gönnt sich eine Pause

unvorstellbar blöd: meinen Mann gewissermaßen aufzufordern, sich mit fremden Damen abzugeben!« Als
diese Bemerkung den Martinons vorgehalten wird, lachen beide. »Wir haben mit eigenen Augen gesehen,
wie sie es tat«, versichert Dr. Martinon. »Wir saßen zu
viert auf der Terrasse des Carlton-Hotels hier in Cannes, als Denise unvermutet zu Georges bemerkte:
›Siehst du die Frau dort drüben? Falls du interessiert
bist, sie ist es, wie ich sehen kann!‹ Und Georges verließ unseren Tisch und ging zu der Unbekannten hinüber. Beide verschwanden zusammen. Zwanzig Minuten später kehrte er mit strahlendem Lächeln zu uns zurück und erklärte: ›Das war sehr gut!‹ ... Georges war
immer äußerst nett zu uns, und seine väterliche Liebe
zu seinen Kindern machte uns blind für all die schlim-
men Dinge, die er sonst getan haben mag.«

Simenon bezog sogar seinen ältesten Sohn in die Sphäre seiner sexuellen Abenteuer ein. Am Abend ihrer Ankunft aus Lakeville genehmigten er und Marc, der damals noch nicht ganz sechzehn war, sich in der Bar ihres Pariser Hotels einen Drink. Eine etwa fünfunddreißigjährige attraktive und elegante Dame sah auffällig zu ihnen herüber, und Simenon bemerkte zu seinem Sohn: »Weißt du, warum die Frau uns ansieht? Sie war mal eine Freundin von mir...!« Marc war nach der langen Reise ziemlich müde und machte nur eine unverbindliche Bemerkung.

Am späten Abend klopfte es an seine Zimmertür. Draußen stand dieselbe Frau. Simenon hatte sie geschickt. »Ich glaube, er wollte sich vergewissern, daß ich mich für Frauen interessierte und nicht für Männer«, meint Marc. »Ich hatte ein Internat besucht, wo natürlich viele homosexuelle Beziehungen bestanden. Ihm lag jetzt offenbar daran, sich zu überzeugen, daß ich ›normal‹ war. Es war seine Methode, dies zu bewerkstelligen. Leider war ich dermaßen erschöpft von der Reise, daß ich fürchte, der Dame nicht voll gerecht geworden zu sein.«

Bald sollte Marc von sich aus seinem Vater offen beweisen, daß mit ihm »alles in Ordnung« war. Nachdem er am 19. April 1955 seinen sechzehnten Geburtstag gefeiert und Simenon ein passendes Heim an der Riviera gefunden hatte, schrieb Régine Simenon ihrem Exmann einen freundlichen Brief aus Nieul, in dem sie ihm bedeutete, ihr gemeinsamer Sohn müsse als heranwachsender junger Mann mehr bei seinem Vater und seinen Halbgeschwistern sein als bei einer alternden Frau, wie sie es sei. Also übersiedelte Marc nach Cannes und verdiente sich bald sein Taschengeld als Hilfskraft bei den Restaurateuren an den goldenen Sandstränden des mondänen Seebads, wo ihm seine Aufgabe, den Badegästen Liegestühle, Strandmatratzen und Sonnenschirme heranzuschleppen, genügend weibliche Bekanntschaften ohne Hilfe seines Vaters vermittelte. Jetzt war es genau andersherum: Marc war derjenige, der sich sexuelle Eskapaden *en masse* leistete, so daß Simenon sogar behauptete, er habe mit ihm Telefonnummern und Adressen ausgetauscht. Auf Befragen lacht Marc allerdings heute nur und erklärt: »Ich glaube, mein verehrter Herr Papa bringt manchmal die Dinge durcheinander!«

Nach etwa anderthalbjährigem Aufenthalt in der Villa »Golden Gate« empfing Simenon im Frühjahr 1957 den amerikanischen Auslandskorrespondenten Sam White, einen der bestinformierten ausländischen Journalisten, die je in Paris arbeiteten, zu einem Interview. White lernte einen Schriftsteller kennen, der auf dem Höhepunkt seines Schaffens stand. Er wollte am nächsten Morgen gerade einen neuen Roman anfangen. Ein großer Tisch in seinem Arbeitszimmer war in wirrem Durcheinander mit Landkarten, französischen und ausländischen Kursbüchern, Flugplänen und Autobusfahrplänen sowie Telefonbüchern aus einem halben Dutzend Ländern bedeckt. Denise hing am Telefon und sagte reihenweise alle Verabredungen und Termine ihres Mannes für die kommenden elf Tage ab. Simenon wartete noch auf einen Arzt für die zur Routine gewordene Untersuchung in letzter Minute vor Beginn eines neuen Buchprojekts, »denn Simenon ist so etwas wie ein Hypochonder und macht sich Sorgen um seinen Blutdruck«, schrieb White damals.

Neben sich hatte Simenon während des Studiums der Karten und Fahrpläne einen Ständer mit über dreißig Pfeifen und auch den unvermeidlichen großen Umschlag aus festem, gelbem Papier. Auf der Rückseite des Kuverts hatte er mit seiner minuziösen Handschrift die Stadt notiert, die den Schauplatz des Geschehens bilden sollte (sie lag in Nordfrankreich, zwischen Amiens und Boulogne), ferner die Namen der Hauptpersonen des Romans (die er, um die Gefahr einer Verleumdungsklage zu verringern, dem Telefonbuch einer Stadt am entgegengesetzten Ende Frankreichs entnommen hatte) und deren verwandtschaftliche Beziehungen untereinander, Lebensgeschichten und Berufe.

»Ich weiß noch nicht, welche Ereignisse sich in meinem Buch abspielen werden«, verriet Simenon seinem Besucher, »sonst wäre es uninteressant für mich. Ich schreibe ein Kapitel nach dem anderen, gewöhnlich eines pro Tag. Das Problem ist immer dasselbe: Wie läßt sich das Geschehen so darstellen, daß meine Romanfiguren der größtmöglichen seelischen Belastung ausgesetzt sind?«

Er hatte die Absicht, das betreffende Buchmanuskript in Langschrift zu verfassen (im Laufe der Jahre hat er sich vom Maschineschreiben auf die Niederschrift mit der Hand umgestellt, um letzten Endes doch wieder zum Tippen zurückzukehren – ein Wechsel, der natürlich der Qualität der fertigen Produkte überhaupt keinen Abbruch getan hat). »Ich muß um der Selbstbestätigung willen weitermachen«, erklärte er dem Journalisten, »denn wenn ich zwei Monate lang nichts schreibe, beginne ich das Vertrauen in mich selbst zu verlieren!«

Darüber brauchte er sich keine Sorgen zu machen – *noch nicht.* Von den sieben »Non-Maigrets« und drei »Maigrets«, die er während seines gut zweijährigen Aufenthaltes in Südfrankreich verfaßte, gehörten nach dem Urteil vieler Kritiker zwei Romane der ersten Gruppe zum Besten, was er je geschrieben hat. Beide wurden in dieser Biographie bereits erwähnt: »Der kleine Mann von Archangelsk«, die traurige Geschichte von dem in Frankreich lebenden russischen Juden, der Selbstmord beging, obwohl er hätte beweisen können, daß er unschuldig an der Ermordung seiner nichtjüdischen Frau war, und *Le Fils* (»Der Sohn« – noch nicht ins Deutsche übertragen), wo ein Vater – wie Simenon in *Je me souviens* – sich in einem langen Brief an seinen

Sohn zu rechtfertigen sucht. Die Beherrschung von Form und Ausdruck in diesen Büchern ist bei Simenon so gekonnt wie eh und je.

Bald jedoch sollte sich ein Gefühl brennender Unruhe in Simenons schriftstellerische Arbeit einschleichen. Mit Ende Fünfzig verließ ihn zeitweilig sein gewohnt sicheres Können. Die Quelle seiner Phantasie sollte austrocknen. »Ich bin erledigt! Ich bin erledigt!« würde er verzweifelt stöhnen, als er eines Tages, fast in Tränen aufgelöst, aus seinem Arbeitszimmer kam, wo es ihm unmöglich gewesen war, an einem am selben Morgen begonnenen Roman weiterzuschreiben.

Diese tragische Entwicklung lag allerdings vorerst noch in der Ferne. Im Juli 1957 verließ er samt seiner Familie kurz nach Beendigung des Romans *Striptease* die Pracht von Cannes und fuhr einem neuen Heim entgegen. Es sollte sein letzter Grenzübertritt auf der Suche nach einem Domizil von Dauer werden, denn trotz Denises immer aufs neue betonter Vorliebe für Frankreich hatte er beschlossen, seinen Wohnsitz in die Schweiz zu verlegen, das Mekka der reichen und der auf der Suche nach Steuervorteilen befindlichen Leute. Das Land der Eidgenossen, in dem er bis zuletzt lebte, wurde zum dritten und letzten Land, das dem gebürtigen Belgier, der nie eine andere Staatsbürgerschaft angenommen hatte, Gast- und Wohnrecht gewährte. Er ließ sich enthusiastisch über sein Leben unter den Schweizern aus; wie er es schätzte, daß sie einen in Ruhe lassen und sich nicht in das Privatleben einmischen wie die Leute in Amerika, Frankreich oder seiner belgischen Heimat. Er betonte, daß er die innere Ruhe und den Sinn für Beständigkeit bei den Schweizern besonders schätzte.

In den »Intimen Memoiren« schreibt er: »Während wir noch in Cannes wohnten, beschloß ich, mit D. nach Lausanne zu fahren in der Hoffnung, dort für sie und auch für die Kinder einen friedlichen Zufluchtsort zu entdecken.« Es war auch ein geeigneter Platz für einen gefeierten Bestsellerautor, der in jener Zeit noch das Bedürfnis verspürte, kreuz und quer durch Europa zu jetten. Allerdings kommt vielleicht Dr. Martinon der Wahrheit näher, wenn er rundheraus meint: »Er übersiedelte in die Schweiz wegen seiner Steuerprobleme.« (Und warum eigentlich nicht? Alistair MacLean, Noel Coward, Charlie Chaplin, William Holden, Sophia Loren und David Niven, um nur ein paar illustre Namen zu nennen, gehörten zu denjenigen, die die schweizerischen Steuergesetze ebenso zuträglich für ein angenehmes Leben innerhalb der Grenzen der Eidgenossen-

Georges Simenon vor seiner Schweizer Villa

schaft fanden wie die anderen, weniger materiellen Reize dieses Alpenlandes.)

Simenon entschied sich verständlicherweise für den französischen Teil des Landes und bestimmte für seinen Wohnsitz das Gebiet um den Genfer See. Hier wurden die von ihm beauftragten Makler fündig. Simenon wählte unter den ihm angebotenen Objekten ein aus dem 16. Jahrhundert stammendes Château mit zwei Türmen in dem Dorf Echandens, in den Hügeln oberhalb von Lausanne und fünf Kilometer von dieser Stadt entfernt gelegen. Gern hätte er diesen Besitz gekauft, doch er konnte ihn nur mieten. So schloß er mit dem Eigentümer einen auf sechs Jahre befristeten Mietvertrag, der nach Ablauf dieses Zeitraums verlängert werden konnte. Sein Arbeitszimmer richtete er in einem der Türme in einem großartigen Raum ein, der mit antiken Sheraton-Möbeln aus dem England des 18. Jahrhunderts eingerichtet und nur über eine steinerne Wendeltreppe zugänglich war.

Doch das Zusammenleben mit Denise gestaltete sich nicht besser. Ihr »Imperium« als seine Geschäftsführerin, Agentin und Sekretärin stand in gar keinem Verhältnis mehr zu den vorhandenen Aufgaben. Bald hatte *sie* drei Sekretärinnen, die sie in ihrer selbstbestimmten Rolle als Simenons Verbindungsglied zur Außenwelt unterstützen mußten. Sie war eine Perfektionistin und tat wirklich das Beste für ihren Mann, wenn sie die Notwendigkeit erkannte. Aber es wurde immer anstrengender für Simenon, sie um sich herum zu haben. Dazu kam ein weiterer Umstand: sie trank jetzt noch mehr als zuvor, und er tat es ebenfalls. Noch gab es schöne gemeinsame Erlebnisse, wie zum Beispiel zwei Reisen nach Brüssel im darauffolgenden Jahr, wo Simenon im Mai als Jurypräsident des dortigen Filmfestivals fungierte und im Oktober anläßlich der Weltausstellung »EXPO '58« seine Rede über *Le Roman de l'Homme* (»Der Roman des Menschen«) hielt, ferner Ferienaufenthalte in Holland, Florenz und Venedig sowie häufige Besuche in Paris (wo er Denise im »George V« zurückließ, die dann wieder ihrer Manie frönte, die Kleiderschränke neu auslegte und das Badezimmer desinfizierte, während er das berühmte Bordell von »Madame Claude« aufsuchte). In zunehmendem Maße wurde jedoch Simenon klar, daß seine Ehe einer unvermeidbaren Katastrophe zustrebte.

»Mein Vater stellt unglaubliche Ansprüche an andere«, sagt John dazu. »Während er meiner Mutter all seine Liebe und Zärtlichkeit zuwendete – und das tat er wirklich –, konnte er sehr intolerant sein, wenn sich die Dinge nicht nach seinem Geschmack entwickelten. Er überließ ihr eine Menge Verantwortung in Zusammenhang mit der Führung des Haushalts und der Pflege

Der stolze Vater mit seinem sieben Monate alten
Sohn Pierre

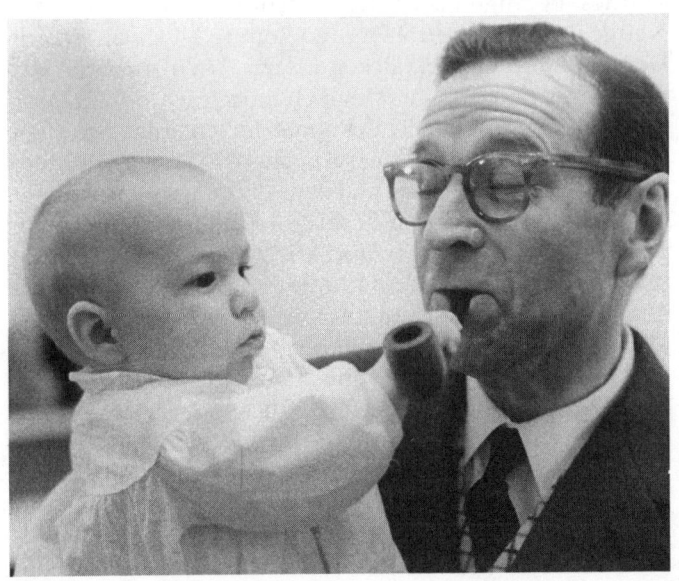

seiner Geschäftsverbindungen zu ausländischen Verlagen, aber er verlangte auch außerordentlich viel von ihr. Ich bin mir sicher, daß sie diese Belastung nicht ertragen konnte. Er ist eben außergewöhnlich; anspruchsvoll, was seine eigene Person und seine Mitmenschen betrifft, und stets nach Höchstleistungen strebend... Auf der normalen zwischenmenschlichen Ebene war in Echandens nichts mehr so wie früher – mit Bestimmtheit nicht gegen Schluß der dortigen Jahre unseres Lebens.«

Im Mai 1959 brachte Denise Simenon ihr drittes Kind, einen Sohn, zur Welt, der den Namen Pierre erhielt. Kurz nach der Geburt erkrankte der Kleine so schwer, daß er von den Ärzten schon fast aufgegeben wurde. Er sprach auf ihre Behandlung einfach nicht an. In »Ein Vogel für die Katze« beschreibt Denise anschaulich, wie dank ihrer unablässigen Bemühungen, verbunden mit der ärztlichen Kunst des aufgrund ihres Hilferufes aus Cannes herangereisten Dr. Martinon, das Leben des Neugeborenen gerettet werden konnte. »Es war typisch Denise«, sagt er rückblickend dazu. »Wir machten damals gerade Urlaub, als sie mich anrief. Ich riet zu einer Blutuntersuchung. Die Resultate ließen mich eine bestimmte Erkrankung des Knochenmarks befürchten. Daher bat ich einen Spezialisten, eine Probe zu entnehmen, und es stellte sich heraus, daß Pierre an der mangelnden Fähigkeit litt, mehr Zellen in seinem Körper zu produzieren. Es war dies nur ein vorübergehendes Leiden. Wir holten den Jungen hierher nach Cannes, und die Behandlung verlief erfolgreich.

Natürlich war Denise sehr aufgeregt und tat alles in ihrer Kraft Stehende für das Kind – das will ich gar nicht leugnen, doch wenn sie nicht dagewesen wäre, hätte ihr Mann dasselbe für den Kleinen getan. Denise neigte immer schon dazu, alles zu dramatisieren!«

Das Schreiben wurde jetzt mühseliger für Simenon. 1959 brachte er es im ganzen Jahr auf »nur« vier Bücher, gemessen an seiner bisherigen Produktion lächerlich wenig. Es waren zwei Maigret-Romane und zwei bisher nicht ins Deutsche übersetzte psychologische Thriller. Für 1960 weist Simenons Bilanz sogar nur noch drei Werke, darunter einen »Maigret«, aus. Im Mai wird er Präsident des Filmfestivals von Cannes und votierte mit dem amerikanischen Schriftsteller Henry Miller, der gleichfalls der Jury angehörte, für die Auszeichnung des Fellini-Filmes »La Dolce Vita« mit dem Hauptpreis der Festspiele, der Goldenen Palme. Unzählige damals geschossene Fotos zeigen den weltberühmten Schriftsteller im Smoking Arm in Arm mit seiner juwelenbehängten schönen Ehefrau – und bei anderen Anlässen in jenen Tagen in intimerer Pose mit weiblichen Stars und Starlets. Zu einem amüsanten Mißton kam es, als Simenon während der Tage in Cannes eine Rede über die internationale Filmindustrie hielt, in der er nicht mit beißenden Seitenhieben auf die Branche sparte, mit der er selbst bei der Verfilmung etlicher seiner Romane schlechte Erfahrungen gemacht hatte, und nicht bemerkte, während er sich ereiferte, daß sein Gesicht von einer vorangegangenen »Verpflichtung« mit Lippenstift verschmiert war.

Nach den Filmfestspielen schwebte Simenom eine Idee für einen neuen Roman vor. Dieser sollte, wie er später wissen ließ, »voll Sonnenschein und Zärtlichkeit« sein. Er hatte bereits die Figuren und das Milieu skizziert. Dann setzte er sich an die Arbeit – und schaffte nur die ersten drei Seiten! Als er noch in Lakeville lebte, hatte er einmal einem amerikanischen Reporter gestanden, er würde, falls er bei der Niederschrift eines Buches erkrankte und achtundvierzig Stunden nichts am Manuskript tun könnte, hinterher alles bisher zu Papier Gebrachte wegwerfen und von dem Romankonzept nie wieder Gebrauch machen. Doch inzwischen waren seine Einfälle nicht mehr so dicht gesät. Kurze Zeit später griff er *doch* das Grundthema wieder auf, verlegte es indessen in den für ihn einfacheren Rahmen eines Maigret-Romans, der die gleichen Elemente – Zärtlichkeit und Sonnenschein, in übertragenem Sinn für menschliche Zuneigung und Glück stehend – enthielt, in dem die handelnden Personen aber jetzt zur Hauptsache in den Siebzigern und Achtzigern waren.

Brigitte Bardot
und der Autor ihres Films »En cas de malheur«

Trotz dieser Änderung setzte sich die kraftvolle natürliche Begabung Simenons unverwechselbar durch, und niemand, der *Maigret et les vieillards* (»Maigret und die alten Leute«) liest, spürt die innere Anstrengung, die den Autor das Schreiben dieses Romans gekostet hat. Die einleitenden Sätze haben einen Tonfall und eine heitere Gelassenheit, die völlig über die Qualen hinwegtäuschen, die Simenon während der Arbeit an dem Buch durchlitt:

»Es war einer jener ungewöhnlichen Maimonate, wie man sie nur zwei- bis dreimal im Leben kennenlernt, die den Glanz, den Geschmack und den Duft von Kindertagen wachrufen. Maigret bezeichnete ihn als Choralmai, denn er erinnerte ihn sowohl an seine Erstkommunion als auch an seinen ersten Frühling in Paris, als alles neu und staunenswert gewesen war.

Auf der Straße, im Autobus, in seinem Dienstzimmer kam es vor, daß er plötzlich innehielt, wenn seine Aufmerksamkeit durch ein Geräusch in der Ferne, einen warmen Windhauch, den leuchtenden Farbfleck einer Bluse erregt wurde – Dinge, die ihn zwanzig oder dreißig Jahre zurückversetzten.

Am Vortag hatte ihn seine Frau, als sie sich gerade auf den Weg zum Abendessen bei den Pardons machten, gefragt und war dabei fast errötet: ›Meinst du nicht, daß es albern aussieht, wenn ich in meinem Alter ein geblümtes Kleid trage?‹«

Tief in seinem Herzen muß sich Simenon danach gesehnt haben, selbst eine solche Ehefrau zu haben. »Es gab Zeiten, da lebte ich beinahe für mich allein in meinem Arbeitsraum in Echandens«, sagte er zuletzt, »weil sie (Denise) in ihrem Reich allein sein wollte. Ich war oben und sie im Erdgeschoß. Und wissen Sie was? Von Zeit zu Zeit forderte sie ein Mitglied des weiblichen Hauspersonals auf, nach oben zu gehen und *faire l'amour* mit Monsieur! Sie forderte sie direkt auf, mit mir zu schlafen!«

Ungefähr um diese Zeit war es auch, daß sich Simenon einen neuen Stapel Kladden beschaffte (wie er es Jahre zuvor zur Niederschrift von *Je me souviens* nach der Fehldiagnose des Röntgenologen in Fontenay schon einmal getan hatte) und damit begann, fast täglich Eintragungen in Tagebuchform vorzunehmen. Sie waren einzig und allein zum eigenen Trost bestimmt, keineswegs aber zur Veröffentlichung. Wie er später im Vorwort anmerkte, als die Tagebücher 1970 dann doch in Buchform unter dem Titel »Als ich alt war« erschienen:

»In den Jahren 1960, 1961 und 1962 fing ich aus persönlichen Gründen oder aus solchen, die mir selbst nicht einleuchteten, an, mich alt zu fühlen und nahm deshalb die Aufzeichnungen in den Notizbüchern in Angriff. Ich näherte mich damals dem sechzigsten Lebensjahr...«

Ein Eintrag für »Sonntag mittag«, den 24. Juli 1960, ist bezeichnend:

»Ich möchte es einfach erzählen, ohne Kommentar. Gestern haben D. und ich einen Aperitif zusammen getrunken. Wir tun das nicht oft. Seit mehreren Wochen ist sie sehr nervös gewesen, weil sie keine Sekretärin hatte und dann auch noch eines der Dienstmädchen ausfiel... Sie ist zu gewaltigen Energieleistungen fähig und kann eine bestimmte Zeit lang mit zwei bis drei Stunden Schlaf pro Nacht auskommen. Gestern, fast am Vorabend unserer Fahrt in die Ferien, war dann das Maß voll...«

Dies war der erste von Simenon schriftlich fixierte Hinweis darauf, daß es in seinem Privatleben schwere Unstimmigkeiten gab. Was war die Ursache dafür? »Dies ›weil sie keine Sekretärin hatte‹ bezieht sich auf Aitken«, erläutert Simenon. (Joyce Pache-Aitken, inzwischen mit einem Schweizer Anwalt verheiratet, war seinerzeit Denises Privatsekretärin; die attraktive Blondine, eine gebürtige Schottin, leitete zuletzt Simenons Sekretariat in Lausanne.) »Sie hatte sie hinausgeworfen und kannte sich nun mit dem ganzen Papierkram nicht aus. Da geriet sie einfach außer sich. Ich rief daraufhin einfach Aitken zu Hause an und bat sie, zurückzukommen, wobei ich ihr erklärte, daß meine Frau in einem furchtbaren Zustand sei und es ganz bestimmt eine günstige Wirkung habe, wenn sie sich bereit erkläre, wieder in unser Haus zu kommen und D. die Last von den Schultern nehme.

Der Hinweis auf D.s ›gewaltige Energieleistungen‹ ist vollkommen zu Recht erfolgt, aber ich wußte schon, daß mit ihr wirklich etwas nicht in Ordnung war... Zu diesem Zeitpunkt trank sie enorme Mengen Alkohol... Unzählige Male überraschte ich sie, wie sie Whisky in sich hineingoß, direkt aus der Flasche! Was das ›übervolle Maß‹ betrifft, so mußte ich zwei kleine Flugzeuge mieten, um uns zum Bürgenstock am Vierwaldstätter See zu bringen, wo wir unseren Urlaub beginnen wollten, denn Madame war nicht in der Lage, eine Fahrt im Auto zu überstehen!«

Das Leben in Echandens wurde allmählich zur Hölle. Pierre, noch ein Baby, war natürlich viel zu klein, um mitzubekommen, was sich tat. John und Marie-Jo versuchten, ihren miteinander auf Kriegsfuß stehenden Eltern so weit wie möglich aus dem Wege zu gehen. Marc hatte bereits vor geraumer Zeit den Haushalt seines Vaters verlassen und sich im April 1960 mit einundzwanzig Jahren verheiratet. Simenon und seine Frau mußten erleben, wie die Liebe, die sie einst verband, allmählich wie ein Ballon die Luft verlor.

Trotzdem wahrte man nach außen den Anschein einer glücklichen Ehe. »Denise Simenon ist für ihren Gatten so notwendig wie sein eigener Herzschlag«, schwärmte eine Redakteurin der englischen Frauenzeitschrift *Woman's Mirror* 1961 nach einem Besuch in Echandens. Sie zitierte wörtlich einen Ausspruch Denises, die erklärt hatte: »Ich bin überhaupt keine selbständige Frau. Doch die will ich auch gar nicht sein. Ich bin völlig abhängig von meinem Mann!« Und Simenon soll dem Artikel zufolge begeistert versichert haben: »Meine Frau ist meine beste und engste Mitarbeiterin! Sie hat besondere Kenntnisse im internationalen Recht im Zusammenhang mit allem, was mit Buchveröffentlichungen, Film und Fernsehen zu tun hat.« Er erzählte der leichtgläubigen Journalistin auch, daß er und seine Frau, wenn sie daheim mehrere Wochen lang schwer gearbeitet hätten, »uns einen Urlaub gönnen, und der ist dann immer wie neue Flitterwochen!«

In *Woman's Own,* einem anderen englischen Frauenmagazin, erschien im selben Jahr ein Interview, in dem sich Denise mit »Madame Maigret« anreden ließ. »So sah sie sich selbst gerne«, erläuterte Simenon. »Der Reporter hatte eigentlich mich interviewen wollen. Da ich aber keine Zeit hatte, schlug ich ihm statt dessen ein Gespräch mit meiner Frau vor. So kam dann dieser Bericht zustande!«

Was sein literarisches Schaffen angeht, so hielt seine innere Sperre weiter an. 1961 lieferte er seinem französischen Verlag, den »Presses de la Cité«, garade fünf Manuskripte ab: zwei »Maigrets« und drei weitere Romane, davon zwei ohne großen Wert. Der dritte Titel war allerdings der bereits genannte ausgezeichnete Roman *Le Train,* in dem er seine Erlebnisse während der Kriegszeit in La Rochelle verarbeitete, wo er sich bekanntlich der belgischen Flüchtlinge angenommen hatte. Aber selbst dieses Buch war im Gegensatz zu den Werken früherer Jahre, als dank seiner genialen Fähigkeiten ein erfolgreicher Roman nach dem anderen in kürzester Zeit druckreif die Schreibmaschine verließ, »erarbeitet«. Er begann mit dem Schreiben im November 1960, schaffte jedoch nur zehn Zeilen und spannte daraufhin das erste Blatt wieder aus. Erst rund fünf Monate später, irgendwann im März 1961, setzte er sich wieder an die Maschine und tippte mühsam den Roman herunter.

In diesem Zustand tiefverwurzelter Unzufriedenheit mit sich selbst und auf einem beruflichen Tiefpunkt angelangt, begegnete Simenon kurz vor dem Weihnachtsfest 1961 einer aus Norditalien stammenden, schwarzhaarigen Frau mit olivenfarbener Haut, die dreiundzwanzig Jahre jünger war als er. Gleich als er sie das erste Mal sah, wußte er, daß »sie eine wichtige Rolle in meinem Leben spielen würde«.

Denise Ouimet, die aufgrund leidenschaftlicher Liebe in sein Leben getreten war, stand kurz davor, es aus dem gleichen Grunde wieder zu verlassen, nur diesmal in die Rolle gedrängt, die einmal Régine Renchon hatte spielen müssen. Bedauerlicherweise sollte sie nicht Régines Charakterstärke aufbringen.

18

Der Tod einer Ehe

Niemand außer Simenon selbst kannte den Familiennamen von Teresa, der Frau, die Denise Simenon im Dezember 1961 als Zofe engagierte, die jedoch inzwischen längst in allen Belangen ihren Platz – außer dem Trauschein nach – als Ehefrau des »Schriftstellers a. D.« eingenommen hat. Er macht wohl absichtlich aus ihrer Herkunft ein Geheimnis. Bis zum Herbst 1981, als sich die Notwendigkeit im Zusammenhang mit der Vorauswerbung für die »Intimen Memoiren« ergab, hatte er nie zugelassen, daß Pressefotografen sie für Zeitungen oder Zeitschriften aufnahmen. Wie alle Frauen, die seinem Herzen am nächsten standen, mußte sie ganz allein für ihn dasein, ausschließlich ihm gehören.

Noch heute weiß keiner Genaues über ihre Eltern, ihre Familie oder den Geburtsort in Norditalien.* Ihr mit stark italienischem Akzent durchsetztes Französisch könnte darauf schließen lassen, daß sie aus dem Piemont stammt, der Landschaft um die oberitalienische Metropole Turin in Nachbarschaft zu Frankreich und der Schweiz, doch der Eindruck mag täuschen.

Denise mit dem ihr auf die alten Tage hervorbrechenden eigenen »Charme« hat in »Ein Vogel für die Katze« durchblicken lassen, daß Teresa vor Antritt ihrer Stellung im Haushalt der Simenons einen unehelichen

---

* (In ›Intime Memoiren‹ teilt G. S. indessen mit, Teresa stamme aus Venedig. A. d. Ü.)

Sohn zur Welt gebracht hatte. Heute kommen dieser inzwischen zu einem sympathischen jungen Mann herangewachsene Sohn und sein eigenes Söhnchen zuweilen zu Besuch bei Simenon und Teresa. Simenon bezeichnet ihn als seinen »Schwiegersohn«, denn das ist er in seinen Augen.

Die Stimme dieser wohl letzten Lebensgefährtin des Bestsellerautors klingt ruhig und selbstbewußt. Ihre Kleidung zeugt von jener schlichten Eleganz, die man

Eines der seltenen Fotos von Teresa, April 1979

teuer erkaufen muß. Ihr beherrschender Einfluß auf den weitaus älteren geliebten Mann wird jedem auch nur flüchtigen Besucher spürbar, und die Aura verständnisvoller Gelassenheit, die sie umgibt, macht es einem schwer, zu glauben, daß sie einmal für jemand Zofe gespielt hat.

Sie macht heute den Eindruck einer typisch gutbürgerlichen Frau mittleren Alters, die, in vermögenden Verhältnissen lebend, auf ihre Figur geachtet hat und weiß, wie man sich nett und vorteilhaft zurechtmacht und anzieht. Nur ein gewisses Funkeln in den Augen kündet von einer Vergangenheit in einer weniger komfortablen Umgebung als der, in der sie sich unzweifelhaft jetzt bewegt. Eine Charaktereigenschaft besitzt sie im Übermaß: *Herzlichkeit!* Sie lacht viel, sie breitet ihre Arme zum Willkommensgruß aus, sie sorgte für Simenons Gesundheit mit der Sorgfalt einer aufopferungsbereiten Krankenschwester – immer mit dem gleichen weisen, leicht nachsichtigen Lächeln. Man kennt es anderswoher: es ist ein Gesichtsausdruck, wie ihn auch Régine Simenon besitzt.

Aber in anderen Dingen unterscheidet sich Teresa sehr von Régine. Es geht noch heute eine Ausstrahlung körperlicher Sinnlichkeit von ihr aus, wie sie Régine nie gehabt hatte.

In denjenigen seiner autobiographischen Werke, die schriftliche Wiedergaben seiner diktierten Erinnerungen sind, hat Simenon endlos von seiner reinen Liebe zu Teresa geschwärmt und derart oft hervorgehoben, wie vollendet und intensiv ihre Bindung aneinander einschließlich der physischen Seite ist, daß manche französischen Literaturkritiker ausgerufen haben: »Genug! Das ist doch ungeheuer langweilig!« Um der Wahrheit die Ehre zu geben: das stimmt, zumindest schwarz auf weiß. Wenn man es leibhaftig mit eigenen Augen sah, war es doch ein recht bewegender Anblick, dieses anscheinend in vollster Zufriedenheit lebende betagte Paar. Doch Simenon hatte lange gebraucht, um dieses Stadium zu erreichen! In einem wesentlichen Punkt unterscheidet sich die Geschichte seiner Liebesbeziehung zu Teresa erheblich von der seiner einstigen Liaison mit Denise. Beide begannen mit einem leidenschaftlichen Akt, doch im Falle Teresas trat die »Neue«

nicht von heute auf morgen an die Stelle der in den Hintergrund gedrängten rechtmäßigen Ehefrau. Elf stürmische und unruhige Jahre vergingen, ehe diese Verbindung sich zu einer idealen Lebensgemeinschaft entwickelte, die vor der Öffentlichkeit nicht mehr verborgen werden mußte.

Dennoch hat dies Simenon nicht daran gehindert, in einem Buch in klinischen Details die erste körperliche Vereinigung mit Teresa zu schildern. Das Ereignis fand nicht in dem unechten Glanz und Komfort eines New Yorker Luxushotelzimmers statt, wie es der Fall gewesen war, als Denise sich Simenon zum ersten Mal hingegeben hatte.

Es vollzog sich flüchtig, animalisch, im Grunde genommen ziemlich unpersönlich. Genauso hatte es sich gut vierzig Jahre früher in dem Pariser Hotel mit dem Zimmermädchen abgespielt, das er im Korridor von hinten genommen hatte, während sie gebückt die Schuhe der Hotelgäste putzte.

Und so beschrieb Simenon, inzwischen beinahe fünfundsiebzig Jahre alt, in *A l'abri de notre arbre* (»Unter unserem Baum«) seinen ersten Geschlechtsverkehr mit Teresa:*

»Einen Monat oder so, nachdem sie in Echandens mit der Arbeit begonnen hatte, kam ich unvermutet in ein Zimmer und fand sie über einen Tisch gebeugt, den sie polierte. Der Anblick war zuviel für mich. Ich ging auf sie zu, zog in fiebriger Hast ihren Schlüpfer herunter und drang in sie ein.

Ich habe bereits gesagt, daß ich in meinem Leben Tausende, wenn nicht Zehntausende von Frauen besessen habe, wenn man dieses Wort verwenden will. Aber ich hatte niemals ein solches sexuelles Vergnügen verspürt, zu dem sich noch viele weitere gesellten, die ich noch immer nicht näher zu bestimmen vermag.

---

* Eine ähnliche Schilderung findet sich auch in den »Intimen Memoiren«.

Dieses Erlebnis ist für mich einzigartig geblieben. Teresa benahm sich nicht kokett. Sie erlebte einen ebenso heftigen Orgasmus wie ich, immer noch über den Tisch gebeugt, in der Hand ein Staubtuch oder ein Fensterleder.

Ich weiß nicht mehr, ob wir uns hinterher geküßt haben. Ich glaube aber nicht. Wir sahen uns nicht einmal an. Ich verließ einfach den Raum und schloß mich in meinem Arbeitszimmer ein.

Es war eine Zeit, in der ich mich sehr einsam fühlte. Ich glaubte oder versuchte mich glauben zu machen, daß ich noch in D. verliebt war, was mich andererseits nicht hinderte, mit ihrer uneingeschränkten Zustimmung zahllose andere sexuelle Affären zu haben. Wie lange ging es weiter? Fast jeden Tag nach dem ersten Mal und auch nicht mit mehr Zeremoniell nahm ich Teresa, wie ich schon so viele andere genommen hatte, doch ich fühlte mich zum Beispiel bereits an den Tagen, an denen sie in die Stadt hinunterfuhr, nicht wohl und spürte eine seltsame Beklemmung im Herzen ...!«

Dr. Martinon zufolge gab es unter dem Hauspersonal der Simenons in all den Jahren, seit er den Schriftsteller kannte, vermutlich nur ein Dienstmädchen, das nicht mit seinem Brötchengeber geschlafen hatte, und als er von Simenon wissen wollte: »Warum denn gerade mit der nicht?« erwiderte dieser: »Weil sie ›nein‹ sagte!« Es ist natürlich unmöglich, im nachhinein zu ermitteln, wann Denise zuerst dahinterkam, daß Teresa sich in diese lange, wenn auch nicht sehr berühmte Kette eingereiht hatte, weil sie nichts darüber sagen will, aber sie macht jedenfalls sehr viel Aufhebens von der Tatsache (auf den beiden einzigen Seiten in ihrem Buch, auf denen sie sich herabläßt, Teresa überhaupt zu erwähnen), daß sie diese Hausangestellte kurz nach deren Stellenantritt kurzerhand feuerte, weil sie angeblich durch ein Schlüsselloch eine Unterhaltung zwischen ihr und Simenon verfolgt hatte. Sie hatte nur dadurch bewegt werden können, die Kündigung zurückzunehmen, daß ausgerechnet Boule im Namen des gesamten Personals zu ihr kam und erklärte, die meisten würden den Dienst quittieren, wenn Teresa nicht im Haus bleiben dürfe. Das war 1962. Noch im selben Jahr schliefen während eines Besuches der Simenons in London anläßlich der Vorstellung einer neuen »Maigret«-Fernsehserie der BBC Simenon und Teresa zum ersten Mal in einem richtigen Bett miteinander – im feinen Savoy-Hotel. Am nächsten Morgen gestand Teresa in ihrer ehrlichen Art Denise, was vorgefallen war, und bot ihre Kündigung an, doch ihre Arbeitgeberin lehnte – nach Darstellung Teresas – dieses Angebot ab und erklärte: »Nein. Sie können bleiben. Tun Sie mit meinem Mann, was Sie wollen, nur nehmen Sie um Himmels willen die Pille!«

Denise Simenons Einstellung zu dieser Frau, die in ihr Haus und in das Bett ihres Ehemannes eingedrungen war, war weitgehend dieselbe, wie sie Régine gut fünfzehn Jahre zuvor gehabt hatte, die ebenfalls der Ansicht gewesen war, ihre Ehe sei unversehrt. Auch Denise hatte das Gefühl, von Teresa drohe ihr keine Gefahr, und glaubte deshalb der Laune Simenons nachgeben und sogar Vorschub leisten zu können, die in ihren Augen nur vorübergehender Natur war. Schließlich war sie die Ehefrau des berühmten Schriftstellers und konnte sich nicht vorstellen, daß sie diesen Status nach dem Gesetz oder auch nur faktisch verlor. Da irgendwelche Gefühle von Eifersucht ihr fremd waren (im Gegensatz zur seinerzeitigen Reaktion Régines), konnte sie sich herablassend als *grande dame* geben, und wenn es tatsächlich Augenblicke der Depression gab, war immer noch die Whiskyflasche da, um sie zu trösten.

Zudem wurde ihr Interesse bald von einer anderen Sache in Anspruch genommen, die ihrem Hang zu Strebertum und Großtuerei gelegen kam. Es wurde nämlich offiziell bekannt, daß in Kürze mit dem Bau einer Auto-

bahn begonnen würde, die nahe an Echandens vorbei-
führen sollte und damit die friedliche Stille des Dorfes
und damit auch des Châteaus der Simenons beeinträch-
tigte. »Jetzt bauen wir uns ein von Grund auf neues
Heims!« entschied Simenon. Er erwarb ein großes Gelände in dem nicht allzuweit entfernten, ebenfalls oberhalb Lausanne gelegenen Dorf Epalinges, und Denise
übernahm mit Hilfe ihres Mannes die Planung des neu-
en Hauses und die Beaufsichtigung der Bauarbeiten,
nachdem alle ihre architektonischen Sonderwünsche
gebührend berücksichtigt worden waren. »Es gab
Nächte, in denen ich kaum Schlaf fand«, erzählt sie von
dieser Zeit. »Niemand kann den Aufwand an Arbeit ermessen, den ich in diesen Hausbau steckte!« – »Es wurde ihr Lebenswerk«, bestätigt Dr. Martinon. »Sie war

Das leerstehende Haus in Epalinges 1979

völlig besessen von ihrer Aufgabe. Gerade die Arbeiten auf dieser Baustelle waren es jedoch, die immer wieder zu Streitigkeiten zwischen ihr und ihrem Mann führten. Die selbstgewählte Aufgabe ließ ihren ganzen pathologischen Perfektionismus zutage treten. Sie wollte nicht zu Bett gehen, weil sie ohnehin nicht mehr schlafen konnte. Sie wurde offen gestanden unausstehlich. Schließlich mußte sie überredet werden, sich ärztlich behandeln zu lassen. Ich empfahl ihr dann einen Schweizer Psychiater, den Simenon kannte und der ihr von Anfang an zusagte, wenn sie auch in ihrem Buch die schrecklichsten Dinge über ihn schreibt, die ich einfach nicht glaube.«

Im Laufe des Jahres 1963, während der Bau der neuen Villa, deren strahlend weiße Außenfront sie aussehen ließ wie ein gigantisches Sanatorium, zügige Fortschritte machte, mußte sich Denise dreimal in vorübergehende stationäre Behandlung in die in Prangins am Ufer des Genfer Sees gelegene Klinik des genannten Psychiaters begeben. Das im Spätherbst fertiggestellte neue Domizil der Simenons zählte sechsundzwanzig Zimmer. Für den großen Swimmingpool war eigens eine supermoderne Umwälzanlage installiert worden, die allein eine Million Schweizer Franken kostete. Ein elfköpfiges Hauspersonal sorgte für das Wohl der Bewohner. Es gab insgesamt einundzwanzig Telefone über das Haus verteilt. Zusätzlich war wie in allen bisherigen Häusern bei Simenon jeder Raum durch eine Gegensprecheinrichtung mit seinem Arbeitszimmer und dem ehelichen Schlafgemach verbunden, so daß man sich rasch verständigen konnte und besonders nachts in einem Notfall die Kinder ihre Eltern erreichten. »Denise Simenon hatte an alles gedacht«, lobt Dr. Martinon. »Sie entwarf sogar ein Wohnzimmer für die Hausangestellten. Die männlichen Mitglieder des Personals bekamen ein blaues, die weiblichen ein rosa gekacheltes Badezimmer.«

411

»Ich machte mich in Epalinges selbst krank«, gibt Denise zu. Am ersten Abend im fertiggestellten Heim im November 1963 – wenige Tage vor der Ermordung Präsident John F. Kennedys – schrie sie ihren Mann an: »Ich hasse dieses Haus!« Sie wußte nicht, daß sie nur ein knappes Jahr darin wohnen sollte.

Auf die Frage, warum er sich auf ein solch aufwendiges Unternehmen wie den Bau der Villa in einem prekären Stadium seiner Ehe eingelassen habe, erwiderte Simenon: »Ich wollte Denise wirklich heilen. Ich war der ernsthaften Überzeugung, sie werde sich ändern, wenn sie in einer anderen Umgebung lebte. Zwar hatte ich zu diesem Zeitpunkt bereits Teresa kennengelernt, doch ich hoffte immer noch, mit unserer Ehe würde es irgendwie weiter klappen ...« – »Das stimmt«, bekräftigt Dr. Martinon. »Er hoffte tatsächlich, daß sich alles zum Guten wenden würde. Ich wußte über seine Beziehung zu Teresa Bescheid, die schon existierte, aber er wollte seine Ehe nicht leichtfertig aufgeben. Simenon befürchtete – und die Vorstellung hatte sich ihm in den Kopf gesetzt –, daß Denise schizophren war, was sie übrigens nicht ist. Sein Verhalten war allerdings, ehrlich gesagt, nicht sehr eindeutig auf den Erhalt der Ehe ausgerichtet!«

Tatsächlich trug die Übersiedlung nach Epalinges in keiner Weise zur Lösung von Simenons Problemen bei. Sie änderte lediglich den Schauplatz für das endgültige Scheitern seiner Ehe und für das langsame Erlöschen seines großen Talents als Erzähler.

Auf diesen Abschnitt seines Lebens zu sprechen kommend, sagte Simenon: »Die ›Untermieterin‹ tat alles in ihrer Macht Stehende, um mich von der Arbeit abzuhalten.« (Wenngleich das nicht dem Image entspricht, das er damals der Öffentlichkeit von seiner Frau »verkaufte«, als er in zahllosen Interviews Denise immer wieder als seine unentbehrliche rechte Hand pries.) Er gibt dafür ein Beispiel: »Wenn ich einen Roman vorbereitete, machte ich die Kinder darauf aufmerksam, daß sie sich in den nächsten paar Tagen besonders ruhig zu verhalten hätten und gab Aitken Anweisung: ›Nach Montag keine Termine mehr!‹ – und dann ging das Theater los! Die ›Untermieterin‹ pflegte eine große Szene zu machen und mir gerade dann nachhaltig auf die Nerven zu fallen, wenn ich mich konzentrieren mußte.«

Die Spannungen wurden immer unerträglicher, zumal sie besonders augenfällig in dem riesigen, klinikartigen Bau in Epalinges in Erscheinung traten. Beide Ehepartner tranken enorme Mengen. Die häuslichen Auseinandersetzungen, Wortgefechte, Meinungsverschiedenheiten und gegenseitigen Vorwürfe wurden zur täglichen Routine. »Es war eine schreckliche Zeit«, weiß John noch. Schließlich kam der Tag, als Denises Psychiater Simenon bedeutete, die Patientin täte in ihrem eigenen Interesse gut daran, sich auf unbestimmte Zeit in seine Klinik zu legen. Denise Simenon weigerte sich. Sie wollte nicht glauben, daß es nötig war. Sie hatte wieder einmal eine Arbeit begonnen, in die sie sich förmlich verbiß: sie war mitten dabei, einen Vertrag über die Filmrechte für »Die Unbekannten im eigenen Haus« auszuarbeiten, einen Non-Maigret-Roman, der als Remake in England neu verfilmt werden sollte. Nachdem Henri Decoin das Buch bereits 1941 mit dem großen französischen Charakterdarsteller Raimu in der Hauptrolle auf die Leinwand gebracht hatte, wollte sich jetzt der französische Regisseur Pierre Rouve des Stoffes annehmen. (Tatsächlich fanden die Dreharbeiten erst 1967 statt; an der Seite von Geraldine Chaplin spielte James Mason die tragende Rolle.) Denise rief Dr. Martinon in Cannes an und bat ihn um Rat. Sie wolle unbedingt in ihrem Haus auf ihrem Posten bleiben, wie sie sagte, denn sie behauptete steif und fest, ihr Mann brauche sie; ihr Platz sei an seiner Seite. Dabei hatten verschiedene Ärzte längst festgestellt, daß sich bei Simenon nach und nach eine Art Allergie gegen seine Ehefrau entwickelt hatte.

Zu guter Letzt überredete ihr fünfzehnjähriger Sohn John sie, die Klinik aufzusuchen. »*Maman*, du mußt diese Kur machen...! Es dauert ja bloß ein paar Wochen! Mir fällt es bestimmt schwer, dir dazu zu raten, aber letzten Endes hilfst du auch Papa damit... Du bist eine starke Persönlichkeit – du bist bald wieder zu Hause!« Und sie verließ tatsächlich ihr Traumhaus in Epalinges, ihr Team von Sekretärinnen, ihren berühmten Ehemann und das Schwimmbecken, das eine Million gekostet hatte. Doch wie sich herausstellte, dauerte ihre Abwesenheit nicht »bloß ein paar Wochen«. Sie verbrachte nie wieder eine Nacht unter dem Dach dieser Villa. Das Heim, für dessen Gestaltung sie so viel von ihrem eigenen Ich verausgabt hatte und verschwenderischer mit ihrer Nervenkraft umgegangen war als ihr Mann mit seinen Millionen, entpuppte sich zugleich als Symbol für den Höhepunkt ihrer Stellung als Georges Simenons Ehefrau und für die Vernichtung des Platzes an seiner Seite als lebenslange Gefährtin.

In »Ein Vogel für die Katze« beschuldigt sie ihren Psychiater, ein skrupelloses Komplott mit ihrem Mann geschmiedet zu haben, um sie zum Verlassen des Hauses in Epalinges zu bewegen und von ihrer Familie fortzulocken. Doch dieser Nervenarzt ist einer der angesehensten Vertreter seines Fachs in der Schweiz, und seine Klinik in Prangins genießt bereits seit vielen Jahren einen ausgezeichneten Ruf als ideales, wenn auch teures Refugium für diejenigen, die im Leben alles haben mit Ausnahme ihres gesunden Menschenverstandes oder des Lebenswillens. In dieser Anstalt, die sich natürlich als Sanatorium bezeichnet, verbrachte der große russische Tänzer Waslaw Nijinskij in geistiger Umnachtung die letzten Jahre seines Lebens, ehe er 1950 nach einem letzten wahnsinnigen Tanz, den er seinem Lehrer Diaghilew widmete, sechzigjährig starb.

Wie brachte John Simenon, der damals noch zur Schule ging, es fertig, seine Mutter zum Verlassen des Vaters zu bewegen, um diesem zu »helfen«? Fast zwanzig Jahre später hat er folgende nachdenkliche, bedrükkende Erklärung für diesen unbedingt notwendigen Schritt parat: »Obwohl ich natürlich nach all den Jahren nicht garantieren kann, daß ich seinerzeit so fühlte, würde ich sagen, daß mein Vorgehen von dem Bewußtsein geprägt war, daß von den beiden mein Vater das Genie war. Er war derjenige, der für den Zusammen-

Georges Simenon in seinem Ferienort Crans zusammen mit seinen Kindern Marie, Pierre, Marc und Eric, 1964

halt unserer Familie am meisten bedeutete, sozusagen der Dreh- und Angelpunkt, um den alles rotierte. Mag sein, daß ich die Dinge gefühlsmäßig ein bißchen zu stark dramatisierte, aber ich dachte daran, daß er noch so viele Pläne hatte und der Welt unendlich viel mit seinen Büchern geben konnte – nicht zuletzt auch uns als Familie. Wissen Sie, ich bin heute wie damals überzeugt, wir hätten Papa verloren, wenn meine Mutter nicht gegangen wäre.

Ich glaube, wir waren zu Recht überglücklich, daß wir ihn angesichts der extrem großen Krise, die er durchmachte, nicht verloren. Verschiedene Male, daran besteht kein Zweifel, stand er kurz vor dem Sterben, einfach wegen seiner verzweifelten geistigen Verfassung. Und wenn er aus dem Leben gegangen wäre, hätte ich vermutlich völlig den Kopf verloren. Ich kann mir nicht vorstellen, was dann aus mir geworden wäre. Auch meine Schwester wäre nie imstande gewesen, über seinen Tod hinwegzukommen, wenn wir mal davon absehen, was mit ihr selbst später passierte.

Ich hielt mich immer für einigermaßen diplomatisch, und es ist nicht ausgeschlossen, daß ich auf die Idee kam, meiner Mutter zu erklären, sie helfe Papa, wenn sie diese Kur in der Klinik beginne, weil ich ihr das Gefühl geben wollte, sie erweise ihm einen großen Dienst, und zugleich hoffte, der Entschluß falle ihr dadurch leichter. Hielt ich sie für wirklich krank? Ich war mir da nie so sicher. Aber einer Sache war ich mir ganz sicher: die Dinge waren nicht so, wie sie sie mir einzureden suchte, wenn sie beispielsweise meinen Vater als unverbesserlichen Trinker hinstellte. Es war mir allerdings auch nicht klar, ob sich alles so verhielt, wie mein Vater es schilderte.

Damals benötigte ich allerdings jemand Zuverlässiges, wie man ihn als Kind immer braucht, und ich traf eben meine Wahl. Wer war zuverlässiger: meine Mutter oder mein Vater? Ich entschied mich für ihn, selbst wenn er nicht so zuverlässig war, wie ich ihn gern gehabt hätte, doch letzten Endes war er mein Vater...«

Man kam überein, daß Denise einmal wöchentlich zu Besuch nach Epalinges kommen und täglich anrufen sollte. Sie gibt in ihrem Buch an, bei ihren ersten beiden Heimfahrten sei es zwischen ihr und Simenon nach dessen mittäglicher Siesta jeweils zum Intimverkehr gekommen. Beim dritten Mal habe er dann vorgeschützt, in der Nacht zuvor schlecht geschlafen und das Gefühl zu haben, jede Minute einen Anfall von Aerophagie zu erleiden, dem nervösen Luftschlucken, das ihm schon während der Kriegsjahre zu schaffen gemacht hatte. Sie habe auf ihre Armbanduhr gesehen. Es sei 14.55 Uhr gewesen. In diesem Augenblick, schreibt sie, habe sie gewußt, daß ihre Liebe füreinander erloschen sei.

Ihr Weggang löste indes die Probleme kaum. »Die Atmosphäre blieb schrecklich«, weiß John Simenon noch, »weil nämlich jetzt die Geschichte mit Teresa anfing!« Nach außen hin war sie weiterhin eine Hausangestellte und sollte es auch noch auf Jahre hinaus bleiben, doch in Wirklichkeit nahm sie allmählich die Stellung der Hausherrin ein. »Ich haßte damals Teresa«, bekennt John. »Ich war der Meinung, daß sie die ohnehin schon verfahrene Situation noch verschlimmerte. Sie berichtete meinem Vater haarklein alles, was ich den lieben langen Tag so trieb, und der schrie mich dann dafür an, als ob ich immer alles falsch machte.

Ohne Teresas Einmischung hatte er allerdings auch immer etwas über mich zu meckern. Das lag an seiner unglaublichen Widersprüchlichkeit. Er duldete nicht, daß ich mit dem Omnibus nach Lausanne hinunterfuhr wie die anderen Kinder aus dem Ort, sondern bestand darauf, daß ich jedesmal von unserem Chauffeur mit dem Auto dorthin gebracht wurde, wobei ich allerdings gut daran tat, mich vorher zu vergewissern, daß der Chauffeur auch andere Besorgungen in der Stadt zu erledigen hatte, denn sonst hieß es bei der Rückkehr: ›Du bist ein unglaublich verwöhntes Kind! Du nutzt den Chauffeur nur aus! Weißt du eigentlich, wie gut es dir geht?‹ Es war sehr schwer, mit alledem fertig zu werden!*

Dazu kam noch seine Sauferei. Mit der hörte er auch nicht auf, als Mutter ausgezogen war. Er goß Alkohol in sich hinein, solange er in Epalinges wohnte. Ungeheure Mengen waren das, die er konsumierte! Nur wenn er an einem neuen Buch saß, stellte er für die Dauer der Arbeit das Trinken völlig ein. Deshalb hatte ich gern, wenn er schrieb. Die Legende, er sei unerträglich, wenn er gerade einen Roman verfasse (die in zahlreichen Interviews von Denise und von Simenon selbst genährt wurde – Anm. d. A.), traf also für mich nicht zu. Für mich war das immer eine herrliche Zeit! Ich sah dann nicht viel von ihm, weil er bei der Arbeit saß und ich in der Schule war, doch wenn ich ihn mal zu Gesicht bekam, fand ich ihn phantastisch. Er konnte ein wunderbarer Kamerad sein!«

Leider gab es nicht viele solcher Augenblicke. Im Oktober 1967, kurz nachdem er mit achtzehn sein *Baccalauréat,* also sein Abitur, bestanden hatte, folgte John, der Sohn, den Simenon besonders liebte, bei der ersten passenden Gelegenheit dem Beispiel seines älteren Stiefbruders Marc und zog aus dem väterlichen Haus aus. In gewisser Weise sah er sich vertrieben, weggescheucht durch die besitzergreifende Liebe seines Vaters. »Ich mußte damals das Haus hinter mir lassen und zu mir selbst finden, so daß ich mit einer erstarkten ei-

---

* Es handelt sich vermutlich um denselben Chauffeur, der Simenons amerikanische Verlegerin Helen Woolf, als er sie am Flughafen mit Simenons schimmerndem Rolls-Royce abholte, verriet, daß man im Personaltrakt der Simenonschen Villa genau das gleiche zu essen bekomme, was auf besonderen Wunsch für sie an diesem Tag zubereitet worden sei. Wie er erzählte, gab es für die Hausangestellten stets die für Simenon und seine Familie gekochten Mahlzeiten; nach Tisch pflegte der Schriftsteller oft herüberzukommen, um sich zu erkundigen, ob es geschmeckt habe. (Anm. d. A.)

Marie-Jo etwa zwei Jahre vor ihrem Selbstmord
im Mai 1978

genen Persönlichkeit zurückkommen konnte und mir
keine Sorgen mehr über all die Dinge machen mußte,
die mich aus dem Gleichgewicht gebracht hatten.« Er
ging nach Paris, um eine Zeitlang in der Nähe von Marc
zu sein (womit er einen Weg vorzeichnete, den später
auch seine jüngere Schwester Marie-Jo im selben Alter
einschlagen sollte), und siedelte dann in die Vereinigten Staaten über, wo er zwei Jahre lang an der Harvard
Business School studierte – immer finanziell wohlver-
sorgt von seinem Vater, das sei um der Wahrheit willen
gesagt – und sich später beruflich nach London verän-
derte, wo er heute noch lebt. »Ich meldete ein Fernge-
spräch mit meinem Vater an, nachdem ich in Harvard
aufgrund einer bestandenen Aufnahmeprüfung zugelassen worden war, was immerhin eine Leistung war,
und teilte ihm die gute Neuigkeit mit. Alles, was er
dazu sagte, war: ›Oh, das ist prima!‹ Mehr nicht. Das
war sein ganzer Kommentar. Es war vermutlich das

letzte Mal, daß er imstande war, mich zu verletzen. Wenn das zwei Jahre früher passiert wäre und ich ihn um die halbe Welt angerufen hätte, um ihn etwas Erfreuliches wissen zu lassen, wäre aber eine derartige Antwort für mich noch bestürzender gewesen. Doch in der Zwischenzeit war ich mir innerlich längst über das Verhältnis zu meinem Vater klargeworden. Wie sah es zuletzt aus?

Mein Vater hatte allmählich seine Einstellung geändert; er nahm jetzt nicht mehr das Schlimmste von mir an!« (Traurig, aber wahr: Dies war genau die gleiche Einstellung, die Simenon seitens seiner Mutter zu beklagen hatte!)

Im Oktober 1964 schrieb Simenon dem guten Dr. Martinon in Cannes: »Denises Aggressivität hat sich wieder eingestellt. Die Ärzte haben ihr untersagt, sich ans Steuer eines Wagens zu setzen. Sie hält sich die meiste Zeit in der Klinik auf und darf sonntags nicht mehr hierherkommen. Man versucht es weiter bei ihr mit psychotherapeutischen Sitzungen. Sie fällt den Sekretärinnen mit besprochenen Kassetten zur Last, deren Abhören und Entschlüsseln Stunden dauert. Immer wieder meldet sie sich telefonisch bei mir und redet stundenlang. Dann wieder weigert sie sich tagelang, mich zu sehen, wenn ich zu Besuch in die Klinik komme.«

Im selben Monat hatte Boule Epalinges verlassen und sollte nie mehr unter demselben Dach mit ihrem einst so heißgeliebten *petit Monsieur joli* wohnen. Die genauen Umstände ihres Auszuges sind ein Geheimnis geblieben. In den »Intimen Memoiren« gibt Simenon an, er sei erfolgt, weil Denise es zur Bedingung für ihre voraussichtliche Rückkehr nach Epalinges gemacht habe, daß diese letzte Verbindung zu seiner romantischen, lies: amourösen Vergangenheit gelöst werden müsse. »Sie hatte nie etwas gegen meine Eroberungen, die ich sozusagen frisch machte, während unsere Ehe langsam auseinanderbrach«, sagte er zuletzt dazu, »aber sie konnte keine Frau leiden, mit der mich aus der Vergangenheit intime Beziehungen verbanden. Der Grund war nicht, daß Boule mit mir geschlafen hatte, sondern daß sie am längsten in meinem Haushalt gelebt und mich zwei Lebensabschnitte hindurch begleitet hatte. Mit der gleichen Begründung haßte sie auch Tigy, wie sie wohl Haß gegen jedes weibliche Wesen empfand, das mich gekannt hatte, bevor sie mich kennenlernte. Meine späteren Frauenbekanntschaften kümmerten sie dagegen so gut wie gar nicht.«

Denise ihrerseits berichtete, Boule – deren Abschied von Epalinges sie in ihrem Buch nicht erwähnt – habe sie in Prangins aufgesucht und ihr erklärt, sie verlasse Simenon aus freien Stücken, um Marcs Kleinkinder zu betreuen, bevor man ihr den Stuhl vor die Tür setze. Für die ganze Mißstimmung habe sie Teresa die Schuld gegeben, weil diese ständig bemüht gewesen sei, ihren Einfluß auf Simenon zu vergrößern.

Welche Version die richtige ist, bekommt der unbefangene Beobachter nicht heraus, denn Boule selbst schweigt zu dem ganzen Vorgang.

Fest steht dagegen, daß im darauffolgenden Jahr, also 1965, noch immer die Möglichkeit bestand, daß Denise aus der Klinik zurückkehrte und ihren angestammten Platz in Epalinges wieder einnahm. Denn gerechterweise kann niemand Simenon vorwerfen, seinen beiden Ehefrauen leichtfertig den Laufpaß gegeben zu haben. Er kämpfte energisch um den Erhalt seiner jeweiligen Ehe. Auch im Falle Denise war die Stellung Teresas zu diesem Zeitpunkt noch keineswegs gesichert. Einen letzten verzweifelten Versuch, sich mit Denise wieder zu versöhnen, unternahm dann Simenon noch, als er die gesamte Familie einschließlich Teresa in ihrer Eigenschaft als Zofe seiner Frau auf eine Mittelmeerkreuzfahrt mitnahm, die bis zum Bosporus führte. Eines

Mit seiner zweiten Frau Denise beim Filmfestival in Venedig

Nachts suchte ihn Denise in seiner Kabine auf und wollte Zärtlichkeit, doch er verweigerte sie ihr. »Ich wußte dann, daß es vorbei war«, sagt er. »Ich konnte nie mehr wie Mann und Frau mit ihr zusammen leben.«

Kurz nach der Rückkehr von dieser Urlaubsreise fand in Epalinges eine formelle Beratung statt, an der neben Simenon und Denise deren Schweizer Ärzte sowie Dr. Martinon teilnahmen, der eigens von Cannes angereist war. Denise erklärte, sie fühle sich völlig geheilt und sei bereit, wieder ein normales Eheleben mit ihrem Mann zu führen. Simenon, der vorher getrunken hatte, erklärte rundweg: »Ich will sie nicht zurückhaben!« Seine Zunge war schwer, und er war kaum zu verstehen, so undeutlich sprach er. »Diese Frau ist eine Hure, Messieurs!« Denise behauptet, mit diesem Ausdruck (*putain* auf französisch) habe er sie stets belegt, wenn er betrunken gewesen sei. (Annette de Bretagne nimmt ihr das nicht ab. Sie versichert: »Er hatte immer eine große Hochachtung vor Huren.«) Hat er wirklich seine Frau in Gegenwart der Ärzte so genannt? Dr. Martinon bestätigt, daß Denises Darstellung von dem Gespräch im wesentlichen korrekt ist.

Zwei Tage später verließ sie die Klinik, aber nicht, um nach Epalinges zurückzukommen. Statt dessen bezog sie eine Suite in einem Hotel in dem nahe gelegenen Ort Divonne und in späteren Jahren nacheinander zwei luxuriöse Villen, die Simenon für sie kaufte. Sie vertritt die Auffassung, daß sogar noch bis zum Dezember 1971 die Chance einer Aussöhnung mit ihrem Mann bestand. Daran mag bis zu einem gewissen Grade etwas Wahres sein. Simenon würde es nicht zugeben, doch Dr. Martinon verspürt Mitgefühl für beide: »Zum gegenwärtigen Zeitpunkt interpretieren sie die Ereignisse jener Jahre mit Hilfe ihrer Fantasie. Beide sind sehr weit von der Wirklichkeit entfernt und besitzen nicht genügend Selbstkontrolle, um mit vollständiger Klarheit das zu beurteilen, was seinerzeit passierte.«

Der große amerikanische Romancier und Essayist Henry James läßt eine seiner Kurzgeschichten mit den Worten beginnen: »Behaupte niemals, du wüßtest das Letzte über irgendein Menschenherz.« Für einen Außenstehenden und sogar für Simenon und seine Frau selbst ist es schier unmöglich geworden, je zu erfahren, was wirklich im Kopf und im Herzen des einen wie des anderen während jener qualvollen Periode in den sechziger Jahren vor sich ging, als ihre Ehe langsam ausblutete. Die Dokumente aus der damaligen Zeit, wie beispielsweise Simenons Briefe an Jean Martinon sie darstellen, führen uns zunächst nur einen besorgten, schmerzlich bewegten Ehemann vor Augen: »Ich versuche, Ihrem Rat folgend, Denise mit Liebe zu umsorgen, was mir nicht schwerfällt«, schreibt er am 27. November 1965, »und bei Gesprächen mit ihr Themen, die sie reizen könnten, zu vermeiden. Sie darf wieder Auto fahren und kam gestern mit Freunden zum Lunch herüber. Sie führt das alte hektische Leben, doch ich glaube, es wird noch einige Monate dauern, bevor sie nach Hause zurückkommen kann...« In einem vom 1. Oktober 1969 datierten Brief teilt er vier Jahre später seinem Freund mit: »Denise wohnt noch immer in Divonne... Sie hat ein immer intensiveres Privatleben mit vollem Programm, das sie ganz ausfüllt. Sie ist sehr fröhlich geworden. Im Haus fühlt sie sich mehr und mehr als Fremde, und wenn sie uns ihren wöchentlichen Besuch abstattet, bleibt sie nicht mehr sehr lange. Das scheint mir ein gutes Zeichen zu sein...«

Doch weitere zwei Jahre darauf, gegen Ende 1971, enthalten Simenons Briefe zunehmend einen bitteren Unterton. »Meine Frau, die ihr Leben teils in einer Wohnung in Avignon, teils in ihrer Villa in Begnins verbringt und die ich schon ein Jahr lang nicht mehr gesehen habe, korrespondiert gelegentlich mit mir und will Geld von mir haben«, läßt er Dr. Martinon am 9. Dezember wissen. »Sie droht für den Fall, daß ich ihr mo-

natlich nicht mehr zahle, damit, ein Buch zu veröffentlichen, das meinen wahren Charakter ›enthüllen‹ soll.*
Sie ersehen daraus, daß ihr Gesundheitszustand sich nicht gebessert hat. Sie ist in den Händen eines Psychoanalytikers aus Avignon...« Keine zwei Wochen danach, am 20. Dezember 1971, schreibt er erneut: »Denise schickt mir maßlose Briefe und fordert enorme Geldbeträge. Anderenfalls will sie mich verklagen usw. ...«

Angesichts dieser Entwicklung fällt es schwer zu glauben, daß wirklich eine echte Hoffnung auf ein *rapprochement* in den Jahren vor 1971 bestand. In den »Intimen Memoiren« gibt Simenon die ungezählten Telefonanrufe und dringlichen Mitteilungen wieder, mit denen ihn seine Frau Ende der sechziger Jahre unablässig eindeckte und die ihm das Leben verbitterten und ihn in unerträglicher Weise belasteten. Denise Simenon hat ihren eigenen Angaben zufolge, abgesehen von zwei längeren Zeiträumen, als sie noch in Echandens wohnte, bis 1968 keine schwerwiegenden Probleme mit dem Alkohol gekannt. »Vor diesem Jahr hatte ich nie ein Glas für mich allein getrunken«, schreibt sie in ihrem Buch. »Dann dachte ich mir, daß ich ja doch jetzt solo leben müsse. Warum sollte ich mir da nicht einen Schluck Whisky gönnen, wenn mir danach zumute war? Erst Ende der sechziger, Anfang der siebziger Jahre setzte meine Trunksucht ein, als ich zur Flasche griff, um zu vergessen und nicht vergessen konnte...«

Diese Darstellung ist einfach unglaubwürdig. Ebensowenig wahrscheinlich ist ihre Version eines Vorfalls, der sich, wie sie in »Ein Vogel für die Katze« angibt, beim letzten Zusammentreffen unter vier Augen mit ihrem Mann ereignete. Nach ihrer Aussage war das am

---

* Denise Simenon schildert die Entstehungsgeschichte ihre Buches »Ein Vogel für die Katze« ganz anders. Sie gibt an, das Buch nicht verfaßt zu haben, weil Simenon ihren finanziellen Forderungen ein Nein entgegensetzte, sondern weil der spätere Verlag an sie herangetreten sei mit einem entsprechenden Vorschlag. Außerdem sei das Jahre später (1977) gewesen. (Anm. d. A.)

13. Dezember 1971, als sie nach Epalinges gekommen war, um sich mit Simenon über die Zukunft der Kinder zu unterhalten. Er habe es abgelehnt, dieses Thema zu diskutieren. »Für die Kinder bin ich und nur ich zuständig! Du bist doch nichts weiter als eine Hure!« schrie er sie an – immer »Originalton« Denise – und hob die Hand, um sie zu schlagen. Sie griff blitzschnell nach einem Marmoraschenbecher, um sich zur Wehr zu setzen, und brüllte ihrerseits: »Siehst du diesen Aschenbecher, Jo? Wenn du nicht deinen Arm herunternimmst und aufhörst, mich zu beleidigen, kriegst du ihn mitten ins Gesicht gepfeffert!« Simenon trat daraufhin ein paar Schritte zurück und ließ sich auf einen Stuhl fallen. »An diesem Tag machte ich die Erfahrung, daß Simenon klein beigibt, wenn man ihm gegenüber entschlossen genug auftritt«, lautet der letzte Satz ihres Buches.

Von einer solchen Aussprache ist nicht die Rede, weder vor- noch hinterher, in den beiden Briefen, die Dr. Martinon im selben Monat von Simenon erhielt und die das Datum des 9. und des 20. Dezembers tragen. Simenon versichert, daß er, abgesehen von der Trauerfeier für Marie-Jo im Juni 1978, seine ihm entfremdete Ehefrau seit 1970 nicht mehr gesehen hat.

Warum hat er sich nicht scheiden lassen? »Weil mich das ein Vermögen kosten würde«, gestand Simenon augenzwinkernd und wird dann ernst. »Sie reicht die Scheidung nicht ein, weil sie darauf spekuliert, daß sie als meine Witwe Anspruch auf ein hohes Erbteil erheben kann. Und ich bin gegen eine Scheidung, weil ich dazu ärztliche Bescheinigungen von den Spezialisten beibringen müßte, die damals ihren Gesundheitszustand attestierten und sie nicht für fähig hielten, mit mir unter einem Dach zu leben. Das will ich einfach nicht. Es ist unmöglich. Außerdem besagen die schweizerischen Gesetze, daß der Ehemann seiner Frau, mit der er eine bestimmte Anzahl von Jahren verheiratet war, bei einer Trennung denselben Lebensstandard garantieren muß, als lebe er noch mit ihr zusammen. Wir haben zuletzt in Epalinges zusammengelebt, wo wir ein elfköpfiges Hauspersonal hatten und einen Koch, der schon höchste Auszeichnungen erhalten hatte! Nein, eine Scheidung würde mich sehr, sehr viel Geld kosten – Geld, das später nicht meinen Kindern zugute käme.«

Also bleiben sie nach dem Gesetz Mann und Frau – mit einer finanziellen Regelung, die vorsieht, daß Denise Simenon monatlich 15 000 Schweizer Franken (rund 16 500 DM) von ihrem Mann bekommt, der auch ihre Häuser gekauft hat und außerdem alle anfallenden Arztrechnungen begleicht. Trotz dieser mehr als großzügigen Übereinkunft hat sie es fertiggebracht, ihrem Stiefsohn Marc ein Geburtstagstelegramm zu senden, das vom Empfänger zu zahlen war. Die Ehe, deren Grundstein mit solch wilder Leidenschaft in einem New Yorker Hotelzimmer gelegt wurde, war längst eine Ruine und bestand nur noch der juristischen Form nach, weil es für beide Partner zu teuer gekommen wäre, durch eine offizielle Trennung die Freiheit zu gewinnen. Die Ketten der Fleischeslust sind durch die Ketten finanzieller Erwägungen ersetzt worden.

Drei weitere Ereignisse im Leben Simenons aus den sechziger Jahren verdienen eingehende Erwähnung.

Da war zunächst der Besuch seiner hochbetagten Mutter im November 1965 in Epalinges. Es war keine reine Freude für Simenon, denn von Anfang an ließ die 85jährige erkennen, daß sie ihre mißtrauische Einstellung gegenüber ihrem einzigen überlebenden, berühmten Sohn nicht abgelegt hatte. Sie blickte sich eingehend in der frostigen Pracht seiner Supervilla um und fragte ihren Sohn dann: »Warum hast du eigentlich soviel Personal im Haus, Georges?« Bei einer Angestellten erkundigte sie sich besorgt: »Was meinen Sie: ist das Haus wohl schon bezahlt?« und wollte von dem Mädchen auch wissen: »Glauben Sie, daß mein Sohn Schulden hat?«

Sie blieb während des ganzen Aufenthaltes in der Schweiz die nicht unterzukriegende mütterliche Tyrannin. Am Ankunftstag wurde ihr das Mittagessen auf ihrem Zimmer serviert, weil sie noch abgespannt von der Reise war (der fürsorgliche Simenon hatte die gute Idee gehabt, seine Sekretärin Joyce Aitken nach Lüttich zu schicken, um seine Mutter abzuholen), und man vermutete, daß sie hinterher ein Nickerchen machen wollte. Als die alte Dame aber dann im Laufe des Nachmittags nicht herunterkam, wurde ein Hausmädchen entsandt, um festzustellen, was los war. Es fand Madame Simenon äußerst mitgenommen in einem Sessel hockend, das Gesicht blutüberströmt. Mit ihren Händen umklammerte sie einige kleine Beutel mit Goldmünzen. Auf dem Boden lag mit der Vorderseite nach unten ein umgestürzter Kleiderschrank. Was war passiert? Simenons Mutter hatte sich auf den unteren Schrankrahmen stellen wollen, um die Säckchen auf einem der oberen Regale zu verstecken, hatte dabei den Halt verloren, und das schwere Möbelstück war umgestürzt und auf sie gefallen. Zum Glück waren ihre Verletzungen nicht ernster Natur. Aber warum die Goldstücke? Auf jedes Beutelchen mit den Münzen war der Name eines der vier Kinder Simenons gestickt. Nachdem sie ihr Leben lang hart gearbeitet hatte, »um auf ihre alten Tage was zu beißen zu haben«, wie sie immer gesagt hatte, hatte sie jetzt einen Teil ihrer »zusammengekratzten Spargroschen«, wie Simenon es respektlos nannte, für ihre Enkel in Gold umgetauscht. Jedes Enkelkind sollte seinen eigenen kleinen Schatz bekommen.

Und das war noch nicht alles. Ein paar Stunden später, nachdem ihr Gesicht vom Blut gereinigt und eingecremt worden war und die alte Dame wieder Farbe bekommen hatte, suchte sie Simenon in seinem blendendweißen, ultramodernen Arbeitszimmer auf und drückte ihm einen dicken Briefumschlag in die Hand. Er enthielt das ganze Geld, das er ihr Monat für Monat im Verlauf der vergangenen dreiundvierzig Jahre seit dem Zeitpunkt geschickt hatte, als er ihr, die gerade verwitwet war, auf dem Bahnsteig in Lüttich Lebewohl gewinkt hatte, um sein Glück in Paris zu machen.

»Du wolltest arm sein, du wolltest sicher sein, dein Leben in Würde zu beschließen, doch du wolltest niemand für irgend etwas zu Dank verpflichtet sein, nicht einmal, vielleicht besonders nicht, deinem Sohn«, sollte Simenon in »Brief an meine Mutter« nach ihrem Tod sechs Jahre später schreiben.

Der zweite Vorfall hat kaum etwas mit Würde zu tun. Er ereignete sich kurz nach Madame Simenons Besuch in Epalinges um die Weihnachtszeit 1965. Marc war mit seiner Familie für die Feiertage gekommen und wohnte im Haus. Es war ein harmonisches Fest. Marc hatte eine Videokassette seiner ersten Arbeit als Regisseur mitgebracht, um sie seinem Vater vorzuspielen. Simenon war sehr gerührt. Zum Dank überschrieb er seinem Sohn sofort die Verfilmungsrechte für einen seiner Kurzgeschichtenbände, nämlich die Kriminalstories, die Gaston Gallimard während des Krieges unter dem Titel *Les dossiers de l'Agence O* (»Die Akten der ›O‹-Agentur«) herausgebracht hatte. Marc sollte später eine Fernsehserie daraus machen. Man feierte seinen ersten Erfolg in froher Runde am Abend bei einem guten Essen, bei dem natürlich auch viel getrunken wurde. Zu später Stunde hatten sich alle bereits in ihre Schlafzimmer zurückgezogen, während Simenon noch in seinem Arbeitszimmer saß. Als es dann plötzlich in seinem Magen rumorte und sich eine Art Durchfall ankündigte, eilte er in die neben seinem Arbeitsraum befindliche kleine Toilette, die er normalerweise nur, wie er es ausdrückt, »zum Pipi machen« benutzte.

Er erledigte sein Geschäft und wollte sich anschließend den Hintern waschen. Weil in diesem kleinen Klosett kein Bidet installiert war, versuchte er in seinem nach reichlichem Weingenuß leicht umnebelten Zustand, seinen bloßen Allerwertesten auf den Rand des Handwaschbeckens zu hieven, um ihn unter fließendem Wasser zu säubern. Dabei rutschte er aus, stürzte schwer auf den gekachelten Boden und brach sich nicht weniger als sieben Rippen. Eine ganze Weile lag er hilflos da, stöhnend und um Hilfe rufend, bis endlich die Hausgehilfin Teresa, die ihn als einzige Person im Haus gehört hatte, zu Hilfe kam. Sie war es, die sofort die Situation in den Griff bekam, Simenon nach oben in sein Schlafzimmer tragen ließ, einen Arzt alarmierte und bevor dieser eintraf, den Verletzten entkleidete und behutsam auf weiche Kissen bettete. Hinterher heilt sie bei ihm die ganze Nacht Wache.

Drei Wochen mußte Simenon im Krankenhaus verbringen, nachdem Röntgenaufnahmen die Rippenbrüche gezeigt hatten. Auf seinen Wunsch schlief Teresa auf einem Feldbett, das in seinem Erster-Klasse-Krankenzimmer aufgestellt wurde. Nach der Rückkehr in sein Haus in Epalinges ließ er auch hier ein Notbett für sie in seinem Schlafraum aufschlagen, denn er spürte, daß er immer noch ihrer dauernden Überwachung und Pflege bedurfte. Während der vergangenen Wochen und Monate war seine Gesundheit ohnehin infolge der ständigen Auseinandersetzungen mit Denise stark angegriffen gewesen. Die jetzt hinzugekommenen Sturzverletzungen bekräftigten ihn in der Ansicht, zweifellos in Verbindung mit Überlegungen, die aus seiner ohnehin hypochondrischen Veranlagung resultierten, daß die neugefundene Krankenschwester mit seiner Pflege eine schwere Bürde übernahm und ausschließlich ihm zur Verfügung zu stehen hatte. Auf Simenon wirkte Teresas aufopfernde Sorge – die vielleicht nicht ganz ohne Hintergedanken war – wie eine Offenbarung. »Vom Feldbett wechselte sie zwischen meine Laken«, berichtete er schlicht in »Ein Mensch wie jeder andere«. »Und so entwickelte sich nach und nach Liebe zwischen uns. Ich bin übrigens mißtrauisch gegen das Wort ›Liebe‹.

Georges Simenon (links)
mit einer Statue
des Kommissars Maigret
von Peter D'Hont (rechts), März 1967

Ich verwende es immer weniger. Vielleicht sollte ich besser sagen: Zwischen uns entwickelte sich eine Gemeinschaft...!«

Es heißt, daß Napoleon die Schlacht von Waterloo wegen einer Hämorrhoidenblutung verlor. Simenon fand die wahre Liebe, weil er sein Hinterteil unter einen Wasserhahn stecken wollte. Die Wege des Allmächtigen sind wahrlich wundersam.

Die dritte erwähnenswerte Episode ist vollkommen anderer Art. Sie drehte sich um Simenon und »seinen Freund« Maigret.

Mitte der sechziger Jahre hatte die Figur des Pariser Kriminalkommissars durch Film und Fernsehen zusätzlich zum literarischen Ruhm einen ungeheuren Bekanntheitsgrad erreicht. Man kannte jetzt Maigret in der ganzen Welt, und Schauspieler so unterschiedlicher Prägung wie der – 1962 verstorbene – große englische Charakterdarsteller Charles Laughton in einer etwas merkwürdigen amerikanischen Filmversion des frühen Maigret-Romans *La Tête d'un homme* (»Maigret kämpft um den Kopf eines Mannes«) mit dem Titel *The Man on the Eiffel Tower* (der im Romantext gar nicht vorkommt!), der französische Mime Harry Baur – der als Jude von den Deutschen während des Krieges umgebracht wurde – und der urwüchsige französische Leinwandstar Jean Gabin verkörperten die Rolle im Kino. Der englische Schauspieler Rupert Davies ruinierte praktisch seine Karriere für alle anderen Rollen, nachdem er mit der Verfilmung von zweiundfünfzig Maigret-Episoden durch das BBC-Fernsehen, die vor zwanzig Jahren auch in Deutschland durch das neugeschaffene Zweite Deutsche Fernsehen (ZDF) mit großem Erfolg synchronisiert und ausgestrahlt wurden, derart populär geworden war, daß er für Millionen und Abermillionen *der* »Maigret« schlechthin war. Im französischen Fernsehen war es der Schauspieler Jean Richard, der durch die bis vor wenigen Jahren gedrehten, in Deutschland ebenfalls vom ZDF gezeigten »Maigret«-Folgen bekannt und beliebt wurde.

Trotz seiner wiederholt abgegebenen Versicherung, er habe sich nie einen Maigret-Film oder -Fernsehfilm angesehen, wußte Simenon auffallend gut Bescheid über sämtliche Leinwand- und Bildschirmfassungen und hält nicht mit seiner festen Meinung über eine Reihe von Schauspielern zurück, die in den vergangenen fünfzig Jahren den Kommissar darstellten. »Die drei besten Franzosen in dieser Rolle sind Pierre Renoir, Michel Simon und natürlich Jean Gabin gewesen! Renoir, der allererste Maigret, weil er verstand, daß sein Vor-

Der Autor und der Schauspieler Jean Gabin
besprechen die nächste Szene, um 1958

bild ein Beamter war und dann entsprechend agierte; Michel Simon, der zwar nur in einem einzigen Film den Part angeboten bekam, ihn aber ganz großartig spielte und Jean Gabin schließlich, der dank seiner einzigartigen Persönlichkeit die Rolle ausfüllte, obwohl er in meinen Augen ein bißchen zu schlampig in seiner äußeren Erscheinung war, seine Krawatte nicht richtig gebunden hatte und ähnliches mehr.

Jean Richard mag für die meisten Franzosen der personifizierte ›Maigret‹ sein, weil sie ihn im Fernsehen oft genug als solchen gesehen haben, aber in meinen Augen ist er offen gestanden der schlechteste! Er verkörpert die Rolle äußerst dürftig und tritt auf, als habe er zu viele amerikanische Filme mit Gangstern und Gigolos gesehen. Er betritt die Wohnung einer alten Dame oder kommt sonstwo herein und behält seinen Hut auf. Er sagt nicht ›Guten Morgen‹, sondern brummt nur ›Kommissar Maigret‹, wenn er sich vorstellt. Er raucht ununterbrochen Pfeife und nimmt den Hut nicht ab, wenn er jemanden befragt oder verhört – und verläßt so auch die Wohnung oder das Haus. Das hat mich sehr verärgert. Ein ›commissaire divisionaire‹, denn diesen Rang bekleidet Maigret ja, ist ein Abteilungschef, der in England einem ›superintendent‹ bei Scotland Yard entspricht und ein gewisses Maß an Erziehung genossen hat. Er weiß, daß man nicht herumläuft und mit Hut im Genick und Pfeife paffend Leute aufsucht.

Von den ausländischen ›Maigrets‹ gab sich Charles Laughton sehr viel Mühe, aber was dabei herauskam, war wirklich ziemlich dürftig. Der Italiener Gino Cervi war dagegen exzellent. Doch Rupert Davies übertraf sie alle. Ich würde ihn mit Michel Simon gleichsetzen. Ich lernte Davies, seine Frau und seine Kinder kennen und konnte ihn gut leiden. Er war äußerst sympathisch und bemühte sich intensiv, die Rolle zu erfassen. Ich weiß noch, wie er mich in Echandens aufsuchte, bevor die Dreharbeiten für die TV-Serie begannen, und wie er von mir wissen wollte, wie Maigret seine Pfeife handhabt und so weiter.

Ich erinnere mich, wie es dabei zu einer amüsanten kleinen Szene kam. Davies wollte von mir wissen: ›Was tut eigentlich Maigret, wenn ihm seine Frau abends die Wohnungstür öffnet? Ich weiß aus ihren Büchern, daß Madame Maigret, sobald sie die Schritte ihres Mannes im Treppenhaus hört, die Wohnungstür aufmacht. Es ist, als ob sie ein Gespür dafür entwickelt. Jedenfalls benötigt er nie seinen Schlüssel, um aufzuschließen. Doch wie verhält er sich, wenn sie im Türrahmen steht? Küßt er sie, oder was macht er?‹ Ich rief eines unserer jungen Dienstmädchen und tat dies . . .« Er demonstriert, wie er dem Mädchen einen Klaps auf den verlängerten Rükken gab – »und Mr. Davies, ganz Gentleman, lief rot an! ›So müssen Sie's machen!‹ sagte ich zu ihm und führte es ihm noch einmal vor. Es war nur eine liebevolle Geste und hatte nichts mit Sex zu tun. Trotzdem merkte man, daß Davies Schwierigkeiten damit hatte. Er machte seine Sache später im Fernsehen aber blendend!

Die beste ›Madame Maigret‹ von allen, einschließlich der französischen Schauspielerinnen, war eine Japanerin, die diese Rolle in der japanischen Fernsehserie spielte. Sie entsprach meinen Vorstellungen von Maigrets Frau am besten!«

Im September 1966 wurde Simenon eine einzigartige öffentliche Bestätigung des weltweiten Ruhm Maigrets zuteil, als er in der kleinen nordholländischen Hafenstadt Delfzijl, wo seine Romanfigur genau siebenunddreißig Jahre zuvor »geboren« worden war, das bereits erwähnte massive Bronzestandbild des berühmten Kriminalisten, geschaffen von dem niederländischen Bildhauer Pieter d'Hought, enthüllte. Vierzehn von Simenons Verlegern aus aller Welt und nicht weniger als fünf Fernseh-»Maigrets« waren unter der riesigen Menschenmenge, die Simenon feierte. Jeder der fünf Schauspieler – Jean Richard, Rupert Davies, Gino Cervi, Heinz Rühmann und der Holländer Jan Teuling – hatte seine Kleidung auf Maigrets-Attribute abgestellt, wobei Trenchcoat, Filzhut und Pfeife überwogen. Nur Signore Cervi, bekannt auch als kommunistischer Bürgermeister Peppone aus den »Don Camillo und Peppone«-Filmen mit Fernandel, sah mit »Bowler« und Regenschirm eher wie ein pensionierter britischer Kolonialoffizier aus. Reden wurden gehalten, kluge Worte gewechselt, unzählige Fotos »geschossen«. Mehrere Fernsehteams hielten das Ereignis in lebenden Bildern für die weite Welt fest. Nachbildungen der eindrucksvollen Statue, deren Gesichtszüge bekanntlich vom Künstler nicht ausgeprägt worden sind, stehen in Régine Simenons Haus in Nieul-sur-Mer und in den Bücherregalen von John Simenons Büro in London, Marcs Landhaus in Poigny-la-Forêt und Denise Simenons schweizerischem Chalet in Begnins in den Bergen oberhalb von Lausanne (obwohl letztere seinerzeit bei den Feierlichkeiten in Holland gar nicht dabeigewesen war, sondern Teresa Simenon begleitet, sich jedoch diskret im Hintergrund gehalten hatte).

Doch während der Applaus die frische Seeluft in Delfzijl erfüllte, war das großartige Talent des Mannes, den es zu feiern galt, ohne daß einer der Anwesenden es ahnte – ausgenommen vielleicht Simenon selbst – bedauerlicherweise bereits im Niedergang begriffen.

Es ist nun an der Zeit, die chronologische Schilderung von Simenons Leben für eine Weile zurückzustellen und zunächst das Ableben eines Genies zu verfolgen, nicht den physischen Tod eines Mannes, sondern den langsamen Verschleiß seiner besonderen Begabung. Alles nutzt sich mit der Zeit ab, und auch Simenons kreative Phantasie ließ in den sechziger Jahren allmählich unter innerem und äußerem Druck nach, obwohl er selbst sich nie ganz dazu durchringen konnte, es zuzugeben.

19

Der Tod eines Talents

Der langsame Tod der literarischen Schöpferkraft Simenons, der im Verlauf der sechziger Jahre eintrat, war außerhalb Frankreichs und seines Heimatlandes Belgien weniger augenscheinlich infolge der unvermeidbaren Zeitspanne, die zwischen dem Erscheinen der »Maigrets« und »Non-Maigrets« in französischer Sprache und den oft erst viele Jahre später veröffentlichten Übersetzungen in eine Fremdsprache lag. Der englische Taschenbuchverlag Penguin Books brachte beipielsweise zu Weihnachten 1981 einen neuen Sammelband unter dem Titel *Maigret's Christmas* heraus, der neun bislang in Großbritannien in Paperbackform noch nicht herausgekommene Maigret-Geschichten enthielt, die in Frankreich schon 1947 ein dankbares Publikum gefunden hatten. Im Laufe der Jahrzehnte ist Simenons Produktion derart gewaltig gewesen, daß Roger Stephane in seiner Untersuchung *Le Dossier Simenon** Anfang der sechziger Jahre schätzen konnte, daß im Durchschnitt jeden dritten Tag irgendwo in der Welt ein Simenon-Titel herauskam. Die Zahl würde heute nach fast fünfundzwanzig Jahren nicht mehr so eindrucksvoll aussehen, doch trotzdem wissen wahrscheinlich viele, wenn nicht die meisten der Millionen von Menschen, die Simenons Bücher in Übersetzungen kaufen und lesen, überhaupt nicht, daß ihr Lieblingsautor schon längst keine Romane mehr geschrieben hat.

---

* Verlag P. Laffont, Paris 1961

Selbst in Frankreich würde der Durchschnittsleser, der gewöhnt ist, Simenons Kopf mit dem ironischen Gesichtsausdruck und der Pfeife im Mundwinkel (übrigens ein Foto, das vor etlichen Jahren entstand, als Simenon im besten Mannesalter war) auf der Rückseite des Umschlages von unzähligen Taschenbüchern in Tausenden von Buchhandlungen und Bahnhofsverkaufsständen zu sehen, es kaum glauben wollen, wenn man ihn wissen ließe, daß der letzte Non-Maigret-Roman im Oktober 1971 geschrieben wurde und der letzte »Maigret« im Februar 1972 entstand.

Inzwischen scheint Simenon zeitlos geworden zu sein, fest eingefügt in den Literaturbetrieb des zwanzigsten Jahrhunderts. Neue Filme, sowohl Leinwand- als auch Fernsehproduktionen, deren Drehbücher auf seine Romane zurückgehen, werden ständig in vielen Teilen der Welt aufgeführt bzw. ausgestrahlt. Zahlreiche Rundfunksendungen und -hörspiele basieren ebenfalls auf Büchern Simenons. In Frankreich waren seine »Intimen Memoiren«, als sie im Herbst 1981 veröffentlicht wurden, ein sensationeller Erfolg. Zwei Buchklubs überboten einander, um sich die Rechte für ein späteres Erscheinen in ihrem Programm zu sichern. Wochenlang standen die freimütigen Erinnerungen auf der Bestsellerliste des Nachrichtenmagazins *L'Express,* und die französische Literaturzeitschrift *Lire* (»Lesen«) wählte sie zu einem der »zwanzig besten Bücher des Jahres«. Die Zeitschrift hat recht, wenn sie ihre Wahl damit begründet, es handele sich zwar »nicht um ein Werk von literarischem Wert, aber um ein außergewöhnliches Dokument über das letzte ›heilige Monstrum‹ der französischen Literatur«. Auf alle Fälle bleibt Simenon im Gespräch.

Doch was seine grandiosen Fähigkeiten als *Romancier* angeht – nicht sein ebenso unbestreitbares Geschick als *Memoirenschreiber,* der die Fakten seines eigenen Lebens mit anscheinend unbarmherziger Offenheit vor seinen

Porträt des Schriftstellers, 1963

Lesern ausbreitet –, so gründet sich sein solider Ruhm auf literarische Großtaten, die schon sehr lange zurückliegen.

Was meist bei der Beurteilung von Simenons Œuvre – zumindest außerhalb Frankreichs – außer acht gelassen wird, ist die Tatsache, daß das Erlöschen seines großen schriftstellerischen Talents verhältnismäßig früh eintrat. Die Mehrzahl der belesenen französischen Literaturkritiker würde unzweifelhaft der Auffassung von Maurice Dubourt* beipflichten, daß Simenons »letzter guter Roman« *Le Chat* (»Der Kater«) war, den er im Oktober 1966 schrieb, als er dreiundsechzig Jahre alt war. (Das Buch wurde übrigens 1971 in Frankreich von Pierre Granier-Deferre mit Jean Gabin und Simone Signoret in den Hauptrollen eindrucksvoll verfilmt.) Das ist kein Alter für einen Schriftsteller. Es stimmt zwar, daß Balzac, mit dem Simenon in Frankreich oft verglichen wird (er selbst hat in Interviews, die Jahre auseinander lagen, zunächst diesem Vergleich zugestimmt und ihn später verworfen), mit einundfünfzig starb und aus der Reihe der illustren Kriminalromanautoren Agatha Christie besonders hervorragt durch Romane, die sie mit vierzig und fünfzig verfaßte, obwohl sie über achtzig Jahre alt wurde. Doch Tolstoi schrieb »Auferstehung« mit zweiundsiebzig, Somerset Maugham war vierundsiebzig, als »Catalina« entstand, und Graham Greene, im vergangenen Jahr achtzig geworden, produziert noch fleißig literarische Werke von Rang. Bei Simenon ist es anders gelaufen. Die nächstliegende Parallele, die einem einfällt, ist der Lebenslauf des großen amerikanischen Schriftstellers Ernest Hemingway, der gleichfalls mit Anfang Sechzig spürte, daß ihm die Inspiration ausging, jedoch den verzweifelten Schritt tat, seinem Leben mit einer Kugel ein Ende zu bereiten. »Hemingway ist gestern gestorben«, vermerkte Simenon am 3. Juli

---

* In seinem Buch *Simenon,* Ed. C'Age d'Homme, Lausanne 1980

440

1961 in »Als ich alt war«. »Ich fühle mich dadurch innerlich aufgewühlt. Ich bin ihm nie persönlich begegnet und habe wenig von ihm gelesen. Trotzdem gehörte er zu jenen, mit denen ich mich durch ein Zusammengehörigkeitsgefühl verbunden fühlte.«

In *Le Chat* gibt es nicht das leiseste Anzeichen für ein Nachlassen der geistigen Kräfte des Autors. Es ist ein meisterlicher Roman, der die Geschichte zweier alter Menschen, eines Mannes und seiner Ehefrau, erzählt, die für sich allein in einem großen Haus wohnen, in einer Art von Haßliebe unverbrüchlich miteinander verbunden oder eher aneinandergekettet. Sie unterhalten sich nicht mehr, sondern schreiben Notizzettel, wenn sie sich etwas mitzuteilen haben. Jeder von ihnen kocht

Simone Signoret und Jean Gabin in »Le Chat« 1970

seine eigenen Mahlzeiten, verwahrt die Lebensmittel in einem separaten Speiseschrank mit Vorhängeschloß auf und wartet darauf, daß der andere die Küche verlassen hat, bevor er selbst sie betritt. Der Grund für dieses seltsame Gebaren ist, daß einer vom anderen befürchtet, er wolle ihn vergiften. Als der Ehemann seinen Kater tot auffindet und seine Frau in Verdacht hat, ihn umgebracht zu haben, geht er hin und tötet ihren Papagei.

Schließlich entflieht er der bedrückenden Atmosphäre dieses Hauses, lernt eine andere Frau kennen, die ihm für kurze Zeit Trost spendet und ein gemütliches Heim bietet, doch unwiderstehlich zieht es ihn zurück in das stille, von Haß erfüllte Gebäude, das ihm gehört. Als seine Frau dann stirbt, erkrankt er am selben Tag. Er wird in ein Krankenhaus eingeliefert und tut den bedeutsamen Ausspruch, der zugleich der letzte Satz des Romans ist: »Ich bedeutete nichts mehr.«

Das Buch ist ein Meisterwerk. Eine Kritik der amerikanischen Ausgabe in *Newsweek* nannte Simenon »einen Meister, nicht nur der kurzen, prägnanten Pariser Schnappschüsse, sondern auch der Kunst, einen einzigen simplen Gedanken mit den Belastungen der Universalität auszuschmücken«. Simenons Leistung soll in keiner Weise geschmälert werden, wenn hier verraten wird, daß diese »einfache, simple Idee« dem wirklichen Leben entlehnt war: Es war im Grunde die Geschichte der zweiten Ehe von Simenons Mutter. Henriette Simenon, die sich nach der sicheren Versorgung durch eine Pension sehnte, die ihr verstorbener erster Mann, der keine Lebensversicherung hatte abschließen können, ihr schuldig geblieben war, hatte wieder geheiratet. Das war einige Jahre nach Simenons Weggang nach Paris gewesen. Sein Stiefvater, den er nie kennenlernte, war ein pensionierter Lokomotivführer der Nordbelgischen Eisenbahnen gewesen, der ein eigenes Häuschen besaß und seiner Witwe eine ansehnliche staatliche Rente hinterlassen konnte. Er lebte nicht mehr sehr lange nach der Eheschließung, denn er litt an einer Herzkrankheit und klagte über Altersbeschwerden, doch für Henriette Simenon wurde dieses Zusammenleben zur Hölle. In demselben Haus, in dem sie so viele Studenten beherbergt und beköstigt hatte, kam es schließlich so weit, daß sie und »Père André« (wie ihr Mann allgemein genannt wurde) sich nur noch schriftlich verständigten und ihre Eßvorräte getrennt unter Verschluß hielten. Das war der ideale Stoff für *Le Chat*, und allgemein läßt sich sagen, daß Simenon auf die Ideen für seine größten Bucherfolge stets mehr oder weniger im wirklichen Leben gestoßen ist.

Von den weiteren achtzehn Romanen, je zur Hälfte »Maigrets« und »Nicht-Maigrets«, die nach »Der Kater« noch entstanden, trägt keiner mehr den Stempel des Ungewöhnlichen. Zwar finden sich in ihnen sprachlich glänzend formulierte Passagen und gelegentliche Gedankenblitze, die den alten intuitiven Geist des Verfassers aufleuchten lassen, doch in der Mehrzahl sind diese Werke nicht besser oder schlechter, als irgendein anderer Schriftsteller von einigem Rang sie hätte schreiben können. Wenn man schon als sicher annehmen konnte, daß Simenons Produktion mit zunehmendem Alter unvermeidlich an Quantität abnahm – Ende der sechziger Jahre war er bei nur noch zwei oder drei Romanen jährlich gelandet –, warum war dann damit auch ein plötzlicher qualitativer Abstieg in die Zweitrangigkeit verbunden?

Dabei hatte das Jahrzehnt vielverheißend begonnen. Im Oktober 1962 hatte Simenon, der damals noch in Echandens lebte, einen der von Kritik und Publikum am meisten gelobten Non-Maigret-Romane seines gesamten schriftstellerischen Schaffens geschrieben: den bereits erwähnten Roman »Die Glocken von Bicêtre«. Dieses Buch ist das, was die Franzosen einen *tour de force*, eine Glanzleistung, nennen, die es wert ist, dem

443

bereits mit seiner Handlung skizzierten Non-Maigret-Roman *La fuite de Monsieur Monde* zur Seite gestellt zu werden, dem sie gefühlsmäßig irgendwie gleicht. »Die Glocken von Bicêtre« schildert, wie René Maugras, der Chefredakteur einer führenden französischen Tageszeitung, auf dem Höhepunkt seiner Karriere einen Schlaganfall erleidet, der ihn hilflos wie ein kleines Kind werden läßt. Gelähmt und nicht mehr der Sprache mächtig, liegt er in einem Krankenbett im *Hôpital Bicêtre,* der am südlichen Stadtrand von Paris gelegenen berühmten Nervenheilanstalt mit ihren teilweise noch aus dem 17. Jahrhundert stammenden Gebäuden. Sein Gehirn indes funktioniert ungetrübt, und er wird alles gewahr.

Seine Flucht nach dem Muster von Monsieur Monde ist eine Flucht nach innen. Während er unbeweglich und erbarmenswert daliegt, hängt er nostalgischen Erinnerungen nach. »Vielleicht wegen des Sonnenlichts, dessen prachtvolle rote Glut er von seinem Bett aus wahrnehmen konnte, waren die beiden Episoden, die er sich ins Gedächtnis zurückrief, überfließend vor Licht, Wärme und Wohlbehagen...«

Die erste Erinnerung betraf einen wunderschönen Tag auf dem Lande mit seiner ersten Frau Marcelle. Sie waren beide leicht angeheitert nach gutem Essen und Trinken in einem Gasthof. Sie gingen ein Stück spazieren und gelangten an einen einsamen Abschnitt der Loire, wo sie stehenblieben und noch mehr Wein aus einer mitgebrachten Flasche tranken. Dann:

»...Von der Hitze schläfrig geworden, legten sie sich in den Sand, mitten zwischen das raschelnde Schilf... Seine heißgebrannte Haut strömte den gesunden Geruch von ländlichem Schweiß aus. Alles roch gut: das Schilf, die Erde, der Fluß. Und der Wein hatte, nachdem er einmal gekühlt war, einen Geschmack, wie er ihn nie wieder irgendwo gekostet hatte. Er hatte an einem Grashalm gekaut, mit im Nacken verschränkten Händen auf dem Rücken gelegen, seinen Blick verloren in die blauen Tiefen des Himmels gerichtet, die ab und zu ein Vogel durchquerte... Er erinnerte sich an eine Geste, wie er mit seiner Hand neben sich tastete, erst den Sand berührte und dann Marcelles Körper. Er fühlte sich so träge, daß er eine lange Zeit benötigte, um zu einem Entschluß zu kommen und sich hinüberzuschieben und auf sie zu legen... Sie blieben lange Zeit so liegen, fast reglos nach der Art von Insekten, die man bei der Paarung sieht, und er spürt die Sonne auf seinem Rücken, vernahm das Plätschern des Wassers, das Erschauern des Schilfrohrs...

Das war alles. Hinterher leerten sie die Flasche. Sie versuchten, sich wieder hinzulegen und aufs neue den Zustand der Gnade zu erlangen, den sie soeben erlebt hatten, ohne ihn gesucht zu haben.

Der Zauber war verflogen. Die Luft kühler geworden.«

Die zweite Begebenheit betraf ihn allein, wie er »auf einem Dampfer mit gelbem Schornstein« von der südfranzösischen Küste zur Insel Porquerolles hinüberfuhr:

»Als das Schiff von seinem Ankerplatz hinausglitt, stand er am Bug und lehnte sich zum durchsichtigen Wasser hinunter. Lange Zeit vermochte er bis auf den Meeresgrund hinabzusehen, und für den Zeitraum einer halben Stunde lebte er in Musik, als würde um ihn herum eine Symphonie gespielt.

Jener Morgen war etwas, was er seither nie wieder erlebt hatte. Er brachte für ihn die große Entdeckung der Welt, einer grenzenlosen, strahlenden Welt voll leuchtender Farben und erregender Geräusche... Er war betrunken ohne Einwirkung von Wein... Er war hinterher noch oft an der Mittelmeerküste gewesen. Er hatte andere Meere kennengelernt, die ebenso blau waren, Bäume und Blumen, die ungewöhnlicher waren, aber die magische Faszination fehlte, und von all seinen Entdeckungen war dies die einzige, die eine Spur hinterlassen hatte...«

Maugras denkt über den Umstand nach, daß sich bei beiden Anlässen Wasser, Sonnenschein, Hitze und frische Düfte vereint und dadurch ihre wunderbare Wirkung erzielt hatten – und daß »ebenfalls beide Male absurde Panik und eine bedrückende Heimfahrt« das »Abenteuer« beendeten. Das treffende Wort zur Kennzeichnung beider Erlebnisse wäre *innocence* (Naivität), findet Maugras und stellt sich die Frage: »War zweimal zu meinen Lebzeiten genug?«

Während der acht Tage im Krankenhaus, die die Romanhandlung umfaßt, wandelt sich Maugras von einem sterbenskranken zu einem energiegeladenen Mann, der in ein erfüllteres Leben zurückkehren wird, als er es bisher gekannt hat. Von der Reise in sein Inneres bringt er wie Monsieur Monde die Erkenntnis mit, daß das Leben keinen anderen Sinn hat als das Leben selbst: »Selbst wenn er nicht auf alles eine Antwort gefunden hatte, so hatte er sich doch Fragen gestellt, vielleicht zu viele Fragen, die ihn zeitlebens beschäftigen würden.«

Selbst in diesem Augenblick des Triumphes für Simenon war schon etwas mit seinem Arbeitsmechanismus nicht in Ordnung. In einem Interview mit der französischen Tageszeitung *Combat,* das der Veröffentlichung von »Die Glocken von Bicêtre« vorausging, spricht er mit der bei ihm gewohnten Prahlsucht von der »Prägnanz und Präzision«, die er beim Schreiben dieses Buches habe walten lassen und berichtet, wie er »gestrichen und nochmals gestrichen« habe, so daß am Ende von den vom Verlag angekündigten fünfhundert Seiten nur dreihundertfünfzig übriggeblieben seien. »Das Komma im letzten Satz verursachte mir am meisten Kopfzerbrechen«, erzählt Simenon. »Es ist ein einfacher Satz: ›Eines Tages wird er seinen Vater in Fécamp besuchen, mit Lina.‹ Wenn ich das Komma stehenlasse, heißt das, daß Maugras allein bleibt und der Roman schlecht ausgeht; wenn ich es wegstreiche, kehrt Lina (seine zweite Frau) zu ihm zurück, sie machen einen neuen Anfang, und der Roman endet positiv.«* – »Und wofür haben Sie sich entschieden?« will der Interviewer wissen. »Ich ließ das Komma weg«, antwortete Simenon. »Doch ein winziger Strich mit dem Bleistift hätte genügt, und Sie hätten einen ganz anderen Roman gehabt...«

Es ist eine gefällige kleine Anekdote, aber wenn man den allerletzten Satz des Romans im französischen Text nachliest, stellt man fest, daß das Komma doch da ist! (Auch in der englischen Übersetzung steht es übrigens.) Und trotz Simenons gegenteiliger Versicherung in dem Interview geht der Roman *nicht* gut aus!

1964 war das Jahr, in dem ein Roman entstand, von dem Simenon selbst einmal gesagt hat: »Wenn ich von all meinen Büchern nur ein einziges behalten dürfte, würde ich dieses wählen!« Es ist *Le Petit Saint* (»Der kleine Heilige«) und zunächst allein dadurch bemerkenswert, daß es keinen Mord, keine Leiche, ja nicht einmal einen simplen kleinen Kriminalfall enthält. Es entstand wenige Monate, nachdem Denise Simenon endlich hatte überredet werden können, Epalinges zu verlassen und sich zur Behandlung in die Klinik zu begeben. Ein ungeheures Gefühl der Erleichterung überkam Simenon. Er schrieb in jenem Jahr nur zwei Romane: einen »Maigret« ohne besondere Merkmale und »Der kleine Heilige«, nach dessen Fertigstellung er jubelte: »Jetzt habe ich es am Ende doch noch geschafft! Seit wenigstens zwanzig Jahren hatte ich mir jeweils für den folgenden Roman vorgenommen, einem bestimmten, mir innewohnenden Optimismus sichtbare Form zu verleihen, einer *joie de vivre*, einer Freude an der un-

---

* Die Frage der Kommasetzung oder -weglassung stellt sich bei dieser Satzstellung im Deutschen nicht. In der französischen Buchfassung, wo dieser Satz lautet: »Un jour il ira voir son père à Fécamp, avec Lina« dient das Komma im Sinne der Aussage Simenons zur Hervorhebung der Tatsache, daß Lina sich Maugras nur dies eine Mal zum Zwecke des Besuches anschließt. (Anm. d. Ü.)

mittelbaren und einfachen Beziehung zu allem, was mich umgibt, und zuvor ein gewisses Maß an Gemütsruhe zu erlangen, um einen solchen Zustand zu beschreiben. Jedoch nach dem ersten Drittel oder der Hälfte nahmen meine früheren Romane unwillkürlich einen tragischen Verlauf. Mit dem ›Kleinen Heiligen‹ ist es mir zum erstenmal gelungen, eine vollkommen heitere Romanfigur zu schaffen, die in direktem Kontakt zur Natur und zum Leben steht...«

»Der kleine Heilige« ist zweifellos ein idealisiertes Selbstporträt, wenn Simenon auch versichert, in vielerlei Hinsicht habe ihm der Maler Marc Chagall als Vorbild gedient. »Der kleine Heilige« ist der Spitzname, den die Schulkameraden Louis Cuchas, dem Helden des Buches, gegeben haben, weil er schon als Kind heiter und gelassen die Schicksalsschläge des Lebens hinnimmt. »Er läßt sich herumschubsen und verprügeln, ohne sich zu wehren«, klagt seine Mutter. »Er hält sich bloß die Arme vors Gesicht und weigert sich später, dem Lehrer zu sagen, wer ihn geschlagen hat...« Und warum gibt er die Hiebe nicht zurück? Louis hat dafür eine Erklärung: »Die Schläge taten nicht sehr weh. Nach ein paar Sekunden spürte er schon nichts mehr, und es hatte keinen Zweck, sich in einen großen Kampf zu verwickeln. Eines Tages würden sie es schon leid sein, es immer demselben zeigen zu wollen und würden ihn in seinem Winkel seinen Wachträumen nachhängen lassen. Er mochte es nicht, wenn sich Leute um ihn kümmerten, ließ sich nicht gerne ausfragen, von seinen Augenblicksgedanken wegreißen...«

Und diese Haltung bewahrt er für sein ganzes Leben. Einer seiner Brüder fällt im Ersten Weltkrieg, seine Schwester wird dick und gefühllos, ein anderer Bruder stirbt im Gefängnis, ein dritter läßt sich mit seiner Frau in Südamerika nieder und verbringt die Zeit mit der Jagd nach Schmetterlingen und Paradiesvögeln. Louis' Mutter, die ihn mühsam allein aufgezogen hat, weil er ein uneheliches Kind ist, dessen Vater sich aus dem Staube gemacht hat, genießt, »was gut im Leben ist, nimmt ohne Murren das hin, was weniger gut ist und kümmert sich nicht um das übrige, als wäre es gar nicht vorhanden«. Er lebt unbeirrt sein Leben angesichts all dieser Hemmnisse, und am Schluß des Buches ist aus um ein berühmter Maler geworden, der sich in der Rückerinnerung an sein Leben die Frage vorlegt, ob er nicht »von allem und jedem etwas genommen« hatte. Hatte er nicht »von ihrer Substanz gezehrt«?

»Er wußte es nicht, er durfte es nicht wissen, sonst wäre er nicht imstande gewesen, weiterzumachen, sein Ziel zu erreichen.

Er fuhr fort, kleine Schritte zu machen, zu lächeln.

›Darf ich Sie fragen, Meister, welches Bild Sie sich von sich selbst machen? Als was sehen Sie sich?‹

Er brauchte nicht sehr lange nachzudenken. Sein Gesicht leuchtete für einen Augenblick auf, als er bescheiden und fröhlich zur Antwort gab: ›Als kleinen Jungen!‹«

So endete dieser am 13. Oktober 1964 in Epalinges abgeschlossene Roman mit einer Note, die manche für schrecklich sentimental halten mögen, wie übrigens das ganze Buch. Trotz allem wurde »Der kleine Heilige« ein großer Publikumserfolg in Frankreich und im Ausland, und zumindest ein englischer Kritiker schrieb, obwohl es sich um einen »Roman des Gefühls« handele, sei er »zu lebhaft erzählt und zu lebendig geschrieben«, um gefühlsbetont zu sein.

Jetzt sollte nur noch ein bedeutender Roman Simenons folgen, bevor »Der Kater« den Schlußpunkt einer schier unübersehbaren Reihe brillanter Bücher bildete. Es war der im März 1965, sieben Monate vor *Le Chat*, entstandene Roman *La Mort d'Auguste* (»Der Tod des Auguste Mature«). Dieser Auguste ist achtundsiebzig Jahre alt und hat schon vor dem Ersten Weltkrieg, als er als junger Mann aus der Auvergne, seiner Heimat, in die Hauptstadt kam, im Hallen-Viertel unweit des alten Gemüse- und Obstgroßmarkts ein Restaurant aufgemacht, das *Chez L'Auvergnat* heißt und sich auf die Küche dieses südfranzösischen Hochlands spezialisiert. Es hat immer guten Zulauf gehabt und ist im Laufe der Jahre zu einem der berühmten *petits restaurants* von Paris geworden, deren Namen man nur guten Freunden verrät und die über ein Stammpublikum von gastronomischen Kennern verfügen.

Der Roman beginnt an einem Abend im Restaurant, das, wie gewöhnlich, überfüllt ist. Der britische Botschafter gibt gerade einer größeren Gesellschaft ein Essen. Auguste Mature hat bereits seit langem die täglichen Geschäfte an Antoine, einen seiner drei Söhne, abgetreten, doch er ist jeden Abend in seinem Lokal, geht von Tisch zu Tisch und unterhält sich nach Art der klassischen alten Restaurantbesitzer kurz mit seinen Gästen. Während er an diesem Abend mit zwei jungen Besuchern spricht, bricht er plötzlich zusammen und reißt im Sturz das rot-weiß-karierte Tischtuch, an dem er sich festklammert, mit sich zu Boden.

Er wird nach oben in seine Wohnung über dem Restaurant getragen und in das große Doppelbett gelegt, in dem seine ein Jahr ältere Frau schon schläft. Doch sie ist bereits senil »und nicht mehr recht bei Verstand« und begreift kaum, was passiert ist und wie ihr Mann, der kaum noch atmet, ausgezogen und neben sie gelegt wird. Ohne daß sie es bemerkt, stirbt er während der Nacht, und die dramatische Entwicklung des Romans setzt ein.

Antoine und seine Brüder können kein Testament finden. Der alte Mann hatte, bauernschlau wie er war, stets finanzielle Dinge vor ihnen geheimgehalten, doch da das Restaurant außerordentlich florierte, nahmen sie an, daß der Vater ein ansehnliches Vermögen zusammengetragen hatte. Wie sollten sie jedoch an dies Geld kommen?

Antoine findet heraus, daß sein Vater einen »Vermögensberater« engagiert hatte, dem er blindlings vertraute, weil er gleichfalls aus der Auvergne stammt. Einen Schrecken bekommt Antoine, als er erfahren muß, daß dieser Mann im Gefängnis gestorben ist, wo er eine Haftstrafe wegen Betruges verbüßte.

Der Schlüssel zu einem Bankschließfach in der Brieftasche des Vaters bringt dann die drei Brüder auf die Spur des »Vermögens«. Nach einer Reihe von gesetzlichen Formalitäten dürfen sie endlich den Safe öffnen und müssen feststellen, daß der »Vermögensberater« auch ihren Vater übers Ohr gehauen hat. Die Wertpapiere, die in dem Schließfach liegen, sind wertlos.

Antoine, der im Gegensatz zu seinen Brüdern im Verlauf der Romanhandlung an Format gewinnt, kommt zu der Erkenntnis, daß sein Vater den Betrug zwar entdeckt, den Schwindler jedoch nicht angezeigt hatte, weil er damit seine Leichtgläubigkeit hätte zugeben müssen und gegenüber seinen Söhnen sein Gesicht verloren hätte, die dann gewußt hätten, daß er ihnen nicht die erhoffte Erbschaft hinterlassen konnte.

»Er hatte sein ganzes Leben geschuftet, schon im Alter von zwölf Jahren mit der Arbeit angefangen, um ein Vermögen zusammenzutragen, hatte jeden Sou umgedreht, und alles, was davon übriggeblieben war, war das Restaurant, das in Wirklichkeit von Antoine geführt wurde. Monatelang hatte er mit einem Gefühl der Scham gelebt, weil er wußte, daß nach seinem Heimgang Bitterkeit statt Trauer herrschen würde.

Antoine hatte das Gefühl, seinen Vater noch nie so gut verstanden zu haben, seinen bäuerlichen Charakter, seine Anspruchslosigkeit und seinen Stolz . . .«

Dieser elegische Ton hat viel gemeinsam mit dem, der neun Jahre später den Ausklang von Simenons »Brief an meine Mutter« bilden sollte: »Was zwischen Dir und mir stand, war das reinste Nichts. Dies Nichts war Dein unbändiger Drang, gut zu sein – in den Augen der anderen, aber vielleicht am meisten in Deinen eigenen Augen.«

Als er noch in Lakeville lebte, hatte Simenon dem amerikanischen Literaturkritiker Carvell Collins erklärt, daß das Hineinschlüpfen in die Haut seiner Romanfiguren und das Miterleben ihres Lebens beim Schreiben seiner Bücher »nahezu unerträglich wird nach fünf oder sechs Tagen. Das ist einer der Gründe, warum meine Romane so kurz sind; nach elf Tagen kann ich nicht mehr weitermachen – es ist unmöglich! Die Ursache ist physischer Natur. Ich bin zu erschöpft.« Aber das war zu einer Zeit gewesen, als er Anfang Fünfzig war, bei unverwüstlich guter Gesundheit, und alles in seinem Leben scheinbar reibungslos verlief. Wieviel mehr an physischen und psychischen Kräften muß ihn das Schreiben zehn Jahre später gekostet haben, als sein Privatleben in schwerer Unordnung war, der Alkoholkonsum ihm zum Problem wurde und das gesamte Körpergerüst unter der ständigen Belastung nach Jahrzehnten nachzugeben begann, gar nicht zu reden von dem zusätzlichen Gesundheitsrisiko, das sieben gebrochene und nicht richtig ausheilende Rippen darstellten?

Er war immerhin noch in der Lage, den Schein zu wahren und, wenn nötig, nach außen hin in gutgelaunter, brillantester Manier zu glänzen. In einem handschriftlichen Brief vom Juni 1965 zollte Charlie Chaplin, damals sechsundsiebzig Jahre alt und mit seiner Frau Oona und einigen seiner Kinder aus dem nicht allzuweit entfernten Vevey zu Besuch nach Epalinges herübergekommen, Simenon Tribut für die »stimulierende Wirkung Ihrer magischen Persönlichkeit«. Sich bedankend für »einen wundervollen Nachmittag, den Sie meiner Familie und mir in Ihrem schönen Haus und am Swimmingpool bereitet haben, nicht zu vergessen den ausgezeichneten Lunch und den herrlichen Wein«, schrieb Chaplin weiter: »Trotz Ihres Mißgeschicks (der

Sturz in der Toilette – Anm. d. A.) haben Sie nichts von Ihrer erstaunlichen Vitalität verloren. Wir können alle glücklich und dankbar sein, daß Sie der alte geblieben sind und sich von Ihrem Unfall erholt haben!« Gezeichnet war das Schreiben: »Mit Bewunderung und freundschaftlicher Zuneigung – Charlie.«

Doch in Wirklichkeit ging es Simenon gesundheitlich gar nicht mehr so blendend. 1966 setzten mit zunehmender Häufigkeit Schwindelanfälle, eine Begleiterscheinung der sogenannten Meunierschen Krankheit, und Stechen im Brustkorb infolge des Wiederauftretens der Aerophagie, des nervösen Luftschluckens, ein. Im Jahr darauf stellten die Ärzte fest, daß er auch an einem Bauchbruch litt, den er vermutlich schon seit seiner Kindheit hatte und der auch für den immer wieder auftretenden Brechreiz verantwortlich war, von dem Simenon während seiner gesamten Schriftstellerkarriere in Augenblicken höchster Konzentration bei der Niederschrift seiner Manuskripte heimgesucht worden war. Diese Krankheit war ebenfalls durch übergroße Nervosität hervorgerufen worden, und ihre Symptome traten um so nachhaltiger auf, je mehr er sich der Mitte der Sechzig näherte.

Er begann, sich weniger selbstsicher zu fühlen als je in seinem Leben. Im Juni 1967 meinte er nach Beendigung des Romans *Le Déménagement* (»Der Umzug«), eines routinemäßig heruntergeschriebenen Buches, die Notwendigkeit zu erkennen, es mit einem Vorwort zu versehen, weil es so kurz geraten war. Nur wenigen seiner Romane ist eine solche Einleitung vorangestellt. Er schrieb:

»Bestimmte Kritiker, allerdings gering an Zahl, und eine Reihe von ausländischen Verlegern, die an feine, dicke Bücher gewöhnt sind, haben mir vorgeworfen, nur kurze Romane zu schreiben.

Dieser ist besonders kurz. Ich hätte ihn in die Länge ziehen können. Hätte ich das getan, wäre es indes in meinen Augen einem Betrug an meinen Lesern und mir selbst gleichgekommen.«

Man fragt sich, ob das die reine Wahrheit ist. Simenon verlor mittlerweile täglich durchschnittlich ein Kilogramm an Körpergewicht infolge des Aufwandes an nervlicher und körperlicher Energie, die ihn die Arbeit an einem neuen Buch kostete. Als, wie geschildert, die Schweizer Psychiater ihn 1968 in Epalinges zur Erstellung ihrer Studie *Simenon sur le gril* aufsuchten, fühlte er sich nach diesem einen Tag mit seinem endlosen Frage-und-Antwort-Spiel so erledigt, als hätte er ein Kapitel eines neuen Romans fertiggestellt. Seine Kleidung war durchgeschwitzt. Im selben Jahr beschloß er, künftig keine längeren Auslandsreisen mehr zu unternehmen. Er hatte seine früher so ausgeprägte Reiselust verloren, weil ihn größere Ortsveränderungen inzwischen zu sehr anstrengten. Am 1. Oktober 1969 schrieb er an Dr. Martinon in Cannes: »Ich habe den Eindruck, daß ich vorzeitig altere, aber trotzdem finde ich es immer anstrengender, meine Romane zu schreiben. Vielleicht liegt das daran, daß sie schwieriger werden . . .«

Die schlichte Wahrheit ist, daß er tatsächlich ausgepumpt war. Das Schreiben hatte ihn ausgelaugt, was für einen Außenstehenden in Anbetracht der Zahl seiner Bücher kaum überraschend kommen konnte, obwohl er selbst es wohl kaum jemals eingestehen wird. Hinzu kam, daß sein Privatleben noch längst nicht wieder ungetrübtes Glück bot. Teresa blieb offiziel eine Hausangestellte, bis Simenon Epalinges verließ, was erst im Herbst 1972 der Fall war, wenn er auch in seinen »Intimen Memoiren« ihre entscheidende Rolle für sein Leben in jenen Jahren herausstreicht, als sei sie bereits seine dritte »Ehefrau« gewesen. Seine Gesundheit ließ sehr zu wünschen übrig. Denise bildete noch immer eine Quelle ständiger Enttäuschung und Verärgerung. Sogar sein geliebter Maigret reizte ihn nicht mehr; die letzten Maigret-Romane sind mechanisch wie am Schnürchen gefertigte Produkte mit oft schlampig skizzierter Handlung und einer spürbaren Abneigung seitens des Autors gegen all den neuen »technischen Krimskrams«, dessen Handhabung oder Kenntnis für einen modernen Polizeibeamten unabdingbar ist. Wenn der Kommissar in dem Roman *Maigret et l'affaire Nahour* (»Maigret und der Fall Nahour«, der im Februar 1966 entstand, von einem »Paraffintest« spricht, »durch den nach modernster Labormethode bis zu fünf Tage nach Abfeuern des Schusses aus einer Handfeuerwaffe Pulverspuren auf der Haut nachgewiesen werden können«, kling das nicht sehr überzeugend.

Einige Minuten Turnübungen auf einem Spezialbrett:
Sein Rezept, um am Morgen einen klaren Kopf zu haben.

455

Der Literaturwissenschaftler Professor Jean Fabre von der Universität Montpellier vertritt die Auffassung, daß schon die Titel einiger nach dem Krieg entstandener »Maigrets« darauf schließen lassen, daß der Detektiv – und möglicherweise auch sein geistiger Schöpfer – mehr und mehr mit modernen Methoden und Techniken der Kriminalistik konfrontiert werden, die nicht nach ihrem Geschmack sind. *Maigret a peur* (»Maigret hat Angst«) und *Maigret se trompe* (»Hier irrt Maigret«) stammen aus der Zeit in Lakeville, aber *Un échec de Maigret* (»Maigret erlebt eine Niederlage«) entstand in Cannes, und der allererste Roman aus Simenons Feder beziehungsweise Schreibmaschine nach Einzug in die neue Wundervilla in Epalinges hieß *Maigret se défend* (»Maigret verteidigt sich«), ein Titel nicht ohne tiefere Bedeutung, wenn man Maigret mit Simenons *alter ego* gleichsetzt. Im Januar 1968, dem Jahr, in dem Simenon ein für allemal auf größere Auslandsreisen verzichtete, verfaßte er *Maigret hésite* (»Maigret zögert«).

»Wenn Maigret heute noch bei der Polizei wäre, würde er schleunigst seinen Rücktritt einreichen«, scherzte Simenon in einem Interview Ende der siebziger Jahre. Und das ist unzweifelhaft richtig. »Es gibt heutzutage keine Maigrets mehr!« versichert Marcel Leclerc, dessen offizieller Titel *Chef de la Brigade Criminelle de Paris* (Leiter der Pariser Kriminalpolizei) lautet, was dem Rang entspricht, den Maigret in Simenons Romanen zuletzt innehatte. »Maigrets Ermittlungsmethoden sind sozusagen sehr ›individualistisch‹. Man hat den Eindruck, daß nur er wie ein Deus ex machina die Fäden in der Hand hat. Tatsächlich arbeitet aber heute die *Brigade Criminelle* als geschlossene Gruppe. Ihr Chef koordiniert die Arbeit all seiner Mitarbeiter, doch er spielt nicht die Hauptrolle. Ich habe 110 Beamte als Mitarbeiter zur Seite.

Die Polizei hat in demselben Maße einen Wandel durchgemacht wie die Gesellschaft. Maigrets können nicht mehr existieren, weil sie wie Handwerker gearbeitet haben, während der moderne Polizist alle möglichen Hilfsmittel ausnutzt, die die Mitwirkung mehrerer anderer Beamter erfordern.«

Anfang der siebziger Jahre gab es neben den Literaturkritikern, die dem alten Kommissar die Treue hielten, zunehmend solche, die aus ihrer eigenen Sicht den gleichen Standpunkt vertraten wie dieser hohe Polizeibeamte. »Man muß den Mut haben, es auszusprechen, um so schlimmer für die Getreuen, die ein Protestgeschrei erheben werden«, schrieb ein Rezensent im Dezember 1970 in der Zeitschrift *L'Actualité* bei der Besprechung eines der letzten Maigret-Romane, *La Folle de Maigret* (»Maigret und die Spinnerin«), »doch den Kommissar Maigret gibt es nicht mehr! Georges Simenon, abgespannt von unzähligen Büchern, und die moderne Massengesellschaft, die, wie die Polizei auch, nur noch mit Hilfe von Computern funktioniert, haben ihn umgebracht!« – »Das neue Buch von Simenon zählt nicht zu seinen besten«, urteilte Jacques de Ricaumont im Oktober 1972 in der einflußreichen Literaturzeitschrift *Nouvelles Littéraires* über *Maigret et M. Charles* (»Maigret und Monsieur Charles«), den Roman, der der letzte »Maigret« bleiben sollte – und der letzte Roman Simenons überhaupt. »Man kann sich des Eindrucks nicht erwehren, daß der Verfasser außer Atem gekommen ist und sein Held langsam verblaßt . . . Dies ist wirklich ein drittklassiger Maigret!« Noëlle Loriot nahm in *L'Express* gleichfalls kein Blatt vor den Mund. »Das ist also Simenons jüngstes Buch, *Maigret et M. Charles?* Es ist ein Kriminalthriller, der so beunruhigend schlecht ist, daß man sich fragt, was passiert wäre, wenn es sich um das Manuskript irgendeines unbekannten Herrn Soundso gehandelt hätte, das dieser dem Verlag zugeschickt hätte? Wäre es wegen Mittelmäßigkeit, Mangel an belebender Handlung und Stilschwäche abgelehnt worden? Vermutlich.«

Es waren nicht nur die Maigret-Romane, die nach und nach ein unfreundliches Presseecho fanden. (»Als ich alt war«, erhielt gute Kritiken, als es 1970 erschien, doch dies Buch war bekanntlich kein Roman.) Simenons übrige neu herauskommende Romane wurden von manchen Kritikern immer noch gelobt, aber die Mehrzahl der Besprechungen glichen in ihrem Tenor allmählich immer häufiger der Kriitk von François Lourbet in der April-Nummer 1971 von *L'Actualité,* die sich mit dem Roman *La disparition d'Odile* (»Keine Spur von Odile«) beschäftigte. Es war dies die bedauerlicherweise prophetische Geschichte eines jungen Mädchens, das heimlich sein gutbürgerliches Elternhaus verläßt, genauso wie es Simenons über alles geliebte Tochter Marie-Jo fünf Monate später auch tun sollte. »Sie sind, wie es heißt, immens reich«, schrieb Lourbet an die Adresse Simenons. »Sie sind, daran besteht kein Zweifel, berühmt. Wahrscheinlich könnte nichts mehr Ihr Vermögen oder Ihren Ruhm vergrößern. Und ich habe überdies den Eindruck – nachdem ich ›Als ich alt war‹ gelesen hatte –, daß Sie sich von Zeit zu Zeit bestürzt gefragt haben: Ist Simenon verschwunden? Lassen Sie mich Ihnen diesen quälenden Zweifel nehmen. Georges Simenon ist wirklich verschwunden! Also, Monsieur, finden Sie ihn um Gottes willen zu unser aller Freude und im Hinblick auf Ihren inneren Frieden wieder! Oder hören Sie zu schreiben auf . . .!«

Im Januar 1971 starb Simenons Mutter Henriette hochbetagt mit 90 Jahren in Lüttich. Simenon, selbst inzwischen fast achtundsechzig Jahre alt, war mit Teresa nach Belgien gereist, und während sie geduldig im Hotel auf ihn wartete, saß Simenon fast eine Woche lang täglich am Sterbebett seiner Mutter, um sie in ihrem Todeskampf zu trösten. Zu diesem Zeitpunkt war der seelische Druck, der auf ihm lastete, ungeheuer, und als ein dreiviertel Jahr darauf Marie-Jo Prangins verließ, ohne ihren »Daddy« zu informieren – übrigens dieselbe psychiatrische Klinik, in der ihre Mutter lange Zeit Patientin gewesen war, von der sie vermutlich die geistige Labilität geerbt hatte –, muß es dem alternden Schriftsteller wirklich so vorgekommen sein, als stürze seine ganze Welt über ihn zusammen.

Dem Beispiel ihres Bruders John folgend, der diesen Weg vier Jahre zuvor beschritten hatte, fand Marie-Jo zunächst in Paris bei ihrem Halbbruder Marc eine Bleibe. »Ich vergesse mein Leben lang ihren Anruf aus der Klinik nicht«, versichert dieser. »›Marc, ich hau' hier ab!‹ erklärte sie entschlossen. Warum sie nicht zu ihrem Vater nach Epalinges zurückkehrte, statt zu mir nach Paris zu kommen? Weil sie in Wirklichkeit vor Epalinges floh, nicht so sehr vor der Klinik! Die hätte sie jederzeit verlassen können, denn schließlich hatte sie sich einer freiwilligen Behandlung unterzogen. Sie verehrte ihren Vater, doch ihre Mutter hatte ihr inzwischen so viele schreckliche Dinge von ihm berichtet und ihn derart schlecht gemacht, daß Marie-Jo wohl nicht mehr unterscheiden konnte, was daran stimmte und was nicht. Sie wußte keinen anderen Ausweg als wegzulaufen.« Ein paar Monate später teilte Simenon seinem Freund Jean Martinon mit: »Die Ärzte rieten mir, ihr ihren Willen zu lassen. Sie ist nach vierzehn Tagen für kurze Zeit hierher zurückgekehrt. Sie möchte die Schauspielschule in Paris besuchen. Inzwischen lebt sie mit einem jungen Schauspieler zusammen in einer Atelierwohnung am Boulevard de la Madeleine. Jeden vierten Tag ruft sie mich an.

Sie klingt glücklich, vernünftiger und ausgeglichener als vor einigen Monaten.

Selbstverständlich hätte ich eine andere Form der Kur lieber gehabt. Doch sie ist entschlossen, ihre Freiheit mit Gewalt zu verteidigen. Sie ist jetzt achtzehn ... Sie würden Sie nicht wiedererkennen ...«

Der Patriarch, der seine Kinder mit einer Intensität liebte, die sie nicht ertragen konnten, blieb allein in

dem riesengroßen Prachtbau in Epalinges zurück, wo
ihm nur der zwölfjährige Pierre und Teresa Gesellschaft
leisteten.

Marie-Jo 1968, als sie 15 Jahre alt war

Nach diesem Brief an Dr. Martinon vom Dezember 1971
schrieb Simenon nur noch einen einzigen Roman, den
von der Kritik später so verrissenen »Maigret und Monsieur Charles«, den er im darauffolgenden Februar ab-
schloß. Dann vergingen sieben Monate, ohne daß er
den Versuch unternommen hätte, ein neues Manuskript anzufangen. Schwindelanfälle machten ihm sehr
zu schaffen. Er und Teresa verbrachten den größten

Teil des Sommers 1972 in Valmont, einem luxuriösen Hotelsanatorium inmitten der baumbestandenen Hänge oberhalb von Montreux, wo er es sich noch oft zur Gewohnheit machen sollte, »Zuflucht vor der Welt« zu suchen, wie er es selbst ausdrückte. »Man könnte sagen, daß mit einem Mal alle meine Sorgen der verflossenen Jahre auf mir lasteten und eine Bürde verursachten, die zugleich schmerzhaft und schwer war«, sollte er später in den »Intimen Memoiren« formulieren.

Am 18. September 1972, einem Nationalfeiertag in der Schweiz, setzte er sich dann plötzlich in seinem Arbeitszimmer in Epalinges um neun Uhr vormittags, drei Stunden später als gewöhnlich, wenn er an einem neuen Buch arbeitete, an den Schreibtisch und beschriftete einen nagelneuen großen Briefumschlag mit dem einen Wort »Victor«. Das war der Titel, den er dem Roman geben wollte, den er plante. (So stellte er es zumindest in den »Intimen Memoiren« dar. In dem sieben Jahre früher diktierten autobiografischen Werk »Ein Mensch wie jeder andere«, das seine Tagebuchnotizen und Erinnerungen aus dieser Zeit enthält, gibt er an, der Name des Romans, den er damals zu schreiben beabsichtigte, habe »Oscar« lauten sollen. Wie so oft schafft er auch hier, vorsätzlich oder nicht, ein Geheimnis in seinem Leben.)

Er saß da und starrte auf das Wort – gleichgültig, welches es nun war –, und nichts kam dabei heraus. Er hatte keine Vorstellung von den handelnden Personen, und seine Eingebung verließ ihn selbst da, wo es darum ging, ein Gerüst zu skizzieren, in das er dann die Figuren einordnen konnte. Nichts, rein gar nichts fiel ihm ein; die Truhe mit seinem Vorrat an Phantasie war einfach leer. Er notierte ein oder zwei Dinge, doch trotz der üblichen Routinemaßnahmen, die er vor Beginn der Arbeit an einem neuen Buch traf – das »Nicht stören!«-Schild an der Tür, die angespitzten Bleistifte senkrecht in einem Lederbehälter auf seinem Schreibtisch griffbereit, das Arbeitszimmer gut durchlüftet und anschließend die Jalousetten heruntergelassen –, spürte er, daß es diesmal nicht klappen würde. Später setzte er sich in einem der Salons zu Teresa, die ihn besorgt ansah, denn er hatte sein Arbeitszimmer weit vor der Zeit verlassen, die er normalerweise für die vormittägliche Fertigstellung eines Kapitels benötigte. »Alles ist in Ordnung«, erklärte er ihr. Sie aßen zu Mittag, aber im Gegensatz zu sonst verlor er an diesem Tag kein Wort mehr über sein neues Projekt.

Am nächsten Morgen unternahm er einen weiteren Versuch und bemühte sich, aus seinem Unterbewußtsein eine Art »Aufhänger« für das Buch auszugraben, der es ihm ermöglichte, eine Handlung in Fluß zu bringen. Doch sein Gehirn war noch immer blockiert. Er konnte einfach keinen klaren Gedanken fassen. Zu allem Überfluß klingelte noch das Telefon. Seine Bank informierte ihn über eine neue Forderung Denises, die plötzlich Auskünfte über Einnahme- und Ausgabenbuchungen auf dem früheren gemeinsamen Konto verlangte. Simenon rief seinen Anwalt an und ersuchte ihn, diese Angelegenheit in die Hand zu nehmen. Inzwischen war das »Victor/Oscar-Vorhaben« in noch weitere Ferne gerückt. Teresa ließ er darüber nur wissen: »Morgen werde ich dir sagen können, wenn ich dann noch so denke wie heute, ob ich weitermache oder nicht!«

Und am nächsten Morgen teilte er ihr als erster seinen Entschluß mit: »Nein, ich werde überhaupt nichts mehr schreiben! Ich habe bereits meinen letzten Roman verfaßt...« Am selben Tag rang er sich noch zu einem zweiten Beschluß durch, den er ebenfalls sofort Teresa anvertraute: »Wir verlassen Epalinges!« Beide Entscheidungen waren beinahe so etwas wie die zwei Seiten einer Münze; aber nur die Absicht, von Epalinges wegzuziehen, wurde der Öffentlichkeit verkündet. In einem im Oktober 1972 geführten ausführlichen Interview mit

Victor Franco von der großen französischen Zeitung *France-Soir,* in dem übrigens kein Wort über Teresa steht, erklärte Simenon, er gebe sein großes Haus auf, und alle Möbel und Gemälde würden verkauft. Von seinen fünf Autos trenne er sich ebenfalls »ohne eine Träne«.* »Ich sehe mich hier neugierig um«, bemerkte Simenon zu dem Journalisten in einem der großen Wohnräume in Epalinges, in den gerade die pralle Herbstsonne schien, »und schon ist mir, als gehöre mir nichts mehr von diesen Dingen...« Er hatte bereits ein neues Heim ausgesucht: zwei moderne Wohnungen mit insgesamt sieben Zimmern, die er in ein Appartement umwandeln ließ, im achten Stockwerk eines Hochhausblocks an der Avenue de la Cour, der rund anderthalb Kilometer vom Stadtzentrum von Lausanne entfernt war. Aus allen Fenstern hatte man einen herrlichen Blick auf den Genfer See. »Ich selbst renoviere mich auch!« sagte er zu wiederholten Malen während des Umbaus des neuen Domizils mit vielleicht mehr Begeisterung, als er in Wirklichkeit verspürte.

Innerhalb eines Monats – wie immer brachte er, trotz seines niedergedrückten, seelischen Zustandes, den Umzug schnell hinter sich, nachdem sein Entschluß feststand, einen Tapetenwechsel vorzunehmen – hatte er mit Teresa, Pierre und der italienischen Hausgehilfin Yole die künftige Bleibe bezogen. Entgegen seiner ursprünglichen Absicht bot er den Besitz in Epalinges nicht zum Kauf an. Zunächst blieb dort sein Sekretariat zurück, bis auch dieses nach Lausanne in eine moderne Wohnung verlegt wurde, deren Zimmer als Büroräume genutzt wurden. Die Villa in Epalinges blieb leer (und ist bis heute ungenutzt). Nach dem Willen Simenons sollen nach seinem Tode die Kinder entscheiden, was mit dem Anwesen geschieht.

---

* Seinen Beschluß änderte Simenon später dahingehend, daß er die wertvolleren Bilder irgendwo einlagerte. (Anm. d. A.)

Anfang Februar 1973, kurz vor Simenons siebzigsten Geburtstag, erhielt ein Lausanner Lokaljournalist, dem er besonders vertraute, eine telefonische Einladung, den Schriftsteller in Valmont zu besuchen, wo dieser sich für ein paar Wochen aufhielt. »Warum denn? Was ist los?« wollte Henri-Charles Tauxe von Simenons Sekretärin Joyce Aitken wissen, die ihn angerufen hatte. »Monsieur Simenon will es Ihnen selbst sagen«, war die Antwort.

In Valmont verkündete dann Simenon dem überraschten Journalisten etwas, was diesem urplötzlich eine Exklusivmeldung in die Hand gab, die alle Welt interessierte. »Mein Paß wird künftig die Angabe ›ohne Beruf‹ enthalten statt wie bisher ›Romanschriftsteller‹! *Maigret et M. Charles* ist mein letzter Roman gewesen!« Als Grund für diesen Entschluß führte er das immer häufiger wiederkehrende Schwindelgefühl an, das ihm das Leben unerträglich mache. »Um Romane schreiben zu können, muß ich in hundertprozentig guter Verfassung sein«, erläuterte Simenon dann weiter. »Für mich selbst bedeutet meine unwiderrufliche Entscheidung so etwas wie eine Befreiung. Während der letzten fünfundfünfzig Jahre habe ich in der Haut meiner Figuren gesteckt. Nun möchte ich mein eigenes Leben leben. Ich habe mir selbst die Freiheit gegeben. Ich fühle mich glücklich und verspüre eine große Gemütsruhe!«

In jüngeren Jahren hätte Simenon gewußt, daß nichts auf Erden vollkommen ist und daß Gemütsruhe eine Selbsttäuschung sein kann.

20

Der Schlüssel zum Geheimnis

Da lebte er nun in der merkwürdig anonymen Atmosphäre des modernen, funktionell eingerichteten Appartements innerhalb eines Wohnblocks von eintöniger Architektur und genoß den Ausblick auf die schneebedeckten Berge hinter dem gegenüberliegenden Ufer des Genfer Sees. Der Himmel mit den dunklen, regenschweren Wolken schien ihm in diesem Frühjahr besonders niedrig zu sein, aber kam das nicht daher, daß er zum ersten Mal in seinem Leben eine Wohnung in einem Hochhaus gewählt hatte? Obwohl sie nur zu viert hier wohnten, gab er Teresa in der Öffentlichkeit noch immer nicht als seine »Frau« aus. Offiziell bestand das Quartett aus Vater und Sohn, die von den beiden weiblichen Wesen versorgt wurden.

Was versprach die Zukunft für Simenon, der sich, auf die Siebzig zugehend, ohne Reue von einem großen Haus, vielen Dienstboten und mehreren Luxuskarossen getrennt hatte?

Ohne Zweifel verspürte er ein erhebliches Glücksgefühl: das Gefühl der Erleichterung, daß eine Last von seinen Schultern genommen war, das beruhigende Bewußtsein, daß er nicht länger genötigt war, mit seiner schriftstellerischen Arbeit an vergangene Erfolge anzuknüpfen. »Ich wollte keinen unaufrichtigen Roman schreiben und ich wollte auch nicht mich selbst umbringen, indem ich versuchte, einen ehrlichen Roman zu Papier zu bringen«, erklärte Simenon im September

1973. Er konnte sich eines traurigen Gefühls nicht erwehren, Maigret aufgegeben zu haben. »Ich werde dauernd von Gewissensbissen geplagt, ihn nach ›Maigret und Monsieur Charles‹ völlig fallengelassen zu haben! Es ist fast so, als habe man einen Freund verlassen, ohne ihm die Hand zu drücken...«

Doch auch ein Gefühl der Leere machte sich breit, und eine innere Stimme drängte ihn, unter allen Umständen das Vakuum zu füllen, das nun im Mittelpunkt seines Lebens vorhanden war. Am 13. Februar 1973, seinem 70. Geburtstag, kaufte er sich ein Tonbandgerät. Er hatte gelobt, nichts mehr zu schreiben – schön! Doch mit der Arbeit gedachte er nicht aufzuhören. Er wollte die Suche nach der Wahrheit fortsetzen, die sich ihm während seines bisherigen arbeitsreichen Lebens stets zu entziehen gewußt hatte: der Wahrheit über sich selbst. Praktisch jeden Tag setzte er sich während der nun folgenden sieben Jahre hin und sprach ein buntes Durcheinander von Erinnerungen, Gedanken über seine Bücher und Bemerkungen über die Tagesereignisse, sowohl in seinem Privatleben wie auch in der weiten Welt draußen, auf Band. Die getreue Joyce Aitken, von ihm nur »Aitken« genannt, tippte geduldig den Inhalt der Kassetten aufs Papier; Simenon sah anschließend die Manuskripte noch einmal durch, bevor sie in Druck gingen. Alles in allem sollten einundzwanzig Bände seiner *Dictées* (»Diktate«) im Buchhandel erscheinen, von denen nur ein Bruchteil ins Deutsche und in andere Sprachen übersetzt worden sind. Sie waren alle in seinem sogenannten Ruhestand verfaßt worden. Es stellte sich heraus, daß dieser in Wirklichkeit mehr eine Richtungsänderung als das Ende einer Reise darstellte.

In »Ein Mensch wie jeder andere«, dem ersten (Tonband-)»Diktat«, sind diese inhaltsschweren Worte zu finden: »Mein ganzes Leben lang habe ich mich mit anderen beschäftigt und versucht, sie zu verstehen. Nun kämpfe ich darum, die Wahrheit über mich selbst herauszufinden, eine Wahrheit, die ich zu kennen glaubte, die ich jedoch unterwegs verloren haben muß.« Bedauerlicherweise scheint es für Simenon eine fruchtlose Suche gewesen zu sein, die so vergeblich war wie alle seine bisherigen Anläufe, sein eigenes Geheimnis zu enträtseln, Jahre zuvor – 1968 – hatte er in dem Interview, das die Schweizer Nervenärzte mit ihm führten, seinen alten Freund Charlie Chaplin zitiert, der ihm einmal gesagt hatte: »Wenn ich mich mal nicht wohl in meiner Haut fühle, schreibe ich ein Buch oder mache einen Film. Das ersetzt die Psychoanalyse, und statt Geld auszugeben, nehme ich welches ein!« Noch nach seiner »Pensionierung« versuchte es Simenon mit dieser öffentlichen Form einträglicher Selbstanalyse, zuerst mit seinen von einem Kassettenrecorder registrierten Monologen, später mit den in den Monaten Februar bis November 1980 handgeschriebenen fast tausend Seiten der »Intimen Memoiren«. Doch das selbstgesteckte Ziel erreichte er nicht damit.

Nach über acht Jahrzehnten seines Daseins war er noch immer von der Kenntnis der Wahrheit über sich selbst so entfernt wie zuvor. Edward Behr drückte es in seiner Rezension der »Intimen Memoiren« in dem amerikanischen Nachrichtenmagazin *Newsweek* so aus: »Nirgendwo findet sich eine Antwort auf die Frage, die weniger produktive – und weniger talentierte – Schriftsteller sich in den kommenden Generationen vorlegen werden: Wie zum Teufel brachte er das alles nur zustande?«

Was die *Dictées* betrifft, so fanden sie, abgesehen von dem »Brief an meine Mutter«, der eigentlich nicht zur Serie seiner autobiografischen »Sektionen« gehört, sondern den Versuch darstellt, ein für alle Male das Verhältnis zu seiner Mutter zu beschreiben, in der Presse ein vorwiegend negatives Echo, wie ein paar willkürlich herausgegriffene Kritiken aus französischsprachigen Blättern beweisen.

»Ein paar geistreiche Aphorismen waren es wert, zu Papier gebracht worden zu sein, vor allem die über die Erziehung seiner Kinder, aber nicht eine Reihe nutzloser Ergüsse wie beispielsweise die ständigen Loblieder auf seine dritte ›Ehefrau‹. Das wirkt, offen gestanden, auf die Dauer ermüdend...« *(Vers l'Avenir)*

»Simenon von Banalität befallen?... Man möchte glauben, daß Simenon, der Romancier, und Simenon, der Verfasser der ›Intimen Memoiren‹, zwei völlig verschiedene Leute sind...!« *(Tribune de Genève)*

»Es ist nötig, ein offenes Wort über diesen neunten Band seiner (Simenons) auf Tonband verewigten Reminiszenzen zu sagen. Es ist zu hoffen, daß es der letzte ist...!« *(Le Pèlerin)*

Glückliches Zusammensein
mit seinen Kindern Marie-Jo und Pierre

»Es gibt nichts Entsetzlicheres als diese falsche Ruhe Simenons, dieses dauernde Plakatieren seiner ›Arbeitslosigkeit‹, diese scheußliche Einstellung von jemand, der sich aus dem schöpferischen Leben zurückgezogen hat. Seine Darstellung der Tagesereignisse, seine Familienanekdoten, sein braver, jovialer Ton, der herausstreichen soll, daß er ein Mann ist, der ›sich über nichts mehr aufregt‹ – das alles ist für mich nur ein Trick.« *(Le Parisien)*

»Trotz seiner Freudenschreie und Dankesbezeigungen an die Adresse von Teresa, seiner Kinder und der erhabenen Schönheit der schweizerischen Landschaft, in der er sich bewegt und lebt, scheint Georges Simenon mit 76 kein glücklicher Mann zu sein...« *(L'Echo de la Bourse)*

Die vielleicht verletzendste Buchbesprechung war die im Juni 1979 in *L'Express* erschienene, die sich mit dem zwölften Band der diktierten Zeitkommentare beschäftigte, der *Je suis resté un enfant de choeur* (»Ich bin ein Chorknabe geliebten«; eine deutsche Übersetzung gibt es nicht) überschrieben ist. Sie war verfaßt von dem Journalisten Angelo Rinaldi, einem langjährigen Bewunderer der Simenonschen Romane, und drückte die Dinge unverblümt aus: »Elf Bände dieser *Dictées* liegen bereits vor, und hier folgt nun der zwölfte. Sie bilden ebenso viele Abwärtsstufen, die wir hinuntersteigen, um den Nullpunkt des Denkens zu finden... Da gibt es nichts über Musik, Theater, Film; Literatur wird nur im Zusammenhang mit irgendeinem Kompliment, das ihm Gide einst machte, erwähnt... Intellektuelle Leere fast auf der ganzen Linie... Simenon hat alles verstanden, nur sich selbst nicht!«

Marc verteidigt seinen Vater. »Ich glaube, daß viele Leute die *Dictées* gar nicht richtig verstanden haben. Sie hielten meinen Vater für ziemlich überheblich, und viele Kritiker schrieben, er berichte über Belanglosigkeiten. Meiner Meinung nach wollte er aber den Lesern zu verstehen geben, daß er einfach *ist*. Daß er kein Denker oder Philosoph ist. Und das hat er gezeigt. Sobald er Philosophisches einflocht, wurden Gemeinplätze daraus.« Marc ist seinem Vater treu ergeben. Das erklärt diese Interpretation, die beinahe so trügerisch zu sein scheint wie einige von Simenons eigenen Erklärungen über sein Verhalten in der Vergangenheit. Schon der Titel des ersten Bandes, »Ein Mensch wie jeder andere«, setzt für diese ganze Reihe von Erforschungen seines Ichs einen falschen Akzent. Sein französischer Verleger Claude Nielsen sagt zu Recht: »Er ist nun einmal ›kein Mensch wie jeder andere‹! Vielleicht glaubt er, das Leben, das er jetzt führt, sei das Leben eines Durchschnittsmenschen, doch das stimmt gar nicht, und er kann nur sein jetziges Leben ertragen, weil er früher einen anderen Lebensstil gehabt hat. Es ist falsche Bescheidenheit von ihm, aber er glaubt daran. Mag sein, daß er zu beweisen sucht, daß das, was er einst tat, nur ein Artefakt seines Schriftstellerdaseins gewesen ist und daß er erst jetzt im Alter wahres Glück, Gelassenheit und Stabilität gefunden hat.«

Während der letzten zehn Jahre hat sich Simenon mit seinem vollkommenen Glück ebenso gebrüstet, wie er seinerzeit 1952 Brendan Gill von seiner wunschlosen Zufriedenheit und inneren Ruhe in Lakeville vorgeschwärmt hatte – drei Jahre, bevor er sich plötzlich, buchstäblich über Nacht, entschied, dem Ort den Rücken zu kehren.

Es ist ein Jahrzehnt gewesen, in dem er immer mehr den materiellen Vorteilen seines großen Reichtums entsagt hat. Im Februar 1974, nur vierzehn Monate nach Bezug der großen Wohnung an der Avenue de la Cour, siedelte er abermals um – in sein dreiunddreißigstes und, wie er schwört, letztes Heim. Es ist ein kleines, im 18. Jahrhundert erbautes Haus mit einer riesigen, über 250 Jahre alten Zeder im dahinterliegenden Garten. Das Häuschen steht am Ende einer Art Sackgasse knapp hundert Meter von der Hochhauswohnung entfernt. Er hat das Appartement beibehalten, benutzte es jedoch nur zweimal im Jahr, wenn er die Winter- durch die Sommergarderobe und umgekehrt ersetzte, denn seine Kleidung bewahrte er in staubdichten Hüllen in der leerstehenden Wohnung auf. Selbst wenn seine Kinder oder Enkelkinder ihn besuchten, übernachteten sie nicht in diesem Appartement und auch nicht in dem räumlich beengten Häuschen, sondern in einem Hotel in der Nähe.

Er bezeichnete dieses Domizil als »unser rosa Häuschen« und führt dort ein Leben von offensichtlicher Schlichtheit, völlig abhängig von Teresa, die nach dem Einzug in dieses Refugium endlich der Welt als »Mada-

*Georges Simenon daheim in seinem »kleinen rosa Haus«
in Lausanne, April 1979*

me Simenon« – die sie nur dem Namen nach nicht ist – präsentiert wurde. Von nun an waren keine Vorwände und Ausreden mehr erforderlich; sie brauchte ihn nicht mehr in Gegenwart anderer Leute mit »Monsieur« anzureden und zu siezen.

Das Erdgeschoß wird fast gänzlich eingenommen von einem großen Raum, der Simenon und Teresa als Wohn- und Schlafzimmer dient. Das größte Möbelstück darin ist das in einer Ecke stehende alte Doppelbett, das aus Epalinges herübergeschafft wurde. Pierre, Simenons dritter Sohn, der Mitte Zwanzig ist, hat eine kleine Wohnung in der oberen Etage, die praktisch einer Einliegerwohnung gleichkommt und sein Zuhause ist, wenn er gelegentlich von der Universität Genf ins Haus des Vaters kommt. Er scheint in seiner Beziehung zu diesem kein Trauma durchgemacht zu haben wie seine beiden älteren Brüder und seine Schwester; wie John hat er keine Verbindung mehr zu seiner Mutter, und seine Einstellung zu seinem alten Vater gleicht nahezu der Verehrung eines jungen Mannes für seinen über alles geliebten Großvater.

Alle Manuskripte, Arbeitsunterlagen und beruflichen Erinnerungsstücke Simenons sind bis auf die vor 1945 erstellten Urschriften seiner Romane, die er bekanntlich seinerzeit in St.- Mesmin-le-Vieux verschenkt hatte, damit sie auf Wohltätigkeitsbasaren zugunsten französischer Kriegsgefangener in Deutschland versteigert werden konnten, im *Centre d'Etudes Georges Simenon* zusammengetragen, das dank der aufopferungsvollen Bemühungen des Literaturwissenschaftlers Professor Maurice Piron 1976 an der Universität Lüttich, in Simenons Vaterstadt also, eingerichtet wurde. Simenon las keine Bücher mehr mit Ausnahme von Biografien und gelegentlich einer technischen Zeitschrift. Er ging nicht ins Theater, Kino oder in den Konzertsaal. Den Fernsehapparat schaltete er nur ein, um sich Nachrichten oder Übertragungen vom Tagesgeschehen anzusehen. Tag für Tag fütterte er die zirka dreihundert Vögel, die sich im Astwerk seiner Zeder heimisch fühlen – obwohl er nie auf der Bank unter dem Baum saß (es sei denn, ein Pressefotograf hätte ihn darum gebeten), wie es ständig in Illustrierten (und auf dem Schutzumschlag von »Stammbaum«) zu sehen ist. Das ist eine weitere sein Leben betreffende Unwahrheit. Er aß nur noch bescheidene Hausmannskost; die Tage, da er den angeborenen starken Appetit eines belgischen Stallburschen an den Tag legte, sind längst Vergangenheit gewesen.

Er und Teresa gingen jeden Abend um halb zehn zu Bett. Sie begleitete ihn überallhin und wartete sogar auf ihn, wenn er sich beim Friseur die Haare schneiden ließ. Seine Erholung bildeten die ausgedehnten Spaziergänge zu zweit, die sie Arm in Arm machten. »Ich bedeutete ihm vor langer Zeit, ich hätte nichts dagegen, wenn er sich für andere Frauen interessierte«, sagt Teresa. Doch er ist in diesem späten Stadium seines Lebens zum ersten Mal einer Frau hunderprozentig treu.

Denise, die nie das »rosa Häuschen« von innen gesehen hat und inzwischen zeitweilig von ihrem zweiten Wohnsitz in Avignon aus selbst als Psychotherapeutin praktiziert (weil ein obskures französisches Gesetz zuläßt, daß jemand, der lange genug bei einem Psychotherapeuten in Behandlung war, selbst Patienten annehmen darf), bemerkt dazu: »Mir soll doch keiner sagen, daß Simenon nicht noch immer etwas für mich übrig hat. Warum legt er sich denn jeden Abend mit dieser Frau in demselben Bett schlafen, das *wir* einmal geteilt haben? Ich habe nicht nur das Gefühl, daß ich die Frau bin, die er am meisten geliebt hat, sondern ich bin auch fest davon überzeugt, daß er mich als einzige wirklich geliebt hat! Er liebt diese Teresa nicht als Frau. Er liebt sich selbst, und sie besitzt weder die persönliche Ausstrahlung noch die Intelligenz, für ihn etwas anderes zu sein als ein Teich, in den er hineinblickt und sein eigenes Gesicht sieht. *Sie ist ein Spiegel, keine Frau!*«

Simenon seinerseits meinte in einer für die *Dictées* typischen Tirade dazu: »Für mich, einen alten Mann, der Zeit zum Denken und Nachdenken hat, ist Liebe zunächst einmal Stille. Sie ist die Fähigkeit, sich im selben Zimmer aufzuhalten, ohne miteinander zu reden, jeder der Gedanken des anderen bewußt... Sie ist die Hand, die unbewußt im Schlaf den Körper des anderen sucht, nicht aus sexuellen Gründen, sondern der Berührung wegen... (Sie ist) eine völlige geistige und körperliche Verbindung miteinander. Sie bedeutet, zur selben Zeit dasselbe zu denken, dieselben Reaktionen zu verspüren, dieselben Gefühle zu hegen und die Widerspiegelung dieser Gefühle an den Augen des Partners abzulesen.« All dies behauptete er endlich bei Teresa gefunden zu haben.

Aber wir müssen eher in der Realität seines Sexuallebens, nicht anhand der Trugblider seiner Träume oder der Wunscherfüllung im hohen Alter, die Lösung für sein persönliches Geheimnis suchen. Seit er in das »rosa Häuschen« eingezogen ist, sind zwei Ereignisse eingetreten, die wie Wegweiser an seinem Lebensweg stehen. Das erste ist die Prahlerei, mit 10 000 Frauen geschlafen zu haben, mit der er 1977 die Welt überraschte (übrigens eine Zahl, die er später in einem Band der *Dictées* auf »Zehntausende von Frauen« erweiterte), das zweite der Selbstmord seiner Tochter Marie-Jo im darauffolgenden Jahr. Der alte Geschichtenerzähler hielt fast bis zum Schluß mit den beiden am meisten über seine eigene Lebensgeschichte enthüllenden Geschehnissen zurück.

Die Legende von den »10 000 Frauen« ist sowohl amüsant als auch entlarvend. Tatsächlich brüstete sich Simenon zweimal mit dieser Zahl, kurz vor und kurz nach seinem 74. Geburtstag, in einem Alter also, in dem die meisten Männer ihre fleischlichen Genüsse entweder vergessen haben oder sie lieber vergessen würden. Das erste Mal rühmte sich Simenon seiner sexuellen Großtaten im Januar 1977 bei einer Diskussion mit dem italienischen Filmregisseur Federico Fellini aus Anlaß der bevorstehenden Uraufführung von dessen neuestem Film über das Leben Casanovas. Das französische Nachrichtenmagazin *L'Express* hatte nämlich die für die Auflage der betreffenden Ausgabe außerordentlich umsatzsteigernde Idee gehabt, Fellini durch den alten Zeitungshasen Simenon über das Thema Casanova interviewen zu lassen, und der berühmte Filmmann hatte sich gern bereit erklärt, nach Lausanne zu reisen und sich mit Simenon zu treffen. John Simenon, gerade von seinem Studium aus den USA zurück, nahm die Unterhaltung auf Tonband auf.

Das Ergebnis war eine Titelgeschichte, die *L'Express* unter der dicken Überschrift »Fellini-Simenon: Casanova, unser Bruder... Ein wichtiger Dialog über das Geheimnis künstlerischer Kreativität« herausbrachte. Auf der letzten Seite des dreizehn Seiten langen Artikeln steht der folgende Absatz:

»G. Simenon: ›Wissen Sie, Fellini, ich glaube, daß ich in meinem Leben ein größerer Casanova gewesen bin als Sie! Ich habe vor einem Jahr oder so mal ausgerechnet, daß ich, seit ich dreizehneinhalb war, zehntausend Frauen gehabt habe. Es war überhaupt nichts Perverses dabei. Ich habe nämlich nicht die geringste sexuelle Perversion, aber ich brauche den intimen Umgang mit Frauen. Und selbst die rund achttausend Prostituierten unter den erwähnten zehntausend Frauen waren menschliche Wesen, weibliche menschliche Wesen. Ich hätte gerne alle Frauen besser kennengelernt. Leider war ich wegen meiner Ehen nicht imstande, richtige Abenteuer zu erleben. Sie glauben gar nicht, wie oft ich im Leben einen Akt gewissermaßen zwischen zwei Türen vollziehen mußte, in dem Zeitraum zwischen dem Schließen der einen und dem Öffnen der anderen Tür!‹«

475

Erstaunlich ist, daß die Weltpresse im Gegensatz zu später damals diese »magische Zahl« nicht sofort aufgriff. Selbst John, der während des Gesprächs die Spulen des Tonbandgeräts überwachte, schien gar nicht beeindruckt zu sein. Er nahm an, sein Vater »gebe wohl ein bißchen an«, wie er heute gesteht, aber damit hatte es sich.

Eine »Weltsensation«, die über die internationalen Ticker und Telefone verbreitet wurde und Simenon einen einzigartigen Platz in den Büchern der Rekorde als »Sexprotz« eintrug, wurde erst vier Monate später, im April 1977, daraus, als Simenon gegenüber einem Reporter der in Zürich erscheinenden schweizerischen Tageszeitung *Die Tat* während eines ansonsten routinemäßigen Interviews die Behauptung wiederholte. Er gebrauchte dabei fast die gleichen Worte. Er erklärte, mit 10 000 Frauen verkehrt zu haben, seit er ein Junge von dreizehn gewesen sei, »weil ich die Wahrheit erfahren wollte. Ich brauchte sie physisch, und ich hatte auch ein Bedürfnis nach Kommunikation mit Frauen. Man kennt eine Frau bekanntlich erst richtig, wenn man mit ihr geschlafen hat.

Wenn ich eine schöne Frau sah, war meine erste Reaktion die Frage: Wie mag ihr Gesichtsausdruck während des Orgasmus sein?

Ich war mein Leben lang auf der Jagd, um herauszufinden, welches die wahre Frau ist, diejenige, die sich elegant anzieht und Diamantschmuck trägt, oder die, die in einem bestimmten Augenblick Schreie ausstößt, ohne sich dessen bewußt zu sein. Das ist der Schlüssel zu einer Frau. Und daher rührt meine Behauptung, daß man eine Frau nur richtig kennt, nachdem man mit ihr ins Bett gegangen ist. Ich wollte Frauen in diesem Sinne kennenlernen, ich wollte die Wahrheit über sie wissen...

Ich erinnere mich an all diese Frauen nicht mehr, ich habe sie samt und sonders vergessen... doch mit

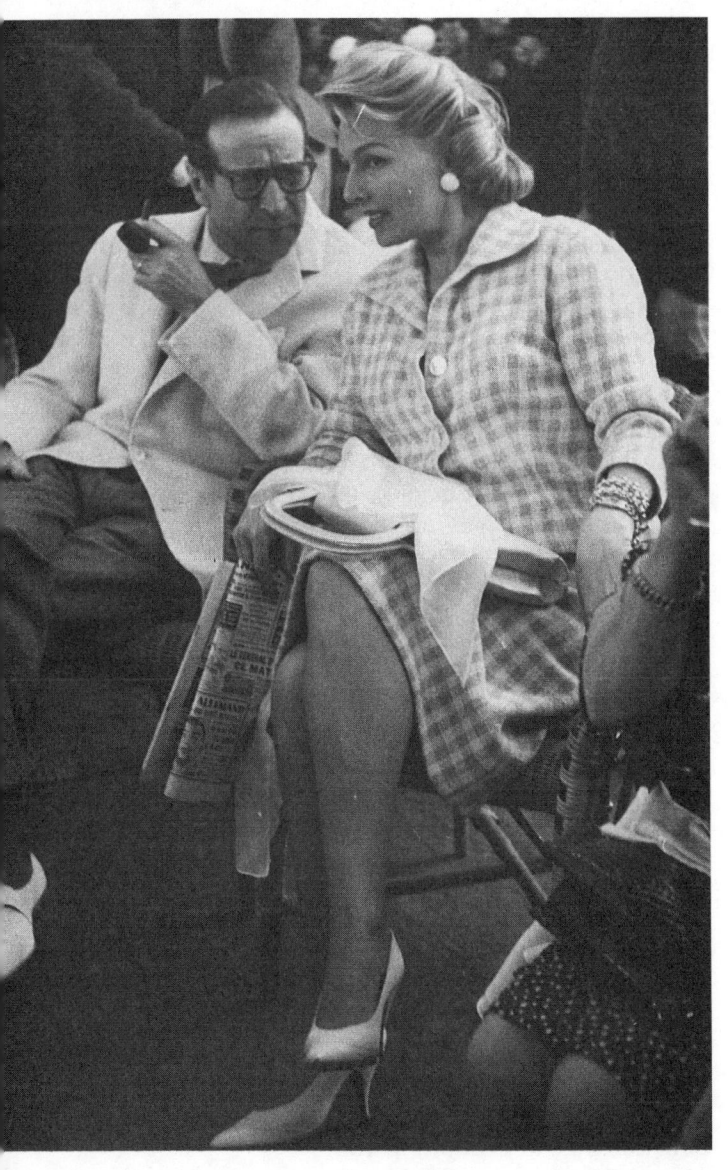

Georges Simenon und Simone Renant

Hilfe dieser 10 000 Frauen fange ich an, ›die‹ Frau zu kennen...«

Die Presse reagierte nach Bekanntwerden dieser Äußerungen auf beiden Seiten des Atlantiks spontan. Die US-Nachrichtenagentur Associated Press (AP) machte eine große Story daraus, das *Tat*-Interview wurde von einem Tag zum anderen in der westlichen Welt zu einem Aufsehen erregenden Lesestoff. Simenon hatte im Verlauf des Gesprächs versichert, er habe zuvor in Gedanken seine »amouröse Karriere« Revue passieren lassen und sei dabei zu der Überzeugung gelangt, daß die Zahl Zehntausend korrekt sei.

Daraufhin rief ein Reporter aus London Simenons Sekretärin Joyce Aitken an, um sich noch einmal den Wahrheitsgehalt dieser Behauptung bestätigen zu lassen. »Es kann sein, daß er es ironisch gemeint hat«, war ihre Antwort. »Ich bin sicher, daß er keinen Taschenrechner dabei hatte!«

Simenon bestand jedoch darauf, seine Enthüllungen seien keineswegs ironisch gemeint gewesen und tut im übrigen die ganze Angelegenheit als irrelevant ab. In den »Intimen Memoiren« erklärt er autoritativ: »Um beiläufig auf die Legenden einzugehen, die aus mir jemand machen, der sexbesessen ist, erlaube ich mir den Hinweis, daß ich stinknormal bin und nicht der einzige, der seit zarter Jugend und heute noch von drängenden sexuellen Bedürfnissen gequält wird.« Trotzdem stellt er in einem der späteren *Dictées*-Bände die Behauptung auf, die wirkliche Zahl seiner Eroberungen liege bei »Zehntausenden von Frauen«, und auf die Frage, warum er so viele sexuelle Abenteuer gesucht habe, sagt er: »Ich schrieb in meinen Romanen über Frauen. Ich mußte sie kennenlernen, damit ich über sie schreiben konnte. Ja, die Prostituierten auch. Die einzige Möglichkeit, eine Frau richtig kennenzulernen, besteht darin, mit ihr zu schlafen – wobei es keine Rolle spielt, wenn es nur eine flüchtige Begegnung wird...«

Doch Simenon schrieb doch auch über Männer. Hat er denn auch mit 10 000 Männern geschlafen? »Nein«, sagte er lächelnd und klopfte seine Pfeife am neben ihm stehenden Aschenbecher aus, »ich bin nie in die Versuchung gekommen!«

Das mag eine schlagfertige Antwort auf eine zugegebenermaßen respektlose Frage gewesen sein, doch sie könnte auch ein Weg hin zur Wahrheit über diesen Mann sein. Der Dichter Oscar Wilde, der sich bekanntlich wegen homosexueller Verfehlungen vor Gericht verantworten mußte, wurde im Kreuzverhör überführt, weil er auf die Frage: »Haben Sie Walter Grainger (einen der jungen Männer, zu denen er Beziehungen unterhielt) jemals geküßt?« antwortete: »O nein! Der war viel zu häßlich!« Simenons Antwort, daß er nie in Versuchung geriet, mit Männern zu schlafen, und dies als Grund dafür nannte, daß er es nicht tat, könnte man anführen, um die Heuchelei oder bestenfalls die Selbsttäuschung zu entlarven, wenn er als Grund für so viele Verhältnisse mit Frauen nennt, er habe es »um seiner Kunst willen« tun müssen. Er schlief mit einer großen Zahl von Frauen, weil er es wollte. Und damit basta! Vorausgesetzt, daß man mit ungefähr achtzehn Jahren emotionell zurückgeblieben ist (manche werden vielleicht dies Alter höher ansetzen wollen), kann ein sehr freies Sexualleben etwas sehr Genußreiches sein; es besteht überhaupt keine Notwendigkeit, seine natürliche Vorliebe für diesen angenehmen Zeitvertreib hinter hochtrabenden Phrasen zu kaschieren. *Es sei denn, man wolle vor sich selbst den wahren Grund verschleiern, warum man sich promiskuitiv verhält.*

Denn es ist, bei allem Respekt vor Simenon, erwiesenermaßen blühender Unsinn, zu behaupten, um über Frauen zu schreiben, müßte man sie massenweise im Rahmen sexueller Aktivität »studieren«. Was nutzt es für das »Kennenlernen« einer Frau – oder, wenn man will, auch eines Mannes –, wenn man feststellt, ob sie beim Beischlaf stöhnen oder nicht? Sind die Historiker dazu verdammt, nie den wahren Charakter von, sagen wir, Elisabeth I. (angenommen, sie sei wirklich keine Jungfrau gewesen), Katharina von Medici oder Maria Stuart ergründen zu können, weil sie nicht wissen und es nie erfahren werden, ob diese Damen bei der körperlichen Vereinigung Lustschreie ausstießen? Außerdem waren einige der scharfsinnigsten Frauenkenner homosexuell veranlagt, beispielsweise Marcel Proust und Henry James.

Und ein weiteres Argument spricht gegen Simenon: die Frauen in seinen Romanen gleichen sich alle irgendwie mit auffälliger Ausnahme Madame Maigrets. Abgesehen von der idealisierten mütterlichen Ehefrau seines *alter ego* Jules Maigret, sind die meisten Frauengestalten, die Simenon geschaffen hat, entweder unbedeutende oder böse, intrigante Personen. Annette de Bretagne meint dazu: »In seinen Romanen bekleiden die Männer eine Vorrangstellung; die Frauen sind kaum von Bedeutung. Wenn sie aber einmal in den Vordergrund gerückt werden, sind es herrische Kreaturen, Mätressen, üble Charaktere. Kurzum, es sind keine sehr edlen Frauengestalten. Ich gebe zu, er ist in seinen Büchern nicht sehr galant zu den Damen!«

Mit Ausnahme von Madame Maigret, ferner der Ehefrau in *Le Chat* und ein bis zwei anderen weiblichen Charakteren hat er in seinen Hunderten von Büchern keine herausragende Frauengestalt auftreten lassen. Professor Lucille Becker schreibt in ihrer Studie über Simenon zu diesem Thema: »Frauen dienen in den meisten Romanen Simenons nur als Katalysatoren, die die Reaktionen der Männer auslösen, denn für den Autor steht stets das Schicksal der männlichen Charaktere im Vordergrund.«

Annette de Bretagne ergänzt diese Auffassung: »Die Frauen sind oft als sehr bourgeois in seinen Büchern typisiert. Es sind teilweise ausdruckslose Wesen...« Warum also die Notwendigkeit ausgedehnter Recherchen vor Ort für Simenon zur Abrundung seines Wissens über das schöne Geschlecht? Wie immer hat Régine ihren eigenen scharfsinnigen Kommentar auch zu diesem Thema bereit: »In seinen Romanen findet man nur zwei Kategorien von Frauen, die Prostituierten und die äußerst gutherzigen Frauen, die in vielen Fällen Witwen sind, Gestalten wie seine eigene Mutter. Simenon mag, wie er sich rühmt, Tausende von Frauenbekanntschaften gemacht haben, doch ich glaube nicht, daß er ›eine‹ Frau richtig kennt. Ich bin der Auffassung, daß sein Bild von den Frauen überstark von dem Vorbild seiner Mutter geprägt wurde. Sie steht bei ihm stellvertretend für Frauen schlechthin – wenn es nicht gerade Freudenmädchen sind!«

Dieser Hinweis auf seine Mutter trifft im Kern den wahren Grund für Simenons Jagd auf Frauen, denn eine solche ist es, wenn man die literarische Vernebelung durchstößt, mit der er diesen Aspekt seines Lebens immer umgeben hat. Und es ist gewiß keine oberflächliche, amateurhafte Psychologisierung, wenn man sein Verhältnis zur Mutter als Ausgangspunkt für eine Untersuchung seines Sexuallebens heranzieht. Dies ist nämlich die Frau, die ihm ihr Leben lang richtige Mutterliebe versagt hat und zu ihm jenen bereits zitierten, taktlosen Satz sagte: »Wie schade, Georges, daß es Christian war, der sterben mußte!«, wobei sie insgeheim, ihm nur allzu verständlich, ergänzte: »Dein Verlust hätte mich weniger geschmerzt!« Seine Sexualität ist verkümmert geblieben und ein Leben lang auf dem Stand eingefroren, den sie hatte, als er zwischen dreizehn und neunzehn Jahre alt war. Denn das war der Zeitpunkt gewesen, als seine Rebellion gegen die Mutter mit dem sexuellen Erwachen zusammenfiel. Eine psychische Krise trat damals bei Simenon ein, wenn man dem französischen Literaturkritiker André Parinaud glauben will, aufgrund derer Frauen für ihn

»Feind und begehrtes Objekt zugleich wurden. Damit man sie besitzen kann, müssen sie zugleich auch erniedrigt werden, um sie auf die Ebene des Mannes herunterziehen zu können. Daher begehrt er Frauen, die mit dem Schmutz Bekanntschaft gemacht haben«. Professor Becker kommt zu einem ähnlichen Schluß: »Das ist der Grund, warum so viele Männer in Simenons Büchern auftreten, die ihre Impotenz nur beim Verkehr mit Huren verlieren, die ehemalige Prostituierte heiraten oder sich in gefallene Mädchen verlieben. Sexuelle Dinge werden in Simenons Werk stets mit der unbarmherzigen Schmucklosigkeit dieser jugendlichen Vorstellung beschrieben.«

Doch nicht nur der Blickwinkel ist der der Pubertätszeit, sondern auch der Geschlechtsakt selbst wird mit den Augen eines Heranwachsenden gesehen. In keinem der Bücher Simenons, gleichgültig, ob er einen eigenen Akt oder den seiner Romanfiguren beschreibt, wird, von wenigen Ausnahmen abgesehen, einmal ein Beispiel für einen feinfühligen, zärtlichen Austausch von Gefühlen zwischen zwei ineinander verliebten Menschenkindern angeführt. Frauen sind für Simenon beinahe so etwas wie ein Brechmittel, eine Möglichkeit, sich rasche Erleichterung zu verschaffen. »Im Grunde meines Herzens dürstete mich immer nach Zärtlichkeit, solcher, die ich gab und solcher, die ich empfing«, gesteht er in »Ein Mensch wie jeder andere«, doch in Wahrheit sind die sexuellen Vorgänge, die er schilderte, stets rasch vollzogene, klinisch keimfreie, aus einem jugendlichen Aggressionstrieb heraus vollzogene selbstsüchtige Handlungen. Es sind immer spontane Sexabläufe, sofortige Ejakulationen, die da vorgeführt werden; von einem Versagen ist nie die Rede. Simenon ist für alle Zeit der von seiner Mutter zurückgestoßene Jugendliche geblieben, der ohne Unterlaß anderswo den Trost suchte, den er niemals finden kann. (Nur einige wenige Male hat er seine sexuellen Begegnungen *nicht* in oberflächlichen, animalischen Worten beschrieben. So, als er das Verhalten der »kleinen Gräfin« während der Überfahrt nach Europa 1952 auf dem Transatlantikdampfer schilderte, die »ein, zwei Orgasmen nacheinander« hatte und ihn kurz vor der Ejakulation in Denises Arme entließ. Oder als er im Gespräch mit dem Journalisten John Mortimer versicherte, er lasse »Prostituierten stets zuerst ihr Vergnügen« und betonte, er halte sich für Kenner genug, um zu spüren, ob deren Lust nur geheuchelt sei. Aber ist nicht diese Prahlsucht an sich schon ein pubertäres Attribut – und muß man denn überhaupt dem berühmten Schriftsteller, genauso wie vielen Jugendlichen, die sich sexueller Heldentaten rühmen, alles glauben?)

Der Kommentar eines angesehenen Psychiaters sollte in diesem Zusammenhang nicht fehlen. Der mehrfach erwähnte Dr. Pierre Rentchnick sagt über Simenon: »Er besitzt eine sehr primitive Sexualität. Er sieht ein kleines Dienstmädchen vorbeigehen streift ihm den Rock hoch und zack! Er ist so etwas wie eine Sexmaschine. Bei jeder Erektion muß eine Frau her, aber es könnte irgendeine sein. Er macht sich herzlich wenig aus seiner Partnerin. Ich weiß noch, wie ich vor Jahren einmal den Autosalon hier in Genf besuchte und dort auch Simenon mit seiner Frau Denise traf. Ich konnte mir genau denken, wie sich bei ihm ein Autokauf abspielte, nämlich ebenso, wie er mit einer Frau schläft: ohne Vorspiel, ohne eine Spur von Romantik. Und richtig: das Ganze dauerte keine fünf Minuten! Er bestellte zwei Luxuslimousinen und einen bescheideneren Wagen innerhalb von fünf Minuten! ›Den hier nehme ich‹, erklärte er, und es war ein Rolls-Royce, und Denise schrie: ›Den da möchte ich haben!‹, nämlich einen Mercedes, und dann sahen sie noch einen schönen Wagen und kauften ihn für den Chauffeur. Kein echter Autoliebhaber hätte sich so verhalten. Es war wie drei Orgasmen hintereinander!«

Dabei war Simenon in jener Zeit wirklich ein Fan schöner Automobile – oder bezeichnete sich wenigstens so. Seine autobiografischen Veröffentlichungen sind voller Anmerkungen über Autos und ihre Fertigung. Er kaufte jedoch tatsächlich seine Wagen so, wie er mit Frauen im Bett verfuhr – und seine Romane schrieb: mit rasch zugreifender Vehemenz.

Die Behauptung, »es« in seinem Leben mit zehntausend Frauen »getrieben« zu haben, paßt vollkommen in das Bild von dieser immerwährenden Pubertätszeit. »Ganz sicher steckt in dieser Geschichte von den zehntausend Frauen ein exhibitionistisches Element«, fährt Dr. Pierre Rentchnick in seinem Kommentar weiter. »Sein *alter ego* streitet mit ihm und behauptet, ebenfalls eine Menge Frauen gekannt zu haben – mehr als *er*! Das ist die Art von sexuellen Abenteuern, mit denen junge Leute von fünfzehn und sechzehn Jahren unter ihresgleichen angeben.«

Was die reale Grundlage von Simenons Eigenleistung angeht, so hält sie einer rechnerischen Überprüfung stand: es bedeutet nämlich, daß er drei verschiedene Frauen pro Woche »glücklich – oder unglücklich? – gemacht hat«. Simenon hat auch bei Gelegenheit einmal damit renommiert, es seien drei Frauen pro *Tag* gewesen, doch das hieße, daß er, mit dreizehn anfangend, die magische Zahl von 10 000 bereits mit zweiundzwanzig Jahren erreicht hätte, was nun wirklich zu weit hergeholt wäre. Mit drei Frauen je Woche intim geworden, ergibt 156 Frauen im Jahr. 64 Jahre wären dann nötig, um auf rund 10 000 zu kommen. Wenn Simenon mit seinen »Leibesübungen« 1916 anfing, dann erreichte er die Rekordmarke im Jahre 1980; er zog hingegen seine stolze Bilanz schon 1977, also drei Jahre früher. Bringt man weiter drei Jahre für die Zeit in Abzug, die er infolge der Fehldiagnose des Röntgenologen in Fontenay-le-Comte »außer Gefecht« war, erhöht sich der Jahresdurchschnitt auf 172 »Geliebte« in statt 64 nur 58 Jahren.* Dieses Kalkül meinte Simenon wohl, als er in seinem Interview mit der *Tat* versicherte, er habe Berechnungen angestellt und die Zahl von 10 000 wahrscheinlich gefunden.

Trotzdem bleiben Fragen offen: Warum bloß geht jemand im ehrwürdigen Alter von vierundsiebzig Jahren hin und gibt öffentlich mit der Zahl seiner sexuellen Eroberungen an? Darf eine solche Einzelheit aus der Intimsphäre überhaupt andere etwas angehen? Denkt er nicht daran, daß er damit auch seine Familie bloßstellt?

Nach Dr. Rentchnicks Auffassung ist Teil der Erklärung hierfür »purer Exhibitionismus auf Teenagerniveau«, und daß Simenon Fakten aus seinem Privatleben – und dem der ihm nahestehenden Personen – ausposaunt, ist nicht neu. Und man könnte es darüber hinaus möglicherweise als typisch angelsächsische und deshalb irrelevante Reaktion bezeichnen, wenn sich jemand über das Alter aufregt, in dem eine solche Propaganda für das eigene verflossene Sexualleben betrieben wird. Annette de Bretagne zum Beispiel reagiert mit einem den Franzosen eigenen Achselzucken und hat in dieser Beziehung an der großtuerischen Verlautbarung nichts auszusetzen und die Mehrzahl ihrer Landsleute vermutlich auch nicht.

Nichtsdestoweniger gibt es aber allem Anschein nach noch eine ernstere, ja betrübliche Erklärung für Simenons zweimaliges, in einem fast verzweifelten Ausbruch öffentlich geäußertes Eigenlob. Der weltberühmte Autor, der nicht länger der vielbewunderte Mann war, der er einst gewesen war, der vom Schicksal gezeichnet ist, dessen Gesundheit alles andere als zufriedenstellend genannt werden konnte, der spürte, daß seine physischen Kräfte nachgelassen hatten (von de-

---

* Das ist weniger bemerkenswert, als es auf den ersten Blick scheint. Simenon hat einmal nach eigenen Angaben an einem Nachmittag vier Prostituierte nacheinander »vernascht«, während Denise die Koffer für einen Trip nach New York packte. (Anm. d. A.)

nen der Sexualtrieb nur ein Symptom ist) und der sich mit dem unwiederbringlichen Verlust seiner genialen Kreativität nicht recht abfinden konnte, war dankbar für die Plattform, die ihm das Interview bot. Denn von ihr aus konnte er seine Herausforderung an das Alter lauthals verkünden und sich noch immer als die wilde, dynamische Persönlichkeit präsentieren, die er in früheren Jahren war. Die Behauptung über die 10 000 Frauen mag wie die eines aufschneiderischen Schuljungen klingen, aber die Umstände, unter denen sie aufgestellt wurde, sind eher eines König Lear würdig.

Schließlich sollte noch hervorgehoben werden, daß die beiden wichtigsten Beziehungen, die Simenon in seinem langen Leben hatte und deren Verständnis wichtig für die Entschlüsselung seines Geheimnisses ist, ihn nicht mit einer der genannten zehntausend Frauen verbanden. Doch sie betrafen auch nicht die Bindungen an zwei Ehefrauen, geschweige denn die Liaison mit Teresa, seiner dritten und letzten Lebensgefährtin. Es war das Verhältnis zwischen ihm und seiner Mutter einerseits und zu seiner Tochter andererseits, zu den beiden einzigen weiblichen Personen also, die ihm blutsmäßig verbunden waren.

Seine Tragik liegt darin, daß die eine ihn zurückstieß – und daß er die andere abweisen *mußte*.

Das vergebliche Buhlen um die Liebe seiner Mutter überschattete in seinem Unterbewußtsein die triumphalen Jahre des Erfolges. Die traurige Geschichte der Liebe seiner Tochter zu ihm lastete bitter auf den letzten Jahren seiner sogenannten »Gemütsruhe«. Beiden Beziehungen haftete aus der Sicht Simenons ein Element der Schuld an. Er ist niemals richtig imstande gewesen, sich vollkommen von dem Schamgefühl zu befreien, das ihn erfüllte, wenn er daran dachte, wie er in egoistischer Weise seinerzeit die frisch verwitwete, ohne Rente dastehende Henriette – »eine Frau in Trauer mit langen, schwarzen Schleiern«, wie er ihr Bild in »Brief an meine Mutter« heraufbeschwor – in Lüttich zurückgelassen hatte, als er nach Paris ging. Und er trug auch bis zuletzt noch, sieben Jahre nach Marie-Jos Tod, ein schweres Schuldgefühl mit sich herum, weil er nicht eher die wahre, sonderbare Art der Liebe seiner Tochter zu ihm erkannte, weil er nicht mehr getan hat, als er schon tat, um ihr zu helfen, sie anzuleiten, sie vom Pfad der Selbstzerstörung abzubringen. »Er kann seine Kinder nur um seiner selbst willen und nicht um ihretwillen lieben«, sagte Denise nicht ohne Bitterkeit, und ausnahmsweise ist ihr Urteil einmal richtig.

Bereits im kindlichen Alter von acht Jahren zeigte Marie-Jo, daß ihre Liebe zum Vater den Samen zu etwas mehr in sich trug als die bloße Zuneigung eines Kindes zu einem Elternteil. Sie setzte mit kindlichem Gequengel durch, daß Simenon ihr einen Ring kaufte; nicht etwa ein normaler Ring oder eine Goldimitation, wie sie zu einem kleinen Mädchen gepaßt hätte, durfte es sein, sondern einen richtigen Miniatur-Ehering wollte sie haben, »so einen, den ein Mann einer Frau an den Finger steckt, wenn er sie liebhat und sie heiraten will«. Als sie größer wurde, ließ sie sich den Ring größer machen, um ihn weiter tragen zu können, und als sie schließlich im Mai 1978 in ihrer Pariser Wohnung mit einem Gewehr ihrem Leben ein Ende setzte, bat sie in einem Abschiedsbrief ihren Vater, ihr bei der Einäscherung den Ring am Finger zu belassen.

Er wählte ihre Kleider noch aus, als sie schon ein Teenager war. Auf Fotografien schaut sie zu ihm mit kindlichen Augen voller Liebe und Heldenverehrung empor. Augen, die durch das von ihnen ausgehende Gefühl der Komplizenschaft beunruhigen. Sie erkrankte und mußte wie ihre Mutter das psychiatrische Sanatorium in Prangins aufsuchen. Von dort reißt sie mit achtzehn nach Paris aus, doch in ihren regelmäßigen Briefen bleibt er stets *Mon bon vieux Dad* (»Mein guter alter Dad«). Sie schreibt ihm regelrechte Liebesbriefe, denn nicht vor *ihm* ist sie davongelaufen. Simenon gibt in den »Intimen Memoiren« zu, daß er schon, als sie erst sechzehn war, zunehmend um Marie-Jo besorgt gewesen sei, die er bereits damals als »schwaches Glied der Familienkette« betrachtet habe, weil sie sich mit »zerstörerischer Begeisterung« in eine Vielzahl von Aktivitäten gestürzt habe.

Von ihm erhielt sie indes keine wirksame Hilfe. Er hat ja ständig gepredigt (vielleicht in einer Art Trotzreaktion auf seine eigene Kindheit), daß man Kinder in absoluter Freiheit aufwachsen lassen sollte, ohne daß die Eltern irgendwelche Verhaltensmaßregeln erteilten. Daher verwöhnte er seine Tochter, in die er vernarrt ist und die in seinen Augen nichts falsch machen kann. »Ich habe immer für sie gesorgt«, versicherte er einem Redakteur des französischen Magazins *Le Nouvel Observateur* kurz nach Erscheinen seiner »Intimen Memoiren«. »Sie bekam von mir jeden Wunsch erfüllt. Sie wollte malen; also ließ ich ihr Kunstunterricht erteilen. Dann wollte sie klassischen Ballettanz lernen. Ich engagierte einen Ballettmeister als Lehrer für sie und sorgte dafür, daß in ihrem Spielzimmer eine Querstange und ein zwei mal drei Meter großer Spiegel installiert wurden. Da kam sie eines Tages mit dem Wunsch, modernen Tanz zu studieren. Vor allem nutzte sie jede Gelegenheit, um zu schreiben, besonders Briefe. Am Schluß der ›Intimen Memoiren‹ habe ich einen kleinen Teil der vielen hundert Briefe veröffentlicht, die sie mir im Laufe der Jahre sandte. Sie selbst hatte mich 1973 gebeten, sie eines Tages in Buchform herauszubringen und sie eigenhändig chronologisch dafür geordnet...«

Tatsächlich tragen die »Memoiren« auf dem Umschlag den Zusatz »und Das Buch von Marie-Jo«, und Simenons Auswahl der Briefe, Chansontexte und Kassetten seiner Tochter umfaßt die letzten 180 Seiten seines voluminösen Buches. Die Erinnerungen beginnen »*Ma toute petite fille*« (»Mein kleines Mädchen«) und sind in Form eines Briefes gehalten, in erster Linie an Marie-Jo (allerdings auch an seine anderen Kinder), in dem er den Versuch unternimmt, sich ihnen zu erklären, ebenso wie er fast vier Jahrzehnte zuvor *Je me souviens* als Brief an den noch kleinen Marc verfaßt hatte. »Dad fühlte, daß er diese Buch (›Intime Memoiren‹) schreiben *mußte*«, sagt John dazu. »Einmal bedeutete er mir, er halte es für gut möglich, daß er nicht lange genug lebe, um es zu vollenden...«

Warum diese tiefen Empfindungen für sein Kind, das freiwillig in den Tod ging? *Er* betätigte nicht den Abzug der Waffe, und zudem ist er genauso wie Marc und in geringem Maße auch John davon überzeugt, daß, wenn überhaupt jemand außer Marie-Jo selbst für das tragische Ende der Fünfundzwanzigjährigen verantwortlich zu machen ist, es Denise Simenon ist, deren Buch »Ein Vogel für die Katze« nur zwei Monate zuvor herausgekommen war und einen erheblichen Skandal wegen seiner »Enthüllungen« über Simenon ausgelöst hatte. »Man entdeckt einen Mann, der überheblich und egoistisch ist, sich zum Alkoholiker gewandelt hat und mit dem buchstäblich kein Zusammenleben möglich ist«, schrieb beispielsweise der Rezensent der großen belgischen Zeitung *Le Soir*. Marc fand ein Exemplar dieses Buches neben der Leiche seiner Halbschwester. Besonders schlimme Stellen, an denen Denise ihren Mann aller möglichen Laster zeiht, waren von Marie-Jo dick unterstrichen worden. »Ich stand ihr sehr nahe«, sagt Marc heute. »Sie lebte in diesem Haus (in Poigny-la-Forêt) zwölf Jahre lang, bevor sie in ihre kleine Atelierwohnung über dem *Lido* auf den Champs-Élysées einzog, wo sie später auch starb. Sie suchte nach dem Vater, wie sie ihn aus ihrer Kindheit in Erinnerung hatte, doch den gab es nicht mehr. Zu viele Dinge waren geschehen und hatten ihn verändert. Deshalb war gewissermaßen ich ihr Vater geworden. Die Tragik liegt darin, daß sie in den letzten Wochen vor ihrem Tod auf dem Weg der Besserung von ihren psychischen Störungen war. Das Buch meiner Stiefmutter löste dann einen endgültigen Zusammenbruch aus...! Denise gelang es tatsächlich, das Bild, das Marie-Jo seit Kindertagen von ihrem Vater gehabt hatte, zu zerstören. Sie ist in großem Maße die wahre Schuldige am Tod ihrer Tochter.

Ich hatte Marie-Jo noch drei Tage vor ihrem Tod besucht und dabei nicht den Eindruck gehabt, daß sie so weit gehen würde. Sie hatte bekanntlich bereits fünf oder sechs Selbstmordversuche mit Tabletten hinter sich, aber das waren alles Hilferufe gewesen. Dieser letzte Schritt geschah vorsätzlich. Der Inspektor von der Kriminalpolizei sagte mir, es komme sehr selten vor, daß sich eine Frau durch einen Schuß in die Brust umbringe. Das sei eher eine Selbstmordmethode bei Männern. Sie müsse sehr tapfer gewesen sein.«

Wie zu erwarten ist, bestreitet Denise Simenon nachdrücklich, daß ihr Buch irgend etwas mit dem Tod ihrer Tochter zu tun hat. Ihrer Darstellung zufolge war sie in der Woche, in der Marie-Jo starb, bei ihr in Paris gewesen, und Marie-Jo habe ihr erklärt, das Buch gefalle ihr sehr. Sie spricht mit Tränen in den Augen von der Liebe zu ihrer Tochter und von den zwei großen gerahmten Fotografien von ihr, von denen eine in ihrer Wohnung in der Schweiz und die andere in ihrem Domizil in Frankreich steht. »Auf diese Weise ist sie immer bei mir«, sagt sie voll Rührung. Denise Simenon glaubt nicht, was Simenon über Marie-Jos Letzten Willen verlautbaren ließ, daß sie nämlich mit ihrem »Ehering« am Finger eingeäschert werden wollte und die Asche im Garten hinter dem »rosa Häuschen« verstreut werden sollte. »Ich glaube, ihr Wunsch war es, daß ihre Asche in Epalinges ausgestreut wurde«, betont sie hartnäckig.

In den »Intimen Memoiren« enthüllt Simenon zum ersten Mal die vollständigen Einzelheiten eines Zwischenfalls, der sich im Februar 1974 ereignete, vier Jahre vor dem Tod seiner Tochter, und der ihm vollends die Augen über die wahre Natur von Marie-Jos Gefühlen für ihn öffnete.

Es war an dem Tag, als er und Teresa in das kleine Haus in Lausanne einzogen. Marie-Jo hielt sich gerade in der Stadt auf und kam zu Besuch. Als Teresa Vater und Tochter, die sich einige Zeit lang nicht gesehen hatten, taktvoll allein ließ, blickte Marie-Jo ihn in einer Weise an, von der er sagt, daß er »Angst davor hatte, sie zu verstehen«.

»Warum sie und nicht ich?« wollte Marie-Jo mit mühsam unterdrücktem Zorn von ihrem Vater wissen. »Das verstehst du nicht, Kindchen«, versuchte Simenon sie zu trösten. »Was verstehen?« Er wies auf das Doppelbett in der Zimmerecke. »Teresa teilt mein *ganzes* Leben mit mir!«

»Na wenn schon!« erwiderte seine Tochter, die damals kurz vor ihrem 21. Geburtstag stand, und wies auf den goldenen »Trauring« an ihrer Hand, den er ihr als Kind gekauft hatte. »Alles, was sie für dich tut, kann ich doch auch – oder?«

Sein Eintrag für dieses Datum – den 8. Februar 1974 – in dem entsprechenden Band seiner diktierten Erinnerungen, der den Titel *Des traces de pas* (»Fußstapfen«) trägt, beschränkt sich auf die lakonische Angabe, er habe von seiten seiner Tochter »einen der schwersten Schocks meines Lebens« erlitten. Einzelheiten teilt er nicht mit. Ihm zufolge war es »eine reine Familienangelegenheit«. Aber er schreibt im weiteren, alles, was ihn mit seiner Tochter verbunden habe, sei »jetzt zerbrochen. Vielleicht war es ihr Fehler, vielleicht meiner. Es ist fast so, als seien am Vorabend ihres einundzwanzigsten Geburtstages die Beziehungen zwischen uns brutal abgebrochen worden. Ich fühle mich total zerschmettert. Ich hatte plötzlich den Eindruck, eine Fremde stände vor mir, nein, nicht nur eine Fremde, sondern eine Feindin...!«

Des traces de pas wurde bereits im folgenden Jahr (1975) veröffentlicht, und Marie-Jo, eine eifrige Leserin der Werke ihres Vaters, muß das Buch bestimmt gelesen haben. Es fällt schwer, einzusehen, warum Simenon seine Tochter vor aller Welt als »Feindin« hinstellte und ihr dadurch großen seelischen Schmerz zufügte. Unverständlich bleibt auch das plötzliche Horrorgefühl, von dem er spricht. War es Selbstgefälligkeit, Interesselosigkeit oder absichtliche Blindheit, die ihm all die Jahre die Augen verschlossen hatte? Er war bestens informiert über ihre furchtbaren Schuldgefühle, ihr ständiges Händewaschen à la Lady Macbeth auf der vergeblichen Suche nach Sauberkeit, ihre jammervollen Versuche, dem Hirngespinst in ihrem Kopf zu entkommen, das sie »Madame Angst« nannte und über ihre verzweifelte, abgöttische Liebe zu ihm.

In den »Intimen Memoiren« fügt er nach eingehender Wiedergabe dessen was Marie-Jo an dem bewußten Abend zu ihm sagte, still die Bemerkung an: »Ich hatte schon immer befürchtet, was ich dann plötzlich herausfand!« *Trotzdem* veröffentlichte er ein Jahr darauf *Des traces de pas* mit dem vollen Wortlaut seiner Überlegungen, bei denen er seine Tochter als »Feindin« bezeichnet hatte!

Die blutschänderischen Gedanken, die Marie-Jo an ihren Vater fesselten, beherrschten sie noch in den letzten Stunden ihres Lebens. Am 16. Mai 1978, einem Freitag, rief sie ihn um elf Uhr vormittags aus ihrer Pariser Wohnung in Lausanne an. »Ich liebe dich, Dad ... Sag mir, daß du mich ebenfalls liebst!« verlangte sie. »Ich liebe dich unendlich, mein Liebling«, erwiderte er. »Nein, ich möchte, daß du mir ganz einfach ›Ich liebe dich‹ sagst!« Simenon, der diese Unterhaltung wortwörtlich in den »Intimen Memoiren« wiedergibt, sagt dazu, er habe dabei ein ungutes Gefühl wegen ihres Drängens gehabt. Sehr zärtlich formulierte er dann den Satz: »Ich liebe dich!« Er wollte ihr noch mehr sagen, aber die Verbindung war bereits unterbrochen; Marie-Jo hatte den Hörer aufgelegt. Simenon versuchte, seine Tochter in Paris zurückzurufen, doch sie ging nicht mehr ans Telefon.

Am selben Tag muß Marie-Jo, nachdem sie sich eine Schrotflinte gekauft hatte (die man in Frankreich legal ohne Waffenschein erwerben kann), ihre Wohnung geputzt und aufgeräumt haben. Nachdem alles in Ordnung gebracht war, setzte sie sich hin und schrieb ihrem Vater zwei kurze, unzusammenhängende Briefe. »Paß auf dich auf, um meinetwillen, um all dessentwillen, was ich nicht sein konnte«, steht in einem dieser Abschiedsgrüße.

Danach richtete sie die Waffe gegen sich selbst und schoß sich durchs Herz.

Als am nächsten Tag Marc, der besorgt war, weil er vierundzwanzig Stunden nichts von seiner Schwester gehört hatte, die sonst täglich mehrmals anrief, die Tür zum Appartement mit seinem Zweitschlüssel öffnete, fand er Marie-Jo tot auf.

Für den Rest seines Lebens wird Simenon den Tod seiner Tochter beklagt haben, doch in den Schmerz mischte sich auch ein gewisses Schuldbewußtsein. Zugegeben, auch Denise trifft ein Gutteil dieser Schuld; ihn indes berührte sie tief. Er gestand sie ein und büßte sie. Die »Intimen Memoiren« sind nicht für Marie-Jo geschrieben, wie er seine Leser und seine anderen Kinder glauben machen möchte. Er hat sie für sich selbst verfaßt. Sie sind sozusagen ein Sühneopfer – obwohl er selbst mehrere Monate nach ihrer Veröffentlichung immer noch nicht hundertprozentig ehrlich über seine Motive sein konnte. »Alle anderen schrieben über mich. Ich hielt die Zeit für gekommen, die Wahrheit publik zu machen«, diktierte er John Mortimer von der *Sunday Times* in dem Interview vom Mai 1982 in die Feder. Eine solche Selbstgefälligkeit – und Egozentrik – ist schlechtweg nicht zu übertreffen.

Die Bedeutung von Marie-Jos tragischer Lebensgeschichte für Simenons eigenes Leben und für das Verständnis seines Charakters liegt darin, daß sie leider seine grundlegende Schwäche als Persönlichkeit bloßstellt. Dadurch wird Denise Simenons harte Kritik bestätigt, die gesagt hatte, er liebe seine Kinder um seiner selbst willen und nicht um ihretwillen.

Seine erste Ehefrau Régine gibt den entscheidenden Hinweis zur Aufdeckung des Geheimnisses um seine Person. »In all seinen Büchern sucht er sich selbst. Er selbst ist der ›nackte Mensch‹, den er sucht, um ihn in seinen Romanen zu beschreiben...!«

Traurigerweise ist dieser ›nackte Mensch‹, dessen Aufspüren Simenon so schwerfällt, in seinem eigenen Fall tatsächlich nackt, oder, um diesen bildlichen Begriff zu präzisieren, *leer*. Simenon war ein hervorragendes Behältnis, eine von der Natur angelegte Geisteswelt, in der die Kreaturen angesiedelt sind, die sein Unterbewußtsein hervorbringt. In seinem bereits mehrfach erwähnten Vortrag anläßlich der Brüsseler Weltausstellung definierte er den Roman als »Leidenschaft, die den Schriftsteller völlig beherrscht und knechtet, ihm aber auch die Möglichkeit gibt, seine Dämonen auszutreiben, indem er ihnen Gestalt verleiht und sie in die Welt hinausjagt«. Im innersten Kern seines Seins existierte kein Georges Simenon. In seinem *Express*-Interview mit Fellini findet sich dieser sehr bezeichnende Satz: »Nicht weil man nach menschlichem Kontakt sucht, findet man ihn. Man trifft viel häufiger Leere, nicht wahr?«

Seine lebenslange Suche war ein unmögliches Unterfangen: die innere Leere eines Mannes, der über ein halbes Jahrhundert lang die Liebe seiner Mutter zu gewinnen suchte, die ihn nie liebte. Es ist ein Erforschen des hohlen Innersten einer Person gewesen, die wie ein Automat funktioniert und von deren Körper und Geist längst ihre »Dämonen«, die Gestalten ihrer Phantasie, Besitz ergriffen haben.

Er suchte nach menschlicher Begegnung, weil er tief in seinem Herzen spürt, daß es ihm an Menschlichkeit fehlt. Er *war* ein Phänomen, obgleich er dies Wort haßte. Er war schöpferisch tätig, daher existierte er. Und als er in vorgerücktem Alter, gesundheitlich angegriffen, nicht mehr in der Lage war, neue Bilder und Figuren erstehen zu lassen, wandte er sich seiner eigenen Person und seiner Familie zu und machte aus ihnen die *dramatis personae* seines letzten und größten Romans: der Story seines eigenen Lebens. Der Mann, der beinahe vierzig Jahre zuvor »Stammbaum« teilweise deshalb geschrieben hatte, um sich von den lebensechten Personen aus seinen Kindertagen zu befreien, damit ihm seine Phantasie Raum bot, neue Charaktere zu schaffen, verfügte nun in seinen unschöpferischen Jahren nur noch über das Rohmaterial seiner eigenen intimen Erfahrung, aus dem er seinen Stoff gewinnen konnte. Da er wenig von seinem Talent als Geschichtenerzähler verloren hatte, war das Resultat immer noch faszinierend und wird ein beachtlicher kommerzieller Erfolg, doch das ist alles sehr weit entfernt von der stillen Weltklugheit der Bücher über Maigret.

Nirgendwo verriet Simenon mehr seinen Egoismus und seine Herzlosigkeit als an einer entscheidenden Stelle der »Intimen Memoiren«, wo er anhand einer von Marie-Jo hinterlassenen Kassette die Beschreibung der gequälten jungen Frau über einen Vorfall anführt, der sich ihren Angaben zufolge in ihrem elften Lebensjahr ereignete und dazu führte, daß sie »nie mehr im Leben im Umgang mit Männern eine richtige Frau sein konnte«. Es ist die schmerzliche Darstellung eines sich dem Kind für das ganze Leben unvergeßlich und abstoßend einprägenden Vorgangs: Denise Simenon hatte vor den Augen ihrer Tochter Selbstbefriedigung getrieben.

Denise Simenon gibt in ihrem Buch »Ein Vogel für die Katze« freimütig zu, sie habe bereits mit sechs Jahren angefangen zu onanieren, »es schön gefunden«

und es jedesmal bei der Beichte dem Priester offenbart. Diese Art von sexueller Praktik wurde ihr zur »Gewohnheitssünde«. Sie versuchte später nach dem Scheitern der Ehe Zuflucht zu diesem »Trost« zu nehmen, als sie eine schwere Zeit durchmachen mußte und allein war – doch es bereitete ihr kein Vergnügen mehr. »Meine Kindheit war dahin...!«

Simenon behauptet ferner in den »Intimen Memoiren«, Denise habe gegenüber ihrem Arzt in Prangins die Richtigkeit der Darstellung Marie-Jos von dem bewußten Vorfall bestätigt.

Selbst wenn dem so ist, kann es wohl kaum Simenons Wunsch rechtfertigen, die Geschichte gedruckt zu sehen und sie so aller Welt zu verkünden. Im November 1981 erreichte Denise, nachdem erst 30 000 Exemplare von Simenons Buch gedruckt und ausgeliefert worden waren, durch eine vom Obersten Gerichtshof in Paris erlassene einstweilige Verfügung trotz Simenons Protest, so daß in seinen »Intimen Memoiren« die entsprechende Stelle und alle damit in Zusammenhang stehenden Bemerkungen in den späteren Ausgaben gelöscht wurden. Das Gericht hatte Denise Simenon recht gegeben, die argumentiert hatte, die umstrittene Passage stelle eine »extrem schwere Verletzung ihrer Intimsphäre« dar.

Simenon hält offenbar Marie-Jos Version des Geschehens für glaubhaft. Er bezeichnet sie als »Geheimnis« seines toten Kindes. Anscheinend findet er diese Episode aus Kindertagen so entscheidend, daß er annimmt, sie habe so gut wie alle Hoffnungen Marie-Jos auf Lebensglück zerstört und beinahe unvermeidlich zu ihrem frühen Tod geführt. Selbst wenn das stimmen sollte, trägt auch Simenon selbst, wie wir gesehen haben, erheblich Schuld am Schicksal seiner Tochter.

Aber da nichts Marie-Jo ins Leben zurückrufen kann, gibt es auch keine glaubwürdige Erklärung dafür, daß Simenon mit der Veröffentlichung solcher geheimen

Vorgänge Denise großen Kummer zufügte – es sei denn, er habe sein eigenes Schuldbewußtsein beschwichtigen wollen. Wo ist das Mitgefühl dieses großen Mannes geblieben? Denise Simenons Anwalt brandmarkte vor dem Pariser Gericht Simenons Verhalten als »unsäglich«, weil seine Mandantin durch die Veröffentlichung von Intimvorgängen in eine Lage gebracht worden sei, die es ihr nicht erlaube, sich gegen die drückende Belastung »einer unerträglichen moralischen Verantwortung« zur Wehr zu setzen oder sich von ihr zu befreien. Es steckt viel Wahres in dieser Feststellung. Wie tief und aufrichtig Simenons Schmerz um seine tote Tochter auch sein mag, er scheint kaum mehr dieselbe Person zu sein, deren nobles Motto einst lautete: Verstehen und nicht richten! »Ich habe alles gesagt«, ließ Simenon gegen Ende 1981 einen Associated-Press-Reporter wissen, der ihn zu seinen »Intimen Memoiren« befragte. »Dies wird mein letztes Buch werden, das zu meinen Lebzeiten veröffentlicht wird. Es wird kein weiteres geben!« Man kann nur hoffen, daß es dabei bleibt. Simenon hat viel gelitten. Er hat aber auch andere viel leiden lassen. Trotzdem hat er seine Ruhe verdient. Es wäre zu wünschen, daß seine Dämonen zu guter Letzt ausgetrieben sind.

Für einen Mann seines Alters erfreute er sich bester Gesundheit. Dreimal wöchentlich kam ein Physiotherapeut ins Haus, um ihn zu massieren und Bewegungsübungen mit ihm zu machen. Gelegentliche Ausflüge nach Valmont, der luxuriösen Hotelklinik in den Bergen, standen auf dem Programm. Die Fahrt dahin, ein paar Kilometer nur, führt am Ufer des Genfer Sees entlang, der im Französischen »Lac Léman« heißt und die Lausanner nicht aufbringt, wie es der englische Name (*Lake Geneva*) und die deutsche Bezeichnung tun, die der Benennung nach den von der Rhône durchflossenen schönen Alpenrandsee zum Eigentum der Genfer machen. Teresa betreute ihn bis zuletzt mit einer Hingabe, die einer Mutter – oder einer Krankenschwester – Ehre machen würde. »Wie ich diese Musik liebe!« rief sie begeistert aus, als er seine Pfeife an einem Aschenbecher ausklopfte.

Entgegen all seinen früheren Forderungen, eine Frau dürfe sich nicht mit Hilfe von Tricks schön machen, denen entsprechend seine Ehefrauen ohne Make-up und lackierte Fingernägel auskommen mußten, zeigen die jüngeren Fotografien einen Mann, der sich das Haar färben läßt: ein jugendliches Dunkelbraun und eine Frisur, die die Haare etwas länger beläßt, sind an die Stelle des vollen weißen Haares getreten. »Ich finde das Leben wundervoll, aber ich fürchte den Tod nicht«, vertraute er dem amerikanischen Reporter an. »Ich möchte so spät wie möglich sterben!«

Das letzte Geheimnis bleibt Teresa. Trotz der mehr als zwanzig Jahre, die sie nun schon mit Simenon zusammen ist, ist sie weiterhin eine rätselhafte Person, immer an Simenons Seite. Eines ist sicher. Teresa hat Simenon in den vergangenen Jahren ein großes Maß an Glück zuteil werden lassen.

In welchem Augenblick sie auch erscheinen mag: der alte Zeitungsmann kann seine letzte große Schlagzeile ohne übergroße Hast erwarten.

Es war dann doch nur eine kleine Meldung. Die Genfer Zeitung »La Suisse« und der Brüsseler »Le Soir« brachten sie am Mittwoch, dem 6. September 1989, in wenigen knappen Zeilen. Die Nachricht war erst am späten Abend, kurz vor Redaktionsschluß, eingegangen: »Am Montag ist in seinem Haus in Lausanne der belgische Autor Georges Simenon im Alter von 86 Jahren gestorben.« Erst tags darauf hatte dann auch die Weltpresse ihre Schlagzeile: »Der Vater von Kommissar Maigret ist tot«.

Die merkwürdige Geheimhaltung hatte ihren Grund: Simenon selbst hatte in seinem Letzten Willen be-

Georges Simenon mit seiner Frau

stimmt, daß sein Tod erst bekanntgegeben werden solle, wenn seine Asche auf dem Rasen unter der uralten Zeder hinter seinem Haus ruht, wo er selbst schon 1978 die eingeäscherten Überreste seiner geliebten Tochter Marie-Jo ausgestreut hat. Ein Anruf bei seiner treuen Teresa im Lausanner »Maison Rose« bringt die Bestätigung. Simenon konnte sich seit einer Tumor-Operation im Vorjahr nur noch im Rollstuhl bewegen, die letzten Monate war er wegen einer Arthritis fast ganz ans Bett gefesselt. Anfang September mußte er wegen einer Herzschwäche in eine Genfer Klinik. Teresa: »Von dort bat er mich, ihn nach Hause zu holen. Er fühlte wohl, daß es mit ihm zu Ende geht.« Am Montag, dem 4. September, schlief Simenon in ihren Armen ein.

So friedlich ging ein Leben zu Ende, das geprägt war von extremen Leidenschaften und Exzessen – im Schreiben wie im Leben. Getrieben von seiner nimmermüden (Neu-)Gier auf die Welt, war er am Höhepunkt seiner Schaffenskraft so kreativ gewesen, daß, wie man ausgerechnet hat, alle drei bis vier Tage irgendwo in der Welt eine neue Simenon-Übersetzung herauskam. Im Mittelpunkt seines Interesses stets: der »nackte« Mensch. Der, wie er schrieb »sich beim Rasieren im Spiegel betrachtet und keinerlei Illusionen über sich hat«.

Ein zwiespältiges Bild. Schließt diese Illusionslosigkeit doch den klarblickenden Menschen ein, der »sein Elend und seine Ängste ... offenlegt und bemüht ist, sie zu analysieren und zu verstehen, um davon frei zu werden«. Aber auch die Gefahr, daß solche »Nacktheit« den Wegfall aller zivilisatorischen und moralischen Hemmungen beinhaltet, bis der reine Trieb die »Bestie Mensch« hervortreten läßt.

Seine »Verbrecher« waren deshalb auch keine eiskalt planenden Gangster, sondern ziemlich gewöhnliche Charaktere. Opfer auch sie: Gefangene ihrer Schattenseiten und dunklen Leidenschaften, die fast unver-

500

meidlich einer Katastrophe entgegentreiben. Für Schuld ist da kein Raum: »Ich bin überzeugt, daß kein Mensch für seine Taten mehr verantwortlich ist als einer dieser Vögel da draußen vor dem Fenster«, sagte Simenon 1976 in einem Interview. Und als seine »tiefste Überzeugung« vom Wesen des Menschen bekannte er: »Mein Erstaunen, meine Zärtlichkeit wächst gegenüber diesem ungeschützten Tier, das nicht weiß, was es ist, woher es kommt, wohin es geht.«

Wer wollte da noch über den Menschen Simenon richten? Am 14. September 1989 wurde auch seine Asche unter der alten Zeder des »Maison Rose« verstreut. Dort ruht er nun, im Tod endlich vereint mit seiner geliebten Marie-Jo und dem Ehering, um den sie ihn bat, als sie acht Jahre alt war. Lassen wir ihn in Frieden ruhen. Halten wir uns an die Einsicht, die seine große amerikanische Kollegin Patricia Highsmith in ihrem Nachruf fand: »Ein seltsamer Mann, dieser Simenon. Durch ihn sind die Leser reicher geworden.« Und an sein eigenes Motto, unter das er sein ganzes Arbeiten als Romancier gestellt hat: »Verstehen – nicht richten.«

ANHANG

Georges Simenon
in deutscher Sprache

Die ersten Romane von G. S. erschienen in Deutschland in den dreißiger Jahren bei der Schlesischen Verlagsanstalt G.m.b.H., die ihr Büro in Berlin-Charlottenburg unterhielt.

Sie ließ den Autor allerdings unter dem Namen *Georg Simenon* auftreten, ein Belgier im deutschen Gewande. Folgende Titel wurden in der Übersetzung von Harold Effberg herausgebracht: *Der gelbe Hund, Die Nacht an der Schleuse, Die Tänzerin, Nordexpreß, Der Schatten* und *Flucht nach dem Nordkap.*Nicht in allen Romanen trat der später weltberühmte Kommissar Maigret auf.

Nach dem Zweiten Weltkrieg erschienen einige Non-Maigrets bei der Deutschen Verlags-Anstalt in Stuttgart, so *Die Ehe der Bébé Donge, Die grünen Fensterläden, Der Ausgestoßene* und *Der Passagier vom 1. November.*

Im Jahre 1954 folgten dann die ersten Maigret-Romane in der Reihe KIWI-Taschenbücher. Der Verlag Kiepenheuer & Witsch baute diese Reihe so weit aus, bis sich in den sechziger Jahren über 70 Maigrets und ›harte‹ Simenons im Programm befanden. Als der Verlag seine Taschenbuch-Reihe einstellte, übernahm der Wilhelm Heyne Verlag in München die Romane Simenons in sein Programm.

Heute bringt der Diogenes Verlag in Zürich die Bücher von G. S. in deutscher Sprache heraus. Neben Altbekanntem werden kontinuierlich auch die Erstausgaben gepflegt, so daß der deutschsprachige Leser langsam, aber sicher auch den Teil aus dem Werke Simenons kennenlernen kann, der bisher noch nicht in deutscher Sprache erschienen ist.

So ist die nachfolgende Übersicht auch nur eine Momentaufnahme dessen, was von den Büchern Simenons zur Zeit vorliegt oder unmittelbar vor der Realisierung steht.

Biografisches

Intime Memoiren und Das Buch von Marie-Jo. Aus dem Französischen von Hans-Joachim Hartstein, Claus Sprick, Guy Montag und Linde Birk.

Stammbaum. Pedigree. Autobiografischer Roman. Deutsch von Hans-Joachim Hartstein.

Briefwechsel mit André Gide. Deutsch von Stefanie Weiss.*

Ein Mensch wie jeder andere. Mein Tonband und ich. Tagebuchnotizen und Erinnerungen. Deutsch von Hans Jürgen Solbrig.

Als ich alt war. Tagebücher 1960–1963. Deutsch von Linde Birk.*

Brief an meine Mutter. Deutsch von Trude Fein.

Außerdem liegen vor:

Über Simenon. Zeugnisse und Essays von Patricia Highsmith bis Alfred Andersch. Mit einem Interview, mit Chronik und Bibliographie. Herausgegeben von Claudia Schmölders und Christian Strich.

Das Georges Simenon Lesebuch. Ein Querschnitt durch das Gesamtwerk. herausgegeben von Daniel Keel.

Reportagen

Die Pfeife Kleopatras. Reportagen aus aller Welt. Deutsch von Guy Montag.

Zahltag in einer Bank. Reportagen aus Frankreich. Deutsch von Guy Montag.

Erzählungen

Der kleine Doktor. Erzählungen. Deutsch von Hansjürgen Wille und Barbara Klau.

Non-Maigret-Romane

Ankunft Allerheiligen. Roman. Deutsch von Eugen Helmlé. Titel der Originalausgabe: ›Le voyageurs de la Toussaint‹.

Antoine und Julie. Roman. Deutsch von Eugen Helmlé. Titel der Originalausgabe: ›Antoine et Julie‹.

Der Ausbrecher. Roman. Deutsch von Erika Tophoven-Schöningh. Titel der Originalausgabe: ›L'évadé‹.

---

* vergriffen

Bellas Tod. Roman. Deutsch von
Elisabeth Serelmann-Küchler.
Titel der Originalausgabe:
›La mort de Belle‹.
Betty. Roman. Deutsch von
Raymond Regh. Titel der
Originalausgabe: ›Betty‹.
Das blaue Zimmer. Roman.
Deutsch von Angela von
Hagen. Titel der Originalaus-
gabe: ›La chambre bleue‹.
Brief an meinen Richter. Roman.
Deutsch von Hansjürgen Wille
und B. Klau. Titel der Original-
ausgabe: ›Lettre à mon juge‹.
Die Brüder Rico. Roman.
Deutsch von Angela von
Hagen. Titel der Originalaus-
gabe: ›Les frères Rico‹.
Der Bürgermeister von Furnes.
Roman. Deutsch von Hanns
Grössel. Titel der Originalaus-
gabe: ›Le bourgmestre de
Furnes‹.
Drei Zimmer in Manhattan. Ro-
man. Deutsch von Linde Birk.
Titel der Originalausgabe:
›Trois chambres à Manhattan‹.*
Emil und sein Schiff. Erzählungen.
Deutsch von A. v. Hagen und
L. Birk. Titel der Originalaus-
gabe: ›Le bâteau d'Emile‹.
Es gibt noch Haselnußsträucher.
Roman. Deutsch von Angela
von Hagen. Titel der Original-
ausgabe: ›Il y a encore des
noisetiers‹.
Exotische Novellen. Erzählun-
gen. Aus dem Französischen
von Annerose Melter. Titel
der Originalausgabe:
›Nouvelles Exotiques‹.

Die Fantome des Hutmachers.
Roman. Deutsch von Eugen
Helmlé. Titel der Originalaus-
gabe: ›Les fantômes du
chapelier‹.
Die Glocken von Bicêtre.
Roman. Neu übersetzt von
Angela von Hagen. Titel der
Originalausgabe: ›Les anne-
aux de Bicêtre‹.
Der große Bob. Roman. Deutsch
von Linde Birk. Titel der Ori-
ginalausgabe: ›Le Grand Bob‹.
Die Großmutter. Roman.
Deutsch von Linde Birk. Titel
der Originalausgabe: ›La vieille‹.
Die grünen Fensterläden.
Roman. Deutsch von Alfred
Günther. Titel der Original-
ausgabe: ›Les volets verts‹.
Im Falle eines Unfalls. Roman.
Deutsch von Hansjürgen
Wille und Barbara Klau. Titel
der Originalausgabe: ›En cas
de malheur‹.
Der kleine Heilige. Roman.
Deutsch von Trude Fein. Titel
der Originalausgabe: ›Le petit
saint‹.
Der kleine Mann von Archan-
gelsk. Roman. Deutsch von
Alfred Kuoni. Titel der Origi-
nalausgabe: ›Le petit homme
d'Arkhangelsk‹.
Die Komplizen. Roman. Deutsch
von Stefanie Weiß.
Titel der Originalausgabe:
›Les complices‹.
Die Leute gegenüber. Roman.
Deutsch von Hans-Joachim
Hartstein. Titel der Original-
ausgabe: ›Les gens d'en face‹.

*Der Kommissar Maigret
wurde von vielen namhaften Schauspielern dargestellt.
Von links nach rechts:
Harris (in England), der Autor Georges Simenon,
Rühmann (in Deutschland) und Cervi (in Italien).*

Der Mann aus London. Roman.
Deutsch von Stefanie Weiß.
Titel der Originalausgabe:
›L'hommes de Londres‹.
Der Mann, der den Zügen nach-
sah. Roman. Deutsch von
Walter Schürenberg. Titel der
Originalausgabe: ›L'homme
qui regardait passer les trains‹.
Der Mann mit dem kleinen
Hund. Roman. Deutsch von
Stefanie Weiß. Titel der
Originalausgabe: ›L'homme
au petit chien‹.
Ein Mensch.*
Der Mörder. Roman. Deutsch
von Lothar Baier. Titel der
Originalausgabe: ›L'assassin‹.
Der Neger. Roman. Deutsch von
Linde Birk. Titel der Original-
ausgabe: ›Le nègre‹.
Der Outlaw. Roman. Deutsch
von Liselotte Julius. Titel der
Originalausgabe: ›L'Outlaw‹.
Der Präsident. Roman. Deutsch
von Renate Nickel. Titel der
Originalausgabe: ›Le président‹.
Der Schnee war schmutzig.
Roman. Deutsch von Willi A.
Koch. Titel der Originalaus-
gabe: ›La neige était sale‹.
Schlußlichter. Roman. Deutsch
von Stefanie Weiß. Titel der
Originalausgabe: ›Feux rouges‹.
Die schwarze Kugel. Roman.
Deutsch von Renate Nickel.
Titel der Originalausgabe:
›La boule noire‹.
Sonntag. Roman. Deutsch von
Hansjürgen Wille und Barbara
Klau. Titel der Originalaus-
gabe: ›Dimanche‹.

Das Testament Donadieu.
Roman. Deutsch von Eugen
Helmlé. Titel der Originalaus-
gabe: ›Le testament Donadieu‹.
Der Tod des Auguste Mature.
Roman. Deutsch von Annelie-
se Botond. Titel der Original-
ausgabe: ›La mort d'Auguste‹.
Tropenkoller. Roman. Deutsch
von Annerose Melter. Titel
der Originalausgabe: ›Le coup
de lune‹.
Die Tür. Roman. Deutsch von
Linde Birk. Titel der Original-
ausgabe: ›La porte‹.
Die Überlebenden der Téléma-
que. Roman. Deutsch von
Hainer Kober. Titel der Origi-
nalausgabe: ›Les rescapés du
»Télémaque«‹.
Die Unbekannten im eigenen
Haus. Roman. Deutsch von
Gerda Scheffel. Titel der Ori-
ginalausgabe: ›Les inconnus
dans la maison‹.
Der Untermieter. Roman.
Deutsch von Ralph Eue.
Titel der Originalausgabe:
›Le locataire‹.
Der Verdächtige. Roman.
Deutsch von Eugen Helmlé.
Titel der Originalausgabe:
›Le suspect‹.
Die Verlobung des Monsieur
Hire. Roman. Deutsch von
Linde Birk. Titel der Original-
ausgabe: ›Les fiançailles de
M. Hire‹.
Die Wahrheit über Bébé Donge.
Roman. Deutsch von Renate
Nickel. Titel der Originalaus-
gabe: ›La vérité sur Bébé Donge‹.

Weder ein noch aus. Roman.
Deutsch von Elfriede Riegler.
Titel der Originalausgabe: ›Au
bout du rouleau‹.

Wellenschlag. Roman. Deutsch
von Eugen Helmlé. Titel der
Originalausgabe: ›Le coup-
de-vague‹.

Die Witwe Couderc. Roman.
Deutsch von Hanns Grössel.
Titel der Originalausgabe:
›La veuve Couderc‹.

Die Zeugen. Roman. Deutsch
von Anneliese Botond. Titel
der Originalausgabe:
›Les témoins‹.

Zum Weißen Roß. Roman.
Deutsch von Trude Fein. Titel
der Originalausgabe:
›Le Cheval-Blanc‹.

Maigret-Romane

Hier irrt Maigret. Roman.
Deutsch von Elfriede Riegler.
Titel der Originalausgabe:
›Maigret se trompe‹.

Madame Maigrets Freundin.
Roman. Deutsch von Roswi-
tha Plancherel. Titel der Originalausgabe: ›L'Amie de Madame Maigret‹.

Mein Freund Maigret. Roman.
Deutsch von Annerose Melter.
Titel der Originalausgabe:
›Mon ami Maigret‹.

Maigret als möblierter Herr.
Roman. Deutsch von Wolfram
Schäfer. Titel der Originalausgabe: ›Maigret en
meublé‹.

Maigret am Treffen der Neu-
fundlandfahrer. Roman.
Deutsch von Annerose Melter.
Titel der Originalausgabe:
›Au rendezvous-des-Terres-
Neuvas‹.

Maigret amüsiert sich. Roman.
Deutsch von Renate Nickel.
Titel der Originalausgabe:
›Maigret s'amuse‹.

Maigret bei den Flamen. Roman.
Deutsch von Claus Sprick.
Titel der Originalausgabe:
›Chez les Flamands‹.

Maigret beim Coroner. Roman.
Deutsch von Wolfram
Schäfer. Titel der Originalausgabe: ›Maigret chez le
coroneur‹.

Maigret contra Picpus. Roman.
Deutsch von Hainer Kober.
Titel der Originalausgabe:
›Signé Picpus‹.

Maigret erlebt eine Niederlage.
Roman. Deutsch von Elfriede
Riegler. Titel der Original-
ausgabe: ›Un échec de
Maigret‹.

Maigret gerät in Wut. Roman.
Deutsch von Wolfram
Schäfer. Titel der Originalaus-
gabe: ›La colère de Maigret‹.

Maigrets erste Untersuchung.
Roman. Deutsch von Ros-
witha Plancherel. Titel der
Originalausgabe: ›La première
enquête de Maigret‹.

Maigrets Geständnis. Roman.
Deutsch von Roswitha
Plancherel. Titel der Originalausgabe: ›Une confidence
de Maigret‹.

Maigret hat Angst. Roman.
Deutsch von Elfriede Riegler.
Titel der Originalausgabe:
›Maigret a peur‹.

Maigret im Haus des Richters.
Roman. Deutsch von Liselotte
Julius. Titel der Originalausgabe: ›La maison du
juge‹.

Maigret in New York. Roman.
Deutsch von Bernhard Jolles.
Titel der Originalausgabe:
›Maigret à New York‹.

Maigret kämpft um den Kopf
eines Mannes. Roman.
Deutsch von Roswitha
Plancherel.
Titel der Originalausgabe:
›La tête d'un homme‹.

Maigret läßt sich Zeit. Roman.
Deutsch von Sibylle Powell.
Titel der Originalausgabe:
›La patience de Maigret‹.

Maigret, Lognon und die Gang-
ster. Roman. Deutsch von
Wolfram Schäfer. Titel der
Originalausgabe: ›Maigret,
Lognon et les gangsters‹.

Maigrets Memoiren. Roman.
Deutsch von Roswitha
Plancherel. Titel der Originalausgabe: ›Les mémoires
de Maigret‹.

Maigrets Nacht an der Kreuzung. Roman. Deutsch von
Annerose Melter. Titel der
Originalausgabe: ›La nuit du
carrefour‹.

Maigret regt sich auf. Roman.
Deutsch von Wolfram
Schäfer. Titel der Original-
ausgabe: ›Maigret se fâche‹.

Maigret und die alte Dame.
Roman. Deutsch von Renate
Nickel. Titel der Originalausgabe: ›Maigret et la vieille
dame‹.

Maigret und die alten Leute.
Roman. Deutsch von Annerose Melter. Titel der Originalausgabe: ›Maigret et les
vieillards‹.

Maigret und die Bohnenstange.
Roman. Deutsch von Guy
Montag. Titel der Originalausgabe. ›Maigret et la grande
perche‹.

Maigret und das Dienstmädchen. Roman. Deutsch von
Hainer Kober. Titel der Originalausgabe: ›Félicie est là.‹

Maigret und der Fall Nahour.
Roman. Deutsch von Liselotte
Julius. Titel der Originalaus-
gabe: ›Maigret et l'affaire
Nahour‹.

Maigret und der Gehängte von
Saint-Pholien. Roman.
Deutsch von Sibylle Powell.
Titel der Originalausgabe:
›Le pendu de Saint-Pholien‹.

Maigret und der geheimnisvolle
Kapitän. Roman. Deutsch von
Annerose Melter. Titel der
Originalausgabe: ›Le port des
brumes‹.

Maigret und der gelbe Hund.
Roman. Deutsch von Ray-
mond Regh. Titel der Originalausgabe: ›Le chien jaune‹.

Maigret und die junge Tote.
Roman. Deutsch von Raymond
Regh. Titel der Originalaus-
gabe: ›Maigret et la jeune morte‹.

Maigret und die Keller des Majestic. Roman. Deutsch von L. Birk. Titel der Originalausgabe: ›Les caves du Majestic‹.

Maigret und die kopflose Leiche. Roman. Deutsch von Wolfram Schäfer. Titel der Originalausgabe: ›Maigret et le corps sans tête‹.

Maigret und der Mann auf der Bank. Roman. Deutsch von Annerose Melter. Titel der Originalausgabe: ›Maigret et l'homme du banc‹.

Maigret und der Minister. Roman. Deutsch von A. Melter. Titel der Originalausgabe: ›Maigret chez le ministre‹.

Maigret und Pietr der Lette. Roman. Deutsch von Wolfram Schäfer. Titel der Originalausgabe: ›Pietr-le-Letton‹.

Maigret und das Schattenspiel. Roman. Deutsch von Claus Sprick. Titel der Originalausgabe: ›L'ombre chinoise‹.

Maigret und die schwanzlosen Schweinchen. Erzählungen. Deutsch von Linde Birk. Titel der Originalausgabe: ›Maigret et les petits cochons sans queue‹.

Maigret und der Samstagsklient. Roman. Deutsch von Angelika Hildebrandt-Essig. Titel der Originalausgabe: ›Maigret et le client du samedi‹.

Maigret und der Treidler der »Providence«. Roman. Deutsch von Claus Sprick. Titel der Originalausgabe. ›Le charretier de la »Providence«‹.

Maigret und sein Toter. Roman. Deutsch von Elfriede Riegler. Titel der Originalausgabe: ›Maigret et son mort‹.

Maigret und das Verbrechen in Holland. Roman. Deutsch von Renate Nickel. Titel der Originalausgabe: ›Un crime en Hollande‹.

Maigret und der verstorbene Monsieur Gallet. Roman. Deutsch von Roswitha Plancherel. Titel der Originalausgabe: ›M. Gallet, décédé‹.

Maigret und die widerspenstigen Zeugen. Roman. Deutsch von Wolfram Schäfer. Titel der Originalausgabe: ›Maigret et les témoins récalcitrants‹.

Maigret verteidigt sich. Roman. Deutsch von Wolfram Schäfer. Titel der Originalausgabe: ›Maigret se défend‹.

Maigret vor dem Schwurgericht. Roman. Deutsch von Wolfram Schäfer. Titel der Originalausgabe: ›Maigret aux assises‹.

Maigret zögert. Roman. Deutsch von Annerose Melter. Titel der Originalausgabe: ›Maigret hésite‹.

Weitere Simenon-Titel in Planung

Kleine Schriften (Arbeitstitel). Deutsch von A. Botond u. a.

Non-Maigret-Romane

Der Kater. Neuübersetzung von Angela Hagen. Titel der Originalausgabe: ›Le chat‹.

›Le passager du Polarlys‹
›Quartier Négre‹
›Le Relais d'Alsace‹
›La Maison du Canal‹
›Les suicidés‹
›Les Demoiselles de Concarneau‹
›45° à l'ombre‹
›Ceux de la soif‹
›Monsieur la souris‹
›Striptease‹
›La Marie du port‹

Maigret-Romane

Liberty Bar. Roman. Deutsch
von Angela Hagen. Titel der
Originalausgabe: ›Liberty Bar‹.
Maigret und das Geheimnis im
Schloß. Roman. Titel der Ori-
ginalausgabe: ›L'affaire Saint-
Fiacre‹.

Maigret stellt eine Falle. Roman.
Titel der Originalausgabe:
›Maigret tend un Piège‹.
Maigret und der Spion.
Roman.
Titel der Originalausgabe:
›La danseuse du gaimoulin‹.
Die kleine Landkneipe.
Roman.
Titel der Originalausgabe:
›La guinguett à deux sous‹.
Maigret und der Verrückte.
Roman.
Titel der Originalausgabe:
›Le fou de Bergerac‹.
Sechs neue Fälle für Maigret.
Kurzgeschichten. Deutsch
von Elfriede Riegler.
Titel der Originalausgabe:
›Les nouvelles enquêtes
de Maigret‹.

Abbildungsverzeichnis

Werkverzeichnis

Bücher, die in dieser Biografie näher behandelt werden, sind unter dem deutschen Titel aufgeführt, sofern sie in deutscher Übersetzung vorliegen oder in Kürze erscheinen: Angabe des – kursiv gesetzten – französischen Originaltitels bedeutet, daß der betreffende Roman bzw. das autobiografische Werk noch nicht in deutscher Sprache veröffentlicht worden ist.

Non-Maigret-Romane

Personenregister

Kursiv gesetzte Seitenzahlen
beziehen sich auf Abbildungen

HEYNE BIOGRAPHIEN

Die Taschenbuchreihe mit den bedeutenden
Biographien der Großen der Weltgeschichte

HEYNE BIOGRAPHIEN

Die Großen der Weltgeschichte –
Wissenschaft · Politik · Kultur

Programmänderungen vorbehalten.

HEYNE BIOGRAPHIEN

*Die Taschenbuch-
reihe mit den
bedeutenden
Biographien der
Großen der
Weltgeschichte.*

HEYNE BIOGRAPHIEN

Claus B. Schröder
**WOLFGANG
BORCHERT**
Die wichtigste Stimme
der deutschen Nachkriegsliteratur

12/179

HEYNE BIOGRAPHIEN

Max Niehaus
**ISADORA
DUNCAN**
Triumph und Tragik einer
legendären Tänzerin

12/172

HEYNE BIOGRAPHIEN

Karl Pisa
**SCHOPEN-
HAUER**
Der Philosoph des Pessimismus

12/164

HEYNE BIOGRAPHIEN

David Duff
**EUGENIE
UND
NAPOLEON III.**
Glanz und Elend
des Zweiten Kaiserreichs

12/165

HEYNE BIOGRAPHIEN

Hermann Wendel
DANTON
Eine schillernde Gestalt
der Französischen Revolution

12/166

HEYNE BIOGRAPHIEN

Herbert R. Lottman
CAMUS
Das Bild eines Schriftstellers
und seiner Epoche

12/169

HEYNE BIOGRAPHIEN

Janet Morgan
**AGATHA
CHRISTIE**
Das Leben einer Schriftstellerin –
spannend wie einer ihrer Romane

12/167

HEYNE BIOGRAPHIEN

Jay Martin
**HENRY
MILLER**
Die Liebe zum Leben

12/170

HEYNE BIOGRAPHIEN

Die Taschenbuchreihe mit den bedeutenden Biographien der Großen der Weltgeschichte

Joanna Richardson
Colette
Leidenschaft und
Sensibilität
12/125

Rudolf Krämer-Badoni
Galileo Galilei
Wissenschaftler und
Revolutionär
12/126

Alfons Nobel
Charlotte von Stein
Goethes unerfüllte
Passion
12/127

Ronald Hayman
Friedrich Nietzsche
Der mißbrauchte
Philosoph
12/128

Karen Monson
Alma Mahler-Werfel
Die unbezähmbare Muse
12/129

Don Cook
Charles de Gaulle
Soldat und
Staatsmann
12/130

Johannes Lehmann
Moses
Religionsstifter und
Befreier Israels
12/131

Felix Berner
Gustav Adolf
Der Löwe aus
Mitternacht
12/132

Daniel James
Che Guevara
Leben und Sterben
eines Revolutionärs
12/133

Colin Wilson
Rudolf Steiner
Verkünder eines neuen
Welt- und Menschenbildes
12/134

Roland Hayman
Franz Kafka
Sein Leben – sein Werk –
seine Welt
12/135

Nicholas Henderson
Prinz Eugen
Der edle Ritter
12/136

R. J. Overy
Hermann Göring
Machtgier und Eitelkeit
12/137

Andrew Turnbull
F. Scott Fitzgerald
Der Genie der wilden
Zwanziger Jahre
12/138

Stephen B. Oates
Martin Luther King
Kämpfer für
Gewaltlosigkeit
12/139

Berndt W. Wessling
Franz Liszt
Ein virtuoses Leben
12/140

Gustav Sichelschmidt
Theodor Fontane
Lebensstationen eines
großen Realisten
12/141

Wolfgang Jeske/
Peter Zahn
Lion Feuchtwanger
Der arge Weg der
Erkenntnis
12/142

Harry Wilde
Rosa Luxemburg
Ich war – ich bin –
ich werde sein
12/143

Julian Symons
Edgar Allan Poe
Leben und Werk
12/144

Donald Spoto
Alfred Hitchcock
Die dunkle Seite
des Genies
12/145

Hermann Schreiber
August der Starke
Kurfürst von Sachsen –
König von Polen
12/146

Henri Troyat
Peter der Große
Zar – Reformer – Despot
12/147

Roman Karst
Thomas Mann
Der deutsche Zwiespalt
12/148

Beatrix Kempf
Bertha von Suttner
Schriftstellerin – Politikerin
12/149

Stan Gébler Davies
James Joyce
Das bewegte Leben des
großen irischen Schrift-
stellers
12/150

Berndt W. Wessling
Furtwängler
Eine kritische Biographie
12/151

Terence Prittie
Konrad Adenauer
Der Staatsmann, der die
Bundesrepublik prägte und
Europa den Weg bereitete
12/152

James Brough
Die Ford-Dynastie
Ein Industrie-Imperium.
Drei Generationen
12/153

Programmänderungen
vorbehalten.

HEYNE BIOGRAPHIEN

Die Großen der Weltgeschichte –
Wissenschaft · Politik · Kultur

Programmänderungen
vorbehalten.

**Wilhelm Heyne Verlag
München**